重庆蓝皮书

BLUE BOOK OF CHONGQING

重庆文化和旅游发展报告（2019）

刘 旗 主编

西南师範大學出版社
国家一级出版社 全国百佳图书出版单位

图书在版编目（CIP）数据

重庆文化和旅游发展报告 .2019 / 刘旗主编 .-- 重庆：西南师范大学出版社，2021.7
（重庆蓝皮书）
ISBN 978-7-5697-1020-5

Ⅰ. ①重… Ⅱ. ①刘… Ⅲ. ①文化产业－产业发展－研究报告－重庆－2019 ②地方旅游业－旅游业发展－研究报告－重庆－2019 Ⅳ. ①G127.719 ②F592.771.9

中国版本图书馆 CIP 数据核字（2021）第 134662 号

重庆蓝皮书
CHONGQING WENHUA HE LÜYOU FAZHAN BAOGAO（2019）
重庆文化和旅游发展报告（2019）

主　　编　刘　旗
出版策划　陈　涌　姚良俊
责任编辑　伯古娟
责任校对　张　丽
封面设计　双安文化 · 向加明
出版发行　西南师范大学出版社
印　　刷　重庆市开源印务有限公司
幅面尺寸　170mm × 235mm
印　　张　40.25
字　　数　660 千字
版　　次　2021 年 7 月第 1 版
印　　次　2021 年 7 月第 1 次印刷
书　　号　ISBN 978-7-5697-1020-5
定　　价　198.00 元

编委会

序 言

2019年是新中国成立70周年，是决胜全面建成小康社会、实现第一个100年目标的关键之年，也是全市文化旅游融合发展的开局之年。在市委、市政府的正确领导下，全市文化旅游系统以习近平新时代中国特色社会主义思想为指导，以高质量发展为目标，以融合发展为主线，改革创新，奋发作为，圆满完成了年度各项工作任务。

这一年，全市文化旅游系统认真贯彻全市旅游发展大会精神，全面落实市委市政府《关于推动文化产业高质量发展的意见》，紧紧围绕建设文化强市和世界知名旅游目的地的目标，自觉承担起“举旗帜、聚民心、育新人、兴文化、展形象”的使命任务，扎实开展“不忘初心、牢记使命”主题教育，着力营造良好政治生态和风清气正的发展环境，全面推动文化事业、文化产业和旅游业繁荣发展。机构改革进一步推进。38个区县（自治县）文化旅游部门按时改革到位，市级文化旅游单位全部完成机构整合、业务整合和三定方案调整，国有文艺院团改革破冰前行。文旅公共服务体系进一步完善。全市文图两馆总分馆实现全覆盖，提档基层综合文化服务中心1484个；文艺创作群芳竞秀，川剧《江姐》、舞剧《杜甫》、歌剧《尘埃落定》、杂技剧《大禹》、民族管弦乐《思君不见下渝州》、群舞《龙把子》在国内外获得好评；广播、电视综合人口覆盖率分别达99.04%和99.27%，实现广播电视由“村村通”向“户户通”的升级；旅游资源普查工作基本完成，智慧文旅建设加速推进，完成9家智慧博物馆改造升级，创建智慧旅游景区景点39个，新建成市级旅游集散中心8个，创建评定AAAAA级旅游景区1个、AAAA级旅游景区

18 个。文化遗产保护传承进一步加强。重庆进入长征国家文化公园建设名单，新增全国重点文物保护单位 11 处，新公布市级文物保护单位 103 处，新增市级非遗代表性项目 196 项，市级非遗代表性项目达 707 项，钓鱼城范家堰南宋衙署遗址获评“全国十大考古新发现”，新建成开放 7 家博物馆，故宫文物南迁纪念馆成功落户。文旅扶贫进一步深化。多方筹集落实 3648 万元专项资金，支持帮扶 18 个深度贫困乡镇；筹集资金 1.18 亿元助力酉阳县车田脱贫攻坚，深化鲁渝文旅扶贫协作，打造“10 万山东人游重庆”扶贫品牌，荣获“全国民族团结进步模范集体”和“全国巾帼建功先进集体”。全域旅游发展进一步优化。完成《全域旅游发展规划》《渝东南武陵山区文旅融合发展示范区规划》《大三峡旅游一体化发展实施方案》等顶层设计；全域旅游示范区建设顺利进展，建成两个国家级全域旅游示范区；重要文旅项目建设有序推进，完成固定资产投资 1366.81 亿元，同比增长 14.49%；文旅产业持续健康发展，全年共接待入境游客 411 万人次，同比增长 6%，入境游客增幅远高于全国 3% 的平均增幅。文旅宣传推广进一步强化。“晒文化 · 晒风景”活动在国内外反响热烈，第二届世界大河歌会、重庆全球旅行商大会等重要节会活动精彩纷呈，“重庆文旅融合发展全球金点子大赛”影响巨大，“丽人行”西安快闪推广活动裂变式曝光超 10 亿次，重庆成为全国“最宠游客的城市”和十大最受欢迎文旅目的地，荣获 2019 亚洲旅游“红珊瑚”奖。

2020 年，是全面建成小康社会、实现第一个百年奋斗目标的决胜之年，也是“十三五”规划收官之年，全市文化旅游系统坚持以习近平新时代中国特色社会主义思想为指导，深入贯彻党的十九大精神，紧紧围绕习近平总书记对重庆提出的“两点”定位、“两地”“两高”目标和“三个作用”要求，进一步推进文化强市和世界知名旅游目的地建设，以高质量发展为目标，以融合发展为主线，以改革创新为动力，着力推动公共文化服务、文化遗产保护传承、文化交流合作、文化产业、文化市场、文化人才培养等六大体系提档升级，突出打好“三峡、山城、人文、温泉、乡村”五张牌，努力打造更多优秀文化产品和优质旅游产品，全面开创重庆文化建设和旅游发展新局面。

（郭道荣）

目 录

ZONGHE PIAN
综合篇 <

BLUE BOOK OF CHONGQING

2019 年重庆市 文化和旅游发展综述

办公室

2019 年，文化旅游系统全面贯彻习近平新时代中国特色社会主义思想和党的十九大和十九届二中、三中、四中全会精神，深入落实总书记视察重庆重要讲话精神，按照总书记对重庆提出的“两点”定位、“两地”“两高”目标、发挥“三个作用”和营造良好政治生态的重要指示要求，坚持宜融则融、能融尽融，以文塑旅、以旅彰文，推动文化旅游深度融合、高质量发展，全面唱响“山水之城·美丽之地”，让八方游客在重庆“行千里·致广大”。

一、聚焦主旋律，党对文化旅游工作的领导进一步增强

一是党的政治建设不断加强。全系统深入学习贯彻习近平新时代中国特色社会主义思想和党的十九大精神，始终坚持把党的政治建设放在首位，增强“四个意识”，坚定“四个自信”，做到“两个维护”，紧扣建设社会主义先进文化制度的目标要求，自觉承担起“举旗帜、聚民心、育新人、兴文化、展形象”的使命任务，始终在政治立场、政治方向、政治原则、政治道路上同以习近平同志为核心的党中央保持高度一致。

二是良好政治生态营造有力。严明政治纪律和政治规矩，全面彻底干净肃清孙政才恶劣影响和薄熙来、王立军流毒。修订党委工作规则和干部选拔任用实施办法，平稳推进文旅融合机构调整及干部配备工作，树立良好用人

导向，加强干部队伍建设，配强配齐党务干部，加强党的基层组织建设，强化对党员干部的教育、管理、监督和服务。加强委属单位班子政治建设，健全议事规则和决策程序。扎实开展“不忘初心、牢记使命”主题教育，委领导带队调研40余次、检视问题82条、立行立改问题32个，得到市委张鸣常委，以及市委第十三巡回指导组的充分肯定。紧扣全面加强党的领导，实施党建引领方向、发展、创新、人才、作风“五大引领行动”，促进党的建设与文旅融合同步落实。指导35家行业社会组织建立党组织30个，选派58名党建工作指导员，推进社会组织党组织建设和党建工作“两个覆盖”。

三是干部队伍素质持续提高。按照宣传思想文化系统开展增强“脚力、眼力、脑力、笔力”教育实践活动要求，明确6大板块28项具体任务，广大干部职工“四力”快速提升。全面落实党风廉政建设“两个责任”，深入推进“两学一做”学习教育常态化制度化，认真落实《关于加强机关作风建设的通知》有关要求，持之以恒抓好作风建设，扎实开展“以案四说”警示教育，强化监督执纪问责，探索试行开展委属系统全覆盖巡察工作，营造了风清气正的发展环境，坚决守住了意识形态和安全生产两条底线。深入贯彻落实习近平总书记关于老干部工作的重要论述，离退休干部思想政治建设切实加强，离退休干部服务保障扎实开展。

二、瞄准主攻点，文旅融合创新性、牵引力进一步增强

一是政策扶持推动力进一步加大。全面落实《关于加快全域旅游发展的意见》，争取市委市政府出台了《关于推动文化产业高质量发展的意见》；联合市委宣传部、市财政局制发了《重庆市文化产业发展专项资金管理办法》，设立1.3亿元旅游发展专项资金和3亿元文化产业发展专项资金。全面启动“十四五”文旅产业规划编制，有序推进《全域旅游发展规划》《渝东南武陵山区文旅融合发展示范区规划》以及长嘉汇大景区、重大文化设施、山城步道文旅设施提升等规划编制。《重庆市文化产业促进条例》立法重新启动，《重庆市实施〈公共文化服务保障法〉办法》通过市人大审批，新时代文旅立法进程进入“快车道”。

二是文旅品牌影响力进一步提升。打好“三峡牌”，研究形成《大三峡旅游一体化发展实施方案》《大三峡旅游一体化发展总体规划》。举办第二届世界大河歌会、大三峡旅游一体化发展论坛、第一届长江三峡旅游一体化宣传营销大会；出台《加快把万州建成大三峡旅游集散中心和重要目的地旅游营销奖励办法》，精心开展三峡旅游宣传营销系列活动。完成“世纪神话号”“世纪传奇号”五星级内河旅游船创建与市级评价。渝东北三峡库区接待游客1.23亿人次，实现旅游收入1125亿元，同比分别增长15.4%、38.3%。三峡游轮旅游接待人数109.72万人，同比增长10.83%。打好“山城牌”，制定山城旅游发展专题方案，加入国际山地旅游联盟，开展山城旅游专题研究和宣传推介50余场。主城区“网红景点”异常火爆，各部门以联合引导市民错峰出行、延长国庆灯光秀等措施有效应对，重庆被央视新闻报道为“最宠游客的城市”；较场口获评游客喜爱的“全国十佳夜市”，洪崖洞获评“游客喜爱的全国十大历史文化、商业街区及网红步行街”。打好“人文牌”，推进市级文艺院团驻场旅游演出，杂技秀《魔幻之都·极限快乐SHOW》在重庆国际马戏城开演，驻场旅游演艺《欢天喜地洪崖洞》在巴渝剧院开演；《印象武隆》《归来三峡》《梦幻桃园》等旅游演艺项目深受好评。完成庆祝新中国成立70周年国庆彩车巡游文艺表演，被评为国庆70周年重庆晋京游行展演先进集体。完成“一带一路”国际技能大赛开闭幕式、2019上海合作组织地方领导人会晤、中新双边合作机制会议文艺演出等7场重要外事演出。打好“温泉牌”，举办第二届中匈温泉产业发展高峰论坛、中国第二届温泉与气候养生旅游国际研讨会，促成5个战略合作框架协议、2个中外温泉合作重大项目签约。引入世界级温泉康养品牌与产品体系“黑维兹”，全力打造重庆“世界温泉谷”；加快建设恒大温泉康养小镇、统景温泉康养示范基地、重医黄水康复医院等行业新标杆。举办2019世界温泉之都微视频大赛、“寻找温泉小天使”重庆少儿才艺大赛和温泉旅游惠民消费季等活动，联合主办第三届康养大会，与重庆医科大学、石柱县签订石柱黄水气候康养基地合作协议。打好“乡村牌”，开展乡村旅游提档升级和品牌培育，发布乡村旅游线路200余条，9个村被列为全国首批乡村旅游重点村，6个乡村旅游项目被列为全国乡村旅游发展典型案例。武隆入选《世界旅游联盟减贫案例

2018》中国12个旅游减贫典型案例之一。评选出重庆市休闲农业和乡村旅游示范乡镇105个、示范村（社区）182个、示范点301个。全年乡村旅游综合收入突破800亿元，同比增长20%。

三是宣传推广传播力进一步强化。创新宣传推广方式，奏响了文化旅游宣传推介“大合唱”。加强与抖音等新媒体合作，引导广大市民参与城市形象推广。四季旅游宣传推广和项目营销推进有力，“晒文化·晒风景”大型文旅推介活动、“重庆文旅融合发展全球金点子大赛”反响热烈，“丽人行”西安快闪视频连续三天成为全国热搜，IP裂变式曝光超10亿次。坚持“月月有活动、季季有主题”，指导各区县开展文化旅游活动1000余个。与重庆机场集团共同举办重庆文旅空港大型宣传推广活动；与市商务委、阿里巴巴集团联合举办“汇聚重庆”活动启动仪式暨城市营销晚会；与市网信办共同推出“行·重庆——2019网络达人重庆行暨文旅融合金点子征集”活动；与重庆日报报业集团合作设立重庆文化旅游国际传播中心，强化重庆文化旅游境外传播推广。重庆电视台国际频道在北美、欧洲41个国家和地区落地，电视剧《特勤精英》译配等4个项目入选总局“走出去”专题项目库。重庆获评全国唯一播放量过百亿级的“抖音之城”，获2019亚洲旅游“红珊瑚”奖——十大最受欢迎文旅目的地、“壮丽70周年·最具影响力会展目的地金手指奖”“十大工业旅游城市”等殊荣。

三、畅通主渠道，文旅融合开拓性、联动力进一步增强

一是在市场拓展机制上力求创新。坚持从全局谋划一域、以一域服务全局，努力将重庆文旅推广营销融入全市外事工作大局，借力市领导出访、文化和旅游部海外旅游推广、市级部门对外合作交流等重要平台，创新构建“旅游+”和“+旅游”的叠加伴生型的市场拓展新机制。积极挖掘和开拓文化类院馆、文物旧址、文化设施、文艺演出等文化资源的市场功能，重点依托罗斯福图书馆旧址、少儿图书馆、大韩民国临时政府旧址，精心打造重庆文化旅游“国际会客厅”，不断提高重庆城市国际化形象。结合海外各类推介活动，创新推出“火锅行天下”品牌推广计划，积极探索“文化+美食+旅游”

营销方式，在白俄罗斯明斯克成功开办海外首家重庆火锅旅游形象店，重庆文旅魅力指数进一步提升。

二是在市场营销渠道上加快延展。打造重庆文化旅游国际传播中心，依托 ichongqing 持续发力外宣，建设“1+N+X”的重庆文化旅游对外营销渠道。抓好重庆文化旅游境外推广中心的筛选、筹备和设立工作，在香港、东京、罗马等主要客源地新设立重庆文化旅游境外推广中心 7 个，截至 2019 年总量已达 17 个。实施“一区一策”特色旅游营销，划分出欧洲、亚洲、美洲、澳非及港澳台 5 个区域，从市内外优秀旅行商中遴选重庆文化旅游对外拓展执行商，加快探索政企联合境外营销新模式。加强与使领馆协调对接，与匈牙利、意大利、泰国等国使领馆、旅游部门开展 20 余场文旅互动推广活动。配合美中友好协会在重庆开设办事处，联合举办中美青少年篮球友谊赛、向罗斯福图书馆旧址捐赠罗斯福铜像等交流活动。圆满完成纽约时代广场新年庆典活动、上合组织地方领导人重庆会晤旅游推介、新加坡重庆文化旅游周等重大推广任务，动态开展重庆文旅营销推广、游客招募，进一步提升“山水之城 · 美丽之地”旅游品牌的美誉度、知名度和影响力，持续扩大了重庆文旅国际“朋友圈”。

三是在市场推广成效上注重实效。区分境内外传统市场、新兴市场和潜力市场实施精准营销和市场拓展，完成对外对港澳台文化交流项目共计 521 项，其中因公出访 78 批次，出访美国、法国、日本、德国等 43 个国家和地区，访问全国 10 余个城市；接待境外旅行商及媒体来渝考察踩线 10 批次 122 人次，举办 2019 重庆全球旅行商大会。全市旅游市场经营主体呈现出强劲活力，新增旅行社 46 家、导游 1485 名。2019 年，共接待入境游客 411 万人次，同比增长 6%，入境游客增幅远高于全国 3% 的平均增幅，重庆入境游形成了“逆势上扬”的良好发展态势。

四、选定主抓手，文旅融合服务性、影响力进一步增强

一是公共服务设施更完善、效能更优化。全市文图两馆总分馆实现全覆盖，共建成图书馆总馆 43 个、分馆 1433 个，文化馆总馆 41 个、分馆 1038 个。

全国公共文化领域重点改革任务暨旅游厕所革命工作现场推进会在渝成功召开。公共文化领域法人治理结构改革稳步推进。深入推进“云长制”工作落实，“智慧文旅广电云”圆满完成迁云上云、集约建设等信息化年度目标，“管云、管数、管用”效能凸显。“巴渝文旅云”改版上线，惠及群众650万人次；公共文化物联网升级为群众文化云，惠及群众2273.8万人次。武隆区、巫山县被认定为国家全域旅游示范区。成功评定创建智慧旅游景区景点39个，完成9家智慧博物馆改造升级；新评定五星级旅游饭店1家，新改建旅游厕所951座，新建成市级旅游集散中心8个。累计建成24小时自助图书馆85个，提档基层综合文化服务中心1484个。完成流动文化进村4.07万场次。市级11个公共频道、区县6家广播电视台12个频道实现高清播出；完成直播卫星户户通建设7.4万套，完成无线发射台站改造14座，实施3个深度贫困县应急广播建设；广播、电视综合人口覆盖率分别达99.04%和99.27%，实现广播电视由“村村通”向“户户通”的升级；重庆“智慧广电”加快发力，成功入围中国广电5G试点城市，重庆有线“智慧广电”数据中心开工建设。举办庆祝新中国成立70周年群众合唱音乐会等各类群众活动1000余场，专题展览29个；重庆有线在首屏首页开设“庆祝中华人民共和国成立70周年”专栏，播出公益广告49万条次。

二是文艺精品题材更丰富、内容更精彩。杂技剧《大禹》、民族管弦乐音乐会《思君不见下渝州》、京剧《双枪惠娘》《秦良玉》成功立上舞台，市委主要领导出席观看《思君不见下渝州》首演并给予肯定。舞剧《杜甫》、川剧《江姐》、歌剧《尘埃落定》、芭蕾舞剧《追寻香格里拉》等8个作品入选第十二届中国艺术节、罗马尼亚锡比乌国际戏剧节等国内外重要艺术展演和交流活动，文化和旅游部雒树刚部长对川剧《江姐》高度评价；舞剧《杜甫》荣获第十六届中国文化艺术政府奖文华大奖——提名剧目奖，川剧《江姐》获评全国优秀红色旅游演艺作品；群舞《龙把子》摘得第十八届群星奖，原创魔术节目《仙人摘豆》斩获第十三届“金手杖”魔术大会近景组金奖。雕塑《烈焰青春》荣获第三届“中国美术奖”金奖，36件油画作品、23件雕塑作品入选第十三届全国美术作品展览。27个项目成功入选国家艺术基金2019年度资助项目。电视剧《共产党人刘少奇》《麦香》登陆CCTV-1黄金时段播出，纪录片《城门几丈高》登陆 CCTV-9 播出。电视剧《共产党人刘少奇》《麦香》、广播剧《"事儿妈"宋小娥》获中宣部"五个一工程"奖，动画短片《英雄杰桑》《脊 · 脉》入选总局"我和我的祖国——第三届社会主义核心价值观动画短片扶持创作活动"优秀作品名单；《中俄书途》获中国新闻奖；《重庆国际马拉松赛形象宣传片》获得米兰国际体育电影电视节竞赛单元奖。电视剧《重庆谈判》、纪录片《破晓》入选总局重点选题和庆祝新中国成立 70 周年展播名单，网络电影《士兵的荣耀》《最后的军礼》、微视频《一壶老酒》《西北偏北》被总局评为优秀节目，歌剧《尘埃落定》、川剧《清风亭》入选 2019 年全国优秀剧目。

三是城市精神更向上、品质更美好。制定《重庆红岩革命文物保护传承工程实施方案》，并得到国家文物局支持；统筹策划红岩村、曾家岩、虎头岩"红色三岩"提档升级，红岩革命历史博物馆品质持续提升。新建成开放重庆工业博物馆、重庆抗战戏剧博物馆、忠州博物馆等 7 家，故宫文物南迁纪念馆成功落户，全市博物馆总量达 104 家，推出专题展览 200 个，接待观众 3300 万人次。举办重庆文旅大数据发布会和智慧旅游高峰论坛，智慧文旅、智慧文博展区惊艳亮相"智博会"，社会各界反响十分热烈。旅游资源普查工作基本完成，初审资源单体达 15136 个，其中五级旅游资源单体 160 个。全域旅游和精品景区打造迈出新步伐，彭水阿依河景区通过国家 AAAAA 级景区评定，涪陵武陵山大裂谷、黔江濯水景区完成 AAAAA 创建任务，奉节白帝城—瞿塘峡景区通过国家 AAAAA 级旅游景区景观质量评审列入预备名录；全年成功创建评定 AAAA 级旅游景区 18 个，AAA 级旅游景区 9 个，为历年之最。全市旅游景区达到 253 个，其中 AAAAA 景区 9 个，AAAA 景区 110 个。组织参加中国旅游商品大赛、中国特色旅游商品大赛，获得金奖 2 个、银奖 7 个、铜奖 9 个；"重庆好礼"特色旅游商品集群打造实现新突破，一大批资源好、潜力大的旅游产品纷纷涌现。

五、打造主引擎，文旅融合集群性、拉动力进一步增强

一是重大项目实现新进展。事业方面：重庆青少年活动中心（市少儿

图书馆)、重庆国际马戏城二期按期开工，重庆文化艺术职业学院学生宿舍D栋完成立项并即将动工，三峡文物保护基地、广播电视发射新塔推进有力，重庆音乐厅（重庆芭蕾舞剧院)、重庆博物馆、重庆非遗博览园、自然博物馆园区等4个前期项目完成预可行性研究。产业方面：完成固定资产投资1366.81亿元，同比增长14.49%，南滨路国家级文化产业示范园区等项目推进有力。城市恋链文创衍生品研发和推广项目入选2019年度“一带一路”文化产业和旅游产业国际合作重点项目。评选命名新一批市级文化产业示范园区（基地）和乡村文化乐园，示范园区、基地、乡村文化乐园总数达21个、85个、49个，启动数字文化产业园区创建工作。加大重庆“文旅+金融”对接力度，举办2019年西南片区文化和旅游产业融合发展项目推介会、2019年文化和旅游产业专项债券及投资基金融资对接交流（重庆专场)，获金融机构授信1600亿元；推动成立了重庆首家重庆银行文旅特色支行，将为全市文化旅游产业重点领域提供200亿元以上融资支持。

二是重点工作实现新突破。举办第十一届中国西部动漫文化节、第六届中国西部旅游产业博览会、第八届重庆文博会等节会，共签约重大项目140余个，签约金额4000余亿元。投资115.5亿元的涪陵北山国际文旅康养度假区动工，重庆对外文化贸易基地、文旅装备制造基地取得重要进展。扩大文旅消费试点实现新提升，持续举办第三届、第四届“重庆文化旅游惠民消费季”，并扩展到四季举办，对拓宽受惠群体、全面拉动消费作用更大、效果更好，共覆盖7189家文旅企事业单位，惠及3162万人次，直接拉动文旅消费44.5亿元，获文化和旅游部高度肯定，并向全国推广经验。

三是重要指标实现新提升。初步统计，2019年全市文化产业实现营业收入2090亿元，同比增长8.8%；文化增加值同比增长10%左右。共接待境内外游客6.57亿人次，实现旅游总收入5734亿元，同比分别增长10%和32%；实现旅游外汇收入25亿美元，同比增长15%；游客次均旅游消费873元，同比增长20%。

六、守好主阵地，文旅融合传播性、保障力进一步增强

一是守住了文旅阵地。深入贯彻《党委（党组）国家安全责任制规定》，切实维护网络空间国家安全，严格履行意识形态工作责任制，坚决做到守土有责、守土负责、守土尽责。以“第1眼”“逗听FM”为龙头的移动传播矩阵加快建设，推动区县广播电视节目规范接入IPTV，启动14个区县融媒体中心建设试点，18个区县挂牌组建融媒体中心。开展广播电视广告等监测监管工作，责令整改、停播违规广告104条、养生类节目23档，清理不合格广播电视制作经营机构72家，拆除非法安装“小耳朵”设备220套，向公安、无线电管理等部门提供“黑广播”线索74条，清理IPTV违规节目内容6类，网站巡查工作不断强化；开展广播电视卫星接收台站防范5G干扰协调工作，284个台站纳入保护清单；圆满完成迎接新中国成立70周年安全播出保障任务，全市总停播事故次数、重大停播事故次数较去年同期分别下降11.76%、16.67%，荣获总局广播电视行业安全保障工作先进集体。举办重庆市广播电视专业技术技能竞赛，在全国率先开展以奖代评等创新性工作，获全国广播电视技术能手竞赛优秀组织奖。全面建立文化和旅游市场月点评、季通报、年考核管理制度，扎实开展文旅市场“百日攻坚”“三峡游”“一日游”等专项整治行动，全市旅游投诉案件同比下降10%以上；《中国旅行社总社有限公司重庆分社以不合理的低价组织旅游活动案》入选中国法律服务网案例库旅游行政处罚唯一案例，《重庆青年商务国际旅行社擅自变更行程案》被评为“2017—2019年度全国文化市场综合执法优秀案卷”9大案卷之一，重庆旅游市场整治工作走在全国前列，被确定为全国旅游市场整治工作交流会做经验交流的唯一省级单位。

二是抓好了传承保护。推动市级层面出台了加强文物保护利用改革、推进革命文物保护利用工程（2018—2022）等2个重要文物保护政策。重庆进入长征国家文化公园建设名单，酉阳等9个区县纳入国家首批革命文物保护利用片区分县名单。新增全国重点文物保护单位11处、总量达64处，新公布市级文物保护单位103处、总量达372处；5个镇列入第七批中国历史文

化名镇,36个村列入第五批中国传统村落。新增市级非遗代表性项目196项,市级非遗代表性项目共达707项。“荣昌陶器制作技艺”入选“国家级非遗代表性项目优秀保护实践案例”名单。钓鱼城遗址、白鹤梁题刻成功入选全国5个申遗重点培育项目,钓鱼城范家堰南宋衙署遗址获评“全国十大考古新发现”。三峡博物馆《盛筵——见证〈史记〉中的大西南》获第十六届全国博物馆十大陈列展览精品奖,红岩革命历史博物馆、白鹤梁水下博物馆、巫山博物馆等3个展览入选国家文物局年度“弘扬优秀传统文化、培育社会主义核心价值观”主题展览征集推介项目。三峡博物馆成为全国仅有的2个国家文化和科技融合示范基地之一,并成为西南地区唯一的全国重点文物科研基地;湖广会馆、国民政府警察局旧址入选国家文物局文物建筑开放利用案例。出版《大足石刻全集》,填补了我国石窟寺考古和科研空白。实施重点文物保护项目251个,开工实施大足石刻宝顶山卧佛修缮工程等国保项目114个。

三是推进了脱贫攻坚。聚焦“两不愁三保障”突出问题,组建18个工作组,实行目标责任管理,实施文化旅游帮扶政策,安排落实3648万元文化旅游扶贫专项资金,支持帮扶18个深度贫困乡镇;统筹市文化旅游委扶贫集团对酉阳县车田乡帮扶,与市级单位共筹集资金1.18亿元助力脱贫攻坚;抓好鲁渝文旅扶贫协作,打造“10万山东人游重庆”扶贫品牌,共接待山东籍来渝过夜游客154.3万人,实现旅游消费37.58亿元;举办非遗扶贫、乡村旅游扶贫等培训36期,培训贫困户、留守妇女、乡村旅游从业人员等2000人,共建非遗扶贫工坊18个。落实资金1500万元,实施贫困区县文物保护利用项目12个;开展“展览遍渝州·文化进万家”巡展175场,为贫困地区群众提供优质精神食粮。因脱贫攻坚推进有力,被国务院授予“全国民族团结进步模范集体”,被全国妇联授予“全国巾帼建功先进集体”。

四是深化了体制改革。以文旅机构融合为契机,推动文化旅游高质量发展,我市文旅改革工作做法被《中央文化体制改革和发展工作简报》专题刊发。着眼“一网通办”,取消清理审批和中介服务事项78项,向区县划转下放审批事项12项,放权赋能比例位居全市前列。建设领域文物工程“放管服”改革成效明显,审批材料、办理时间大幅缩短,人民群众办事更便捷。加快推进行政权力标准化和网上运行，落地落实自贸区“证照分离”改革全覆盖试点。持续深化文化体制改革，成立国有资产领导小组，制发《直属企业管理办法》等系列制度规范，加快推进转企改制国有文艺院团整合演艺资源、拓宽发展思路，精心指导院团企业建立起产权清晰、权责明确、管理科学的现代企业制度。

五是确保了安全稳定。围绕市委市政府“山城旅游、安全至上”的目标任务，坚决确保了全年文化旅游安全事件“零发生”。顺利通过中央扫黑除恶专项斗争“回头看”整改验收。组建市安委会旅游安全办公室，与17个市级单位整体联动、共抓落实。在迎接庆祝新中国成立70周年安全维稳工作成绩突出，受到市委市政府通报表扬。全国旅游安全培训与应急演练大会，我市文化旅游安全工作进行了经验交流，为重庆争得了荣誉。新创建平安景区18个、重庆市平安示范景区2个。市文化旅游委连续两年被市安委会、市减灾委评为安全生产和自然灾害防治工作先进等次。

六是夯实了人才支撑。文化、旅游执法队伍整合组建市文化市场综合行政执法总队，大足石刻研究院升格并转隶市文化旅游委管理，文化艺术职业学院增加200个周转编制，机构队伍更壮大。刘军、陈涛获评国务院特殊津贴专家，白九江、韩咏秋等10人入选重庆英才计划名家名师项目（文化旅游领域），周利等5人获评市级学术技术带头人。招募文化工作者269人、下派指导专家22人、培养区县骨干14人支援贫困区县文化建设。开展业务培训70余期次、培训1.8万余人，组织8255人参加广电、旅游行业资格考试，高质量举办文旅行业技能竞赛5次。

七是强化了投入保障。全年向中央和市级财政争取文化旅游投入大幅增长。完善委机关经费管理制度，“三公”经费管理和报销工作有力规范，对委属单位日常财务跟审保持持续性。完成委机关资产清查工作；加强委属企事业国有资产监管，开展房屋产权、办公用房面积专项清理，推动重庆图书馆、三峡博物馆等产权办理，印发委系统不动产经营管理考核办法。18个深度贫困乡镇文化旅游脱贫攻坚资金执行监督切实加强，对2017—2018年文化旅游脱贫攻坚资金全方位开展绩效管理和资金监管工作。

BLUE BOOK OF
CHONGQING

2019 年重庆 文化旅游法制建设报告

政策法规处

2019 年，市文化旅游系统法治工作坚持以习近平新时代中国特色社会主义思想为指导，深入学习贯彻习近平总书记全面依法治国新理念新思想新战略，增强“四个意识”、坚定“四个自信”、做到“两个维护”，聚焦聚力新时代文旅发展重点工作任务，统筹推进法治建设各项工作部署落地见效。

一、依法全面履行政府职能

一是全面落实政府基本公共服务职责。公共文化领域改革全面深化，区县文化馆图书馆总分馆实现全覆盖。建成 29 个 24 小时城市书房，“巴渝文旅云”改版上线，平台访问量达到 220 万人次。公共文化物联网升级为群众文化云，完成配送 92128 场次，服务 2175.09 万人次。完成直播卫星户户通建设 7.2 万套，完成无线发射台站改造 11 座。全市应急广播系统建设全面推进，江津应急广播项目作为国家示范项目在全国推广。重庆市级 11 个公共频道实现高清播出，区县 6 家广播电视台 12 个频道实现高清播出。新改建旅游厕所 562 座。成功举办 2019 国际博物馆日暨第十届重庆文化遗产宣传月活动，多次举办全市广场舞展演、美术书法摄影联展等公共服务类活动，全市博物馆接待观众超 3000 万人次。组织举办文旅融合、乡村文化振兴等培训项目 51 个。

二是全面清理政务服务事项。全面清理、逐条核查行政权力和公共服务事项，清理保留行政权力和责任事项 136 项，其中，行政许可 54 项、行政裁决 1 项、行政处罚 45 项、行政给付 1 项、行政奖励 8 项、行政确认 15 项、其他行政权力 12 项，公共服务事项 20 项。对申请办理的行政许可、行政裁决、行政奖励、行政确认、行政给付、其他权力六类行政权力和公共服务事项，按照“四级四同”要求编制实施清单。以需求为导向优化服务流程，实现一张清单告知、一张表单申报、一个标准受理、一个平台流转。90% 以上的行政许可事项实现网上申请，申报材料平均减少 30% 以上，行政许可事项承诺时限较法定时间平均减半。

三是全面深化简政放权。取消市级行政权力 10 项，向两江新区下放审批权力 3 项，拟向重庆高新区下放审批权力 6 项。配合做好重庆自贸试验区“证照分离”改革全覆盖试点。文化旅游类 15 项、广电类 5 项、文物类 5 项，共 25 项许可事项实行全覆盖清单管理。按照实行告知承诺、优化审批服务推进改革。推动 2018 市场准入负面清单任务落地，配合开展 2019 年版市场准入负面清单修订工作，全面清理取消负面清单之外领域对外资单独设置的准入限制，保留负面清单许可类事项 34 项、禁止性事项 6 项，确保市场准入内外资标准一致，促进产业发展。继续压减许可事项，开展“最多跑一次”、力争“一次都不跑”便利化服务。制定深化行政审批改革工作整改提升清单，制定落实 8 个方面 17 条整改措施，优化营商环境。

二、优化依法行政制度体系

一是加强文化旅游领域地方立法。加快推进《重庆市实施〈公共文化服务保障法〉办法》地方法规立法进程，推动进入市人大常委会审议。《重庆市红岩文物保护区管理办法》（修订）、《重庆市文化和旅游市场监管办法》、《重庆市实施〈中华人民共和国文物保护法〉办法》（修订）、《重庆市文化产业促进条例》列入 2019 年立法计划。

二是加强规范性文件监督管理。制定《重庆市文化和旅游发展委员会规范性文件管理工作细则》，严格规范文件起草、审核和备案，重点推动合法性审核落地落实。严格规范公平竞争审查程序，公平竞争审查涉企文件、协议全面推行，防止排除、限制市场竞争，为民营企业发展创造良好法治环境。全面开展机构改革法规文件清理工作，清理地方法规 4 部、政府规章 6 部（拟报废止 1 部）、市政府规范性文件 23 件（拟报废止 7 件）、我委规范性文件 43 件(修订 14 件、废止 15 件、保留 7 件)。2019 年我委制发规范性文件 32 件。

三、推进行政决策科学化、民主化、法治化

坚持公众参与、专家论证、合法性审查、集体决定等重大行政决策必经程序。建立重大行政决策事项落实情况通报制度，对重大行政决策执行情况进行全面跟踪和评估。建立政府法律顾问制度，配备公职律师 1 名，聘请法律顾问 3 名，对重大行政决策进行合法性审查。将决策程序落实情况纳入法治建设考评范围。在旅游市场开发、旅游产业规划、舞台艺术、非物质文化遗产、公共文化服务、广播电视、文物保护等领域实现专家咨询常态化。推行重大决策事项民意调查制度，涉及群众切身利益的重大行政决策事项，广泛听取意见，充分沟通利害关系人，决策法治化和规范化水平持续提升。

四、坚持严格规范公正文明执法

一是加强制度建设规范执法行为。推动出台我市进一步深化文化市场综合执法改革的实施意见，健全全市文化市场综合执法管理体制和运行机制。编制市文化市场综合执法队伍三定方案。完善行政执法公示制度，严格落实执法全过程记录制度，健全完善“四个层面”的旅游行政处罚案件法治审核制度。制定《重庆市旅游监察执法总队办案规定》，规范办案流程，严明办案纪律。制定《重庆市旅游行政执法和旅游投诉处理工作督办办法》《旅游质监执法文书格式》，规范全市旅游行政执法和投诉处理的流程和标准。修订《重庆市旅游行政处罚裁量权基准》，规范自由裁量权。证据材料和各环节程序类文书全部录入“监管平台”系统，倒逼办案人员规范执法办案。2019 年，依法做出行政处罚决定 68 件，同比增加 25.9%；依法受理处理旅

游投诉案件310件，同比下降10.9%，无一被行政复议和行政诉讼。

二是全面落实行政执法责任制。深入开展安全播出大检查和问题隐患整改、国家广播电视广告专项整治、“保健”市场乱象整治百日行动，停播违规广告104条、未备案养生类节目23档。开展“不合理低价游”及非法经营旅行社业务、旅游包车、热门景区景点、旅游厕所、星级饭店服务质量等专项整治，整治违法违规经营行为。创新工作方式，实施“月点评、季通报、年考核”管理新机制，助力全市旅游管理提效。

五、强化对行政权力的制约和监督

一是全面推进政务公开工作。制定《重庆市文化和旅游发展委员会2019年政务公开工作方案》，改版推出市文化旅游委政务网，开通2个官方微博和1个官方微信，在全市政务网站考核测评中名列前茅。打造“惠游重庆”公共服务平台。推进决策执行公开，加强政策解读和回应关切，加强政府网站与政务新媒体运营管理，建立常态监管机制，聘请第三方检测机构，开展季度定检。将政府网站和政务新媒体运行情况纳入年度考核目标。推进11条涉企政策信息上线渝快办政策直通车平台，确保市场主体对政策找得着、用得上。

二是加强行政权力制约和监督。自觉接受党内监督、人大监督、民主监督和司法监督，支持有关监督部门依法独立行使监督权。认真办理市人大代表建议和市政协委员提案，所有主办件均与代表、委员见面，听取代表、委员建议，办理结果全部网上公开。配合市人大做好《重庆市旅游条例》执法检查、旅游发展情况调研等。广泛开展内部审计，及时整改审计发现问题。认真办理市长信箱转办和委主任信箱举报或投诉，及时明确回复。

六、依法有效化解社会矛盾纠纷

认真履行行政复议职能，严格依法受理规范办理。全年办理行政复议案件1件，行政应诉案件1件，民事诉讼1件。完成历年行政诉讼案件网上录入。

开展行政复议法实施20周年宣传活动。认真办理各项涉法涉诉事项。督促落实旅游投诉受理处理机制，完善市旅游投诉中心、区县旅游主管部门和旅游企业共同办理旅游投诉工作体系。规范旅游投诉处理程序，通过调查核实、依法提出调解方案、现场调解会等，将旅游纠纷化解在基层一线。加强法治文艺创作宣传。开展2019年贫困地区戏曲进乡村活动，遴选法治优秀节目参加，惠及群众500余万人。开展公益法治广告扶持项目，重点扶持弘扬宪法精神和社会主义法治精神主题公益广告。征集《宪法是国家的根本大法》《宪法是什么》等19件法治类优秀公益广告，将《中国古代廉洁四劝》等8件广告纳入“重庆市公益广告作品库”，供各级广播电视台和网络电视台、音视频网站、各类新媒体等免费播出。

七、提高工作人员法治思维和依法行政能力

承办文化和旅游部全国法治联络员培训。举办全市文化旅游系统法治建设暨“放管服”改革培训班、全市旅游质监执法培训班，培训法治工作人员2000余人次；开展旅游人才教育、旅游从业人员、公共图书馆建设、文物工作业务、旅游志愿者服务等各类法治培训50余次。积极开展“3·15国际消费者权益日”活动和“12·4”系列普法宣传活动。组织委系统处级及以上领导干部参加庭审旁听和法治理论知识考试，组织委系统全部干部职工参加2019年度全市法治理论知识网上考试，参考率100%，合格率99.76%。

八、加强依法行政组织保障和机制落实

委党政主要负责人坚持把法治建设摆在全委工作重要位置，带头尊法学法守法用法。党委会多次专题研究中央和市委法治建设工作，统筹推进委系统全面依法治市工作任务，切实履行法治建设重要组织者、推动者和实践者职责。印发年度法治建设工作要点，明确年度法治建设共5部分42项任务，落实“谁执法谁普法”责任制，将法治建设纳入目标管理，机关处室和委属单位分别设定考核标准。

BLUE BOOK OF CHONGQING

2019年重庆市文化和旅游脱贫攻坚工作报告

综合协调处

2019年，在市委、市政府的坚强领导下，市文化旅游委深入贯彻落实习近平总书记关于扶贫工作的重要论述和重要指示批示，按照中央决策部署和市委工作安排，一手抓全市文化旅游产业扶贫，一手抓深度贫困乡镇对口帮扶、鲁渝文旅扶贫协作，脱贫攻坚各项工作成效明显。

一、工作开展情况

（一）坚持学习导向、强化理论修养，以更加扎实的学风促进脱贫攻坚的重大决策部署在思想上生根

市文化旅游委始终坚持把深入学习习近平总书记在参加甘肃代表团审议时的重要讲话精神、在重庆主持召开解决“两不愁三保障”问题座谈会上的重要讲话精神及总书记关于脱贫攻坚系列重要指示作为重大政治任务，召开党委会、主任办公会等20余次，组织党委中心组理论学习、专题学习等24次，研究脱贫攻坚工作，落实巡视整改措施。把“不忘初心、牢记使命”主题教育与脱贫攻坚深度融合，开展总书记关于扶贫工作重要论述宣讲，推动委系统干部职工学深入、想清楚、干实在，努力当好政治上的明白人、工作中的实干家。干部职工反响好、受益大，对抓好文化旅游领域脱贫攻坚工作的信心更强、干劲更足，纷纷热情投身到脱贫攻坚这一新时代重要部署中来，委系统11名同志主动申请奔赴脱贫攻坚一线担任扶贫工作队队员或驻村第一

书记，大家用心用情用力与人民群众一起想办法脱贫、一起干事业致富。

（二）坚持实干导向、强化责任落实，以更加务实的作风推进脱贫攻坚主体责任在行动中落实

一是在强化组织领导上下功夫。成立由委党委书记、主任刘旗任组长的中央脱贫攻坚专项巡视反馈意见整改工作领导小组，下设整改工作领导小组办公室、“促改督战”组、督查审计组。印发《中央脱贫攻坚专项巡视反馈意见整改落实方案》《国家反馈2018年重庆脱贫攻坚成效考核问题整改落实方案》等，将脱贫攻坚工作纳入目标管理绩效考核内容，分值达10分，为工作落实提供组织保障。目前，中央脱贫攻坚专项巡视整改配合其他单位的34个任务，国家反馈2018年重庆脱贫攻坚成效考核问题整改牵头的1个任务和配合其他单位的10个任务全部完成。

二是在强化示范带动上下功夫。委党委书记、主任刘旗始终把脱贫攻坚工作和巡视整改作为全委2019年的重要任务来研究、部署和落实，并与文化旅游改革发展各项工作紧密结合。在专题研究部署具体工作、组织召开党委会、主任办公会研究重要议题时，都做到将脱贫攻坚工作同谋划、同推进、同督促，对重要脱贫攻坚项目的推进实施，严格审核把关，现场检查落实情况。先后到酉阳县车田乡、石柱县中益乡、巫山县双龙镇等地调研文化旅游扶贫工作，帮助贫困乡镇出谋划策。

三是在强化调研走访上下功夫。结合“访深贫、促整改、督攻坚”活动，16名委领导和总工程师、总经济师带领相关处室、委属单位定点联系18个深度贫困乡镇并扎实开展文化旅游扶贫工作，累计走访贫困户400余户次，召开座谈会30余次，收集文化旅游脱贫攻坚中存在的问题56条、建议52条。结合调研情况，制定《委领导、机关处室、委属单位定点联系18个深度贫困乡镇方案》《关于支持贫困区县和深度贫困乡镇实施文化旅游帮扶政策措施及责任分工》，形成全委系统脱贫攻坚工作目标明确、任务精准、责任到人、督查到位的良好工作格局。

（三）坚持问题导向、强化任务落实，以创新实干的担当肩负好新时代文化旅游脱贫攻坚各项任务

一是服务设施建设进一步加快。提档升级44个乡镇(街道)、883个村(社区）综合文化服务中心。配置500个村综合文化服务中心设备。开展流动文化服务进村演出活动2.5万场，为贫困地区送戏下乡2814场。“放歌新时代”送演出进基层活动550场、送博物馆展览到基层500余场。送图书8000余册、送电影3546场。培养基层文化人才100人；招募文化工作者200人；为18个深度贫困乡镇招募阳光工程志愿者78人。建成酉阳县等5个区县博物馆。完成巫溪县应急广播体系建设，完成彭水县等5个贫困区县直播卫星设备安装3.7万套。18个深度贫困乡镇IPTV专题页面上线运行，日均集成区县新闻、脱贫攻坚优质节目超过2000小时，日均页面浏览量近40万次。

二是旅游品牌进一步提升。大力发展乡村旅游，助推脱贫攻坚。巫溪县古路镇观峰村等9个村被列入全国首批乡村旅游重点村名录，黔江区濯水古镇等6个乡村旅游项目被列为全国乡村旅游发展典型案例。评定具有乡村旅游资源禀赋的国家A级景区13家。评选命名20家乡村文化乐园。评选重庆市休闲农业和乡村旅游示范乡镇105个、示范村（社区）182个、示范点301个。全年乡村旅游综合收入突破800亿元，同比增长18.2%。

三是扶智扶志工作进一步强化。扶贫题材话剧《薪火》成功驻演60余场。摄制以脱贫攻坚为主题的电视剧《麦香》，在中央一套黄金档播出。扶贫题材方言话剧《梦乡村》成功首演。7首扶贫题材音乐作品在《重庆艺术》杂志刊登。举办“艺术助力酉阳车田脱贫攻坚作品展”。指导万州区创作扶贫题材小品《药膳神厨》、情景剧《又见桃花开》、三人故事《面朝大海，山花烂漫》、金钱板《农家恋》《看老乡》等作品。

（四）坚持结果导向、落实精准要求，以不获全胜决不收兵的韧劲确保2019年底酉阳县车田乡全面脱贫

一是依托强化力量推动工作落实。两次召开扶贫集团成员会议，统一思想、聚集力量，共筹集帮扶资金1.18亿元。成员单位近600人次到车田乡调研，走访3000余户次。两次组织模拟第三方评估小组对全乡2501户进行遍访，全面排查“两不愁三保障”突出问题，并督促整改。建立“车田乡脱贫攻坚调度指挥系统”，实现“面对面”指挥调度脱贫攻坚工作。为驻乡工作队增派2名干部，委党委委员、副主任王增恂夫妇奔赴车田乡驻乡扶贫，为全市扶贫集团唯一示范。组织委机关公务员对车田乡122户建卡贫困户结对帮扶。

开展消费扶贫，扶贫集团在车田乡购买农副产品73.6万余元。

二是依托惠民政策充实薄弱环节。加快脱贫攻坚项目建设，完工94个项目，投资进度94%。"两不愁"方面：精准落实到户到人帮扶措施，实施土地流转惠及全乡贫困户，利用金融扶贫政策惠及199户贫困户，基本实现吃不愁、穿不愁。"三保障"方面：义务教育有保障，落实控辍保学机制，全乡义务教育阶段学生1252人全部享受教育资助政策，贫困学生504人；4所村小学校投用。基本医疗有保障：贫困户全部参保，贫困户目录内报销比例达90%；9所村卫生室投用，配村医4人。住房安全有保障，实施农村CD级危房改造193户，易地扶贫搬迁306户，完善配套设备。

三是依托优化结构增强发展后劲。加强产业发展指导，发展油茶15000亩、中药材4000亩、经果林1400亩、叶用枸杞400亩，生态山羊存栏3000余只。建成乡村旅游示范点4个，发展"桃源人家"233家。培育致富带头人18人，带动贫困人口90人增收；创建扶贫车间1个，带动贫困户就业7人；开展实用技术培训贫困户1020人，在家劳动力覆盖率100%。建立"租金＋薪金＋股金"利益联结机制，全乡15400亩土地实施流转，全覆盖626户贫困户。贫困发生率从2014年的24.13%降至2019年底的1.15%。

（五）坚持创新导向、聚焦重点项目，以更加饱满的热情推进鲁渝文旅扶贫协作更上台阶

一是两地文化旅游部门主要领导牵头推动。市文化旅游委刘旗主任与山东省文化和旅游厅王磊厅长互访3次，签署《2019年鲁渝文化和旅游扶贫协作协议》；委相关领导两次赴山东协调工作，山东省文化和旅游厅两次来渝对接工作。

二是打造"十万山东人游重庆"品牌活动。组织各区县在山东开展精品旅游线路推介活动10余场，开通济南至万州等旅游航线4条，开通"酉阳桃花源号"和"黔江濯水号"旅游扶贫专列2列。制定《鲁渝扶贫协作组织山东游客赴重庆贫困区县旅游奖励办法（试行）》，落实14个贫困区县34家A级景区对山东籍游客实施首道门票优惠，吸引山东游客来渝旅游。1—11月，接待山东籍来渝过夜游客154.3万人，同比增长8.05%，旅游消费达37.58亿元。

三是加快推进鲁渝文旅扶贫项目实施。在巫山县双龙镇等5个深度贫困乡镇试点建设留守儿童“梦想驿站”。在城口县、石柱县等贫困区县举办非遗扶贫培训班22个，培训贫困户、留守妇女等1100人，共建非遗扶贫工坊18个。因其带动贫困户、留守妇女等就业成效突出，全国妇联授予市文化旅游委“全国巾帼建功先进集体”荣誉称号。开展鲁渝扶贫协作各类文化旅游培训班14期，培训贫困区县和乡镇、村文化和旅游管理人员及带头人800余人，为贫困地区发展乡村旅游提供人才保障。引导30多家东部地区文旅企业赴贫困区县对接考察，签约投资文旅项目158亿元。

（六）坚持廉洁导向、强化督查审计，以更加务实管用的办法确保文化旅游项目资金得到有效监管

始终把纪律规矩挺在前面，严格落实廉政纪律要求，加强项目资金监管。按照市文化旅游委《委领导、机关处室、委属单位定点联系18个深度贫困乡镇方案》《关于开展脱贫攻坚资金监督和绩效管理工作的通知》要求，由16名委领导和总工程师、总经济师带领相关处室不定期赴18个深度贫困乡镇，对2017年以来文化旅游项目资金执行情况进行现场督导。印发《关于加大文化旅游专项脱贫攻坚资金预算执行力度的通知》，要求各相关区县文化旅游委抓好文化旅游脱贫攻坚重点项目资金执行工作，建立定期通报制度，进一步督促整改。对城口县、巫溪县等区县开展扶贫工程监管不到位项目进行核查验收，完成涉及市文化旅游委5个扶贫工程监管不到位项目的整改销号。委托会计师事务所对18个深度贫困乡镇文化旅游脱贫攻坚项目专项资金开展审计，确保文化旅游扶贫项目有序推进，保障资金得到有效使用。

二、存在问题及原因

一是乡村文化设施效能作用发挥不明显。主要由于乡村文化设施集中建设在乡镇、村公共文化服务中心，而广大乡村地区特别是贫困地区地广人稀且居住分散，导致设施覆盖群众少、使用率不高，后期管护缺乏长效机制。二是乡村文化旅游发展人才不足。主要因乡村地区生活条件艰苦，文化旅游从业人员待遇差，吸引不了人才也留不住人才。

三、下一步工作打算

（一）加大贫困地区乡村文化保护传承力度

建立文化旅游、住房和城乡建设、农业农村等部门联动机制，整合政策资金，推进贫困地区乡村文化遗产保护利用。开展贫困地区乡村文化遗产调查工作，制定乡村文化遗产保护利用计划。推动贫困区县乡村文化遗产纳入重点文物保护单位加强保护。推动农村地区历史文化名镇名村及传统村落的文物整体保护，改善乡村文物保护现状。传承弘扬中华优秀传统文化，振兴传统工艺，打造一批市级传统工艺工作站、非遗生产性保护示范基地、非遗保护特色小镇。

（二）大力推动文化服务进乡村

加强区县"三馆一中心"建设，完善文化馆图书馆总分馆制，增强公共文化服务能力。开展区县乡村文化、旅游等技术和管理人才培训，进一步提升服务能力。继续实施《深化文化脱贫攻坚行动方案》和《深度贫困乡镇文化脱贫攻坚行动计划》，聚焦贫困区县和深度贫困乡镇，扎实开展"六大攻坚工程""三建六送行动"，进一步把文化扶贫精准到乡镇、村社，扶志扶智助力脱贫攻坚。

（三）大力提升乡村旅游发展质量

加快实施《重庆市乡村旅游发展规划》《关于加快全域旅游发展的意见》《加快推进乡村旅游发展实施方案》等，大力发展贫困地区乡村旅游。加强乡村旅游与文化、医疗、体育、教育等融合，积极开发农业公园、休闲农场、乡村博物馆、乡村民宿等新业态新产品，引导乡村旅游向观光、休闲、度假复合型转变，向深度体验和个性化服务发展，提升乡村旅游产品附加值。加大贫困地区乡村旅游宣传营销力度，提升乡村旅游知名度，吸引更多游客到贫困地区旅游消费，带动贫困地区经济发展。

（四）加大对口帮扶工作统筹力度

加强市文化旅游委扶贫集团对口帮扶工作的统筹协调，联系各成员单位制定新年度帮扶计划。发挥驻乡、驻村干部作用，抓好帮扶协调工作。继续推进基础设施建设，确保各项工程顺利实施。继续推进产业扶贫开发，加大龙头企业引进力度，做实做强集体经济，落实利益联结机制，带动贫困户脱贫致富。

2019年重庆市文化和旅游系统人才队伍建设报告

人事处

2019年，我委高度重视人才工作，认真贯彻习近平总书记关于人才工作的重要论述和视察重庆重要讲话精神，按照文化和旅游部、市委市政府工作部署，始终把人才工作放在更加突出的位置，持续推动文化和旅游人才队伍建设，为文化和旅游事业产业发展提供人才智力支撑，取得了积极成效。

一、突出重点，高效推进，扎实完成中心工作

根据《重庆市科教兴市和人才强市行动计划（2018—2020）任务分工方案》、《2019年全市人才工作要点》等通知要求，扎实推进工作落实。

一是下发2019年度重庆市文化创意产业园评选通知，指导两江新区、江北区、九龙坡区等区县有针对性地开展园区创评工作。经专家评审、社会公示、委主任办公会审议，授予京渝国际文创园等7家单位为第二批市级文化创意产业园。各文创园通过社会招募、高校推荐等多种形式吸纳各类文化人才100余名。利用召开西旅会、文博会等大型节会活动的契机，组织园区及重点企业负责人进行学习培训。开办文化创意企业负责人交流沙龙和培训班，打造企业负责人学习、交流常态化平台。

二是组织市导游协会、市旅游协会等相关单位拟写了《导游服务质量等级评定》，由市导游协会报送市市场监督管理局，待市市场监督管理局组织

专家评审。下一步，将根据文化和旅游部工作部署，开展后续工作。

三是加大人才扶贫力度，按照文化和旅游部要求，开展“三区”文化工作者专项工作，今年共招募文化工作者 269 人、下派指导专家 22 人、培养区县骨干 14 人。举办文化旅游扶贫培训班 24 期次，培训区县文化服务和旅游扶贫骨干 750 人。

二、把握规律、精准定位，高效实施人才项目

聚焦高层次、紧缺人才，按照文旅融合要求，将现有人才项目优化整合，梯次培养人才。遴选推荐文化旅游行业领军拔尖人才申报国家级、省部级人才项目。2019 年，我委 2 人被评为享受国务院特殊津贴专家，5 人被评为市级工作室领衔专家或学术技术带头人，全市 20 人、5 个团队入选文化和旅游部人才培养项目。牵头实施重庆英才计划 · 名家名师项目（文化旅游领域），评出 10 名人选，给予科研经费支持其创作研究。持续开展旅游博士培养项目和文化领军人才项目，在培博士 17 人、文化领军人才 5 人。加大后备人才培养力度，2013 年招收并定向培养的川剧、杂技班学员已毕业工作，2019 年定向培养的杂技学员已入学。

三、点面结合、多管齐下，着力提升人才素质

一是开展培训。结合年度工作，着眼文旅事业大融合、大发展，印发《重庆市文化和旅游发展委员会关于做好 2019 年培训工作的通知》，统筹实施委机关业务培训，不断提升培训质量。2019 年举办培训项目 51 个，培训人员 1.8 万余人次。选派 70 余人参加国家相关部门组织的培训。

二是加强资格管理。组织 8255 人参加 2019 年全国广播电视编辑记者播音员主持人资格考试、导游资格考试、中高级导游等级考试（重庆考区），办理播音主持证、记者证 200 余件，发放资格考试合格证 253 件。举办文化、旅游、广电行业技能大赛 6 次，推出各类技能人才 1000 余人。

四、协同配合、形成合力，健全完善保障机制

一是畅通人才渠道。坚持普通岗位大范围公开招聘、急需紧缺人才小范围考核招聘等引才策略，支持文化和旅游事业单位、科研机构、企业等单位引进人才 300 余人。

二是完善规章制度。印发《重庆市文化艺术人才分类评价实施方案》，建立更加开放的人才评价渠道，构建文化艺术人才评价标准体系。制定《委属单位绩效工资分配方案》，建立以“履行公益职责、鼓励干事创业”为导向的绩效工资分配制度。

三是做好保障工作。发挥考核正向激励作用，将人才工作纳入委属单位目标考核内容，考核结果与绩效工资、干部任用挂钩，保证人才工作“虚功实做”。2019 年，我委多方筹措经费，投入 2700 余万元用于文化旅游人才培养培训、项目扶持等工作。

四是落实支持措施。优先推荐优秀人才作为市、区县两级党代会代表、人大代表、政协委员人选，优先推荐领军人才到国内学术组织、行业协会组织任职，补助科研经费用于文化旅游领域名家名师文艺作品生产，优先支持承担剧目创作生产、国际交流等项目，为人才成长营造良好氛围。

2019年重庆 文化和旅游系统党建工作报告

BLUE BOOK OF CHONGQING

组织干部处

2019年，市文化旅游委党委坚持以习近平新时代中国特色社会主义思想为指导，以全面落实新时代党的建设总要求为主线，坚持和加强党的全面领导，以党的政治建设为统领，围绕中心、服务大局，坚持守正创新，坚持问题导向和分类指导，扎实推进党建“五大引领行动”，委系统党建工作质量和水平进一步提高，基层党组织政治功能和组织力全面增强，党的建设成效不断转化为全市文化旅游发展实际成果。

一、坚持首位首抓，不断加强党的政治建设

（一）始终坚守正确政治方向

坚持时时处处事事维护以习近平同志为核心的党中央权威和集中统一领导、维护习近平总书记的核心地位作为第一位的政治要求，切实增强“四个意识”，坚定“四个自信”，深入贯彻落实习近平新时代中国特色社会主义思想和视察重庆重要讲话精神，认真执行党中央决策部署和上级党委决议决定，切实做到对党忠诚老实。坚决反对“七个有之”，全面彻底干净肃清孙政才恶劣影响和薄熙来、王立军流毒，自觉在思想上政治上行动上同党中央保持高度一致。

（二）**严守党的政治纪律和政治规矩**

认真贯彻落实《中共中央关于加强党的政治建设的意见》，严格执行《中国共产党纪律处分条例》《中国共产党重大事项请示报告条例》《中共中央政治局关于加强和维护党中央集中统一领导的若干规定》等党内法规，坚持"五个必须"，先后制定《中共重庆市文化和旅游发展委员会委员会工作规则》《重庆市文化和旅游发展委员会工作规则》以及办文办会办事、公文运行、督查考核、人事管理、财经制度、涉外管理等25个制度。坚持民主集中制，严格执行"三重一大"集体决策、"一把手"末位表态等制度，全年共召开26次委党委会议研究决策重大事项，均做到会前充分酝酿，会上各抒己见。

（三）**严肃党内政治生活**

党委带头认真学习贯彻《关于新形势下党内政治生活的若干准则》，严格落实组织生活制度，全年共召开3次民主生活会，严肃开展批评与自我批评。党委班子积极引领示范，党委委员带头落实双重组织生活制度，带头讲党课，党内政治生活的政治性、时代性、原则性、战斗性不断增强。委系统各党支部严格落实"三会一课"、组织生活会、民主评议党员、谈心谈话和主题党日活动，支部组织生活更加规范。全体党员干部主动交纳党费、参加组织生活、接受党的教育，积极参加重温入党誓词、"以案四说"警示教育、"不忘初心跟党走·红色快闪庆七一"等活动，"党员第一身份"意识、模范表率意识不断增强。

（四）**发展积极健康党内文化**

提炼红岩精神时代内涵，高标准建设红岩党性教育基地，用好红色资源服务党性教育、爱国主义教育和革命传统教育。红岩革命历史博物馆积极接待全市各部门、各单位主题教育班参观学习，讲好红岩革命故事，开展红岩精神主题党课，取得良好效果。市歌舞团、市歌剧院、市话剧院、市川剧院等单位编排打造《最美巴渝·感动重庆》《"不忘初心、牢记使命"主题党日音乐会》《幸存者》《红岩魂》等红色主题晚会、红色剧目，川剧《江姐》在国家大剧院成功上演，赢得广泛好评。通过党内政治文化的浸润滋养，营造了良好政治生态。

二、坚持理论武装，夯实守初心担使命思想根基

（一）深入学习贯彻习近平新时代中国特色社会主义思想和党的十九大精神

坚持用习近平新时代中国特色社会主义思想和党的十九大精神武装干部头脑，以学习贯彻习近平总书记视察重庆重要讲话和参加重庆代表团审议时重要讲话精神为重点，组织开展习近平总书记在庆祝新中国成立70周年大会上的重要讲话、在中央和国家机关党的建设工作会议上的重要讲话、在十九届四中全会上的重要讲话等专题学习，编发《习近平总书记关于文化和旅游工作的重要论述选编》。积极教育引导委系统干部职工在消化转化上下功夫，采取集中学习、交流讨论、自主学习、在线学习、观看新闻报道等多种方式增强学习针对性，将学习成果完整准确贯彻到各项工作之中，形成推动全市文化旅游高质量发展的生动实践。

（二）扎实推进“不忘初心、牢记使命”主题教育

把开展好“不忘初心、牢记使命”主题教育作为首要政治任务，多次召开党委会研究部署和推动主题教育工作，成立了主题教育领导小组及办公室，组建3个巡回指导组，全面加强对委系统基层党组织主题教育的指导。委党委班子发挥头雁效应，坚持以身作则、坚持以推进党的治理体系和治理能力建设为牵引，围绕“促进文旅深度融合”思考、谋划、推进委系统党建工作，创造性提出和实施党建引领方向、引领发展、引领创新、引领人才、引领作风“五大引领行动”，充分调动和发挥委系统各级党组织和党员干部的战斗堡垒和先锋模范作用。以上率下，带头落实理论学习、调查研究、检视问题和整改落实，委党委集中学习研讨达13天、调查研究40余次、立行立改问题32个，16名委领导讲专题党课22场次。认真贯彻落实“6个对照”“6个差距”和“4个防止”要求，突出问题导向，查找出委党委班子及班子成员82个问题限期整改；在委系统广泛深入开展8个方面专项整治，以实际行动兑现市委“三个确保”政治承诺。主题教育得到张鸣常委和市委主题教育巡回指导组的充分肯定。结合主题教育抓实“四力”教育实践活动，深入开展

大学习、大调研、大练兵等6个板块28项工作，加强新闻采编骨干、播音员、主持人、广电文艺节目创作人等培训培养，组织开展庆“七一”和庆祝新中国成立70周年等文化活动共90余场次。

（三）切实抓好经常性学习教育

常态化开展思想政治教育，年初制定学习计划，每月明确学习重点，多手段丰富学习载体，把习近平总书记系列重要讲话精神和指示批示、党章党规和文化旅游方针政策作为委系统各级党组织和党员干部学习的重要内容，通过中心组学习、会议传达、支部学习、专题讲座、辅导培训、警示教育、线上自学等形式开展教育。2019年，委党委共组织中心组学习18次，利用党委会集中传达学习113次，举办4期全市文化旅游融合发展专题培训班、1期党务工作者和纪检干部培训班、1期党员发展对象培训班，共轮训党员干部职工570余人次。

三、坚持实处着力，增强基层党组织组织力

（一）认真落实党建主体责任

委党委加强对委系统全面从严治党工作的领导，组织召开2019年党建暨党风廉政建设工作会，精心研究制定党建工作要点，明确目标任务，层层签订《全面从严治党和党风廉政建设责任书》，每季度及时制发党建工作计划，定期组织开展专题研究和督查，委党委班子成员定期听取分管处室和委属单位党建工作情况汇报，对责任落实情况实施全程监督，倒逼责任落实，推动形成了各级党组织履行主体责任、党组织书记履行第一责任人责任、班子成员落实“一岗双责”、基层党支部落细落实的党建责任体系。认真落实意识形态工作责任制，广播电视、网络媒体、文化旅游市场、文博场馆等各类主阵地得到有效监管。围绕迎接新中国成立70周年，深入开展安全播出大检查和问题隐患整改，有力确保了文化旅游领域意识形态安全。

（二）着力提升基层组织建设质量

认真贯彻落实《关于加强和改进中央和国家机关党的建设的意见》《中国共产党支部工作条例（试行）》，切实抓好基层党组织换届、党组织和党员

信息采集、党内统计、党费交纳、党员组织关系管理等常规工作。2019年，结合机构改革，调整设立30个机关党支部，完成12个委属单位党组织换届选举工作，配齐专兼职党务干部。对委系统纪检监察专兼职干部、委机关党务工作者、行业社会组织党支部负责人和党建工作指导员进行了全覆盖培训，培训委系统入党积极分子86名。持续加强机关党建“三基”建设和绿色机关建设，制定《关于以党的政治建设为统领深入推进机关党建工作“三基”建设的实施方案》《绿色机关建设工作方案》，明确并指导推进45项具体事项。指导文化旅游行业社会组织成立特设党支部30个，选派58名党建工作指导员，推进党的组织和党的工作“两个覆盖”。积极落实党建带群建工作要求，实行委领导联系党外干部制度。

（三）创新打造文化旅游党建品牌

组织开展“读原著学原文悟原理”读书分享会、廉政文化沙龙、红岩精神主题党课、“庆七一·颂党恩”诗歌朗诵比赛、“唱支山歌给党听”音乐会、“不忘初心、牢记使命”主题教育晚会等系列活动，形成了文化旅游党建新亮点。

（四）切实加强干部队伍建设

坚持新时期好干部标准，始终把政治标准放在第一位，严把人选政治关、品行关、廉洁关。落实选人用人全程纪实、干部选任事项报告、“一报告两评议”等制度，研究制定《领导干部选拔任用工作规则（试行）》。大力选拔敢于负责、勇于担当、善于作为、实绩突出的干部，共提拔5名机关干部到委属单位担任党政主要负责人，提拔5名80后干部任副处长，选派1名处级领导干部援藏，轮换2名优秀年轻干部到基层参加扶贫工作，组织7名机关干部和7名委属单位干部双向交流锻炼。按照《公务员法》和中组部、市委组织部工作部署，圆满完成委机关公务员职务职级套转工作，以及88名职级公务员首次晋升工作。加强人才队伍建设，委系统2人被评为享受国务院特殊津贴专家，5人被评为市级工作室领衔专家或学术技术带头人，全市20人、5个团队入选文化和旅游部人才培养项目。评出重庆英才计划·名家名师项目（文化旅游领域）10名人选，给予科研经费支持创作研究。持续开展旅游博士培养项目和文化领军人才项目，培养文化领军人才5人，在培旅游管理博士17人。加强干部日常监督管理，认真做好领导干部个人有关事项报告填报培训、校对录入及抽查核实工作，加强处级干部因私出国（境）管理，严格领导干部兼职审批，改进干部考核评价机制，制发《直属单位领导班子和领导干部年度考核办法》，开展委属单位班子回访，推动干部管理抓在日常、严在经常。

四、坚持严字当头，纵深推进纪律作风建设

（一）持之以恒加强作风建设

认真落实中央八项规定精神及习近平总书记关于力戒形式主义、官僚主义重要讲话和指示批示精神，贯彻落实中央“基层减负年”要求，制定出台切实解决形式主义突出问题工作措施 15 条，制发《经费管理办法》《机关公文制发管理办法》《机关食堂管理办法》《公务接待管理办法》等制度文件，着力解决政绩观错位、层层发文、层层开会、调查研究不实、督查检查考核过多过频等问题。常态化开展明察暗访，重点督查公车私用、公款吃喝、公款送礼、违规发放津补贴等“四风”易发问题，做到抓早抓小、防微杜渐。

（二）挺纪在前深化党风廉政建设

强化反腐倡廉教育，通过组织观看警示教育片、参观廉政教育基地、发送廉政信息等形式，引导党员干部保持清正廉洁的政治本色。常态化开展“以案四说”警示教育，委系统累计组织开展廉政教育类会议和活动 380 场次。强化监督执纪问责，落实党风廉政建设例行谈话制度，建立完善巡察工作机制，对基层党组织落实“两个责任”“三重一大”制度、民主集中制等情况“定期体检”，监督招投标项目 18 个。组织对市歌舞团进行专项巡察，对扶贫项目建设进展、18 个深度贫困乡镇扶贫资金使用情况开展监督检查。全年函询 24 人、约谈 5 人、诫勉 1 人、立案审查 1 人，线索处置 20 件次。

（三）积极支持配合做好巡视工作

充分认识巡视工作的重要作用和重大意义，积极支持配合市委第九巡视组开展听取汇报、个别谈话、查阅文件资料、召开座谈会、受理信访、下沉调研、提请有关单位协助了解情况等工作，确保接受巡视任务圆满完成。抓好中央关于扶贫工作巡视反馈意见整改落实，印发《关于〈中央脱贫攻坚专

项巡视反馈意见整改落实方案〉的通知》《关于支持贫困区县和深度贫困乡镇实施文化旅游帮扶政策措施及责任分工的通知》等，补齐短板弱项，推动文化旅游脱贫攻坚取得实效。

五、坚持凝心聚力，切实做好统战群团工作

（一）群团工作焕发新活力

充分发挥群团组织联系群众的桥梁纽带作用，认真落实工会会员福利，办理在职职工重大疾病互助保障和女职工特殊疾病保险，开展困难职工帮扶；关心职工身体健康，对新办公楼空气质量进行综合治理；成立舞蹈、书法、瑜伽、唱歌等兴趣小组；组织开展参观体验、观影观展、优秀剧目赏析等活动，不断提高干部职工文化素养。组织职工参加市总工会和市直机关工联会举办的广播体操比赛、公开水域游泳比赛、登山比赛、跳踢比赛等职工运动会；开展"微爱小书架"活动，号召干部职工给贫困儿童捐书捐物；组织妇女同志参加"感受传统文化、共享美好生活"妇女干部素质提升培训班；积极开展巾帼建功等系列活动，群团组织的政治性、先进性、群众性进一步增强，干部队伍活力进一步释放。

（二）统战工作取得新成效

坚持将统一战线工作纳入委党委重要议事日程，落实委领导联系党外代表人士制度，做大"朋友圈"、画大"同心圆"。加强党外干部队伍建设，选派 5 名党外人士参加市级部门无党派代表人士培训班，组织 54 名统战对象参加各类培训，着力提高党外干部综合素养；向市委统战部推荐党外优秀年轻干部 6 名、少数民族代表人士后备人选 9 名、民主党派人士储备人选 5 名。筹备成立重庆知联会文旅分会，将 41 名党外人士纳入会员。组织 5 名无党派文艺工作者赴巫溪县天元乡开展脱贫攻坚专项帮扶送文化送欢乐活动，受到市委统战部高度赞扬。努力挖掘民主党派历史文化资源，充分发挥民主党派重庆发展光辉历史示范作用，让更多的民主党派历史文化和旅游产品走出重庆、走出国门、走向世界，积极助推文旅融合发展。

BLUE BOOK OF CHONGQING

2019 年重庆文旅宣传工作报告

宣传处

一、抓好“双晒”活动，进一步促进文旅融合

在市委宣传部牵头统筹下，我委全程参与了重庆区县“晒文化·晒风景”大型文旅推介活动（以下简称：“双晒”活动）。“双晒”活动于 2019 年 3 月—8 月举行，覆盖全市所有区县，每周推出 2 个区县，引起社会广泛关注，成为城市形象推广的成功案例。活动期间相关图文、视频累计阅读量 25.5 亿人次，进一步坚定社会各界的文化自信、文化自觉，促进文旅融合发展，奏响文化旅游宣传推介“大合唱”。

二、突出文旅融合，进一步加大活动推广

一是成功推出“丽人行”西安快闪推广活动，快闪视频连续三天成为全国热搜，话题整体播放量近 2 亿次，“丽人行”IP 裂变式曝光超 10 亿次。二是与市网信办一起推出“行 · 重庆——2019 网络达人重庆行暨文旅融合金点子征集”活动，网上点击阅读量超过 35 亿人次。三是举办“2019 重庆—新加坡国际电竞嘉年华”活动，通过文旅 + 电竞的模式，增进两地青年了解，向新加坡传递我市的文旅形象。

三、举办节庆活动，进一步加强文旅宣传

一是3月份在巴南区成功举办了重庆春季旅游启动仪式，5月份在忠县成功举办中国旅游日重庆分会场活动，6月份在万盛经开区成功举办了重庆夏季旅游启动仪式，9月份在江津区成功举办了重庆秋季旅游启动仪式，活动以“山水之城·美丽之地”为主题，内容丰富、特色突出，得到了参会各级领导及社会各界的一致认可和好评。二是围绕“畅游渝东南，领略民族风”主题，指导黔江、武隆、石柱、秀山、酉阳、彭水、涪陵、南川等区县共同成功举办了第四届民族生态旅游文化节，安排旅游、文化主题活动30余个，推动了渝东南旅游经济带发展，促进了民族团结进步，加快了民族地区脱贫攻坚步伐。

四、开展交旅宣传合作，进一步打通宣传渠道

一是举办“山水之城·美丽之地”重庆机场大型宣传推广活动。与重庆机场集团有限公司合作，依托重庆航空口岸，组织24个区县在重庆机场T3航站楼推介宣传本地区文化旅游资源和文化旅游产品，以歌舞戏剧表演、民间艺术展示、民间手工艺制作、非物质文化遗产展示等方式，向中外游客大力宣传推介重庆的美景、美食和独具特色的巴渝文化。每月组织4至5个区县，每个区县每次3至4个专场。自5月份活动启动以来，共在重庆机场T3航站楼集中组织举办了近百场宣传推广活动，吸引中外游客数十万人次观看，部分游客亲自参与文化体验活动。新华网、人民网、上游新闻等主流媒体大力报道，进一步扩大了“山水之城·美丽之地”影响力。二是与高速公路集团联合开展“高速带我去旅游”宣传活动，并在万州召开新闻发布会。

五、深化媒体合作，进一步提高重庆知名度

一是与中央电视台、新华网、重庆日报、重庆电视台、华龙网、人民网

等媒体开展紧密合作，做好媒体服务。全年主流媒体共刊发10多个专版或专题。抓住旅游节、交易会以及各类旅游参与的其他活动的机会，全渠道、全过程宣传报道。二是全年主动提供新闻素材近100篇，媒体发稿、转载达3000余次。三是借助重庆文旅传播中心平台开展海外宣传。网站全年发布重庆文旅英文稿件约1500条，英文视频200个，重庆文旅素材累计海外网络展示7000万次。四是加强与重庆主流媒体合作，深入挖掘重庆旅游文化内涵，持续推出有内容、有影响的新闻报道。五是坚持移动端优先策略，充分利用网络媒体、新媒体传播快、范围广的特点，狠抓重庆文化旅游的宣传推介。

六、改版文旅宣传片，优化提升宣传品

今年与重庆广播电视集团（总台）一起围绕“三峡，山城，人文，温泉，乡村”，按照多面立体地展示重庆城市形象与人文气质和符合重庆市历史文化内涵与旅游资源禀赋的要求，形成7分30秒的重庆旅游宣传片。全片充满文艺气息，用优美的文字＋漂亮的美景，在2019年中国国际智能产业博览会上成功发布，打动了智博会观众和重庆市民的心，纷纷点赞，为大美重庆叫好。

BLUE BOOK OF CHONGQING

2019 年重庆市文化和旅游统计分析报告

科技与大数据处

2019 年，全市文化文物和旅游系统全面贯彻习近平新时代中国特色社会主义思想和党的十九大、十九届二中、三中、四中全会精神，深入落实总书记视察重庆重要讲话精神，按照总书记对重庆提出的“两点”定位、“两地”“两高”目标、发挥“三个作用”和营造良好政治生态的重要指示要求，坚持宜融则融、能融尽融，以文塑旅、以旅彰文，推动文化旅游深度融合、高质量发展，全面唱响“山水之城 · 美丽之地”，让八方游客在重庆“行千里 · 致广大”。

一、文化文物和旅游产业保持良好发展态势

（一）主要指标实现新提升

2019 年，全市实现文化产业增加值 956.9 亿元，同比增长 10.7%，占全市 GDP 比重为 4.1%，较 2018 年提高 0.1 个百分点；实现旅游产业增加值达 1028.07 亿元，同比增长 9.5%，占全市 GDP 比重 4.4%。全市接待境内外游客 6.57 亿人次，实现旅游总收入 5739.07 亿元，同比分别增长 10% 和 32.1%。

截至 2019 年底，全市新设立文化旅游市场主体 2.7 万余家，总数达 14.24 万家，同比增长 8.4%。其中，民营文旅市场主体新增 2.68 万家，总数达 13.8 万家。

（二）机构和从业人员稳中有升

2019 年，纳入统计范围的全市各类文化文物和旅游机构 9909 个，比 2018 年的 8923 个增加 11.05%，其中行政事业机构 1411 个，比 2018 年的 1356 个增加 4.05%，企业机构 8498 个，比 2018 年的 7567 个增加 12.30%；从业人员 91571 人，比 2018 年的 70644 人增加 29.62%，其中行政事业机构从业人员 12928 人，比 2018 年的 12409 增长 4.18%，企业机构从业人员 78643 人，比 2018 年的 58235 增加 35.04%。

表 1　2018、2019 年重庆市文化文物和旅游机构及人员情况

单位	机构数（个）			从业人员数（人）		
	2018 年	2019 年	同比增幅（%）	2018 年	2019 年	同比增幅（%）
总计	8923	9909	11.05	70644	91571	29.62
艺术表演团体（含非公有制院团）	1571	1646	4.77	17282	18235	5.51
艺术表演场馆（含非公有制场馆）	43	49	13.95	1393	698	−49.89
图书馆	43	43	–	1002	984	−1.8
文化馆	41	41	–	1027	998	−2.82
文化站	1027	1028	0.1	4648	4238	−8.82
艺术创作展览机构	10	12	20	105	103	−1.9
艺术教育业	2	2	–	538	449	−16.54
文化科研	1	1	–	37	37	–
文化市场经营机构	5958	5920	−0.64	39482	33681	−14.69
行政主管部门	40	40	–	1043	1648	58
其他文化机构	42	51	21.43	930	1073	15.38
旅行社		706			12375	
星级饭店		184			13609	
文物业	145	186	28.28	3157	3443	9.06

（三）文化（文物）事业投资增幅明显

1. 文化经费

全市文化部门2019年总收入37.75亿元，比2018年的33.41亿元增长12.99%，其中财政拨款24.15亿元，比2018年的21.28亿元增长13.49%。

从2015年到2019年的五年时间里，我市的文化事业费年平均增长7.28%。

2. 文物经费

2019年全市文物业总收入10.09亿元，比2018年的8.96亿元增长12.61%，其中财政拨款8.09亿元，比2018年的7.58亿元增长6.73%。由于近年来各级政府对文物工作的重视，财政对文物事业发展在大幅增加后进入相对稳定状态。

从2015年到2019年的五年时间里，我市文物业财政拨款年平均增长12.8%。

（四）旅游业实现了持续快速健康发展

据初步统计测算，2019年全市接待境内外游客6.57亿人次，实现旅游总收入5739.07亿元，同比分别增长10.0%和32.1%。其中：接待入境游客411.34万人次，实现旅游外汇收入25.25亿美元，同比分别增长6.0%和15.3%。在入境游客中，过夜游客297.11万人次，增长6.1%。

表2　2019年重庆市旅游接待及收入情况表

指　标	计量单位	绝对值	比上年增长（%）
接待境内外游客总数	万人次	65708.03	10.0
其中：入境游客	万人次	411.34	6.0
其中：入境过夜游客	万人次	297.11	6.1
国内游客	万人次	65296.69	10.1
旅游总收入	亿元	5739.07	32.1
其中：旅游外汇收入	亿美元	25.25	15.3
国内旅游收入	亿元	5564.61	32.5

1. 区域旅游协同发展

2019 年，"一区两群"各区域旅游业彰显特色、协同发展。渝东北三峡库区城镇群和渝东南武陵山区城镇群旅游接待及收入增速明显高于主城都市区。

表 3 "一区两群"旅游接待及收入情况表

区 域	接待人数		旅游收入	
	人数（万人次）	比上年增长（%）	金额（亿元）	比上年增长（%）
全 市	65708.03	10.0%	5739.07	32.1%
主城都市区	41816.35	6.9%	3495.84	28.2%
渝东北三峡库区城镇群	12337.69	15.8%	1126.95	38.5%
渝东南武陵山区城镇群	11553.99	16.2%	1116.28	38.9%

2. 假日旅游持续火爆

"春节""国庆"两个长假和"元旦""清明""五一""端午""中秋"五个小长假，全市共接待游客 15907.95 万人次，占全年接待游客总量的 24.2%；实现旅游收入 880.62 亿元，占全年旅游总收入的 15.3%。

表 4 2019 年节假日旅游接待及收入情况表

项目	接待人数		旅游收入	
	人数（万人次）	比上年增长（%）	金额（亿元）	比上年增长（%）
合计	15907.95	11.2	880.62	33.2
长假小计	8585.59	10.4	367.91	33.8
春节	4725.98	10.3	180.29	34.8
国庆	3859.61	10.6	187.62	32.8
小长假小计	7322.36	12.3	512.71	32.7

（续 表）

项 目	接 待 人 数		旅 游 收 入	
	人数（万人次）	比上年增长（%）	金额（亿元）	比上年增长（%）
元旦	1184.26	16.8	78.16	28.7
清明	1361.71	12.8	100.89	35.2
五一	2559.65	10.6	200.16	33.5
端午	1046.58	10.8	64.11	32.6
中秋	1170.16	11.3	69.39	32.1

注：比上年增长按同口径统计测算。

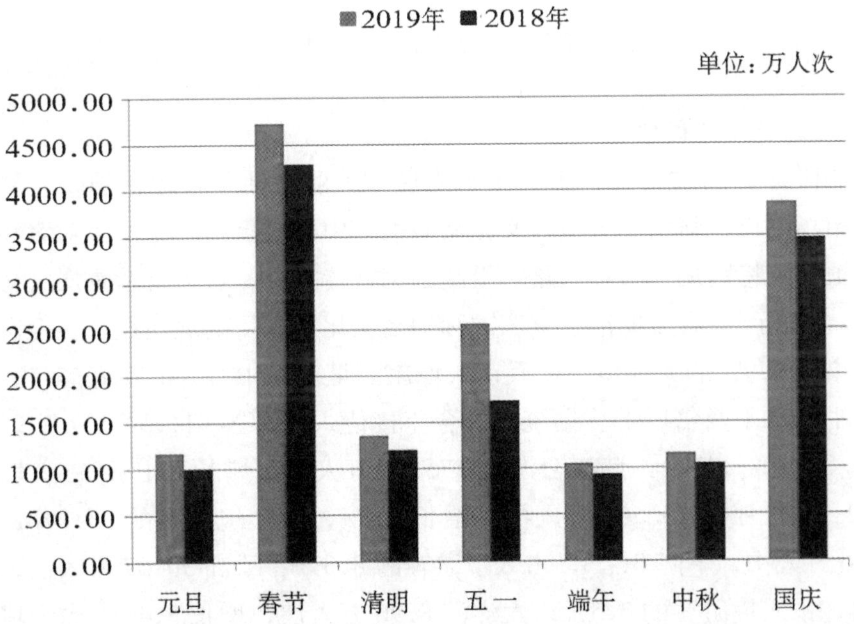

图 3 2019 年长假和小长假旅游接待情况

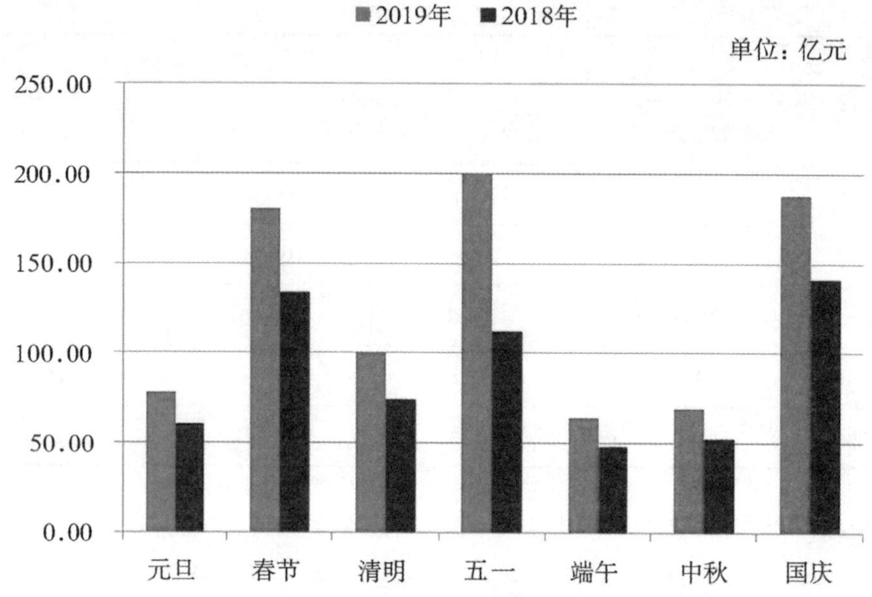

图 4　2019 年长假和小长假旅游收入情况

3．入境旅游稳中有升

2019 年，通过持续扩大“山水之城 · 美丽之地”宣传，创新开展五大区域市场推广，新增 7 个境外文化旅游推广中心，多措并举加大对客源地国家（地区）特别是“一带一路”沿线国家宣传推介，着力打造重庆文化旅游“国际会客厅”，有力助推了重庆国际知名文化旅游目的地建设。在全国入境旅游增长 2.9% 的大环境下，我市入境旅游呈现稳中有升的良好态势，高于全国平均水平两倍以上。据统计，全年接待入境游客 411.34 万人次，比上年增长 6.0%。其中：港澳台游客 176.41 万人次，增长 5.1%，占入境游客的 42.9%；亚洲 136.63 万人次，增长 9.6%，占入境游客的 33.2%；美洲 34.36 万人次，下降 0.7%，占入境游客的 8.3%；欧洲 30.67 万人次，下降 3.8%，占入境游客的 7.5%；大洋洲 8.96 万人次，增长 5.4%，占入境游客的 2.2%；非洲 1.4 万人次，下降 6.4%，占入境游客的 0.3%；其他 22.91 万人次，增长 20.2%，占入境游客的 5.6%。

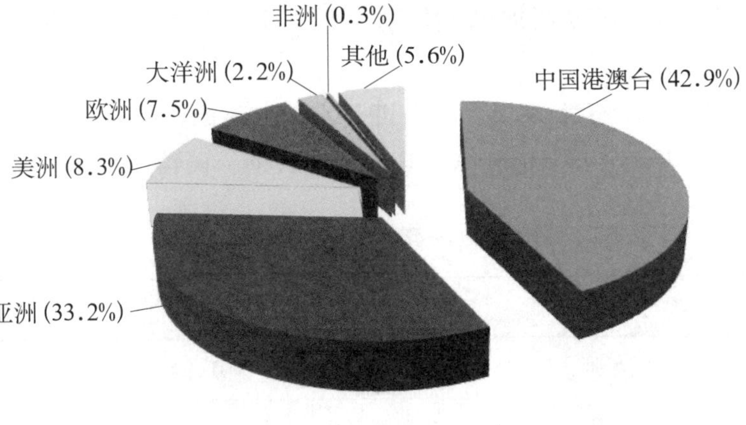

图 5　2019 年接待入境游客分区域占比情况

入境游客前 3 位的区域为：中国港澳台、亚洲、美洲；入境旅游人数前 5 位的国家为：韩国、美国、日本、马来西亚、泰国。

4. 旅游市场主体更加健全

2019 年，全市旅游业态体系不断丰富，旅游市场主体更加健全。2019 年末，全市共有旅行社 673 家，其中出境旅行社 96 家；拥有星级旅游饭店 173 家，其中：五星级 27 家，四星级 51 家；拥有国家 A 级旅游景区 242 个，其中：AAAAA 级景区 8 个，AAAA 级景区 106 个；拥有市级以上旅游度假区 17 个（含国家级旅游度假区 1 个），全国五星级温泉旅游企业 3 家，国家中医药健康旅游示范区 1 个，国家中医药健康旅游示范基地 2 个。

2019 年末，全市旅游从业人员 320.76 万人，其中：直接从业人员 53.46 万人。全市持有电子导游证导游 11750 人，其中：特级 1 人，高级 45 人，中级 267 人，初级 11437 人。

（五）公共文化旅游服务提档升级

1. 公共图书馆服务能力不断提高

全市公共图书馆现有总藏量 1901.34 万册，另有电子图书 1471.75 万册，全年总流通人次 1598.44 万人次，有效借书证 229.48 万个，阅览室座席数 31181 个，本年新增藏量 93.4 万册，新增电子图书 64.98 万册，全市公共图书馆为读者组织各类讲座 1499 次，20.93 万人次参加；举办展览 1060 个，

167.52万人次参观；举办培训班1557个，11.34万人次参加。实际使用房屋建筑面积36.98万平方米。

文化馆图书馆总分馆制建设全面推进，实现全覆盖，40个区县投入资金2.1亿元，建成1433个图书馆分馆，其中民办公助、民营馆105个。

表5　2018、2019年公共图书馆基本情况

		2018年	2019年	同比(%)
总藏量	万册	1807.94	1901.34	5.17
电子图书	万册	1406.77	1471.75	4.62
总流通人次	万人次	1604	1598.44	−0.35
阅览室座席数	个	30010	31181	3.90
建筑面积	万平方米	36.19	36.98	2.18

2. *群众文化生活更加丰富*

全市1069个群众文化机构，共举办展览6767个，组织文艺活动33324次，组织公益性讲座837次，举办各类训练班25593次，文化服务惠及人次达2374.47万人次。指导馆办文艺团体126个，馆办老年大学28个，群众业余文艺团队8633个。

表6　文化馆（站）活动场次

		2018年	2019年	同比(%)
文艺活动	场次	30435	33324	9.49
展览	场次	6665	6767	1.53
训练班	场次	25831	25593	−0.92
讲座	场次	731	837	14.50
总计	场次	63662	66521	4.49

全市文图两馆总分馆实现全覆盖，共建成图书馆总馆43个、分馆1433个，文化馆总馆41个、分馆1038个。累计建成24小时自助图书馆85个，提档基层综合文化服务中心1484个。完成流动文化进村4.07万场次。举办庆祝新中国成立70周年群众合唱音乐会等各类群众活动1000余场，专题展览29个。

3. 旅游公共服务明显提升

全国公共文化领域重点改革任务暨旅游厕所革命工作现场推进会在渝成功召开；新改建旅游厕所951座。建成运营7个市级旅游集散中心、22个区县旅游集散分中心。全国首个过江索道5G网络建设项目在长江索道投入商用。创建评定AAAAA级旅游景区1个、AAAA级旅游景区18个，新评定五星级旅游饭店1家。重庆文旅大数据发布会成功举办，上线“惠游重庆”“金牌解说”等小程序。组织实施文旅融合、融媒体规范化建设等培训项目24个，培训2400余人次；14人入选文化和旅游部人才项目，7人（次）入选市级以上各类专家库。

（六）文艺精品力作大量涌现

杂技剧《大禹》、民族管弦乐音乐会《思君不见下渝州》、京剧《双枪惠娘》《秦良玉》成功立上舞台，市委主要领导出席观看《思君不见下渝州》首演并给予肯定。舞剧《杜甫》、川剧《江姐》、歌剧《尘埃落定》、芭蕾舞剧《追寻香格里拉》等8个作品入选第十二届中国艺术节、罗马尼亚锡比乌国际戏剧节等国内外重要艺术展演和交流活动。文化和旅游部雒树刚部长对川剧《江姐》高度评价；舞剧《杜甫》荣获第十六届中国文化艺术政府奖文华大奖——提名剧目奖；川剧《江姐》获评全国优秀红色旅游演艺作品；群舞《龙把子》摘得第十八届群星奖；原创魔术节目《仙人摘豆》斩获第十三届“金手杖”魔术大会近景组金奖；雕塑《烈焰青春》荣获第三届“中国美术奖”金奖；36件油画作品、23件雕塑作品入选第十三届全国美术作品展览；27个项目成功入选国家艺术基金2019年度资助项目；电视剧《共产党人刘少奇》等10部作品摘得国内外大奖。舞剧《杜甫》开创重庆大型舞剧走出国门商演先河，杂技秀《魔幻之都·极限快乐·SHOW》填补主城无驻场旅游演艺空白。全国美展首次落户重庆，我市59件作品入选展览。圆满完成庆祝新中国成立

70 周年国庆彩车巡游文艺表演，铜梁龙舞和大足鲤鱼灯亮相庆祝新中国成立 70 周年联欢活动，市文化旅游委被评为国庆 70 周年重庆晋京游行展演先进集体。

（七）文博事业稳步发展

1. 抓文物保护

研究出台我市关于加强文物保护利用改革、推进革命文物保护利用工程（2018—2022）等 2 个重要文物保护政策。我市进入长征国家文化公园建设名单，酉阳等 9 个区县纳入国家首批革命文物保护利用片区分县名单。着眼把大足石刻保护好研究好利用好，投资 1.4 亿元实施重点文物保护项目 13 项，大足石刻研究院升格为副厅级事业单位；出版《大足石刻全集》，填补我国石窟寺考古和科研空白。全年新增全国重点文物保护单位 11 处、总量达 64 处；新公布市级文物保护单位 103 处、总量达 372 处；先后实施重点文物保护项目 251 个，开工实施大足石刻宝顶山卧佛修缮工程等国保项目 114 个。钓鱼城遗址、白鹤梁题刻成功入选全国 5 个申遗重点培育项目，钓鱼城范家堰南宋衙署遗址获评“全国十大考古新发现”，“荣昌陶器制作技艺”入选“国家级非遗代表性项目优秀保护实践案例”名单；新增市级非遗代表性项目 196 项，市级非遗代表性项目达 707 项。

2. 抓博物馆建设

新建成开放重庆工业博物馆、重庆抗战戏剧博物馆等 7 家，故宫文物南迁纪念馆成功落户；三峡博物馆成功创建全国仅 2 家的国家文化和科技融合示范基地，并成为西南地区唯一的全国重点文物科研基地，推出的《盛筵——见证〈史记〉中的大西南》获第十六届全国博物馆十大陈列展览精品奖；湖广会馆、国民政府警察局旧址入选国家文物局文物建筑开放利用案例。2019 年，全市博物馆总量增至 104 家，接待游客首次突破 3000 万人次，营业收入增长 25.7%；全市纳入统计的 21 个红色旅游景区接待游客 2333 万人次，同比增长 25.5%。其中，红岩联线红色旅游系列景区（红岩革命历史博物馆）接待观众 1150 万人次，同比增长 11.5%，排名全国第二，仅次于故宫博物院；在中国旅游研究院发布的“2019 年游客喜爱的红色旅游目的地”排行榜位列第二。

截至 2019 年底，全市各类藏品数 62 万余件。2019 年，博物馆基本陈列 248 个，举办临时展览 387 个，接纳观众 3793.425 万人次，其中免费开放接待观众 3362.664 万人次，免费开放观众人次占 88.64%。非免费开放博物馆门票销售收入 1.1240 亿元。

（八）打好“五张牌”取得阶段性进展

连续两届举办大三峡旅游发展论坛、世界大河歌会，三峡库区接待游客 1.23 亿人次，实现旅游收入 1126.95 亿元，同比分别增长 15.8%、38.5%；三峡游轮游船共接待游客 109.72 万人，同比增长 10.8%。“网红景点”旅游异常火爆，市文化旅游委牵头，公安、交通、城管等市级部门联合采取改善景区交通环境、引导市民错峰出游、延长国庆灯光秀等应对措施，取得良好社会效应，央视新闻和人民网报道“重庆是最宠游客的城市”。杂技秀《魔幻之都·极限快乐 Show》正式在国际马戏城驻场演出，填补主城无驻场旅游演艺空白。举办第二届中匈温泉产业发展高峰论坛，引入世界级温泉康养品牌与产品体系“黑维兹”，全力打造“世界温泉谷”。全市 9 个村被列为全国首批乡村旅游重点村，6 个乡村旅游项目被列为全国乡村旅游发展典型案例；加大对口扶贫和鲁渝文旅扶贫协作力度，抓好“十万山东人游重庆”等活动；全市乡村旅游综合收入 812 亿元，同比增长 20%。2019 年因文化和旅游业带动，全市住宿业、餐饮业营业额同比分别增长 11.5%、13.5%。《2019 年中国大陆民宿业发展数据报告》显示，我市民宿数量全国第一、好评率进入全国省级行政区前十。我市连续三年在界面新闻“中国旅游业最发达城市”排行榜位列第二、在界面新闻“2019 中国最具性价比旅游城市”排行榜位列榜首；在中国旅游研究院主办的“2019 中国夜间经济论坛”获评 2019 年全国夜间经济十强城市第一名，被中国旅游研究院评为“2019 年旅游服务质量十强城市”。

（九）文化与旅游宣传推介进一步加强

“晒文化·晒风景”大型文旅推介活动晒出文旅融合新举措，成为文旅营销、经济美学的创新范例，累计阅读量达 25.5 亿人次，被赞誉为“城市文旅品牌提升与传播的经典创意”，受到中宣部、国家新闻出版广电总局肯定。对全市景区导游词从人文、历史等角度进行提炼优化，规范完善导游词622篇、333万余字，并同步落地推广。连续两年举办全球旅行商大会，成功推出“重庆文旅融合发展全球金点子大赛”“丽人行”西安快闪推广活动；全市首家“国际青少年研学旅游基地”“重庆国际交流研究中心”正式成立，设立ichongqing国际文化旅游传播中心和17个重庆文化旅游境外推广中心；我市影视作品首次输入南美洲秘鲁和智利，首家重庆火锅文化旅游海外形象店落户白俄罗斯明斯克，重庆文化旅游“走出去”战略稳步推进。2019年，全市共接待入境游客411万人次，同比增长6%，远高于全国3%的平均增幅，入境游市场实现“逆势上扬”。先后完成2019上海合作组织地方领导人会晤、中新双边合作机制会议等7场重要外事演出，重庆元素连续亮相“世界十字路口”纽约时代广场跨年夜和央视春晚，央视新闻报道重庆是“最宠游客的城市”，我市荣获2019亚洲旅游“红珊瑚”奖——十大最受欢迎文旅目的地和全国“十大工业旅游城市”，成为全国唯一播放量超百亿的“抖音之城”。

（十）文化旅游市场平稳有序

全面建立文化和旅游市场月点评、季通报、年考核管理制度，扎实开展文旅市场“百日攻坚”“三峡游”“一日游”等专项整治行动，全市旅游投诉案件同比下降10%以上。《重庆青年商务国际旅行社擅自变更行程案》被评为“2017—2019年度全国文化市场综合执法优秀案卷”9大案卷之一，重庆旅游市场整治工作走在全国前列，被确定为全国旅游市场整治工作交流会做经验交流的唯一省级单位。围绕市委市政府“山城旅游、安全至上”的目标任务，坚决确保了全年文化旅游安全事件“零发生”。顺利通过中央扫黑除恶专项斗争“回头看”整改验收。在全国率先组建市安委会旅游安全办公室，与17个市级单位整体联动、共抓落实。在迎接庆祝新中国成立70周年安全维稳工作中成绩突出，受到市委市政府通报表扬。全国旅游安全培训与应急演练大会，我市文化旅游安全工作进行了经验交流，为重庆争得了荣誉。新创建平安景区18个、重庆市平安示范景区2个。市文化旅游委连续两年被市安委会、市减灾委评为安全生产和自然灾害防治工作先进等次。

表 7　重庆市文化市场经营机构基本情况

	2018 年		2019 年	
	机构数（个）	从业人员（人）	机构数（个）	从业人员（人）
总计	7533	56580	7626	53892
娱乐场所	1998	17263	1814	14976
互联网上网服务营业场所（网吧）	3443	13979	3548	11999
非公有制艺术表演团体	1549	15862	1658	18803
非公有制艺术表演场馆	26	1236	53	1459
经营性互联网文化单位	328	5118	308	4494
艺术品经营机构	122	409	154	618
演出经纪机构	67	2713	91	1543

1. 演出市场规范有序

非公有制艺术表演团体 1658 个，比 2018 年的 1549 个增长 7.04%；国内演出 20.61 万场，国内演出观众人次 2964.77 万人次，其中农村演出 18.4 万场，观众 2000.37 万人次。在很大程度上缓解了国有艺术表演团体因机构少、人手不够而造成的覆盖面不广的影响，有效地满足了广大农民群众看演出的需求。

2. 娱乐业清理整顿良性发展

娱乐业机构数、从业人员、资产和收益全面下滑。2019 年我市组织开展了文化市场清理工作，清除了“僵尸企业”，小、散、差的经营场所被逐渐淘汰。

表 8　娱乐场所两年对比情况

指 标	2018 年	2019 年	变化幅度（%）
机构数（个）	1998	1814	−9.20
从业人数（人）	17263	14976	−13.25
资产总计（亿元）	30.05	21.13	−29.68
营业收入（亿元）	18.92	15.96	−15.64

3. 上网服务营业场所转型升级

随着互联网的发展和移动终端产品大量普及，以及网络文化产品特别是大型游戏产品的不足，上网服务场所进一步转型升级，行业各主要指标大幅下降，市场投资和经营更趋理性。

表 9　上网服务营业场所两年对比情况

指 标	2018 年	2019 年	变化幅度（%）
机构数（个）	3443	3548	3.05
从业人数（人）	13979	11999	−14.16
资产总计（亿元）	22.36	17.51	−21.69
营业收入（亿元）	13.83	9.98	−27.84

4. 旅游市场环境不断净化

《中国旅行社总社有限公司重庆分社以不合理的低价组织旅游活动案》作为全国旅游业唯一案例入选中国法律服务网案例库。市旅游监察执法总队去年被表彰为“全国文化市场十大案件办案单位”，今年办理案卷又获评“全国文化市场综合执法九大最佳案卷”，是全国省级旅游执法机构连续两年唯一入选单位，今年以来，联合公安、市场监管等市级部门开展综合执法，累计检查督导旅行社（分社及服务网点）、A 级景区等旅游企业 12000 余家次，检查督导旅游团队、导游领队 5000 余次，共立案 220 件，做出行政处罚决定

152 件，累计罚没款 160 余万元，责令 11 家旅行社停业整顿，处理“四黑”问题 25 件，如期完成中央扫黑除恶第 9 督导组反馈问题整改工作，旅游投诉案件同比 2018 年下降 10.9%。

二、主要问题

（一）财政投入总量仍显不足

虽然文化（文物）的总收入和财政投入逐年有所提高，但基数太低、总量不足，文化事业费排在全国各省市中间偏后，在西部也仅处于中游水平。人均文化财政拨款经费不足上海的三分之一。

表 10　2019 年文化事业费情况对比（直辖市）

	文化事业费（万元）	位次	人均文化事业费（元）	位次	文化事业费占财政支出的比重（%）	位次
重庆	241452	3	77.29	4	0.50	3
北京	474695	2	220.38	2	0.64	2
天津	170602	4	109.77	3	0.49	4
上海	629480	1	259.26	1	0.77	1

表 11　2019 年文化事业费情况对比（西部）

	文化事业费（万元）	位次	人均文化事业费（元）	位次	文化事业费占财政支出的比重（%）	位次
重庆	241452	6	77.29	7	0.50	6
四川省	472219	1	56.38	10	0.46	8
贵州省	185675	9	51.25	11	0.31	12
云南省	388802	2	80.03	5	0.67	2
西　藏	102479	11	291.96	1	0.47	7

（续 表）

	文化事业费（万元）	位次	人均文化事业费（元）	位次	文化事业费占财政支出的比重（%）	位次
陕西省	245213	5	63.26	9	0.43	9
甘肃省	204940	7	77.42	6	0.52	5
青海省	125985	10	207.21	2	0.68	1
宁　夏	82222	12	118.31	3	0.57	3
新　疆	193045	8	76.51	8	0.37	11
内蒙古	285708	3	112.48	4	0.56	4
广西壮族自治区	251940	4	50.79	12	0.43	9

（二）产业发展规模有差距

企业规模、影响力较小，我市文化产业增加值仅占 GDP 的 4%；入境游客占比不到 1%，过夜游客占比仅为 15% 左右，低于四川的 35.9%、陕西的 25.8%；游客次均旅游消费 873 元，低于全国 1025 元的平均水平。

（三）产品打造有差距

拳头产品还不够强，产品供给还不够丰富，缺乏有文化内涵和影响力的精品，在人文资源挖掘、文创产品开发等方面差距不小。

（四）基础配套设施建设有差距

全市对外大通道还在建设中，旅游景区环线尚未连通，“最后一公里”仍未畅通，长江三峡沿线旅游码头建设滞后，文旅配套设施还不够完善，剧场、仓库等市级国有文艺院团运行核心资源配置缺乏。

（五）专业技术人才匮乏，急需引进和培养高素质人才

2019 年，我市文化系统从业人员 11123 人，其中专业技术人员 3960 人，占从业人员总数的 35.6%，其中高级职称 588 人，占从业人员总数的 5.28%，中级职称 1098 人，占从业人员总数的 9.87%。专业技术人员总数少，所占比重偏低，各门类人才不够齐全。

表 12　2019 年公共文化设施从业人员及职称构成情况

	机构数（个）	从业人员数（人）				
			专业技术人才（人）			
				正高级职称（人）	副高级职称（人）	中级职称（人）
公共图书馆	43	984	603	31	92	268
文　化　馆	41	998	692	26	100	292
文　化　站	1028	4238	1069			
美　术　馆	11	88	63	5	15	24

在全市持有电子导游证的 11750 名导游中，特级和高级占比极低，分别占总人数的 0.01% 和 0.38%。

三、下一步工作打算

（一）着力稳企业保就业

守住“六保”底线，将文旅企业经营回稳放在首位，开展疫情影响摸底调查；及时调整优化 2020 年度文旅产业资金使用方向，发挥资金杠杆作用，强化对文旅企业的金融支持；加强对文旅企业财税、社保、稳岗、能源、金融等方面的政策支持，协调金融机构加大支持力度，确保企业活下去，就业多起来。

（二）着力促改革增动能

深化市场化要素配置，健全文旅产业市场化融资机制，全力推进筹设文化创意产业基金和文旅产业基金；谋划开展试点，探索建立文旅价值信用评价体系和信用贷款风险补偿基金，为轻资产融资增信，破解中小微文化企业融资难题。

（三）**着力抓项目强效益**

融入“成渝地区双城经济圈”建设，与四川合力打造巴蜀文化旅游走廊，重点构建成渝互通的游客集散中心体系、区域文旅环线、文旅“一卡通”和重大文旅节会；推进大健康与大文旅深度融合，引入世界级生态康养品牌，建设世界一流温泉疗养胜地，以渝东南和渝东北为重点打造立体气候四季康养项目集群。

（四）**着力抓机遇占高地**

聚焦文旅“新基建”，加快打造“智慧文旅广电云”，抓好国家有线电视网络整合与广电 5G 一体化发展试点，积淀重庆文旅数字资产；全面深化“互联网 +”战略，谋划建设 5G 数字文旅产业园，发展文旅科技与数据要素市场，构建数字影音、动漫游戏、创意设计产业生态。瞄准西部文旅产业空白，争取文化和旅游部支持，推动布局建设对外文化贸易基地、文旅装备制造产业园和西部演艺产业集聚区。

（五）**着力抓营销兴市场**

以“晒旅游精品 · 晒文创产品”为主题，贯穿全年开展主题宣传周、文旅产品设计大赛、区县长直播带货等活动，推介各区县文旅亮点和文创特产。举办第五届“重庆文化旅游惠民消费季”，开展线上文旅集市、线上音乐节、直播带货等创新活动，繁荣街头表演、地摊经济等“烟火气息”。做强夜间文旅经济，擦亮“山城夜景”金字招牌，推出夜间博物馆、夜游景区、文创夜市等夜游线路，打造全国领先的夜间文旅消费集聚区。

BLUE BOOK OF CHONGQING

2019年重庆公共文化旅游服务体系建设报告

公共服务处

2019年，是新中国成立70周年，也是实现文化和旅游融合发展的开局之年。我们紧紧围绕建设国际知名文化旅游目的地战略目标，以服务发展、服务民生为主线，以改革创新为动力，以公共财政为支撑，以基层为重点，保基本、促公平、提效能，完善政策、创新机制、加大投入、丰富供给，全市公共文化旅游服务保障能力明显提升。

一、以全覆盖为目标，公共文旅设施不断完善

（一）传统文化阵地

不断完善文化公共服务政策，加大财政资金投入保障，新建设、改建、提档升级一批图书馆、文化馆、博物馆以及乡镇（街道）文化站、村（社区）综合文化服务中心等公共文化设施，持续巩固传统文化阵地。截至2019年底，全市有公共图书馆43个、文化馆41个、美术馆8个，图文两馆达国家等级馆率分别为100%、95.12%，我市每万人拥有“三馆一站”面积增至640平方米，超过全国平均水平；建成794个乡镇、223个街道、7992个村、3107个社区综合文化服务中心，覆盖率分别达到99.5%、99.11%、99.92%、99.59%，市级重点项目市少儿图书馆新馆建设项目顺利开工；建成8318个农家书屋，10000余个农村文化中心户（文化大院）建成博物馆105个。实施区县广播电视台标准化建设，全市6家广播电视台达到一级台标准，21家广播电视台

达到二级台标准，12 个广播电视台或新闻中心达到三级台标准；改造高山无线发射台站 50 个。

（二）**新型文化阵地**

充分利用互联网、大数据、云计算等现代信息技术手段，打造数字新文化阵地。截至 2019 年底，建成数字图书馆 43 家、数字文化馆 43 家、85 个 24 小时自助图书馆；建成交互式网络电视（IPTV）集成播控平台，用户数达 200 余万个；进行有线网络数字化双向改造，在册用户数达到 688 万个；“巴渝文化云”“群众文化云”改版上线，惠及群众 650 万人次。实施公共数字文化地方资源项目 157 个，数字资源总量已达 200TB。

（三）**旅游公共基础设施**

大力推进全域旅游基础设施与公共服务设施建设提升。截至 2019 年底，国家 A 级旅游景区设施配套完善率达到 100%，建成运营 8 个市级旅游集散中心、22 个区县旅游集散中心、区县游客咨询中心 39 个；建成旅游厕所 4788 座，其中 2019 年建设 951 座，超计划 11 座，全市景区景点、主要旅游线路、旅游步行街区旅游厕所全部达标。全域旅游云建设加速推进，免费 WiFi、移动通信网络、视频监控景区全覆盖基本实现，旅游信息咨询、分时预约、酒店预订等服务功能不断完善，旅游公共信息服务智慧化水平逐步提升。

二、以人民为中心，产品供给不断丰富

（一）**繁荣文艺精品创作生产**

积极实施好“精品工程”，培育具有鲜明地域文化特色的精品力作。截至 2019 年底，新创排演舞台艺术重点剧目 32 台，荣获省部级以上重要奖励和资助 100 余项。话剧《幸存者》荣获中宣部“五个一工程”优秀作品奖，杂技剧《花木兰》、话剧《三峡人家》、歌剧《钓鱼城》入选国家舞台艺术精品工程重点资助剧目，舞剧《杜甫》荣获中国舞蹈“荷花奖”舞剧奖；拍摄电视剧 57 部 1866 集，《风云年代》《棒棒的幸福生活》《娘亲舅大》《突围突围》《喋血长江》《勇者胜》等 27 部电视剧分别登陆中央一套、中央八套或省级卫视播出。

（二）群文活动丰富多彩

创新群众文化活动的组织方式，突出群众主体地位，让群众成为文化创造的主体，新创作优秀群文作品获奖数量居全国前列。2019 年，我市有 5 件文艺精品入围第十八届群星奖决赛，原创群舞《龙把子》斩获群星奖；举办庆祝新中国成立 70 周年群众文艺活动 1000 余场，覆盖全市所有区县，并成功举办“重庆市庆祝中华人民共和国成立 70 周年群众合唱音乐会”，来自 25 个区县合唱团的 1700 余名演出者，为市民献上了一台高水准的合唱音乐会，用文艺的形式礼赞新时代；“我爱你中国——欢跃四季 · 舞动巴渝”2019 重庆市广场舞展演共开展 337 场基层海选与区县选拔展演，吸引了 2274 支队伍、5 万多名广场舞爱好者参与；“阅读之星”市民诵读大赛 12 万人录音，6 万余人参赛，掀起阅读热潮；“红岩少年”活动成功举办少儿诵读、讲故事、亲子阅读等三项大赛，吸引 685 所中小学的 10781 名选手参赛，投票及观看人次 250 万。

三、以惠民为宗旨，公共服务效能稳步提升

认真贯彻落实国家公共文化旅游服务的相关标准，充分保障市民文化和旅游权益。截至 2019 年底，全市公共图书馆、文化馆和乡镇（街道）综合文化站、村（社区）文化室全部实现免费开放，美术馆免费开放 11 家，年服务群众 4700 万人次以上。博物馆免费开放 87 家，每年推出展览约 200 个，接待观众近 3000 万人次。流动舞台车（含流动舞台）、流动图书车年惠及群众 230 万余人次。全民阅读活动广泛开展，年开展活动 8000 场次，重庆图书馆与主城九区图书馆实现“一卡通”。通过直播卫星提供 100 余套广播电视节目，通过无线数字提供 15 套以上电视节目。公共文化物联网升级为群众文化云，云平台志愿者达 2.98 万人，文化服务产品 1.36 万个，群众累计预约申请文化配送 9.58 万次，完成文化配送 9.56 万次，惠及群众 2273.8 万人次。持续举办四届重庆文化旅游惠民消费季，将惠民福利更广泛、更便捷、更直接地惠及广大市民。特殊群体文化服务进一步加强，蒲公英梦想书屋、共享工程农民工服务联盟、农民工网络购票、文化大礼包、

困难群众子女艺术培训等服务活动持续开展，年惠及100万人次；全市所有A级旅游景区认真落实《重庆市残疾人保障条例》《重庆市老年人权益保障条例》等政策，切实保障特殊群体合法权益。

四、以统筹城乡为方向，公共服务均等化扎实推进

把农村、社区作为我市公共文化服务的重点，推动城市优质资源、服务下沉到基层一线，大力开展群众身边的公共文化服务，特别是在中心城区老旧小区，推动通过升级改造社会文化活动中心，针对社区群众的文化需求，打造富有当地特色的活动阵地，实现公共文化服务“房前屋后、遍地开花”。2019年，提档升级1484个基层综合文化服务中心，涉及33个乡镇、10个街道、1091个村、350个社区；第四批国家公共文化服务体系示范区创建单位——南岸区推出的社区“嵌入式”公共文化服务模式得到国家文化和旅游部的高度肯定，并在全国推广。尊重群众主体地位，充分发挥文化积极分子和文艺骨干的力量，积极开展文化志愿服务，实施“春雨工程”“阳光工程”“圆梦工程”等项目，对贫困乡镇进行大力帮扶，全年开展流动文化服务进村演出活动3.3万多场，为14个贫困区县786个村采购配置设备，完成贫困地区送戏下乡2814场；加强渝鲁公共服务协作，共建“留守儿童梦想驿站”5家，切实丰富了贫困地区留守儿童课余精神文化生活。

五、以深化改革为抓手，各项任务有序推进

大力推动公共文化服务体制机制创新，出台了重庆市加快构建现代公共文化服务体系实施意见和实施标准，制定政府购买公共文化演出实施方案等，将“三馆一站”免费开放效能纳入区县党委、政府年终绩效考核。截至2019年，全市成功申报国家公共文化服务体系示范区4个、示范项目8个，国家公共文化标准化试点城市1个，国家公共文化单位法人治理结构试点单位1个，全国基层文化队伍培训基地1个，其中，前三批国家级示范区（项目）已通过国家验收，2个示范区、2个示范项目获得优秀等次。公共文化机构法人

治理结构改革试点深入推进，重庆图书馆理事会完成换届，80% 的区级文图两馆实行法人治理结构改革。全市图书馆、文化馆总馆实现区县级 100% 建成，分馆在乡镇（街道）全覆盖，全民阅读活动同比增加 45%，全民艺术普及活动同比增加 65%。《重庆市实施〈中华人民共和国公共文化服务保障法〉办法》提交市人大常委会一审。2019 年 6 月，全国公共文化领域重点改革任务暨旅游厕所革命工作现场推进会在我市召开，雒树刚部长出席并对我市多项改革推进中取得的好经验、好做法给予了肯定。

在总结成绩的同时，我们也清醒地认识到还存在一些短板和问题。主要表现在：一是文化旅游公共服务阵地建设不均衡；二是文化旅游公共服务人才队伍不齐全；三是文化旅游公共服务投入不充足；四是文化旅游公共服务融合发展不充分。在今后工作中，我们将紧抓文旅融合大好机遇，继续深化改革，巩固公共文化服务均等化根基，进一步加强基层公共文化设施和重大旅游基础设施建设，持续开展文化旅游惠民工程，打造品牌文旅活动，完善服务协调机制，培养基层文化和旅游人才，加快构建现代文化旅游基本公共服务体系，不断提升全市公共文化和旅游服务水平。

BLUE BOOK OF CHONGQING

2019年重庆舞台艺术发展报告

艺术处

2019年，全市舞台艺术创作工作坚持以习近平新时代中国特色社会主义思想为指导，深入贯彻落实党的十九大和十九届二中、三中、四中全会精神，深入贯彻落实习近平总书记视察重庆重要讲话精神，坚持与时代同步伐、以人民为中心、以精品奉献人民、用明德引领风尚，坚持宜融则融、能融尽融，以文促旅、以旅彰文，努力推动舞台艺术创作发展，进一步丰富群众精神文化生活，满足人民日益增长的美好生活需要。

一、深入挖掘重庆人文资源，推进一批重点作品创作

坚持把提高质量作为文艺作品的生命线，坚持思想精深、艺术精湛、制作精良相统一，深入挖掘巴渝文化、三峡文化、抗战文化、革命文化、统战文化和移民文化内涵，着力推动一批舞台艺术重点作品创作。由重庆杂技团创排的杂技剧《大禹》，于3月29日在重庆国际马戏城首演，受到国内杂技界知名专家及观众的高度评价；由重庆民族乐团创排的民族管弦乐音乐会《思君不见下渝州》，于6月22日在重庆国泰艺术中心首演，市委主要领导观看演出并给予高度评价；由市京剧团创排的京剧《双枪惠娘》于9月27日在重庆川剧艺术中心试演，京剧《秦良玉》于11月29日在重庆国泰艺术中心首演。9个舞台艺术项目入选国家艺术基金2019年度资助项目，其中市

歌剧院申报的歌剧《尘埃落定》、重庆市西演文化产业集团申报的音乐剧《烈火英雄》入选大型舞台剧和作品资助项目，重庆演艺集团申报的民乐小合奏《天山骏马图》、重庆大学申报的群舞《春回满庭芳》、三峡曲艺保护传承中心申报的四川竹琴《生日礼物》、重庆杂技团申报的魔术《伞丛扇影》入选小型剧（节）目和作品资助项目，重庆演艺集团申报的芭蕾舞剧《死水微澜》巡演入选传播交流推广资助项目，重庆大学孙丽萍、市歌剧院赵丹妮入选青年艺术创作人才资助，共获得资助资金1080万元。会同市委宣传部开展了2019年度重庆市文艺创作资助项目的申报和评审工作，对芭蕾舞剧《归来红菱艳》、川剧《峡江月》、交响乐《重庆组曲》、京剧《双枪惠娘》《秦良玉》、梁山灯戏《黎明前的小信使》、话剧《十八梯》《陶行知在重庆》《花开无声》、杂技秀《魔幻之都 · 极限快乐SHOW》、石柱土戏《四植功曹》11个新创作品，歌剧《尘埃落定》、川剧《江姐》《清风亭》、舞剧《杜甫》、话剧《红岩魂》5个修改打磨及展演项目，民族管弦乐《思君不见下渝州》、话剧《薪火》、杂技剧《大禹》3个修改打磨项目给予重点资助。

二、积极参加全国重要展演，推广一批原创精品佳作

组织重庆歌舞团创排的舞剧《杜甫》等优秀作品和文创产品，于5月中下旬赴上海参加了文化和旅游部主办的第十二届中国艺术节文华奖评比演出、演艺及文创产品博览会、全国优秀美术书法篆刻摄影作品展览，舞剧《杜甫》荣获第十六届中国文化艺术政府奖文华大奖——提名剧目奖，市文化旅游委被评为第十二届中国艺术节演艺及文创产品博览会“优秀组织单位”。市歌剧院创排的歌剧《尘埃落定》入选2019年中国民族歌剧传承发展工程滚动扶持剧目；入选文化和旅游部艺术司举办的全国优秀民族歌剧展演参演剧目，于1月15日、16日在福建省福州海峡艺术中心参加了展演；入选文化和旅游部举办的2019年全国舞台艺术优秀剧目暨优秀民族歌剧展演参演剧目，于3月17日、18日在北京天桥艺术中心参加了展演，受到观众热捧和专家好评。市川剧院创排的川剧《江姐》入选文化和旅游部艺术司主办的2019年戏曲百戏（昆山）盛典参演剧目，于8月27日在江苏省昆山文化艺

术中心大剧院参加了展演；入选中国文联、中国戏剧家协会主办的第十六届中国戏剧节参演剧目，于 11 月 5 日、6 日在福建凤凰剧院参加了展演；入选中宣部文艺局、文化和旅游艺术司主办的第二届全国地方戏曲南方会演参演剧目，于 11 月 26 日、27 日在武汉剧院参加了展演；该剧还先后赴国家大剧院、中央党校（国家行政学院）、天津滨海新区等地展演，受到文化和旅游部部长雒树刚、中央党校（国家行政学院）常务副校（院）长何毅亭、中国文联党组书记李屹等领导的高度评价。市话剧院创排的话剧《红岩魂》入选中国话剧协会主办的第三届全国话剧展演季参演剧目，于 12 月 4 日、5 日在国家话剧院剧场参加了展演。永川区文体服务中心创排的川剧《清风亭》入选中宣部、文化和旅游部主办的 2019 年全国基层院团戏曲会演参演剧目，于 7 月 31 日、8 月 1 日在北京梅兰芳大剧院参加了展演。重庆杂技团创排的魔术《幻影飞鸽》《伞丛扇影》入选文化和旅游部主办的第十届全国杂技展演参演作品，于 7 月中下旬在南宁市参加了展演。重庆交响乐团于 11 月 3 日在成都特仑苏音乐厅参加了由文化和旅游部主办的第五届中国西部交响乐周展演。重庆市川剧院创排的川剧《李亚仙》参加了罗马尼亚锡比乌国际戏剧节展演，重庆歌舞团创排的舞剧《杜甫》赴韩国天安市商业演出，重庆芭蕾舞团创排的芭蕾舞剧《追寻香格里拉》赴新加坡参加了“重庆文化旅游周”活动演出。

三、围绕庆祝新中国成立 70 周年，举办丰富多彩艺术活动

组织重庆演艺集团和市级专业文艺院团圆满完成了重庆市 2019 年春节团拜会文艺演出任务，受到有关领导的高度评价。开展了放歌新时代——重庆市 2019 年春季送演出进基层、歌唱祖国——重庆市 2019 年秋季送演出进基层活动，组织 22 个艺术表演团体赴各区县为基层群众送演出 1000 场，观众达 60 余万人次，受到广泛欢迎和好评。举办了向祖国献礼——重庆市庆祝新中国成立 70 周年优秀原创剧目展演，组织市级专业文艺院团的优秀原创作品参加展演，市政府主要领导及文化和旅游部专家组在施光南大剧院观看了歌剧《尘埃落定》演出并给予高度评价。组织重庆文艺职院、重庆歌舞团高质量完成了国庆彩车巡游文艺表演的节目策划排练、服装设计、演员挑

选和现场表演等工作，市文化旅游委被评为国庆70周年重庆晋京游行展演先进集体。在重庆大剧院举办了“歌唱祖国”——重庆市庆祝中华人民共和国成立70周年群众合唱音乐会，各界人士代表欢聚一堂，共贺新中国70华诞。组织重庆演艺集团、有关市级和区县专业文艺院团圆满完成了“一带一路”国际技能大赛开闭幕式、2019上海合作组织地方领导人会晤、“一带一路”陆海联动发展论坛、重庆市庆祝新中国成立70周年招待会、中新双边合作机制会议等专题文艺演出的筹办工作，营造了热情欢快、浓烈喜庆、和谐友善的文化氛围，充分展示了重庆深厚的文化底蕴和独特的文化魅力。举办了第七届重庆演出季“春色满园”2019年春季重庆市优秀原创剧目展演、第七届重庆演出季“夏日荷花”2019年夏季国内外优秀儿童剧展演，共遴选了20台优秀原创剧目参演，为广大市民献上了丰盛的文化大餐。组织市川剧院、市京剧团、三峡川剧团等戏曲院团开展了2019年戏曲进校园活动，受到师生欢迎和好评。举办了第六届重庆市舞蹈比赛，推出了一批优秀舞蹈作品和创演人才。

四、做强文化旅游演艺，打造重庆演艺升级版

深入推进文旅融合发展，组织专业文艺院团围绕旅客需求，深入研究旅游演艺市场，在尊重艺术规律和旅游市场规律的大逻辑下，强力推动传统艺术创造性转化、创新性发展。充分利用重庆国际马戏城、重庆川剧艺术中心、洪崖洞巴渝剧院、抗建堂剧场、山城曲艺场等演出剧场，搭建艺术交流、体验、鉴赏平台，打造品牌化、特色化、大众化、市场化、常态化的精品艺术驻场演出，为广大游客奉献一道道精彩纷呈的艺术盛宴，让专业文艺院团的演出吸引广大游客走进剧场，努力实现社会效益和经济效益双丰收。由市川剧院创排的川剧《江姐》获评全国优秀红色旅游演艺作品；由重庆杂技团打造的驻场旅游演出——杂技秀《魔幻之都·极限快乐SHOW》于5月19日在重庆国际马戏城正式开演，并坚持面向游客演出，观演人数逐渐增多；都市驻场方言轻喜剧《欢天喜地洪崖洞》在巴渝剧院开演；武隆区《印象武隆》、奉节县《归来三峡》、酉阳县《梦幻桃园》等旅游演艺项目广受旅客好评。

2019年重庆市非物质文化遗产保护发展工作报告

非物质文化遗产处

2019年，全市非物质文化遗产保护工作坚持以习近平新时代中国特色社会主义思想为指导，全面贯彻党的十九大和十九届二中、三中、四中全会精神，不断增强“四个意识”，坚定“四个自信”，做到“两个维护”，把习近平总书记关于弘扬传承优秀传统文化的重要论述落实到非遗保护工作的方方面面，进一步巩固非遗抢救保护成果，提高非遗保护传承水平，全市新增市级非遗代表性项目196项，非遗保护能力持续增强，传承利用水平稳步提升。

一、2019年度非遗保护总体情况

（一）非遗名录体系建设扎实推进

制定《重庆市非物质文化遗产传承发展工程实施方案》，完成对现有28个国家级非遗代表性项目保护单位的检查、调整工作，重新认定国家级非遗代表性项目保护单位21个。启动第五批国家级非遗代表性项目推荐申报工作，全市推荐申报国家级代表性项目30个。完成第六批市级非遗代表性项目申报，全市新增市级非遗代表性项目196项，市级非遗代表性项目总数达707项。实施非遗记录工程，对34名国家级代表性传承人开展抢救性记录，其中19项已验收通过。开展非遗基础数据、非物质文化遗产馆建设、国家级非遗产保护利用设施建设运行情况等调查工作。

（二）传承人群研培工作有序开展

完成文化和旅游部交办的全国第二期国家级非遗项目代表性传承人培训班、全国第十期非遗基层保护工作队伍培训班（渝、鄂、湘片区），有98名国家级非遗代表性传承人和100名基层非遗保护人员参加培训。稳步实施“中国非遗传承人群研修研习培训计划”，组织西南大学、四川美术学院、重庆文化艺术职业学院、重庆文理学院等4所研培高校举办7期研修培训班，招收荣昌夏布、木版年画、秀山花灯等项目传承人群学员240人，向山东、安徽、江苏研培高校输送学员20人次。

（三）文化生态保护区建设富有成效

《武陵山区（渝东南）土家族苗族文化生态保护实验区总体规划》得到全面贯彻，生态保护区建设项目陆续实施，11项国家级非遗项目、166项市级非遗项目、3个全国重点文物保护单位、44个市级文物保护单位、3个中国历史文化名镇、5个重庆历史文化名镇、45个中国传统村落得到有效保护，传承人群持续扩大，初步呈现“遗产丰富、氛围浓厚、特色鲜明、民众受益”的整体风貌。完成《长江三峡流域（重庆）文化生态保护区总体规划》文本编撰，为创建长江三峡流域（重庆）文化生态保护区工作奠定了坚实基础。

（四）传统工艺振兴计划稳步实施

采取充实非遗名录、扩大传承人群规模等方式，激发传统工艺内生动力，推动传统工艺振兴，取得明显成效。2019年发布第一批市级传统工艺振兴目录，对100个传统工艺项目给予政策扶持；新增市级传统工艺类非遗项目130项，现有传统工艺类市级非遗项目372项、市级代表性传承人245人，分别占全市市级非遗项目及代表性传承人总量的52.6%、34.5%，成为近年来数量增长最快、社会可见度最高、带动就业面最广的非遗项目，在助力乡村振兴、脱贫攻坚等方面发挥了显著作用。

（五）“非遗＋扶贫”工作成果突出

依托东西扶贫协作，全年完成23期鲁渝协作非遗扶贫培训班，以贫困户、留守妇女为重点人群，培训学员1100余人，实现群众居家就业630人。2019年1月30日，《中国文化报》头版头条刊发《山城非遗：多措并举精准扶贫》，介绍重庆扶贫经验；2019年5月4日，央视《新闻联播》以“让五四精神在新时代放射新的光芒”对夏布培训班进行了报道；2019年10月25日，《人民政协报》刊发《重庆非遗扶贫：“软”资源变成“硬”实力》，介绍重庆扶贫“涟漪”效应。全国妇联授予非遗处“全国巾帼建功先进集体”荣誉称号。

（六）非遗传播实践日趋活跃

成功举办2019年“文化和自然遗产日”重庆主会场活动、第四届重庆非遗暨老字号博览会、第十届重庆文化遗产宣传月、第三届重庆非遗“嘉年华”暨鲁渝非遗扶贫成果展、第三届重庆民间文艺之星选拔赛，指导各区县开展非遗主题活动2000余场次，吸引600万人次参与。组织非遗项目及传承人积极参加第七届中国成都国际非遗节、十二届中国艺术节、北京世界园艺博览会等重大活动30余场次，其中“铜梁龙舞”“万古鲤鱼灯舞”亮相天安门广场，圆满完成庆祝中华人民共和国成立70周年大型联欢活动演出任务。市委、市政府授予“铜梁龙舞”传承人黄廷炎“富民兴渝贡献”荣誉称号。

截至目前，全市累计命名的国家级、市级非遗代表性项目分别为44项、707项，国家级、市级代表性传承人分别为60人、711人，获批国家级文化生态保护实验区、国家级传统工艺工作站、国家级生产性保护示范基地、文化和旅游部非遗保护传承观察点各1个，市级传统工艺工作站5个、市级非遗生产性保护示范基地87个、市级非遗传承教育基地109个，8个项目入选国家首批传统工艺振兴目录。

二、工作中存在问题

尽管我市非遗保护工作取得了积极成果，然而面临城市化、工业化的时代背景，修复孕育非遗的整体文化生态、帮助古老非遗在当代社会形成新的传承链条需要长期努力。除自然、社会环境的快速变化外，非遗保护同时受到现实工作条件制约。

（一）传承后继乏人现象未得到根本扭转

城镇化进程加快，劳动力从乡村持续、大规模净流出，作为传承主体的各级代表性传承人老龄化现象明显。目前，我市国家级代表性传承人已去世9人、市级代表性传承人已去世75人，国家级代表性传承人平均年龄超过65岁。同时，传统技艺学艺周期长、经济回报低的特性形成行业进入壁垒，限制了从业人员规模，导致传承人队伍梯队建设不足，尽管社会各界踊跃参与非遗保护传承实践，但以非遗技艺为职业的青年研习者并不多。

（二）可持续的保护机制还没有完全建立

对非遗的认知还存在误区，把非遗简单地理解为一个物件，把因材料、技术所限形成的生产方式简单地等同于传统的观念仍相当普遍。非遗保护政策及具体工作措施还存在盲点，代表性项目名录退出、代表性传承人评定、代表性项目保护单位申报等制度设计需要深化。基层非遗保护“人、财、物”短缺情况依然突出，许多区县未按《非遗条例》设立本级非遗保护专项经费，非遗保护工作重申报、轻管理的倾向明显。大部分区县在非遗保护管理机构建设、人才队伍保障方面存在不足。

三、2020年度非遗重点工作任务

2020年是打赢脱贫攻坚战、实现全面建成小康社会的决胜之年。重庆非遗保护工作将继续坚持以习近平新时代中国特色社会主义思想为指导，把习近平总书记关于传承弘扬中华优秀传统文化的重要思想作为非遗工作的根本遵循，不断增强保护传承文化遗产的责任感和使命感，促进优秀传统文化创造性转化和创新性发展，助力脱贫攻坚和乡村振兴战略，推动非遗保护利用更好地融入现代生活，更好地服务于经济社会发展。

（一）夯实非遗保护利用基础工作

全力配合文化和旅游部修订《国家级非遗代表性项目保护与管理暂行办法》，启动《重庆市非物质文化遗产代表性传承人管理办法》修订工作；宣传贯彻《国家级非遗代表性传承人认定与管理办法》，启动《重庆市非物质文化遗产条例》修订调研工作；启动编制“十四五”非遗保护传承规划；规范非遗调查记录和档案管理工作；研究渝东南文化生态保护区管理办法起草工作，指导区县制定非遗保护地方性法规。

（二）加强非遗项目及传承人培育

做好第五批国家级非遗代表性项目申报、国家级非遗项目评审专家推荐等相关工作。启动 8 名国家级代表性传承人抢救性记录工作，完成市级代表性传承人年度传习工作考核；组织开展第六批市级非遗代表性传承人申报工作，力争新增市级非遗代表性传承人 100 人左右；启动市级非遗代表性项目保护单位调整命名工作，进一步优化非遗保护单位结构和布局；实施非遗传承人群“研培”计划，2020 年度“研培”工作计划开班 6 期、培训学员 210 人次，帮助传承人群增强传承后劲。

（三）推动非遗保护更好融入现代生活

深入实施传统工艺振兴计划，对 12 个市级传统工艺工作站培育、建设情况进行评估，公布 100 所市级非遗传习所名单；对传统技艺类项目分类指导，组织传承人和设计、研究人员开展驻站合作，帮助传承人群改进工艺、提升品质；鼓励社会参与非遗保护，在文化产业园区、旅游景区、电商平台等设立非遗线上线下展示销售专区，探索非遗与市场对接有效途径；结合乡村振兴战略，积极开展“非遗 + 扶贫”“非遗 + 旅游”工作，结合区县乡情馆、民俗馆、乡村乐园建设，更好地展示宣传非遗项目；继续推进非遗扶贫就业工坊建设，组织建档贫困户、留守妇女参加非遗扶贫培训，推动“非遗 + 扶贫”产品进入文化旅游市场，巩固脱贫攻坚成果。

（四）积极开展非遗宣传展示传播工作

按照文化和旅游部统一部署，积极组织非遗代表性项目及代表性传承人参与非遗主题传播实践活动，遴选发布非遗保护传承优秀案例，宣传非遗年度人物及事件。2020 年计划开展的重点活动有第六届中国非物质文化遗产博览会、全国非遗曲艺周、第十一届重庆文化遗产宣传月、2020 年“文化和自然遗产日”主场活动、第五届重庆非遗暨老字号博览会等。继续组织实施“非遗进校园”“年画重回春节”“传承人对话”等展示宣传活动，建立青少年传统文化教育长效机制，营造全社会参与非遗保护传承的良好氛围。

BLUE BOOK OF CHONGQING

2019 年重庆市
文化旅游产业运行报告

产业发展处

2019 年，全市文化旅游产业领域深入贯彻落实习近平新时代中国特色社会主义思想，按照总书记对重庆提出的“两点”定位、“两地”“两高”目标、发挥“三个作用”和营造良好政治生态的重要指示要求，以供给侧结构性调整为主线，切实把握文化、旅游机构合并重要契机，坚持“宜融则融，能融尽融，以文促旅，以旅彰文”工作思路，打好“山城、三峡、人文、温泉、乡村”五张牌，不断推动全市文化旅游产业向成为全市经济支柱产业我市成为国际知名文化旅游目的地的目标努力迈进。

一、产业规模

2019 年，全市文化产业主营业务收入预计达 2422.95 亿元，同比增长 17.3%；预计实现增加值 956.98 亿元，同比增长 10.7%，占全市 GDP 比重 4.1%，位列全国十三，西部第二。“十三五”以来，文化产业增加值比 2015 年净增 420 亿元，年均增速超过 15%，远高于同期 GDP 增速，占全市 GDP 比重上升 0.7 个百分点。

全市旅游产业增加值预计达 1028.07 亿元，同比增长 9.5%，占全市 GDP 比重 4.4%，比上年上升 0.1 个百分点。由于全国 2019 年数据尚未公布，其他各省市均未按统一方法开展旅游产业增加值统计，我市从 2018 年开始统计核算，因此上述数据暂无法进行横向纵向比较。

二、产业结构

相较于 2018 年，2019 年文化核心领域与文化相关领域增加值之比依然稳定在 7∶3 左右的水平上。文化核心领域中，新闻信息服务进一步推进融媒体转型升级，增加值实现 17.2% 的增长。创意设计服务和文化传播渠道均实现了 15% 左右的高增长，创意设计服务在整个文化产业中的占比继续上升

表 1　2019 年全市文化产业分行业增加值情况

	绝对额（亿元）		现价增速	2019 年占整体比重
	2019 年	2018 年		
合计	956.98	864.56	10.7%	
一、文化核心领域	694.06	628.74	10.4%	72.53%
（一）新闻信息服务	27.33	23.31	17.2%	2.86%
（二）内容创作生产	136.05	128.47	5.9%	14.22%
（三）创意设计服务	348.75	301.88	15.5%	36.44%
（四）文化传播渠道	101.87	88.38	15.3%	10.64%
（五）文化投资运营	6.89	5.48	25.7%	0.72%
（六）文化娱乐休闲服务	73.17	81.22	−9.9%	7.65%
二、文化相关领域	262.92	235.82	11.5%	27.47%
（七）文化辅助生产和中介服务	174.99	154.17	13.5%	18.29%
（八）文化装备生产	18.28	19.19	−4.7%	1.91%
（九）文化消费终端生产	69.65	62.46	11.5%	7.28%

至 36.44%，稳居第一，突显了我市生产性服务业的强大实力；文化传播渠道板块占比稳定在 10% 左右，但文化娱乐休闲服务出现 9.9% 的明显下跌，文化消费转型趋势明显。文化投资运营板块增幅最大，达 25.7%，资本运营和专业化管理已成为趋势。内容创作生产板块显现出增长乏力的态势，同比只增长 5.9%，暴露了我市文化内容原创实力薄弱的短板。

旅游产业中，旅游农业和渔业板块增加值增幅最大，达 14.2%，基本反映了乡村旅游近年来的快速增长态势，但乡村旅游体量、效益依然弱小，该板块增加值只占整体的 1.66%。旅游零售业、交通运输业、住宿和餐饮业增加值分别占整体的 25% 左右，依然是旅游产业的重要收入支撑。旅游零售业、住宿和餐饮业，以及代表景区服务、旅行社服务的其他旅游服务业板块增加值同比增长均在 10% 左右，与我市全年接待境内外游客 10.0% 的增长速度基本同步，但交通运输业增幅只有 6.9%，表现出在渝旅游交通成本小幅下降的趋势。旅游金融业增加值逐年提高，资本对旅游业的关注程度、金融机构对旅游业的支持力度明显提升。

表 2　2019 年全市旅游产业分行业增加值情况

行业分类	绝对额（亿元）		2019 年现价增速	2019 年占整体比重
	2019 年	2018 年		
旅游及相关产业	1028.07	938.54	9.5%	
旅游农业和渔业	17.10	14.98	14.2%	1.66%
旅游零售业	274.95	249.51	10.2%	26.74%
旅游交通运输业	270.29	252.81	6.9%	26.29%
旅游住宿和餐饮业	256.25	232.09	10.4%	24.93%
旅游金融业	54.42	49.21	10.6%	5.29%
其他旅游服务业	155.06	139.94	10.8%	15.08%

三、区域发展

主城都市圈继续保持文化、旅游产业发展主阵地地位，2019 年文化、旅游产业增加值同比分别增长 8.77% 和 9.53%，在全市的占比已分别达 86% 和 76%。北碚区、九龙坡区、渝中区、江北区继续巩固文化产业的支柱产业地位，占 GDP 比重位居全市前列；渝中区、武隆区旅游产业引领全市，增加值占 GDP 比重已分别达 8.4% 和 8.1%。江北区全面发力都市文旅，做活假日、夜间文旅板块；璧山区深挖内涵，布局城郊型优质文旅项目；巫溪县发展三峡、康养、传统工艺等特色文旅，近年来发展势头迅猛，2019 年文化、旅游增加值均实现较快增长，发展经验值得总结借鉴。渝东北三峡库区城镇群和渝东南武陵山区城镇群旅游产业均实现稳步增长，但文化产业发展形势较为严峻，增加值在全市的占比分别只有 10% 和 4%。渝东北整体上虽有 4.4% 的增长，但各区县文化产业增加值占 GDP 比重徘徊不前，甚至小幅下跌，7 个区县仍低于 2%。渝东南文化产业增加值同比下降 13.81%，只有秀山县和彭水县呈现正增长，其余区县均大幅下跌，原因虽多种多样，但本质仍是市场主体实力不强、发展要素配置不力。在下一步建设长江三峡黄金文旅带和武陵山区文旅产业融合发展示范区的过程中，文化产业提质增效将是重要任务。

表 3　2019 年各区县文化、旅游产业增加值情况

	文化产业			旅游产业		
	绝对额（亿元）	占 GDP 比重（%）	增加值同比增长（%）	绝对额（亿元）	占 GDP 比重（%）	增加值同比增长（%）
主城区都市圈	707.1		8.77	760.98		9.53
渝中区	76.23	5.9	1.98	109.47	8.4	4.34
大渡口区	10.53	4.2	8.00	7.06	2.8	10.66
江北区	68.39	5.5	16.71	55.63	4.5	15.99
沙坪坝区	35.64	3.6	6.36	43.82	4.5	22.75

（续 表）

	文化产业			旅游产业		
	绝对额（亿元）	占 GDP 比重（%）	增加值同比增长（%）	绝对额（亿元）	占 GDP 比重（%）	增加值同比增长（%）
九龙坡区	89.11	6.1	9.27	67.39	4.6	9.05
南岸区	34.42	4.5	−24.12	35.07	4.6	15.93
北碚区	45.33	7.5	35.88	14.13	2.3	7.21
渝北区	63.47	3.4	6.49	121.47	6.6	5.00
巴南区	36.32	4.2	28.61	19.81	2.3	9.15
涪陵区	35.42	3.0	4.61	30.45	2.6	11.87
长寿区	10.24	1.5	2.81	17.70	2.5	8.59
江津区	24.10	2.3	−3.10	18.23	1.8	6.92
合川区	28.17	3.1	9.31	43.33	4.7	10.39
永川区	23.62	2.5	11.52	30.49	3.2	10.43
南川区	8.64	2.6	11.63	17.25	5.2	9.38
綦江区	11.12	2.3	14.52	17.24	3.6	4.48
大足区	13.35	2.1	15.19	17.06	2.6	8.18
璧山区	32.21	4.7	24.51	20.79	3.1	16.80
铜梁区	20.36	3.3	12.80	20.62	3.3	13.11
潼南区	9.91	2.2	6.79	22.32	4.9	9.95
荣昌区	23.37	3.6	12.63	20.88	3.2	10.89
万盛经开区	7.15	3.5	6.24	10.77	5.3	6.74
渝东北三峡库区城镇群	82.25		4.40	164.70		8.32

（续 表）

	文化产业			旅游产业		
	绝对额（亿元）	占 GDP 比重（%）	增加值同比增长（%）	绝对额（亿元）	占 GDP 比重（%）	增加值同比增长（%）
万州区	17.14	1.9	4.83	31.29	3.4	7.97
开州区	8.73	1.7	6.46	22.29	4.4	7.53
梁平区	13.39	2.9	16.03	18.80	4.0	10.39
城口县	0.67	1.3	6.35	2.33	4.4	9.39
丰都县	7.30	2.4	10.27	15.85	5.2	8.93
垫江县	11.39	2.7	8.37	16.52	4.0	9.33
忠县	7.80	2.0	6.27	14.74	3.7	9.27
云阳县	7.45	1.7	−20.66	22.37	5.2	2.01
奉节县	3.47	1.1	−9.16	8.27	2.7	9.10
巫山县	2.84	1.6	6.77	7.10	4.1	9.23
巫溪县	2.07	1.9	20.35	5.14	4.8	27.86
渝东南武陵山区城镇群	33.65		−13.81	75.48		9.68
黔江区	5.13	2.2	−11.09	13.47	5.9	8.72
武隆区	3.02	1.4	−30.25	16.94	8.1	8.04
石柱自治县	3.06	1.9	−27.66	8.52	5.3	7.85
秀山自治县	11.31	4.0	8.13	15.19	5.4	8.81
酉阳自治县	5.45	2.9	−38.76	10.57	5.7	17.18
彭水自治县	5.68	2.6	6.17	10.79	4.9	9.32

四、市场主体

文化、旅游领域投资创业依旧保持活跃，新设立文旅市场主体（主营业务属于文旅产业）数量继续高增长。2019 年，全市新设立文旅市场主体 27051 家（文化 25284 家、旅游 1767 家），年底总数达 142393 家（文化 128357 家、旅游 14036 家），同比上年底增长 8.4%（文化 8.74%、旅游 5.39%）。主体总数增长幅度不大，说明市场竞争、优胜劣汰更加激烈。民营文旅企业新增 26803 家，总数达 138066 家，占所有文化企业的 96.96%，对全市文化、旅游产业支撑作用明显。文化、旅游（仅包含景区、旅行社和星级酒店服务）规上和限上企业分别达 1052 家、220 家。

表 4　全市文旅市场主体数据表

	文化市场主体		民营文化市场主体	
	数量（家）	增速	数量（家）	增速
2019 年新设立	25284	4.54%	25057	5.04%
2019 年底实有	128357	8.74%	125252	8.99%
	旅游市场主体		民营旅游市场主体	
	数量（家）	增速	数量（家）	增速
2019 年新设立	1767	−20%	1746	−12.79%
2019 年底实有	14036	5.39%	12814	5.22%

2019 年，南滨路创建国家级文化产业示范园区工作稳步推进；新评定第五批市级文化产业示范园区 4 个和示范基地 15 个；新评定第二批乡村文化乐园 19 个；新评定市级文化创意产业园 7 个；新评定渝中、涪陵、渝北、两江新区 4 个数字文化产业园区创建资格；健全示范园区（基地）巡检和退出机制，清理撤销 14 个文化产业示范基地和 1 个乡村文化乐园命名。截至

2019 年底，全市国家级、市级文化产业示范基地分别达 7 个、85 个，市级文化产业示范园区、市级文化创意产业园分别达 21 个、13 个，乡村文化乐园 49 个，另有 2 个国家级新闻出版产业基地，1 个国家级广告产业园。

2019 年，彭水阿依河景区通过国家 AAAAA 级景区评定，涪陵武陵山大裂谷、黔江濯水景区完成 AAAAA 创建任务，新评定 14 个 AAAA 级、3 个 AAA 级景区，全市国家 A 级旅游景区总数达 242 个，其中 AAAAA 级景区 8 个，AAAA 级景区 106 个，AAA 级景区 76 个。全年新增旅行社 106 家，注销 14 家，年末总数为 673 家，其中：出境旅行社 96 家（含赴台社 9 家）。年末拥有星级旅游饭店 173 家，其中五星级 27 家，四星级 51 家；共有绿色旅游饭店 62 家；全国五星级温泉旅游企业 3 家。年末拥有三峡游轮 33 艘，其中国家五星级游轮 24 艘；经营重庆“两江游”企业 3 家，共有游船 8 艘。年末拥有旅游规划设计资质单位 56 家。年末拥有市级以上旅游度假区 17 个，其中国家级旅游度假区 1 个。武隆区、巫山县成功创建并被认定为首批国家全域旅游示范区，年末拥有国家全域旅游示范区创建单位 6 个，市级全域旅游示范区县（自治县）、示范乡镇（街道）、示范村（社区）创建单位共 126 个。

五、重大项目

在璧山区举办“文化和旅游部产业项目服务平台第十七期精品项目交流对接会”，9 个项目路演、90 个项目推介、200 多家企业现场对接。全年成功签约 140 个优质文旅招商项目。融创文旅城、洋炮局 1862 文创园、金刚碑传统古村落开发、十八梯传统风貌街区、大足石刻文化创意等 122 个文旅产业重大项目加快推进，计划总投资 1797.31 亿元，其中 2019 年新开工项目 39 个，计划总投资 196.06 亿元。年内建成投产重大项目 48 个，累计完成投资 206.77 亿元。一是建成华熙 LIVE 演艺中心、斯威特钢琴基地、重庆新闻传媒中心一期等文旅内容生产及配套设施类项目 9 个，完成投资 63.63 亿元；二是建成重庆创意公园三期、龙凤三号国际科普文创园、万州文化创意创业产业园等文旅产业园区类项目 6 个，完成投资 28.18 亿元；三是建成两江影视城二、三期，汉海海洋公园二期，酉阳叠石花谷等文旅景区，酒店及综合体类项目9个，完成投资43.6亿元；四是建成黄桷垭老街、龙门浩老街首开区、丰都古城等传统风貌文旅开发类项目5个，完成投资11.56亿元；五是建成香水百合田园综合体、归原艺术农业、梁平百里竹海等乡村文化旅游综合开发类项目18个，完成投资59.8亿元。

表5　2019年建成投产重大文旅产业项目汇总

项目类别	序号	项目名称	项目总投资（亿元）	所在区县
文化内容生产及配套设施类	1	泰升印刷（重庆）有限公司	0.5	荣昌区
	2	龙文化发展基地	1	铜梁区
	3	重庆新闻传媒中心一期	5	渝北区
文化内容生产及配套设施类	4	瑞海竹艺制作体验中心建设项目	0.67	梁平区
	5	《归来三峡》旅游演艺	5.6	奉节县
	6	重庆斯威特钢琴合川生产基地	1.8	合川区
	7	华熙LIVE · 重庆鱼洞	48	巴南区
	8	LED文化工艺品加工	0.56	秀山县
	9	重庆金逸开州影城	0.5	开州区
	10	《魔幻之都 · 极限快乐SHOW》旅游演艺	无直接投资	南岸区
文化产业园区类	1	渝万新媒体产业加速器	0.48	万州区
	2	万州文化创意创业产业园	8	万州区
	3	重庆创意公园一、二、三期	12	渝北区
	4	龙凤三号国际科普文化创意产业园	0.7	北碚区
	5	莫氏7度文化创意产业园	0.2	北碚区
	6	葫芦坝文化创意产业园	6.8	潼南区

（续 表）

项目类别	序号	项目名称	项目总投资（亿元）	所在区县
文旅景区、酒店及综合体类	1	绿色星球动物主题公园	0.8	江北区
	2	酉阳叠石花谷	1.5	酉阳县
	3	重庆际华园内极限运动中心、室内滑雪馆	10	渝北区
	4	两江影视城二期及三期部分	10	渝北区
	5	重庆汉海海洋公园二期	10	巴南区
	6	江北全季酒店	3	江北区
	7	凯斯贝尔酒店	3	潼南区
	8	潼城之光酒店	2.8	潼南区
	9	重庆南山海昌安坪露营酒店	2.5	南岸区
乡村文化旅游综合开发类	1	西郊示范片乡村旅游	10	铜梁区
	2	荷包蛋山庄	5	丰都区
	3	梁平百里竹海景区建设工程	6	梁平区
	4	百里竹海民宿群建设项目	1.2	梁平区
	5	双桂田园景区建设项目	5.5	梁平区
	6	数谷农场智慧农业园建设项目	1.15	梁平区
	7	中华梁平柚海景区建设项目	0.98	梁平区
	8	“归原”艺术农业旅游项目	4	武隆区
	9	阿蓬江一江两岸休闲观光示范带项目	6.4	黔江区
	10	小南海十三寨景区提档升级项目	2.15	黔江区
	11	香水百合田园综合体	8	潼南区
	12	十里荷香	2.5	永川区

（续 表）

项目类别	序号	项目名称	项目总投资（亿元）	所在区县
乡村文化旅游综合开发类	13	蓝莓园	1.2	永川区
	14	农业园区慢城基础设施项目	3	长寿区
	15	何埂黄家大院	0.8	永川区
	16	青峰里	0.6	永川区
	17	临江润色农庄	0.6	永川区
	18	南川系列特色民宿	0.8	南川区
传统风貌文旅开发类	1	安居古城嘻街整体打造项目	1	铜梁区
	2	丰都古城	6	丰都县
	3	濯水景区提升工程	0.88	黔江区
	4	黄桷垭老街历史风貌街区	1.43	南岸区
	5	龙门浩历史文化街区首开区	2.25	南岸区

六、产业融合

文化资源不断向文旅产品创新转化。红岩村、曾家岩、虎头岩“红色三岩”加紧实施提档升级，红岩革命历史博物馆品质持续提升。2019 年，全市纳入统计的 21 个红色旅游景区接待游客 2333 万人次，同比增长 25.5%。全市 104 家博物馆均向公众开放，2019 年接待 3983 万人次，比上年同期增长 8%；列入 A 级以上景区或坐落于 A 级以上景区的 32 处，全年接待 2997 万人次，占全市博物馆接待量 75.3%。近年来新建成的重庆自然博物馆、重庆建川博物馆、重庆工业博物馆、大足石刻博物馆等均受到游客青睐。重庆中国三峡博物馆打造“山城文创”品牌，设立“山城文创销售区”，全年开发文创产品 405 种 28415 件，销售额首次突破 1000 万元；重庆红岩革命历史博物馆新开发产品 20 种，其中 9 件产品在首次全国红色旅游文创产品成果征集活动中获优秀奖。成功举办 2019“重庆好礼”旅游商品（文创产品）大赛，

表 4　全市文旅市场主体数据表

	旅游演艺项目	演出场次	上座率	观众人次	票房收入（万元）	备注
1	《归来三峡》	204	45%	160000	2300	
2	《烽烟三国》	253	24.98%	115297	729.3	
3	《印象武隆》	309	32.67%	303702	4547.73	
4	《天上黄水》	54	73%	28841	175.159	只在暑期旺季演出
5	《欢天喜地洪崖洞》	17	60%	2662	0.2	2019 年 12 月 13 日开演，且推广票较多
6	《梦幻桃源》	104	80%	69073	228	
7	《魔幻之都 · 极限快乐 SHOW》	248	53.7%	135000	334	2019 年 5 月 19 日开演
	总计	1189	52.78%	814575	8314.389	上座率为平均值

在全国旅游商品大赛中喜获 2 金、7 银、9 铜。旅游演艺《魔幻之都 · 极限快乐 Show》《归来三峡》《欢天喜地洪崖洞》正式开演，全市大型旅游演艺达 7 台，全年演出 1189 场、观众 81.5 万人次，平均上座率为 52.78%，票房收入 8314 万元，《印象武隆》名列全国旅游演艺项目前十强。上演上线舞剧《杜甫》、川剧《江姐》、民族管弦音乐会《思君不见下渝州》、纪录片《城门几丈高》等一系列艺术精品力作，《杜甫》片段《丽人行》在网络媒体获得上亿点击量，多部热门影视剧、综艺节目在渝取景，展示重庆魅力与精神，重磅助力旅游营销。

七、品牌展会

一是举办第八届重庆国际文化产业博览会，集中展现全市各区县文化产业成果，近 30 个国家的文化商品、全国 28 个省市的 500 余家展商参与其中，现场交易金额达到 2.8 亿元，签约金额 502 亿元，展会期间举办“2019 中国（重庆）城市文化发展论坛”和较大规模的活动超过200场。二是举办第十一届西部动漫文化节，展会面积近5万平方米，展场观众达到8万人次，吸引外地观众约2万人次，吸引了200余家国内外知名企业参展，举办了动漫歌舞、动漫配音、游戏电竞等19项主题活动。三是举办第六届中国西部旅游产业博览会，凸显文旅融合主题，42个国家和地区、20余个省（区、市）、重庆全市40个区县均组团参展，参展文旅企业超过500家，规模3.45万平方米，各项指标均超过往届；共组织56场国内外文旅资源推介会，100余场文艺演出和“行千里·致广大”文化旅游产业发展高峰论坛。

八、文旅消费

2019年，全市接待境内外游客6.57亿人次，实现旅游总收入5739.07亿元，同比分别增长10.0%和32.1%。其中接待入境游客411.34万人次，实现旅游外汇收入25.25亿美元，同比分别增长6.0%和15.3%。全市城市电影票房呈持续增长态势，全年共放映电影359.17万场、观众4480.02万人次、票房15.87亿，票房创历史新高，同比增长2.63%。新增影院46家，经常性营业影院达271家，银幕覆盖率每1.70万人一块，高于全国每2.01万人一块的平均水平。全年举办商业演出27591场次，观众1060万人次，票房收入4.29亿元，同比分别减少9.48%、36.83%、18.75%。歌舞娱乐场所实现营业收入15.96亿元，同比减少15.64%，上网服务营业场所实现营业收入9.98亿元，同比减少27.84%。经济下行和消费转型趋势下，演出、娱乐等消费下滑值得重视和深究。

第三届“重庆文化旅游惠民消费季”全面实现文旅融合，与大麦、飞猪、淘票票、山城通APP等互联网平台合作，创新开展线上消费优惠补贴活动，联合发放消费补贴700万元，惠及4276个文化旅游商户（或演出项目）和136万人次文旅消费，直接拉动文化旅游消费8140万元。“第四届重庆文化旅游惠民消费季”扩展到四季举办，分别在南岸区、武隆区、北碚区开展春、夏季和秋冬季活动，力度更大、效果更好。文化和旅游部高度肯定我市扩大文旅消费的良好成效；重庆牵头在深圳文博会上组织扩大文化消费试点工作

表 7　全市电影票房统计表

	2017 年	2018 年	2019 年
放映场次	285.75 万场	319.16 万场	359.17 万场
观影人次	4257.61 万	4500.77 万	4480.02 万
票房收入	13.99 亿元	15.46 亿元	15.87 亿元

成果展；渝中区、南川区代表我市在全国文化和旅游消费工作推进会和培训班上作经验交流。重庆连续两年名列西部文化消费指数榜首。

九、发展环境

市委市政府于 2019 年 1 月 6 日正式印发《关于推动文化产业高质量发展的意见》，设立 3 亿元文化产业发展专项资金，实现了文化产业发展环境的重大突破。市委宣传部、市财政局、市文化旅游委联合制定出台《重庆市文化产业发展专项资金管理办法》，2019 年度市级文化产业专项资金对 74 个优质项目实施补助。“十四五”全市文化产业、旅游业发展规划启动编制，《重庆市文化产业促进条例》立法进程重启。协调统筹建设银行、中国银行等为全市文旅产业综合授信 900 亿元，金融授信总计达 1600 亿元。市财政产业引导基金出资成立的 5 支文化、旅游产业专项基金累计投资项目 24 个，累计投资并带动其他社会资本投资 51.29 亿元。成功举办 2019 年西南片区文化和旅游产业融合发展项目推介会和文化和旅游产业专项债券及投资基金融资对接交流（重庆专场）。举办两期文旅产业经营人才培训班，基本建立起文化产业专家库。2018 年末至 2019 年初，全市文化旅游系统以第四次经济普查为契机，全面摸底全市文化企业发展情况，狠抓统计规范和升规入统，市文化旅游委与市统计局、市市场监管局、各区县文旅部门初步建立起文旅产业增加值、市场主体和项目投资季报统计长效机制，取得良好成效。

BLUE BOOK OF CHONGQING

2019 年重庆旅游资源开发工作报告

资源开发处

2019 年，全市文化旅游系统牢固树立新发展理念，以供给侧结构性改革为主线，坚持以资源普查夯实基础，以全域旅游破冰拓路，以景区创建优化供给，以打好“三峡牌”引领全域，以商品开发充实内涵，推动全市旅游资源开发工作出成效、上台阶。

一、资源普查市区（县）联动，精准摸清全市旅游资源家底

一是强化顶层设计。制定印发《重庆市旅游资源普查实施方案》《重庆市旅游资源普查技术要求》《关于进一步明确推进全市旅游资源普查工作有关事项的补充通知》等文件，提出了“三个步骤三个重点”工作程序。二是强化质量把关。开发重庆市旅游资源普查数据管理系统，组建专家咨询团队，设置区县自评、技术筛选、市级初审、专家复审质量把关“四道关口”，建立督查通报工作机制，从速度上、质量上保障普查工作快速推进。三是强化区县齐头并进。各区县共普查报送旅游资源单体 15013 个，其中五级旅游资源单体 229 个，四级旅游资源单体 522 个，三级旅游资源单体 2243 个；渝中区、渝北区、开州区、合川区、江北区、南岸区、潼南区、梁平区、云阳县、两江新区等区县率先示范完成资源普查成果汇交。

二、全域旅游先行先试，创新举措引领高质量发展

一是坚持改革创新、示范引领，争取并协调拨付到位国家和市级全域旅游专项资金2000万元，武隆区、巫山县被文化和旅游部认定为首批国家全域旅游示范区，两个区县在统一规划布局、创新体制机制、推进融合发展、丰富产品供给、优化公共服务等方面引领全国，极具示范意义。正在开展首批市级全域旅游示范区验收认定，万盛经开区、渝中区、黔江区等区县践行全域旅游发展理念，突出全要素创新发展，取得了明显成效。二是通过示范创建，全市基本建成旅游业“1+3+N”综合治理体系，财税金融、人才用地等政策体系更加完善，基础设施、人性化服务等公共服务系统更加优化，景区度假区、特色街区等旅游供给更加多元，旅游安全监管体系更加现代化、智能化，宣传营销、品牌塑造更加聚焦，整体推进了全市全域旅游纵深发展。

三、精品景区提质增效，稳步推动产业发展阔步向前

一是坚持品牌创建，突出打造精品景区。彭水阿依河景区通过国家AAAAA级旅游景区评定，涪陵武陵山大裂谷、黔江濯水景区通过国家AAAAA级旅游景区景观质量评审并高水平完成创建任务，奉节白帝城·瞿塘峡景区高票通过国家AAAAA级旅游景区景观质量评审、列入预备名录，合川钓鱼城、巫山神女、铜梁安居古城、沙坪坝磁器口国家AAAAA级旅游景区创建方案进一步优化，全年创建评定AAAA级旅游景区18个、AAA级旅游景区9个，质量和数量为历年之最。目前全市A级旅游景区达到253个，其中AAAAA级旅游景区9个，AAAA级旅游景区110个。二是坚持管理与服务并重，突出提升景区品质。制定印发《关于切实加强旅游景区管理与服务工作的通知》，实施抓标准、抓品牌、抓营销、抓监管、抓安全五大行动，开展常态化“体检式”暗访，组织开展暗访检查95批次，出动暗访检查人员215人次，对175家A级景区开展“体检式”交叉暗访复核，对40家A级景区开展评定性复核，旅游景区内违法违规私建“住宅式”

墓地、别墅、燃高香活动等得到规范整治。同时，全面落实 14 个贫困区县 34 家 A 级收费景区对山东籍游客门票减免政策，“十万山东人游重庆”计划实现组客 160 万余人次。

四、“三峡牌”蹄疾步稳，区域经济拉动作用明显增强

一是规划引领一体化发展。研究制定《“大三峡”旅游一体化发展实施方案》，提出实施旅游交通基础设施建设提升工程、水上旅游精品提升工程、精品旅游景区提升工程、旅游产品整合提升工程、精品线路培育提升工程、旅游市场国际化营销工程、旅游公共服务提升工程、旅游环境优化提升工程 8 大工程 30 项任务，目前已报市政府即将印发实施；《“大三峡”旅游一体化发展总体规划》已形成初步成果。二是区域联动推动一体化发展。万州区强化区域统筹联动，成功举办第二届世界大河歌会、“大三峡”旅游一体化发展论坛，出台《加快把万州建成“大三峡”旅游集散中心和重要目的地旅游营销建立办法》；巫山县成功举办长江三峡旅游一体化宣传营销大会、第十三届中国 · 重庆长江三峡（巫山）国际红叶节等节会；其他长江三峡沿线区县围绕一体化宣传营销开展了系列活动，联合赴主要客源地落地营销，进一步提升长江三峡品牌竞争力。三是品牌创建拉动一体化发展。新创建国家全域旅游示范区 1 个、AAAA 级景区 5 个、AAA 级景区 6 个；“世纪神话”“世纪传奇号”完成五星级内河游船创建与市级评价，目前游轮数量达到 33 艘，其中五星级游轮 24 艘。2019 年，渝东北三峡库区接待游客 1.23 亿人次，实现旅游收入 1125 亿元，同比分别增长 15.4%、38.3% ；三峡游轮旅游接待人数达到 109.72 万人，同比增长 10.83%，为历年之最，三峡旅游正成为拉动库区经济社会发展的强劲动力。同时，制定实施《2019 年双龙镇对口帮扶工作方案》，争取并协调拨付巫山文化旅游扶贫资金 980 万元，重点支持小三峡景区提档升级。

五、旅游商品品牌凸显，产业链条逐步完善健全

一是聚焦品牌打造。参加中国旅游商品大赛获得金奖 2 个、银奖 7 个、铜奖 9 个；参加全国优秀红色旅游文创产品征集活动，入选优秀产品 10 件；“重庆好礼”特色商品大赛评选金奖 10 个、银奖 20 个、铜奖 50 个；举办渝鲁扶贫旅游商品培训班，旅游商品品牌效益逐步显现。二是聚焦全产业链提升。正通过搭建线上展示销售平台、打造线下实体店和产业园区、举办品牌节会、制定相关标准体系等方式，致力打造“重庆好礼”品牌体系；通过强化政府、高校、企业联动，构建政府引导、市场主体和高校参与的产业合作机制；致力完善标准制定、包装、设计、生产、加工、销售、物流等各环节旅游商品（文创产品）产业体系，推动全产业链发展。

六、重点事项统筹推进，多轮驱动资源开发整体向好

顺利完成市人大对市政府旅游产业发展的评议工作，总体满意率达到 89.8%，编制并呈报市政府审定印发《市人大评议市政府旅游产业发展意见整改方案》。牵头启动了渝东南武陵山区文旅融合发展示范区创建工作，开展了向上对接、部门协调、规划编制和前期调研，向文化和旅游部、市委宣传部报送了专题请示。圆满完成洪崖洞景区收费、两江游儿童价格优惠等市领导交办的重点项目论证工作。轻轨二号线旅游观光带规划建设加快推进。

BLUE BOOK OF CHONGQING

2019 年重庆
文化和旅游市场发展报告

市场管理处

2019 年，市文化旅游委始终坚持以习近平新时代中国特色社会主义思想为指导，全面落实党的十九大和十九届二中、三中、四中全会精神以及总书记对重庆提出的“两点”定位、“两地”“两高”目标、发挥“三个作用”和营造良好政治生态的重要指示要求，按照文化和旅游部、市委、市政府工作部署，紧紧围绕市场管理重点难点，聚焦群众关注热点痛点，从推进源头治理、提升监管合力、提高监管效能着手，大力规范旅游市场秩序，不断提升旅游服务水平，有力促进了行业有序快速发展。

一、基本情况

截至 2019 年底，全市共有旅行社 676 家，其中出境旅行社 96 家，一般旅行社 580 家，持有电子导游证的导游 12000 人。星级饭店 173 家，其中五星级 27 家，四星级 51 家，三星级 79 家，二星级 16 家。A 级景区 253 个，其中 AAAAA 级 9 个，AAAA 级 110 个，AAA 级 82 个，AA 级 51 个。拥有五星级游轮 24 艘，“两江游”游船 8 艘。全市共有互联网上网服务营业场所 5820 家，文化娱乐场所 4050 家，演出场所经营单位 99 个，博物馆 104 家，公共图书馆 43 个，文化馆 41 个，乡镇（街道）综合文化服务中心 1023 个，村（社区）综合文化服务中心 11053 个。

二、工作开展情况

（一）完善制度机制，不断加大监管力度

一是建立考核通报机制。将文化旅游市场管理水平纳入区县经济社会发展实绩考评指标，建立了由市政府督查办负责、我委具体实施的全市文化和旅游市场“月点评、季通报、年考核”管理机制。委托第三方机构对全市旅游市场乱象进行“体检式”暗访拍摄，并在市政府常务会上曝光，市政府主要领导现场点评、督促整改。进一步压实了区县政府、市级部门推进文化旅游市场乱象治理的主体责任，有效形成全市文化旅游市场整治齐抓共管的工作格局。二是规范执法办案机制。聚力推行文化市场“一户一档”、重大执法决定法制审核、包容审慎监管等制度，印发《关于规范文化市场综合行政执法有关工作的通知》《全面推行行政执法公示制度 执法全过程记录制度重大执法决定法制审核制度实施方案》，修订完善《重庆市文化市场行政处罚裁量基准》8 类 50 个行政处罚事项 227 个档次。重新梳理行政处罚事项 197 项、行政强制事项 3 项。2019 年，市文化市场综合行政执法总队办理的《中国旅行社总社有限公司重庆分社以不合理的低价组织旅游活动案》入选中国法律服务网案例库旅游行政处罚唯一案例，《重庆青年商务国际旅行社擅自变更行程案》被评为“2017—2019 年度全国文化市场综合执法优秀案卷”9 大案卷之一。三是深入推进信用体系建设，构建新型高效监管体系。制定建立抽查事项清单、联合抽查事项清单和随机抽查“两库”，细化随机抽查事项清单 30 项，开展“双随机、一公开”抽查 118 次，抽查文化旅游经营场所 471 家次，及时将抽查情况和查处结果向社会公开，实现了企业由对政府负责转变为对社会负责。建立衔接事前、事中、事后监管，贯穿文化旅游市场主体经营全过程的以信用为基础的新型监管机制，将信用体系建设与市场管理、综合执法一体部署、一体推进，梳理建立文旅企业问题信息 4300 余条，21 家文化经营单位列入“黑名单”，19 家旅游经营单位列入“重点关注名单”，将 1350 余家违规违法企业整改情况作为信用修复主要内容，计入企业信用记录，有力规范了文化旅游市场审批管理、信息运用、综合行政处罚、行政强制、行政检查等行为。

（二）加强协同联动，有效形成监管合力

一是上下联动长效化。建立了各区县党政领导、文旅部门主要负责人带队开展“体检式”自查和交叉检查、市文化市场综合执法机构持续开展执法巡查、我委视频调度和线上抽查等“三层四级检查”监管体系，形成了企业自查自纠、区县派驻指导组、市级重点督导检查的三级联动监管机制，形成了全市文化旅游市场上下联动、左右协调监管合力。二是联合执法规范化。协调渝中区、沙坪坝区、武隆区、巫山县、万盛经开区等区县从辖区旅游、公安、交通、市场监管、城市管理等部门抽调精干力量，设立旅游市场联合执法检查站，将联合执法检查制度化。“票串串”“羊儿客”“四黑”等市场乱象得到有效遏制，“不合理低价游”“强买强卖”“诱导购物”“陷阱消费”等欺客宰客行为明显下降，有效保护了消费者合法利益。三是部门联动机制化。建立部门联动机制，组成联合工作组，每逢节假日前夕及节假日期间开展全市文化和旅游市场秩序和安全稳定专项检查，逢节必查、巡查暗访成为常态。2019 年，市区两级执法队伍累计检查文化旅游企业 6.16 万家次，检查旅游团队、导游领队 5000 余次，查办各类案件 1390 余件，停业整顿 40 余家次，暂停旅行社出国旅游业务经营资格 2 家，13 家景区被停业整改，11 家景区被取消等级，取缔无证照文化经营场所 65 家次，吊销经营许可证 14 家次，列入黑名单管理企业 3 家，实施“诉转案”110 余件，“行转刑”1 件。有效震慑了违法违规经营行为，营商环境不断优化。

（三）点线面相结合，全面提升监管效能

一是推动文化市场规范发展。不断深化“放管服”改革，加强文化市场行政审批管理指导，重新梳理全市文化市场行政审批（备案）事项，进一步规范、简化办理流程，认真落实市政府的统一要求，强力压缩行政审批办理时限 70%，行政审批及办理效率进一步提高，一年来，本级审批办理涉外营业性演出近 500 件次、艺术品进出口经营活动 25 批次，办结率 100%。全程监管涉外演出活动，严密监管文化娱乐场所，大力开展执法监管和集中整治行动，全市文化娱乐场所经营行为更加规范，行业把关更加严格，经营人员遵纪守法意识明显增强。二是持续开展旅游市场专项整治。开展“百日攻坚”

整治行动和保健品市场乱象百日整治。按照文化和旅游部统一部署，以在线旅游产品、“不合理低价游”及非法经营旅行社业务和热门景区景点周边秩序治理为重点，组织开展暗访检查10次68批次，出动暗访检查人员215人次，暗访检查各类企业272家次，发现问题8类46个，遗留性、顽固性问题得到有效处置。开展“不合理低价游”专项整治，对旅行社低价揽客、不签合同或签订虚假合同、擅自改变行程等突出问题开展明察暗访50余件次，检查旅行社（分社及服务网点）、A级景区等旅游企业1150家次，检查旅游团队、导游领队500余次，办理违法线索61条，立案23件，实施行政处罚22件，责令68家旅行社整改。开展“三峡游”旅游市场秩序专项整治，会同市公安局、市交通局、市市场监管局及相关区县政府，印发实施《重庆市“三峡游”专项整治行动方案》，一批遗留性、顽固性问题得到有效处置。三是紧盯重点难点问题。围绕两节两会、新中国成立70周年、高考期间等重要时段，对农村演出市场秩序、歌舞娱乐场所和噪声扰民、网络表演和直播、在线旅游等行业及问题开展重点治理。开展热门景区景点“灰色产业”扰乱市场秩序综合整治，对朝天门、洪崖洞、歌乐山烈士陵园等重点区域的“票串串”“黑车”“带路党”等旅游乱象进行突击检查，维护了依法经营、合法竞争的市场环境。重庆市作为唯一省级部门在全国旅游市场执法工作交流会上做经验交流。

（四）着眼游客权益，狠抓投诉案件办理

一是强化舆情掌控。运用监测技术手段，指导华龙网、信息中心和广电监测台等单位，同时会同市网信办、市公安局等部门，实施全方位信息舆情监测和开展舆论环境明察暗访行动，落实负面舆情处置“黄金4小时”制度，实行24小时不间断监测和分类处置应对，及时回应群众关切，通过正面引导、释疑解惑，及时化解矛盾，消除不良影响，做到舆情“零事件”。二是抓好投诉处置。畅通“12318”文化市场举报电话、“12301”旅游投诉热线和各区县投诉举报电话，市旅游投诉中心和各区县文化旅游行政主管部门24小时全天候受理，及时处置违法违规线索和群众投诉，确保文化旅游投诉办理工作运行规范高效。在游客密集的沙坪坝区磁器口、万州港、奉节港“三峡游”登船点建立旅游投诉中心现场受理点，专人负责旅游投诉受理处理工作等，切实保障消费者的合法权益。三是深挖投诉举报线索。进一步完善“诉转案”“行转刑”工作流程，近年来，市旅游监察执法总队办理的300多个行政处罚案件中，80%以上为“诉转案”。

三、工作中发现的困难和主要问题

文化旅游消费具有广域性、即过性、叠加性、强关联性等特点，同时，随着互联网、大数据、云计算等技术的发展，改变了现行文化旅游业务模式和监管框架，监管对象从少量企业到海量企业或个人，监管行业从单行业到跨行业，监管地域从本地到跨地域，监管手段从实地巡查到线上监管等，这些变化加剧了文化旅游市场的复杂性和不稳定性。在具体实践中，我们发现以下困难和挑战。

（一）市场监管权责不清的问题依然存在

一是法律法规政策滞后，随着文化旅游行业深入融合，监管范围、对象、时间进一步放大，监管职责存在边界模糊、监管力量配置分散和多头监管等问题。二是综合监管的协同机制措施还需进一步完善。联合监管行动还存在“运动式”，监管和整治效果难以持续，市场乱象还难以根除。三是投诉受理主体不清。比如消费者在内河游船、非A级景区、网约房等出现的消费纠纷以及网络游戏充值、网络直播打赏产生的消费纠纷处理职责范围不明，导致消费者辗转投诉。

（二）旅游市场监管还存在盲区

目前一些协会、保健品公司、保险公司、物业公司等社会单位和社会闲散人员等，利用网络和无资质从事旅游业务，特别是非法组织低价游的问题比较突出，有的规模很大上千人，有的涉案金额达上百万元，经常引发群体性投诉事件，有的甚至影响社会稳定。现行的《旅游法》，对非法经营旅行社业务的界定不够清晰，对此类非法经营违法行为的认定和法律适用非常困难。

（三）意识形态安全管理风险不断增大

随着市场进一步发展繁荣，审批办理数量和内容增多，监管技术措施跟不上新技术、新业态的发展变化，缺乏预测能力与机制，管理风险增大。一是法律法规滞后，依法管理风险增大。比如网络文化市场法规集中在新闻信息、视频领域，而针对网络文学、网络动漫、网络游戏的法规较少，甚至缺位。二是执法监管难度大。文化旅游市场具有点多、面广、线长的特点，基层的行政执法队伍和力量不足，专业技术水平参差不齐，随着市场的繁荣发展，实际工作中，难以满足需要，监管质效提升受限。如：文艺演出内容监管问题，除公益性演出活动外，营业性演出活动及主要场次遍布在广大农村地区，从业人员的法律意识、申请与审批办理、监管力量与技术措施等难以满足监管的需要，意识形态安全风险较大。再如：游商地摊售卖非法、盗版图书或音像制品等，风吹草动一查就跑、一走又来的“猫捉老鼠游戏”，在执法监管上存在难度。三是企业主体责任意识薄弱，社会责任担当不够。如：互联网文化企业为了点击率、网民喜好和经济利益，一些敏感、能引起社会影响但与监管相悖的内容，往往选择“打擦边球”，允许其在网上流传一段时间后再行删除。职能部门对其处罚后，有些企业会将数据转移至国外服务器，而逃避监管。

四、下一步工作思路

深入贯彻落实习近平新时代中国特色社会主义思想，以党的十九大和十九届二中、三中、四中全会精神为指导，深入贯彻党中央、国务院总体部署，全面落实文化和旅游部、市委市政府工作要求，切实加强文化旅游市场监管基础性工作，突出抓好重点工作。

（一）**不断加强执法监管，切实营造良好的文化旅游市场环境**

一是进一步压紧压实监管主体责任，充分发挥全市文化旅游市场管理水平通报的积极作用，全面促进全市文化旅游市场管理水平提升。大力推进“体检式”暗访评估常态化开展，加强暗访人员培训，提高装备和技术支撑，确保持续稳定有效。二是加大执法检查力度，综合运用双随机抽查、日常巡查、暗访评估、交叉执法检查等手段，及时处置、严格查处各类文化旅游市场违法违规行为，形成强有力震慑效应。三是以问题为导向，持续整治文化和旅游市场突出问题。聚焦重点地区、重点领域、重点场所，加大对非法经营、涉黄赌毒、强买强卖、收保护费等违法犯罪行为及“带路党”“串串”“四黑”等旅游市场乱象的整治力度，确保整治工作取得实效。四是完善制度，形成长效机制。坚持部门协作，充分发挥文化市场管理工作领导小组、旅游市场综合监管机制作用，进一步完善部门联动、信息共享、执法协作等工作机制，提升综合监管效能，确保全市文化市场健康平稳、有序可控。

（二）丰富监管手段，切实提升问题发现能力

密切关注舆情信息，尤其是网络舆情，加强对重大敏感时间节点、超大客流量网红景点的监测，密切关注网民动态、观点，防范苗头性、倾向性风险，针对在网络上酝酿和发酵的负面舆情信息，早发现早处置，积极为重庆文化旅游产业发展提供良好的舆论氛围。进一步加强网络监测巡查，扩大景区、网吧视频监控系统对接，开展定期巡查，建设基于网络的问题发现机制，提高非现场执法监管能力。

（三）加强阵地建设，牢牢把握意识形态管理工作的主动权

以营业性演出和网络文化经营及旅游在线经营内容监管为重点，抓牢抓实演出审批与监管，督促农村演出市场“七个必须”管理制度落地落实。深入开展“清源”“净网”“秋风”“护苗”“固边”、网络表演和网络直播市场专项整治行动，依法处置未经审批的讲座、论坛、报告会、分享会等活动，全力以赴清扫文化垃圾、净化文化生态。

（四）全面加强社会信用体系建设

以社会信用体系建设为依托，按照“逢办必查、触发留痕、联合奖惩”原则，深入推进信用体系建设与行政审批办理、行政执法和“双随机一公开”“双公示”紧密结合，落实文化市场、旅游市场黑名单管理办法，做好信用信息查询、反馈、公示和联合惩戒等基础工作，推动落实信用承诺、信用修复、信用评价应用，加大对文化和旅游市场失信责任主体的联合惩戒力度，形成“事前信用承诺、事中分类监管、事后联合惩戒”的信用闭环监管的以信用为基础的新型监管机制，真正实现“一处失信，处处受限”，营造公平竞争的市场环境和诚实守信的营商环境，促进文化旅游市场健康发展。

2019年重庆
文化和旅游安全工作报告

安全应急处

2019年，市文化旅游委始终坚持以习近平新时代中国特色社会主义思想为指导，认真学习贯彻习近平总书记关于安全稳定工作“发展决不能以牺牲安全为代价”和视察重庆“安全稳定工作宁可百日紧不可一日松”的重要讲话精神，全面落实市委、市政府关于安全稳定工作的重要部署，定期研究推动安全生产工作，依法督导责任落实，全市文化旅游安全形势持续向好，在2019年安全生产和自然灾害防治工作中取得先进等次。

一、2019年全市文化旅游安全各要素基本情况

（一）歌舞娱乐场所

全市共有歌舞娱乐场所4050家。

（二）互联网上网营业服务场所

全市共有互联网上网服务管理场所5820家。

（三）旅行社

全市共有旅行社676家，其中出境旅行社96家，一般旅行社580家。持有电子导游证导游12000人。

（四）A级景区

全市共有258个A级景区，其中：AAAAA级9个，AAAA级110个，

AAA级82个,AA级51个,A级1个,累计创建命名“平安示范景区”27家。

（五）星级饭店

全市共有星级饭店175家,其中五星级27家,四星级51家,三星级79家,二星级18家。旅游星级饭店共拥有客房28254间，床位46403张。

（六）星级游轮及“两江游”游船

全市共有五星级游轮24艘。经营重庆“两江游”企业3家,共有“两江游”游船8艘。

（七）景区游船

全市共有景区游船1091艘。

（八）文物单位

全市共有不可移动文物25908处,其中国保单位64处,市保单位372处,区县保单位1943处。博物馆105家，其中三级以上博物馆16家。

（九）播出机构

全市共有广播电视播出机构38家。

二、2019年全市文化旅游安全风险情况

（一）总体概况

2019年，全市文化旅游行业未发生一起安全生产责任事故。江泰保险经纪股份有限公司数据显示，2019年，全市共接到报案391件，与2018年相比减少9件。其中，人身伤害案件371件，占全年总案件数的94.9%，共造成430人受伤，18人死亡；非人身伤害案件20件，占全年案件总数的

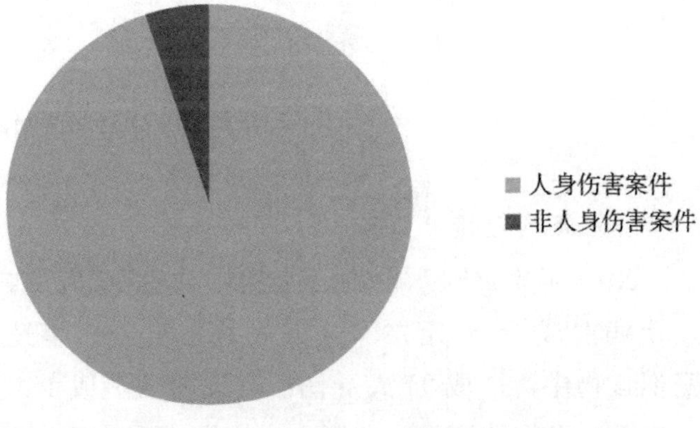

图1 2019年全市文化旅游安全案件统计

5.12%。各级文化旅游部门高度重视各类安全风险和事故处置，通过旅责险统保示范项目实施，为涉事文旅企业降低风险损失，进一步提升了行业风险管理整体水平。

（二）特点分析

江泰保险经纪股份有限公司数据显示，从全年各类游客意外伤亡事件看，涉文化旅游突发事件类型繁多，风险结构复杂，风险来源多样。

1. 类型分布

2019 年涉及人伤的案件中，主要类型为一般意外伤害、突发疾病、疑似食物中毒、交通事故等；在非人伤案件中，主要类型为旅程取消、财物损失和旅程延误等。

旅责险示范项目案件中，排在前三位的分别是：意外伤害类案件占 76.73%，突发疾病类案件占 13.04%，旅程延误类案件占 3.07%。

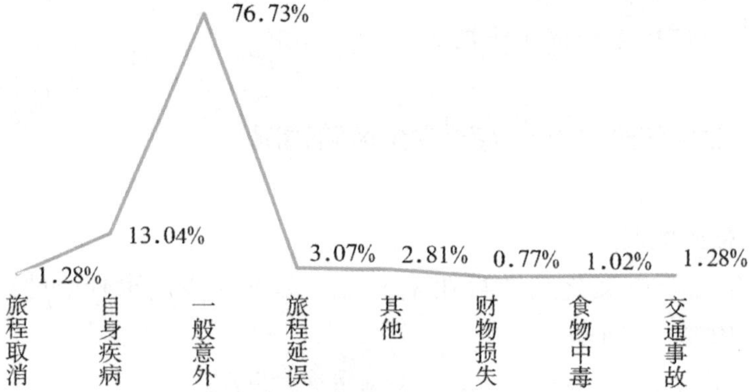

图 2　2019 年旅责险示范项目案件类型

2. 人员伤亡情况分析

2019 年旅责险示范项目报案中共有 18 人死亡，430 人受伤。其中，突发疾病造成 15 人死亡，34 人发病；意外伤害造成 2 人死亡，270 人受伤；疑似食物中毒造成 97 人受伤；交通事故造成 1 人死亡，18 人受伤。从数据上来看，人伤致死风险主要来自突发疾病，致伤风险主要来自意外伤害。

3. 出险区域分布

境内风险主要分布在本市及四川省、贵州省、云南省，在本市发生的风险事件占55.12%，四川省、贵州省、云南省分别占9.19%、5.30%、3.53%。

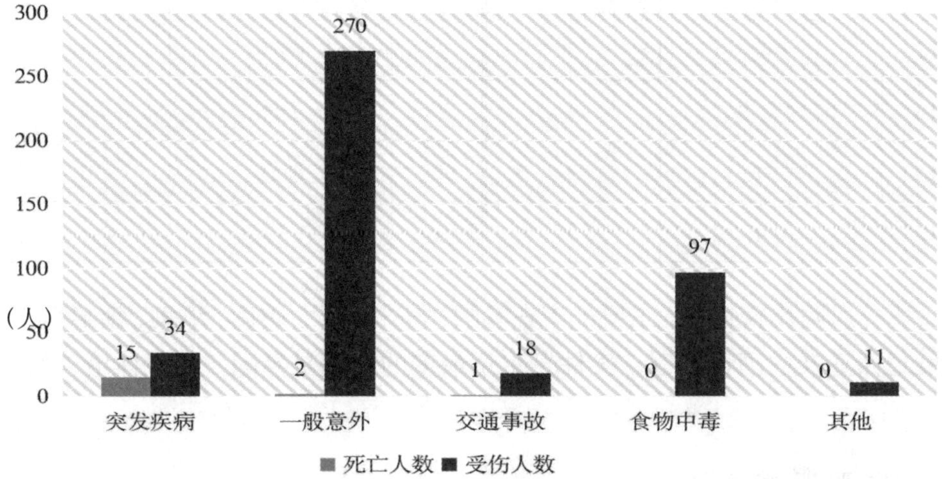

表1　2019年出险省份分布情况

序号	省份	案件数（件）	序号	省份	案件数（件）
1	重庆	156	16	湖北	2
2	四川	26	17	江苏	2
3	贵州	15	18	宁夏	2
4	云南	10	19	安徽	1
5	广西	9	20	云南	1
6	广东	8	21	海南	1
7	北京	7	22	河北	1
8	新疆	5	23	湖南	1
9	福建	5	24	吉林	1
10	甘肃	5	25	江西	1

（续 表）

序号	省份	案件数（件）	序号	省份	案件数（件）
11	湖北	5	26	辽宁	1
12	上海	5	27	陕西	1
13	内蒙古	4	28	天津	1
14	西藏	3	29	浙江	1
15	山东	3			

境外风险比较集中，主要分布在泰国、马来西亚、越南、缅甸、斯里兰卡、印度尼西亚及中国台湾等，案件发生量最多的地区是泰国，占整体境外案件40.74%。

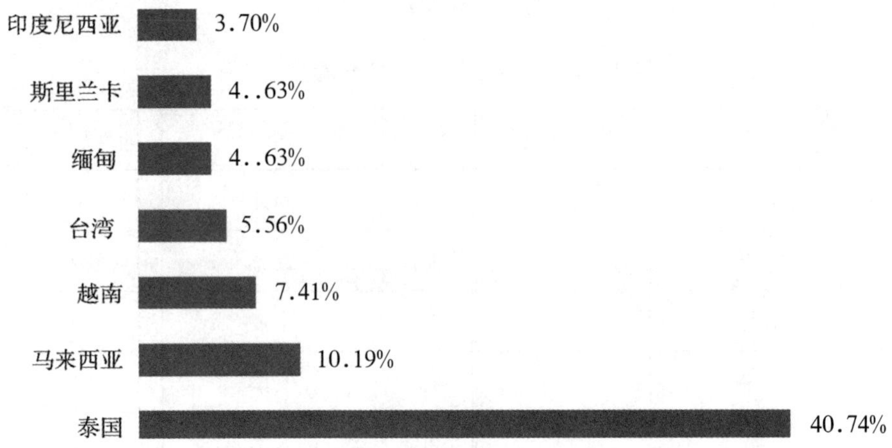

图4　2019年旅责险示范项目境外风险区域分布

（三）综合判断

总体上看，案件数量总体还比较大，特别是文化旅游企业风险意识欠缺及管理不善是造成风险事件的重要因素。文化旅游业是一个涉及面广的综合性产业，从事文化旅游经营的企业有网吧、KTV、文博院馆、旅行社、旅游景区、播出机构等，以及为游客提供交通、住宿、餐饮、购物、娱乐等服务的经营者，类型多样，管理关系复杂，整体形势依然严峻。

三、2019 年全市文化旅游安全工作主要特点

（一）健全完善制度，落实行业安全管理责任

落实“党政同责、一岗双责、齐抓共管、失职追责”，定期召开委党委会、主任办公会、联席会，传达学习习近平总书记关于安全生产重要指示精神，落实党中央、国务院和市委、市政府关于安全生产重大部署安排，研究部署行业安全管理工作，分析安全形势，及时解决重难点问题。一是组织召开行业安全工作大会，明确年度安全工作重点。二是印发实施《委领导安全工作“一岗双责”职责分工》和《委系统安全工作“一岗双责”职责分工安排》，明确职责分工，形成“人人想安全、人人抓安全、人人为安全着想”的良好局面。三是成立由委主要领导任组长的坚决打好防范化解重大风险攻坚战领导小组，制定“防风险保平安迎大庆”集中攻坚行动、消防隐患排查、旅游景区交通安全等工作方案。四是印发《平安景区创建三年目标任务（2019—2021 年）》及《2019 年平安景区创建工作计划》，累计创建平安示范景区 27 家。五是加快推进演出行业、网吧消防、歌舞娱乐场所消防以及旅行社、旅游星级饭店、旅游景区安全生产技术规范标准编制，进一步推进涉文旅企业规范化建设。

（二）构建长效机制，强化行业安全风险管理

一是成立市安委会旅游安全办公室，17 个市级部门单位分工协同，构建起统一指挥、专常兼备、反应灵敏、上下联动的文化旅游应急管理体制。二是建立文化和旅游市场秩序和安全工作“月点评、季通报、年考核”管理机制，以市旅游经济领导小组办公室名义印发《重庆市旅游市场管理水平督查通报方案》《全市旅游市场秩序月点评工作实施方案》，市政府常务会议以暗访视频短片形式对“三峡游”“一日游”旅游市场秩序和安全工作进行了点评。三是建立会议调度机制，听取防范化解风险工作情况汇报，分析研判各类风险隐患发展趋势，部署工作任务。四是建立考核机制，将安全管理纳入全市旅游管理考核和委属单位、委机关年度考核重要内容，督促行业系统落实安

全责任。五是建立风险隐患排查机制，系统加强文化、旅游、文物、广电四个板块及委属单位风险隐患点研判分析。六是建立重庆市出境旅游突发公共事件应急处置机制，迅速、有效处理旅游者在出境旅游过程中所遭遇的各种突发公共事件，全力保障旅游者的生命财产安全。七是与市委政法委、公安、应急、交通、市场监管、卫生健康、防汛抗旱、气象等部门建立工作协调配合机制，共同推进全市文化旅游行业扫黑除恶、社会治安、反恐怖、安全生产、道路交通、特种设备、食品卫生、自然灾害防治等安全监管工作，保障行业健康发展。

（三）加大督查力度，夯实行业安全管理基础

发挥检查督导“指挥棒”作用，推动全市文化旅游行业系统工作任务全面落实。一是加强明察暗访。先后3次由委领导带队共组成24个检查组，对重点区域、重点景区、重点时段旅游安全暗访督查；组成3个暗访组和13个交叉检查组对各区县、委属单位进行检查；会同市应急局开展“网红”景区安全检查，督导云阳龙缸景区安全工作。二是组织开展专项检查。狠抓文物建筑火灾隐患，挂牌督办梁平区双桂堂重大消防安全隐患整改；组织开展广播电视播出安全专项检查，严把内容导向关、安全传输保障关和网络信息安全关；组成3个暗访组，开展“三峡游”专项检查；组织开展星级饭店消防安全和A级景区安全专项检查，通报并责成景区停业整改13家，取消等级11家；会同公安、交通等部门开展旅游包（租）车专项检查。三是管好用好防范化解重大风险信息管理系统。对90个风险点进行比对分析，重点对风险点、风险等级、化解时限等进行了审核。四是推进“渝云景安”景区安全视频系统建设，利用视频监控系统实时监控全市AAAA级以上景区出入口、游客中心、停车场和索道、廊桥等核心景点及人员密集场所安全情况。五是深入开展执法检查。2019年，市文化旅游委结合扫黑除恶专项斗争，协同市公安、市场监管、交通、消防等市级部门，以及区县旅游等有关部门，累计检查督导旅行社（分社及服务网点）、A级景区等旅游企业8500余家次，检查督导旅游团队、导游领队3000余次，共立案106件，作出行政处罚决定68件，累计罚没款120余万元，责令5家旅行社停业整顿，协助有关部门关掉欺客宰客“黑店”2家，处理“黑社”“黑导”10余个，促进了旅游市场秩序明显好转。

（四）聚焦重点工作，确保各项措施落细落实

一是狠抓新中国成立70周年安保维稳工作，先后派出7个小组，由委领导带队，覆盖全市38个区县和万盛经开区，累计出动检查人员650余人次，抽查旅行社51家、A级旅游景区71个、星级旅游饭店45家、文（博）馆44个、文化市场经营场所132家。市委市政府通报表扬市文化旅游委，安全应急处被市委组织部、市委政法委记集体二等功。二是扫黑除恶专项斗争取得实效。深入推进扫黑除恶专项斗争，按期完成中央督导组反馈问题整改工作，顺利通过中央扫黑除恶第一轮“回头看”督导检查，委办公室、安全应急处、原市旅游监察执法总队被市扫黑除恶专项斗争领导小组表彰为先进单位。三是严守文旅阵地。认真履行意识形态工作责任制，切实维护网络空间国家安全。开展广播电视广告等监测监管工作，责令整改、停播违规广告104条、养生类节目23档，清理不合格广播电视制作经营机构72家，拆除非法安装“小耳朵”设备220套，向公安、无线电管理等部门提供“黑广播”线索74条，清理IPTV违规节目内容6类，网站巡查工作不断强化；开展广播电视卫星接收台站防范5G干扰协调工作，284个台站纳入保护清单；圆满完成迎接新中国成立70周年安全播出保障任务，全市总停播事故次数、重大停播事故次数较去年同期分别下降11.76%、16.67%，荣获总局广播电视行业安全保障工作先进集体。四是抓好文化传承保护。推动市级层面出台了加强文物保护利用改革、推进革命文物保护利用工程（2018—2022）等两个重要文物保护政策。新增全国重点文物保护单位11处、市级文物保护单位103处；5个镇列入第七批中国历史文化名镇，36个村列入第五批中国传统村落。

（五）狠抓培训演练，强化全行业安全防范意识和能力

一是指导各区县文化旅游委和委属单位开展“安全生产月”“全国防灾减灾日”“全民国家安全教育日”和“食品安全宣传周”活动，发放《旅游安全手册》4000余册。二是加强业务培训，印发《2019年消防安全宣传教育“七进”工作方案》，组织主城九区、委属单位和委机关开展文化旅游消防安全大约谈和消防培训，指导各区县开展消防安全培训；组织开展旅游质监执法、主城区文物安全工作、新任博物馆馆长等培训，提升文化旅游安全管理水平。三是加强风险分析研判，形成《2019年全国“两会”期间旅游安全形势分析及应对措施》《新经济新业态潜在风险点及防控措施》等分析报告，及时进行风险评估，提出对策建议。四是加强应急处突能力建设，指导酉阳县开展旅游大巴追尾柴油罐车安全应急救援演练及水上应急救援演练；指导渝中区、大渡口区、永川区、长寿区、巫山县、垫江县等区县文化旅游委开展文物古建筑、景区、酒店、文化经营场所消防救援演练，提升应急救援能力。

四、2020 年全市文化旅游安全风险预判

近年来，我委每年均开展了年度涉文化旅游突发事件趋势分析并制定了应对措施。经综合分析研判，2020 年文化旅游行业可能存在以下安全风险：

（一）消防安全风险

全市文化旅游行业领域，多高楼古镇深宅，文博、林草资源丰富，文化经营场所点多面广，部分文化娱乐场所及互联网上网服务管理场所人员密集，采用易燃装修材料，所带来的风险隐患较高。

（二）旅游交通安全风险

交通安全事故发生的主要根源，已由过去的路况差、车辆差，转化为人的安全意识不强、驾驶技能不高和开车习惯不好；游客身份散客化、自驾游增多也存在较大隐患。

（三）自然灾害风险

根据水利、气象部门和预警中心等发布的预警和分析看，2020 年可能存在强降雨过程，文物建筑、高山峡谷景区的地灾检测预警、隐患排查等方面存在隐患。

（四）高风险旅游项目和特种设备安全风险

全市目前有 270 多个高风险娱乐项目，锅炉、电梯、索道、电瓶车等特种设备数量庞大，很多并未纳入国家特种设备名录，没有明确的国家质量认证标准，也没有明确具体的审批许可单位，安全风险较高。

（五）大型群众性文化旅游活动安全风险

随着重庆旅游知名度越来越高，各种主题和风格的大型群众性文化旅游

活动增多，部分“网红”景区人流量大，加大了反恐怖防范、消防、拥挤踩踏、卫生防疫等风险。

五、2020 年全市文化旅游安全工作重点

（一）抓好组织机制建设

履行市安委会旅游安全办公室职责，统筹协调各成员单位推进全市文化旅游安全管理，压实各级安全监管责任。加强各部门工作协调，推进全市文化旅游行业文物保护、节目播出、扫黑除恶、社会治安、反恐怖、安全生产、道路交通、特种设备、食品卫生、自然灾害防治等安全监管工作，保障行业健康发展。

（二）抓好文化旅游安全管理

加强文化旅游安全监管指导，持续加强安全隐患排查，抓好区县文化旅游主管部门及委属单位安全生产及自然灾害防治交叉检查。重点突出春节、暑期汛期、国庆节等重点时段，扎实开展安全大排查大整治大执法。加强人才队伍建设，用好用活全市文化旅游安全专家库。加快推进文化旅游标准化建设。

（三）抓好防范化解重大风险工作

发挥委坚决打好防范化解重大风险攻坚战领导小组各项机制作用，抓好重要时节及重大活动的安全风险研判，加强突发事件风险识别、评估和管控。加强《重庆市防范化解重大风险信息管理系统》管理使用，督导各区县、委属单位落实责任，进一步规范文旅企业生产经营活动。修订《涉旅突发事件应急预案》，指导相关区县及委属单位开展应急演练，提升突发事件处置能力。及时对公众发布安全预警与提示信息。

（四）抓好宣传教育培训

加强宣传教育培训，强化安全意识，提高应急处置能力。组织开展全市文化旅游安全培训，指导各区县文化旅游委和委属单位开展安全培训，规范行业安全管理，提升安全监管水平。配合相关部门开展“安全生产月”等宣传活动，提升全民安全意识和防范能力。

2019 年重庆
广播电视和网络视听发展报告

传媒机构管理处

2019 年，全市广播电视系统围绕学习宣传贯彻习近平新时代中国特色社会主义思想和习近平总书记视察重庆重要讲话精神这个首要任务，紧紧围绕庆祝新中国成立 70 周年这条主线，树牢“四个意识”，坚定“四个自信”，坚决做到“两个维护”，坚持稳中求进、守正创新，各方面工作取得了新成绩。

一、聚焦主题主线，以政治担当唱响时代主旋律

一是主题宣传报道氛围浓厚。围绕学习宣传贯彻习近平新时代中国特色社会主义思想这个首要任务和庆祝新中国成立 70 周年这条主线，组织开展宣传报道。圆满完成总书记来渝视察，庆祝新中国成立 70 周年，全国全市两会，市委五届六次、七次全会，“晒文化 · 晒风景”大型文旅推介活动，2019 智博会等重大会议、活动和重点工作的主题宣传报道。精心策划推出《把习近平总书记的殷殷嘱托全面落实在重庆大地上》《脱贫攻坚进行时——学论述、抓整改、促落实》《书记晒文旅》《壮丽七十年 奋斗新时代》《在行动》《看效果》等系列报道，播出《信仰的力量》《思想的田野》《风再起时看巴渝》等专题节目。围绕市委、市政府中心工作，全面展现“三大攻坚战”“八项行动计划”等全市重点工作的进展成效，营造了良好的舆论氛围。《重庆新闻联播》《第 1 眼新闻》《天天 630》推出专栏深度报道 70 年来社会主义建设

的伟大实践和宝贵经验，策划推出《谢谢你来了》《红岩本色——岁月如歌》《风再起时看巴渝》等国庆特别节目，播出《长江之恋——长江流域十二省市国庆主题晚会》《我同祖国共成长——庆祝新中国成立70周年少儿晚会》等多台晚会，大力宣传新中国成立以来的丰硕成果。

二是融合传播彰显主旋律。播出庆祝新中国成立70周年主题公益广告483921条次，全市广播电视和网络视听机构均在首屏首页开设“庆祝中华人民共和国成立70周年”专栏，多元传播重庆好声音，立体塑造重庆新形象。

三是圆满完成迎接成立新中国70周年安全播出保障任务。各级广电部门完成整改410项，全市总停播事故次数、重大停播事故次数较去年同期分别下降11.29%、20%，重大活动、重点时段、重要节目广播电视播出传输实现“零差错、零失误、零事故”，全市安全播出情况总体良好。

二、坚持内容为王，以时代责任推出精品力作

一是精品创作生产初显成效。电视剧《共产党人刘少奇》《麦香》、广播剧《“事儿妈”宋小娥》获中宣部“五个一工程”奖；电视剧《重庆谈判》入选总局2018—2022年百部重点电视剧选题和庆祝新中国成立70周年电视剧展播名单；动画片《酷跑英雄》入选2018年度优秀国产电视动画片三类扶持名单；纪录片选题《破晓》入选总局2019年重点纪录片创意选题和庆祝新中国成立70周年纪录片展播名单；《巴盐》获总局2018年第三批优秀纪录片并登陆央视播出；《中俄书途》获中国新闻奖国际传播类三等奖；《大头小当家》《风车转转转》《中华好故事》入选总局2018年度少儿节目精品发展专项资金扶持项目；《不一样的求学路、一样的求知报国路》获得国家广播电视庆祝新中国成立70周年优秀公益广告并推荐全国播出；《士兵的荣耀》纳入总局“庆祝新中国成立70周年精品网络视听节目上线仪式”首推精品节目。

二是本土作品影响力不断提升。我市参投的重大题材电视剧《共产党人刘少奇》登陆CCTV-1黄金时段播出，同时段收视率第一；《麦香》登陆CCTV-1黄金时段播出；纪录片《城门几丈高》登陆CCTV-9播出；广播

剧《事儿妈宋小娥》《春天的号角》在央广中国之声、央广文艺之声等多家平台播出；网络动画片《魔道祖师（羡云篇）》累计播放量超 6.2 亿次。

三是大力扶持推动创作。巫溪广播电视台《风车转转转》入选总局 2018 年度少儿节目精品发展专项资金扶持项目。实施广播电视创新创优栏目引导扶持项目，对《古典也流行》《人文酉阳》等 6 个优秀栏目进行扶持；开展广播电视优秀作品评选活动，共评选出 242 件优秀作品，推荐 23 件参评“2018 年中国广播影视大奖”；开展广播电视公益广告（原创）扶持项目，对《中国古代廉洁四劝》等 33 件优秀作品进行扶持，获得总局扶持 2 项；开展微视频大赛，评选出 60 个优秀作品，《一壶老酒》《西北偏北》分别被总局评为 2019 年度优秀网络电影短片和年度优秀大学生剧情短片，《爸爸的滋味》等 9 个优秀原创视听节目在“学习强国”全国总平台展播。

三、坚持惠民共享，以均衡体系增强文化获得感

一是广播电视公共服务水平明显提升。广播、电视综合人口覆盖率分别达 99.04% 和 99.27%，无线电视人口覆盖率 92.35%；以四种技术方式，实现全市广播电视由“村村通”升级为“户户通”，其中直播卫星终端 188 万台；重庆有线在线终端 363 万台，IPTV 在线终端 457 万台；重庆市级 11 个公共频道、区县 6 家广播电视台 12 个频道实现高清播出；编制完成全市应急广播体系建设技术方案，争取中央资金 1370 万元补助 3 个国家深度贫困县应急广播建设，5 个区县完成应急广播建设；实施 18 座广播电视无线发射台改造，完工 14 座；新增有线电视通达行政村 141 个，全市累计实现 5901 个行政村有线电视光缆通达，行政村通有线电视达 72%。

二是推动全市“智慧广电”建设。有线电视网络全光网、全 IP 建设累计建成 FTTH 端口 165 万个，覆盖约 231 万户，其中农村地区累计建成 FTTH 端口 86 万个，覆盖约 138 万户；重庆成功纳入中国广电 5G 试点城市，有线电视网络建成梁平、万盛等多个智慧广电项目，融媒体党员教育平台一期项目部署超过 150 个智慧社区。

四、坚持以我为主，以主动服务推动国际传播强起来

一是大幅提升重庆广电国际传播力。重庆国际频道在北美、欧洲41个国家和地区落地，在长城DISH卫星平台综合收视率排名地方台第六位，长城Sling互联网电视平台排名地方台第五位。

二是扩大重庆广电对外贸易和文化交流。赴秘鲁、智利开展重庆文化旅游宣传推广，达成若干合作意向并输出优秀影视作品版权；电视剧《特勤精英》译配项目、动画片《乐乐熊丝路情之桑蚕溯源》等4个项目入选总局“走出去”专题项目库；重庆享弘影视《魔盒与歌声》《乐乐熊生存大冒险》《梦舟系列》等优秀动画片发行至沙特、泰国、柬埔寨、马来西亚、印度等国家，实现销售额154.56万美元。

五、坚持创新驱动，以开放思维促进转型升级

一是推动媒体融合转型重构。启动14个区县融媒体中心建设试点，16个区县挂牌组建融媒体中心，其中潼南融媒体经验被人民日报专刊报道，吸引斯里兰卡媒体高级人才研修班参观交流；建成“两江上游云”市级融媒体基础云平台、以“第1眼”APP为龙头的移动传播矩阵，融媒体平台传播实力显著增强；重庆网络广播电视台构建集IPTV、“渝眼”、“CTV掌上重庆”等终端为一体的新媒体传播平台，形成覆盖全市的大宣传、大市场发展格局，视界网日均访问人数超80万，日均页面浏览量近700万，微信公众号、新浪微博号等第三方账号活跃用户70万，日均阅读量近300万。

二是深化频率频道改革创新。配合国家新闻出版广电总局规范专业频道建设和管理，推进精办、优办频率频道，引导广播电视媒体发展方向；与市经信委联合发布重庆市超高清视频产业发展行动计划，大力推进超高清视频产业发展和相关领域的应用。

三是推动文旅产业融合发展。大足石刻修缮工程全媒体直播活动受众超130万人次；舞剧《杜甫》短视频话题热度达5.2亿次，其片段《丽人行》

播放量累计突破8亿；成功推出《书记晒文化晒风景》系列节目，让全国观众领略“行千里·致广大”的“山水之城·美丽之地”，进一步促进重庆文旅深度融合；举办第十一届西部动漫节，展场观众达到8万人次，吸引外地观众约2万人次，200余家国内外知名企业参展；完成全市18个深度贫困乡镇新媒体信息扶贫项目建设，日均集成脱贫攻坚等优质节目超过2000小时，日均页面浏览量近40万次。

六、坚持安全为本，实现安全有序健康发展

一是切实守好广播电视意识形态阵地。开展广播电视广告专项整治，停播违规广告104条、未备案养生类节目23档；推进打击非法安装地面卫星接收设施行动，强制拆除设备220套，取缔非法销售“小耳朵”设备门点7个，收缴设备66套；完成全市广播电视播出机构许可证和广播电视频道许可证换证工作，切实纠正播出机构擅自改变名称、呼号等不规范问题；发挥卫星地面接收设施专项整治部门联席会议机制作用，169家境外卫星电视节目接收单位运行规范；重庆IPTV集成播控平台下线境外违规节目6210小时、境内违规节目4410小时，累计下线10620小时，完成与重庆电信、重庆联通等电信企业4路免费六级监测信号对接，完成百事通节目内容平台与重庆IPTV集成播控平台对接；处理违规网站信息9000余条、审核相关视频600余个，发现并查处“番号吧”等19家擅自从事互联网视听节目服务的网站和13家涉嫌传播色情视听节目的网站；全市284个广播电视卫星接收台站管理规范并纳入无线电管理部门保护清单；向公安和无线电管理部门提供“黑广播”频率线索53条，全市查获“黑广播”设备45台。

二是强化专业人才队伍保障。举办2019年重庆广播电视专业技术技能竞赛，在全国率先实现以赛代评，推荐获奖选手参加“全市技术能手”“重庆五一劳动奖章”评定，并在职称评审时分梯次享受破格申报等优惠政策；7名全媒体人才成为国家广播电视总局“媒体融合专家库”候选人；全国广播电视编辑记者、播音员主持人资格考试共526人报名参考，同比增长29%。

三是全力提升文化传播能力。全市网络文化经营单位和广播电视制作经

营单位分别达708家、502家，注册资本金总额分别达到48.9亿元、36.5亿元，增长势头强劲；全市广播电视节目销售收入27274万元。完成重点网络影视剧信息规划备案作品92部、初审通过68部、节目规划备案27部、成片审核5部、上线4部。

2019年度重庆市广播电视安全播出情况报告

传输保障处

2019年，全市广电系统坚持以习近平新时代中国特色社会主义思想为指引，树牢“四个意识”、坚定“四个自信”、做到“两个维护”，压紧压实意识形态工作责任制，圆满完成“庆祝新中国成立70周年”、全国“两会”、第二届“一带一路”高峰论坛等48天重要保障期和日常安全播出保障任务，重要频道、重点时段、重大活动实现安全优质播出。

一、2019年全市安全播出概况

2019年，全市各级广电部门以确保新中国成立70周年庆祝活动安全播出保障为主线，加强领导，周密部署，严格管理，落实落细各项举措，坚持以最高标准、最严要求，切实提升安全播出管控水平，有力保障了中央电视台春节联欢晚会、全国“两会”开闭幕会、新中国成立70周年庆祝活动等18场重大现场直播安全播出，重要播出时段实现零停播保障目标。

2019年，全市共发生各类安全播出事故77起。其中，重大停播事故5起，全年总停播时长246小时58分58秒。同比上年，停播事故总次数、重大停播事故次数分别减少24起、1起，下降23.76%、16.67%，播出情况持续向好。重庆广电集团（总台）广播播控、卫星地球站和万州、江津、巴南、璧山、綦江、开州、潼南、荣昌、梁平、武隆、合川、垫江、石柱等13个区县全年实现“零事故”目标，其中江津、巴南 2 个区县连续 4 年未发生事故，值得其他区县学习借鉴。

二、2019 年停播事故分析

（一）按事故性质划分

2019 年，全市各级安全播出责任单位共发生责任事故 1 起、技术事故 45 起、其他事故 31 起。同比 2018 年，责任事故、其他事故分别减少 1 起、25 起，下降 50.00%、44.64%，技术事故增加 2 起。

（二）按上星节目划分

2019 年，上星广播电视节目共发生停播事故 6 起，累计停播时长 29 分 21 秒，其中重大停播事故 3 起。按事故性质划分，责任事故 1 起，技术事故 4 起，其他事故 1 起。同比 2018 年，停播事故次数、总停播时长和重大停播事故次数分别增加 2 起、28 分 14 秒和 2 起。

（三）按全台性停播划分

2019 年，全市共发生全台性停播事故 11 起，累计停播时长 235 小时 38 分 10 秒，其中重大停播事故 2 起。按事故性质划分，技术事故 4 起，其他事故 7 起。同比 2018 年，全台性停播事故次数、重大停播事故次数分别减少 6 起、1 起，下降 35.29%、33.33%，停播事故时长增加 206 小时 53 分 20 秒，主要为万盛方家山发射台发生 1 起长达 223.5 小时的重大停播事故。

（四）人为责任事故分析

2019 年，全市发生人为责任事故 1 起。责任事故为重庆广电集团（总台）融媒体新闻中心在重庆卫视频道《重庆新闻联播》播出时段临时加播节目引起。同比 2018 年，责任事故次数、停播时长分别减少 1 起、2 分 50 秒，下降 50.00%、85.00%。

（五）重大事故分析

2019 年，发生重大停播事故 5 起，累计停播时长 224.517 小时，分别占停播事故总次数、停播总时长的 6.49%、90.90%。主要发生在电视中心、节传中心和无线发射环节，重要保障期未发生重大停播事故。按事故性质划分，责任事故1起，技术事故3起，其他事故1起。同比2018年，事故次数减少1起，下降16.67%，事故时长增加215.79小时。

三、安全播出对策举措

（一）强化管理，在杜绝发生技术安全事件上下功夫

今年，万盛方家山发射台因施工操作失误和管理不到位发生一起长时间停播技术安全事件。各级播出责任单位应认真吸取教训，着力强化技术系统建设、设备检修和施工作业等管理。一是设备设施更新改造前，应当制定工程施工方案和应急预案，与施工单位签订安全协议，落实安全措施。二是新建广播电视技术系统投入使用前试运行时间不得少于一个月，需要试播的，按流程逐级报批。三是严格规范检修和施工操作审批备案流程，杜绝擅自施工作业行为。四是检修、施工期间，遵守相关安全规范，做好施工现场监督工作，加强对播出设备、机房环境的巡视，强化有效管控。

（二）强化措施，在防范5G基站有害干扰上下功夫

各级广播电视部门要高度重视5G基站干扰问题，加强节目信号接收安全管理。一是增强风险意识，高度重视并积极防范和化解5G基站干扰广播电视卫星接收给安全播出、监测监管带来的重大风险。二是强化与当地无线管理部门、电信运营商的沟通协调，明确职责分工、协调程序及技术措施，采取天线改造、增加备用信号源等技术防范措施，积极主动、有针对性地开展干扰防范工作。三是加强监测，发现5G基站干扰信号，应第一时间切换至未受干扰的其他信号源，并立即报告当地无线电管理部门，确定干扰源，及时消除隐患。

（三）强化应对，在构筑可靠的网络安全防线上下功夫

当前，广播电视迎来新的发展战略窗口期，也面临前所未有的安全风险叠加期冲击，网络安全风险和隐患日益突出。各级广播电视部门应切实有效应对挑战，防范安全风险，全面提高应急处置能力。一是落实网络安全责任制，建立完善网络安全工作领导小组，切实落实网络安全保护主体责任，建

立健全网络安全管理制度。二是落实网络安全等级保护制度，认真贯彻落实《网络安全法》，推进网络安全等级保护制度落地落实。三是加强网络安全技术防护，加大投入，完善网络安全防护体系，持续做好网络安全等级保护测评和整改工作。四是加强网络安全实战演练，组织开展广播电视网络安全攻防演练，提升应用系统、安全技术人员的安全防护和应急处置能力。五是落实网络安全管理基础，加强关键岗位人员管理，加强与相关部门的沟通协调，定期开展网络安全检测，确保网络安全防护取得实效。

（四）强化监管，在确保节目码流传输安全监测上下功夫

各级安全播出责任单位应加强制作、播出、传输环节安全隐患排查，加强节目码流传输和监测安全保障工作。一是要高度重视广播电视节目码流传输的安全保障工作，全面加强对编码、转码、复用、切换、解码等环节的维护和监测工作力度，对使用年限过长设备开展安全排查、检测和整改。二是要对节目码流的各项技术指标开展全面监测，特别是针对 AVS+ 高清编码、复用设备进行专门检查，排查硬件解码和软件解码的正确监测方法，将无伴音、伴音音量低、ES 流伴音、CRC 校检错误等问题纳入监测报警范围，确保节目播出正常。三是要进一步提升监测水平，针对目前码流监测中存在的问题，组织厂家对监测系统进行升级，排查漏洞，确保自台监测结果与下游单位及用户实际接收效果一致，提高监测的准确性和及时性。

（五）强化调度，在提升安全管理工作水平上下功夫

充分发挥调度平台安全、快捷收发信息和有效沟通的作用，进一步促进安全播出管理规范化。一是要强化管理责任、主体责任、监管责任，认真做好辖区内广播电视安全播出监督管理工作，调度平台终端应安排专人，熟练掌握终端功能和操作流程，充分发挥调度平台作用，确保安播信息和调度指令安全快速传达。二是要规范使用本地账户，加强密码管理，及时修改初始密码，确保账户使用安全。三是要严格落实专网专用，不得擅自接入外网或其他网络，确保信息安全。四是要加强终端设备的维护管理，确保安全可靠和正常运行。

（六）强化责任，在推进广电设施安全保护上下功夫

各级安全播出管理及责任单位应切实加强辖区内设施保护和安全防范，

进一步提升全市广播电视设施安全保护水平。一是大力宣传《广播电视设施保护条例》，利用专题报道、张贴标语、制作公益广告等多种形式，开展广播电视设施保护宣传，营造浓厚的舆论氛围。二是进一步夯实广播电视重要设施单位治安防控体系，建立完善联防、联动、联合处置机制，持续强化人防、物防、技防、联防体系建设。三是修订完善应急预案，加强应急演练，强化技术保障措施，确保广播电视设施安全、可靠运行。四是不断研究探索新形势下广电设施保护工作出现的新情况、新特点，加强制度建设，建立联席会议、工作督查指导、重要问题查究等工作机制，合力解决广播电视设施保护工作中出现的困难和问题。

2019年度重庆市广播电视传输保障工作报告

BLUE BOOK OF CHONGQING

传输保障处

2019年，全市广播电视安全传输保障工作全面聚焦庆祝新中国成立70周年安全播出保障任务，扎实推进安全播出、传输覆盖、公共服务等工作，有力服务了全市广播电视和文化旅游工作。

一、聚焦主线抓落实，圆满完成全年重要保障期安全播出

安全播出是广播电视工作的生命线，广播电视安全播出工作的成效关系着党的喉舌作用发挥，关系着国家的政治安全、文化安全和信息安全。2019年，全市广播电视系统始终把安全播出保障放在重中之重的位置，全力以赴做好各项工作，圆满完成“庆祝新中国成立70周年”、春节、全国“两会”、重庆“两会”和“一带一路”国际合作高峰论坛等48天重要保障期安全保障任务。重大活动、重点时段、重要节目广播电视播出传输实现“零差错、零失误、零事故”。2019年，全市共发生各类安全播出事故77起，停播事故总次数、重大停播事故次数分别减少24起、1起，分别下降23.76%、16.67%，播出情况持续向好。

（一）圆满完成庆祝新中国成立70周年安全播出保障工作

围绕迎接中华人民共和国成立70周年，从加强组织领导、问题隐患排查整改、应急能力提升、指挥调度、监测监听等各方面入手，强化了各时段重要保障期的广播电视安全播出保障工作。一是切实提高政治站位，抓好组

织领导。市文化旅游委调整完善了市安全播出指挥部，组织召开全市迎接新中国成立 70 周年广播电视重要保障期工作部署会议，压紧压实行业安全政治责任和主体责任；各区县和市级广播电视播出传输机构成立安全保障领导小组，分解落实工作任务，为庆祝新中国成立 70 周年系列直播转播任务提供有力保障。二是“以问题为导向”，以检促管促改，深入开展迎接新中国成立 70 周年安全播出大检查。先后两次迎接中宣部、国家新闻出版广电总局来渝开展广播电视行业安全播出大检查，国家检查组对我市近几年开展的广播电视基础设施标准化建设给予了充分肯定。市、区县两级由行政主管部门牵头，深入高山台站、远郊区县、播出机房、传输前端等，从组织机构建设、安全播出保障、网络安全防护、设施设备保护等方面对各级安全播出责任单位开展检查，各级安全播出责任单位投入 2000 余万元，完成问题隐患整改 410 多项，为顺利完成庆祝新中国成立 70 周年全市安全播出奠定了坚实基础。三是强化应急防范措施。编制《迎接新中国成立 70 周年安全播出事件应急专项预案》，明晰应急流程、应急响应和应急管理，组织完成市级广电播出传输单位全系统、全业务、全流程应急演练，全市各级安全播出责任单位开展应急演练 500 余次，全面提升应急处置能力。四是加强调度指挥和监测值守。重要保障期间，全市广电系统严格实行领导一线带班、值班员 24 小时值班、重要保障时段双人双岗的三级值班制度，严格履行“在岗在位在状态”值班要求,全市参与节日安全播出值班值守保障总人数达 6400 余人，发送安全播出预警信息 1800 余条次。国庆重要保障期全市广播电视播出传输情况良好，未发生安全播出事故及非法干扰和破坏事件，重大活动、重点时段、重要频道实现安全优质播出；市文化旅游委被国家新闻出版广电总局评为国庆 70 周年广播电视行业安全保障工作先进集体。

（二）切实加强广播电视传输保障行业管理

全力做好广播电视卫星接收免受 5G 基站信号干扰协调和应对工作，开展全市广播电视卫星接收台站规范管理专项整治，建立全市广播电视卫星接收台站数据库，284 个广播电视卫星接收台站完善设台审批手续并纳入无线电管理部门保护清单；与市无线电管理部门和电信运营企业建立 5G 干扰协调机制联络机制、受干扰广播电视卫星接收台站速报制度，成功处理 100 余起 5G 信号干扰事件。积极履行监听监测、线索通报、提供证据等职能，配合公安机关和无线电管理部门开展“黑广播”打击工作，提供“黑广播”线索 74 条，侦查发现的“黑广播”窝点全部捣毁。深入开展设施保护工作，全市发生广电设施破坏事件同比下降 15%。强化网络与信息安全，成功拦截 6.7 万次攻击。推进全市广播电视安全播出指挥调度平台升级扩容，新增视频会议系统，实现市、区县两级视讯终端联网，有力提升了业务工作效能和应急处置水平。

二、持续推进传输覆盖基础设施建设，不断提升广播电视公共服务水平

2019 年，全市广播、电视人口综合覆盖率稳步提升，分别达到 99.17%、99.4%。行政村通有线电视达 75%，有线电视覆盖用户数同比增长 35.6%，达到 1000 万户。中央和重庆本地 15 套无线数字电视节目全面开播，无线数字广播和电视覆盖用户数同比增长 673%、516%。改造无线发射台站 18 座，累计改造 51 座。完成 7.4 万户直播卫星户户通建设，累计达到 98.03 万户。各级财政投入 4700 万元开展应急广播体系建设，3 个区县建成并达到县级应急广播技术标准。

一是持续推进有线电视进村入户。重庆有线电视新增 269 个行政村光缆通达，累计通达 6027 个行政村，覆盖 844 个街道乡镇，行政村有线电视通达率达到 75%。二是深入开展直播卫星公共服务。北碚、江津、大足、巫山、巫溪、秀山、酉阳、彭水等 8 个区县根据群众需求，实施直播卫星补点工程，新增 7.4 万直播卫星用户，广电部门管理和服务的直播卫星用户达 98.03 万户。三是继续推进高山无线广播电视发射台站基础设施改造建设。争取中央财政资金 2880 万元，实施 18 座高山无线发射台站基础设施改造建设，有力解决了高山台站机房、供电、供水、道路等基础设施落后的状况，安全播出保障能力得以增强。四是深入推进全市应急广播体系建设。编制完成重庆市应急广播体系建设可行性研究和技术方案。江津等 3 个区县基本建成，11 个区县启动建设；全市共有应急广播终端约 7 万只喇叭。五是市级广播电视

重点基础设施建设项目——重庆广播电视发射新塔一期项目前期工作顺利推进，将在2020年4月动工建设。六是扎实推进广播电视扶贫工作。全部完成14个国家贫困区县广播电视台制播能力升级建设；完成国家贫困区县6座无线发射台站改造；在贫困地区新安装3.6万户直播卫星接收设备；争取中央资金1837万元补助巫溪、酉阳、彭水、城口4个县应急广播建设。

三、积极推动智慧广电建设，提升广播电视科技化水平

推进全市广播电视播出机构高清、超高清技术建设，市级11个公共频道实现高清播出，6家区县广播电视台12个频道实现高清播出；联合市经信委、重庆广电集团（总台）研究制订了《重庆市超高清视频产业发展行动计划（2019—2022年）》，支持重庆广电集团（总台）开展4K超高清电视频道建设，重庆广电集团（总台）制订《开播4K超高清频道技术规划（2019—2022）》，实施车载4K融合生产中心。重庆有线电视网络全光网、全IP建设累计建成FTTH端口165万个，覆盖约231万户，其中农村地区累计建成FTTH端口86万个，覆盖约138万户。重庆成为全国16个首批中国广电5G试点城市之一，重庆有线与渝中区签署《渝中区全域5G智慧城市典范战略合作协议》。定位为智慧广电西南数据中心、中国广播电视网络有限公司西部枢纽基地、大数据开发与应用中心、智慧互联研发中心及业务展示中心、产业链创新孵化中心、“巴渝文化云”创意文化中心等6大功能的重庆有线智慧广电数据中心一期项目开工建设。有线电视网络向智慧家庭、智慧社区、智慧城市服务领域延伸，建成梁平智慧城市信息中心平台、万盛经济技术开发区智慧体育“智慧体育大数据”平台、万盛经济技术开发区“雪亮工程”项目，在忠县、万盛、合川、沙坪坝等区县部署了超过150个智慧社区；通过与百度合作，推出了全国首款定制版智能音箱和语音遥控器，智能家庭设备在线量已经超过5万台。

四、成功举办重庆市广播电视技术能手竞赛，广播电视技术人才队伍不断壮大

2019年，市文化旅游委首次联合市人力社保局、市总工会举办了重庆广播电视专业技术技能竞赛，为全市广播电视技术人才提供了快速成长平台。竞赛共设置调幅广播、调频和电视广播、卫星传输、网络安全4个比赛项目，获奖选手可参评“全市技术能手”“重庆五一劳动奖章”，并在全国创新出台获奖选手可在职称评审时分梯次享受破格申报、提前申报、放宽学历条件、不做论文要求等突破性优惠政策；4名获得一等奖选手代表重庆参加全国广播电视技术能手竞赛，分别获二等奖1名、三等奖3名。国家新闻出版广电总局对我市做法给予高度肯定，市文化旅游委荣获全国广播电视技术能手竞赛优秀组织奖。

2019 年度重庆市电视剧产业发展报告

广电节目内容管理处

习近平总书记强调，中国特色社会主义进入了新时代。希望大家承担记录新时代、书写新时代、讴歌新时代的使命，勇于回答时代课题，从当代中国的伟大创造中发现创作的主题、捕捉创新的灵感，深刻反映我们这个时代的历史巨变，描绘我们这个时代的精神图谱，为时代画像、为时代立传、为时代明德。电视剧作为受众最多、覆盖面最广、人民群众最喜闻乐见的大众艺术形式，在文艺作品“为时代画像、为时代立传、为时代明德”中发挥了重要作用。2019 年度，我市电视剧坚持以人民为中心的创作导向，聚焦中国梦主题，坚持思想精深、艺术精湛、制作精良相统一，结合庆祝新中国成立 70 周年和全面建成小康社会等重要时间节点加强选题策划，深入挖掘重庆厚重的历史文化旅游资源，旗帜鲜明倡导现实题材创作，着力增强人民群众的获得感、幸福感。

一、2019 年全市电视剧产业发展情况

（一）全国情况

2019 年，全年全国生产完成并获得《国产电视剧发行许可证》的剧目共 254 部 10646 集，部数和集数与前两年呈下降趋势。其中，现实题材剧目共

计 177 部 7004 集，分别占总部数、集数的 69.69%、65.79%；历史题材剧目共计 73 部 3475 集，分别占总部数、集数的 28.74%、32.64%；重大题材剧目共计 4 部 167 集，分别占总部数、集数的 1.57%、1.57%。

从电视剧备案数量来看，2019 年，我国电视剧备案数量为 905 部，较 2018 年的 1163 部大幅下滑。

从题材上看，受近年来国家层面的政策支持和引导，2019 年现实题材依旧占最大比重，达到 69.69%，历史题材则相应下降，占 28.74%；重大题材则呈小幅上升趋势，受庆祝新中国成立 70 周年主题的引导，从 2018 年的 0.93% 提升至 1.57%。

从收视上看，2019 年全国网卫视电视剧收视最高的电视剧从高到低分别是《知否知否应是绿肥红瘦》《逆流而上的你》《都挺好》《大江大河》《谍战深海之惊蛰》《少年派》《如果可以这样爱》《老酒馆》《精英律师》《小欢喜》。其中《知否知否应是绿肥红瘦》以 3.70 的收视率高居第一，成为唯一收视率过 3 的电视剧。其他九部电视剧均突破收视率过 2 大关，其中《都挺好》《大江大河》均分别在两个卫视取得收视率过 2 的好成绩。

从播出上看，2019 年电视剧市场，IP 热已开始降温，主旋律题材集中爆发，类型化作品表现抢眼，特别是《大江大河》《都挺好》《小欢喜》《老酒馆》《外交风云》等一批现实主义题材精品力作收获了口碑与收视，收视前 10 的电视剧中，8 部均属现实题材剧，现实题材的受欢迎程度逐年提高。这反映了通过各方力量的努力，电视荧屏艺术生产和消费呈现出了新的发展空间：不同类型的主旋律电视剧成为荧屏热点；通过不同侧面的描写，深化着“中国故事”的多元建构；同时，将传统文化与价值以现代视角进行转换编码，贴合观众的现实需求。但同时，现实题材剧的热播并不是完全因为题材优势，而是更在于作品本身的品质上乘，即市场只为“好口碑”和“高质量”买单。

2019 年，电视荧屏精品剧作不断。特别是为庆祝中华人民共和国成立 70 周年，自 8 月 25 日起，国家新闻出版广播电视总局举办“我爱你中国——优秀电视剧百日展播活动”，给广大观众提供了丰厚片源，很多作品成为口碑与收视双赢的“爆款”。入选展播的 86 部剧目题材丰富类型多样，这些剧目取材相当广泛，既有重大历史事件的反映、时代变迁的记录，也有青春奋斗的激昂；既有都市题材，也有农村题材，还有反映军旅、商战等的“行业剧”。在这样的高光时刻,观众们看到了一些变化：献礼剧不但可以严肃感人，还可以温暖亲切。主旋律创作和类型创作相结合是今年荧屏最大的变化。比如《外交风云》表现宏大历史内容，但细节很生动，受到了观众好评。观众从中还可以学到很多外交知识，而且剧情中有一些特别生动甚至是之前没有出现过的外交细节，献礼剧向平民化、生活化发展成为主趋势。

（二）我市情况

2019 年度，我市坚持以习近平新时代中国特色社会主义思想为指导，坚持以人民为中心的创作导向，以重大革命历史题材、现实题材为引领，立足重庆实际，抓好项目统筹规划，持续推动重点创作项目，力求推出一批讴歌党、讴歌祖国、讴歌人民、讴歌英雄的精品力作。备案公示电视剧 11 部 405 集，审查发行电视剧《一路上有你》《家道颖颖第一部：坐绿皮车回家》《幸福一家人 1》《幸福一家人 2》等 4 部 78 集,并拍摄制作电视剧《一江水》《重庆谈判》《烈火战马》《勇者无惧》等重点剧目，截至目前，反映长江经济带发展的现实题材电视剧《一江水》、反映重庆谈判这段历史的重大革命题材电视剧《重庆谈判》、以重庆市公安局缉毒民警为原型的涉案剧《勇者无惧》和近代革命题材电视剧《烈火战马》均已取得发行许可证,正在协调发行事宜。

播出方面，我市参投的重大题材电视剧《共产党人刘少奇》于 3 月 19 日登陆 CCTV-1 黄金时段播出，收视率和口碑节节攀升，创同时段收视率第一的佳绩。《麦香》于 5 月 18 日登陆 CCTV-1 黄金时段播出。电视剧《绝境铸剑》于 12 月 26 日在央视一套黄金时段播出,《陪读妈妈》在浙江卫视播出。《幸福约定》《一路上有你》等即将上星播出。获奖方面，电视剧《共产党人刘少奇》《麦香》获中宣部第十五届精神文明建设“五个一工程”入选作品奖。电视剧《重庆谈判》入选国家新闻出版广电总局第二批 2018—2022 年百部重点电视剧选题，并入选总局庆祝新中国成立 70 周年电视剧展播名单。电视剧《共产党人刘少奇》《热血军旗》《黄土高天》《风再起时》《棒棒的幸福生活》《突击再突击》获得重庆市第十五届精神文明建设“五个一工程”入选作品奖。

影视基地打造方面，2019 年 11 月 8 日，重庆影视城（江津白沙）举行授牌暨项目签约仪式，重庆影视城（江津白沙）同时还被授予“重庆白沙影视文化中小学实践教育基地”和“重庆电影集团白沙影视基地”，并达成了 17 个影视产业项目签约，合同总投资 27.5 亿元。这批签约项目主要包括建设影视器材产业园、影视旅游教育产业、影视拍摄外景地、影视剧拍摄专业摄影棚、实景棚、置景棚、道具库、服装库、电影研学基地、影视剧拍摄基金、金融、人才服务平台等内容。2019 年 11 月 29 日，由中共渝中区委、区政府主办的山城影视产业园挂牌，该项目着力打造统一的拍摄服务平台——重庆城市影视拍摄管理服务办公室，构建一个公益性的服务平台，旨在整合全市影视拍摄产业链，集中服装、化妆、道具、摄影、录音、美术、交通、群演、食宿、后期、场景等资源，全方位解决剧组拍摄配套需求。该项目对于规范重庆影视拍摄市场行为、挖掘整合影视资源、提升拍摄服务水平具有积极意义，有利于改变全市影视行业目前“小、散、弱”的管理分割的现状，也是文化旅游影视深度融合发展的一个新举措。

2019 年，我市着力推进电视剧与文旅融合发展。重庆，因为影视作品催生了“网红”打卡地，现已成为名副其实的“网红”城市，来渝摄景拍摄团队的数量日益增多。自重庆市文化旅游委成立以来，先后来渝拍摄的剧组、节目组达到 200 多个，高峰时期，同时拍摄的剧组更是多达十余个。电视剧方面，我市影视制作机构备案电视剧 13 部，完成拍摄制作 5 部。我市制作机构及外来剧组在渝拍摄的剧组 30 多个。其中，李晨、关晓彤主演的电视剧《建国大业》，高希希执导、蒋雯丽、郭晓东主演的电视剧《权与利》，保剑锋、杨雪主演的电视剧《中国大船》，王雳、马晓伟主演的电视剧《重庆谈判》，张丹峰等主演的电视剧《勇者无惧》，张赫、王佳宇主演的电视剧《极速救援》，曹卫宇、李曼主演的《一江水》等均在我市取景拍摄。

二、2020 年全市电视剧产业发展思路

全面建成小康社会，是 2020 年党和国家工作的重中之重。2020 年，重庆电视剧业界要继续以深入学习贯彻习近平新时代中国特色社会主义思想为

主线，深入学习贯彻习近平总书记系列重要讲话精神，坚持与时代同步伐、以人民为中心、以精品奉献人民、用明德引领风尚，加强创作规划，聚焦现实题材，尤其是重庆本土题材和农村题材作品创作，聚焦实现中华民族伟大复兴中国梦主题，不断推出讴歌党、讴歌祖国、讴歌人民、讴歌英雄的精品力作。

一是做好全面建成小康社会主题创作。围绕全面建成小康社会重要节点，着力策划、充分反映当代重庆脱贫攻坚工作成绩，展现重庆建设成就。鼓励中国梦题材、重大革命历史题材、脱贫攻坚现实题材、重庆本土题材创作，推进电视剧《一江水》《重庆谈判》《勇者无惧》等的拍摄制作和播出，打造一批思想精深、艺术精湛、制作精良的好剧，在全社会营造全面建成小康社会的浓厚氛围。

二是围绕建党 100 周年做好创作规划。坚持思想性、艺术性和观赏性相统一的原则，坚持精品化发展思路，提前规划庆祝建党 100 周年题材电视剧创作。加强对市内制作机构调研，加强选题策划，引导创作方向，深入挖掘提炼巴渝文化、三峡文化、革命文化、抗战文化等题材资源，以重点项目为抓手做好项目跟踪推进，备案公示一批庆祝建党 100 周年题材的优秀电视剧，稳步推进《智能大时代》《绝密使命》《曙光之裔》等重点项目进展。

三是优化完善扶持政策。梳理相关扶持政策，充分发挥重庆市文艺创作项目资助的杠杆作用，创新机制，优化程序，重点扶持在央视和省级卫视等重要平台播出的具有重庆元素的优秀作品，以及获得“五个一工程”奖等重要奖项的作品。鼓励引导广大创作者积极创作主题鲜明、题材多样、形式新颖、内涵丰富、内容向上向善的优秀电视剧；创新社会投入机制，建立鼓励社会资本参与电视剧创作生产的投资保障机制和相关优惠政策，引导有实力的社会资本积极参与进来。

四是深入挖掘重庆本土文化内涵。深入挖掘巴渝文化、三峡文化、抗战文化、统战文化和移民文化内涵，推出一批讴歌党、讴歌祖国、讴歌人民、讴歌英雄的精品力作。进一步加强与区县的沟通和协调，充分了解地方需求，引导区县通过电视剧、动画片、纪录片、广播剧、网络影视剧等艺术形式宣传地方历史、文化、名人、景色等文化旅游资源，帮助区县建立与市内具有较强影视制作实力的机构的沟通机制，加强创作管理，形成全要素支持重庆本土题材优秀作品的生产机制。

五是着力强化选题策划能力。着力构建良好的剧本审查机制，对重点电视剧、动画片、纪录片、广播剧和网络视听作品加强剧本审读，提前发现问题，提出修改意见，帮助制作机构切实提升剧本质量，打好作品成功的基础。定期召开重点选题规划座谈会，做好市内主要影视机构的创作调研，提前组织开展相关题材的创作组织、研讨和剧本征集，鼓励和培养不同类型的创作风格，完善优秀剧本遴选、资助、推介机制，提高优秀剧本成品转化率。

六是打造影视产业基地。以推动重庆文化产业高质量发展为契机，整合市内影视基地和旅游景区资源，不断完善渝北龙兴、荣昌万灵等重庆特色影视基地，推动江津白沙影视基地产业升级，将中山、塘河、四面山文化旅游资源纳入白沙影视场景库中，推进建设重庆长江文旅影视产业园，推出特色化、专业化的影视基地服务产品，积极推介在渝拍摄剧组到两江影视城、磁器口景区等成熟景区拍摄广播电视作品，着力推动全市文化旅游产业提质增效。

七是打造在渝拍摄电视剧服务平台。以推动文旅融合为契机，建立电视剧与网络视听节目拍摄制作服务办公室，规范来渝开展电视剧网络剧拍摄制作行为，构建一体化的广播电视产业管理服务支撑体系，实现对在渝拍摄电视剧、网络剧剧组提供景区推介、拍摄手续办理、拍摄技术服务、群演服务、服化道摄录美等方面的综合性“一站式”服务。探索建立文旅融合影视拍摄资源数据库，积极宣传推介重庆景区资源，形成宣传重庆城市形象，剧组、景区“双赢”的良好局面。

八是开展重庆电视剧“走出去”工程。以建设内陆开放高地，打造世界旅游目的地为目标，以影视文化产品走出去助力我市提升文化旅游对外影响力和国际传播力。持续推进中国影视文化走向南美洲，分别向秘鲁、智利等有影响力的电视台进行优秀影视作品版权输出，让中华文化、中国声音、重庆映像走入南美观众视野并形成影响。

BLUE BOOK OF CHONGQING

2019 年重庆视听新媒体发展报告

网络视听节目管理处

2019 年，全市视听新媒体行业全面贯彻习近平新时代中国特色社会主义思想以及党的十九大和十九届二中、三中、四中全会精神，严格落实国家新闻出版广电总局、市委、市政府和市文化旅游委党委年度工作安排，聚焦阵地建设和行业管理，聚焦网络视听节目创作生产，各项工作取得了明显进展。

一、主要工作成效

2019 年，围绕庆祝新中国成立 70 周年这条主线，全市视听新媒体业成效明显。

（一）阵地建设得到加强

1. 着力巩固壮大主流思想舆论

围绕深化学习宣传贯彻习近平新时代中国特色社会主义思想，加强网络视听媒体“首页首屏首条建设”。华龙网、视界网等网站以学习宣传习近平总书记重要思想为重点，及时转载和精心策划推出重点报道、新闻评论等，推进习近平总书记重要思想和风采“天天见、天天新、天天深”。

2. 积极开展庆祝新中国成立 70 周年主题网上宣传系列活动

严格落实总局统一部署，组织全市各视听网站在首页首屏导航栏突出位置开设“我们的 70 年”专题频道，使用统一 LOGO 标识，及时集纳转载中央主要媒体制作播出的相关视听节目，形成声势、营造氛围。组织指导开展“歌唱祖国：一首歌一座城”主题音乐作品征集活动，策划、拍摄、制作网络视听作品，突出展示重庆独特的时代特征，征集作品 30 余个。

3. 切实加强意识形态管理

以总编辑内容负责制落实检查为抓手，推动各持证机构主管主办单位切实履行意识形态主体责任，从“抓导向”“抓精品”“抓质量”三个环节入手，将政治纪律和政治规矩具化为网络视听节目重要管理手段，督促各持证机构全面从严落实节目播前审核制、节目三审制等内部管理制度，强化网络阵地意识形态管理。

（二）行业发展规范有序

1. 加强网络视听安全播出

及时组织持证网站召开春节、“两会”等重点时段安全播出专题会，严格落实 24 小时值班等制度，督促健全应急处理机制，有力保障了春节、“两会”等重点时段安全播出，实现零差错、零事故。会同传输处等有关处室，组织开展庆祝新中国成立 70 周年安全大检查，重点围绕网络视听安全播出责任制落实情况、安全工作机制落实情况等方面排查问题和隐患，实现了庆祝新中国成立 70 周年重大活动网上直播和转播零差错、零事故。

2. 加大违规网站查处力度

加强与市执法总队等部门的对接联系，畅通联动机制，加大网站巡查和违规网站查处力度，组织开展了庆祝中华人民共和国成立 70 周年专题宣传活动、影视剧项目非法集资类广告、“六一”国际儿童节宣传活动等专项检查，构筑清朗网络空间。今年以来，检索出疑似违规信息 9000 余条、审核相关视频 600 余个，发现并移交总队查处“番号吧”等 19 家擅自从事互联网视听节目服务的网站和 13 家涉嫌传播色情视听节目的网站。

3. 严格网络视听常态监管工作

坚持持证网站工作例会制度，组织召开了总编辑年度述职报告会。建立完善日常提醒和约谈机制，定期通报情况。以强化源头管理和查处违法违规网站为重点，进一步加强视听类网站的内容审核和日常巡查工作。严格落实网站日常管理要求，及时登录网络视听节目信息库，准确把握主管部门管理动态和管理要求，不断加强规范化制度化建设。

4. 扎实开展 IPTV 专项治理工作

按照总局统一安排部署，及时召开全市 IPTV 专项治理专题工作会议，研究制定《全市 IPTV 专项治理工作方案》。截至 9 月底，全市 IPTV 各相关单位已按通知要求认真开展了 IPTV 专项治理，基本完成既定任务目标。重庆 IPTV 集成播控平台完成全网六类违规节目内容的清理，已下线境外违规节目 6210 小时、境内违规节目 4410 小时，累计下线 10620 小时。重庆市信息网络视听节目传播监管中心已与重庆电信、重庆联通等电信企业完成 4 路免费六级监测信号对接。重庆电信公司完成百事通节目内容平台与重庆 IPTV 集成播控平台对接，通过重庆 IPTV 集成播控平台审核统一下发。

（三）创作生产稳步推进

1. 加强网络视听作品创作引导

以开展“网络视听节目精品创作传播工程”扶持项目征集为抓手，积极开展网络视听节目原创剧本和创意作品征集，共征集作品 18 部，遴选出《我们走过这七十年》等 7 部优秀作品参加全国评选，其中网络纪录片类作品 5 部，网络电影类作品 2 部。

2. 积极开展 2019 年重庆微视频大赛

紧紧围绕庆祝新中国成立 70 周年主线，举办“向祖国献礼”——2019 年“网聚正能量 · 共筑中国梦”重庆微视频大赛，收到约 130 家单位申报的作品共 2032 部，评选出了 60 部市级优秀作品，并遴选了 25 部作品报送国家新闻出版广电总局参加全国评选和展播活动，《一壶老酒》《西北偏北》分别被总局评为 2019 年度优秀网络电影短片和年度优秀大学生剧情短片；《最后的军礼》入围剧情类优秀节目补助名单。同时，积极推动重庆微视频大赛优秀作品在“学习强国”全国总平台展播，《爸爸的滋味》《红色电话机》等 9 部大赛优秀原创视听节目，已经中宣部、国家新闻出版广电总局推荐在“学习强国”全国总平台展播。

3. 切实加强重点网络影视剧审核备案

严格按照总局要求，推进重点网络影视剧规范化制度化管理，对各节目制作单位报送的重点影视剧，及时组织专家进行审核把关，进一步加强网络视听节目意识形态管理，从源头上引导制作机构提升网络原创视听节目质量。全年完成重点网络影视剧信息规划备案的作品118部、初审通过89部、节目规划备案47部、成片审核14部，上线5部，其中反映强军兴军题材的网络电影《士兵的荣耀》，纳入国家新闻出版广电总局“庆祝新中国成立70周年精品网络视听节目上线仪式”首推精品节目；网络动画片《魔道祖师（羡云篇)》累计播放量超6.2亿次，豆瓣评分9.0，凭借精良的制作和浓郁的国风赢得网民的喜爱。

（四）融合步伐不断加快

1. 配合推进媒体融合发展

在市委宣传部统一领导下，配合媒体融合发展处等处室推进县级融媒体中心建设，制定印发相关规范性文件，推动万州等区县媒体融合试点。指导重庆网络广播电视台进一步加强新媒体产品的研发和推广，构建集IPTV、视界网、重庆手机台、微信公众号、官方微博以及电信手机客户端“渝眼”、联通手机客户端“CTV掌上重庆”等终端为一体的新媒体传播平台，以区县广播电视联盟为纽带，形成覆盖全市的大宣传、大市场发展格局。据统计，视界网群日均访问者人数超80万，日均页面浏览量近700万。微信公众号、新浪微博号等第三方账号活跃用户70万，日均阅读量近300万。

2. 切实加快文旅融合发展

围绕宣传贯彻党的十九大精神和市委市政府重点工作，指导重庆网络电视台继续开展“发现重庆之美——百万网民点赞最美乡村”评选活动，通过全媒体方式宣传展示新时代重庆建设的新作为、新发展、新形象。

（五）发挥行业优势开展扶贫

1. 鼓励创作生产传播优秀扶贫节目

在“向祖国献礼——2019年‘网聚正能量·共筑中国梦’重庆微视频大赛”征集作品中，推荐《城市守望者－扶贫志愿者》《青春奋斗在村头》《师和远方》等展现脱贫攻坚、乡村振兴、扶贫支教内容的微视频参加国家新闻出版广电总局“弘扬社会主义核心价值观 共筑中国梦”主题原创网络视听节目征集，并在视界网重庆微视频大赛页面展播。视界网开设“脱贫路上，山村有喜”栏目，以脱贫攻坚为主题，围绕扶贫扶志展播贴近农村生产生活的扶贫节目。

2. 组织开展新媒体信息扶贫工作

积极指导重庆网络广播电视台开展新媒体信息扶贫工作，将其旗下IPTV、视界网、手机台等新媒体传播平台为载体，优先为全市18个深度贫困乡镇居民提供更多更好的电视扶贫服务，截至2019年11月，全市18个深度贫困乡镇新媒体信息扶贫项目建设已全面完成。IPTV高清电视内容丰富、传输稳定，上线运行日均集成各有关区县新闻、脱贫攻坚等优质节目超过2000小时，日均页面浏览量（PV）近40万次，深受贫困乡镇群众欢迎。

二、存在的主要问题

一是行业日常管理制度落实不够。部分持证网站存在内容制度建设薄弱，编辑人员和管理人员执行制度落实不够等问题，处室行政管理工作重心多放在网站节目内容的审核和巡查上，日常管理不够精细、督促制度落实不够到位。

二是IPTV、互联网电视市场规范管理有待强化。根据总局对专网及定向传播网络视听节目的管理要求，互联网电视只能由全国牌照方经营，但目前存在联通公司尚未完成规范对接、电信公司历史用户割接进度缓慢，移动公司违规开展互联网电视业务等问题。

三是网络视听节目内容管理亟待加强。对微博、微信等社交媒体传播网络视听节目监管手段需要建立健全；对重大原创网络视听节目审核、评议制度需要进一步优化完善；对持证网站内容审核员的管理需要更加精细化。

BLUE BOOK OF CHONGQING

2019 年重庆市红色资源保护传承情况报告

革命文物处

红色资源是中国共产党人精神与文化的象征，是红色基因的有机载体，主要包括革命旧址、革命人物旧居、革命纪念设施、文献、实物等。加强红色资源保护传承，对于弘扬革命精神、传承红色基因、实现“两个一百年”奋斗目标具有重要意义。

一、全市红色资源基本情况

重庆是一块英雄的土地，有着光荣的革命传统和丰富的红色资源。通过第三次全国不可移动文物普查、第一次国有可移动文物普查和红色资源相关统计，全市红色资源家底基本摸清。现有革命旧址 423 处，其中全国重点文物保护单位 21 处、市级文物保护单位 71 处、区县级文物保护单位 168 处、一般不可移动文物 163 处。登记备案革命纪念馆 27 家，馆藏革命文物 29374 件，其中珍贵文物 5137 件。累计征集红色文化相关图片资料 4.9 万张、音频影像资料 166 小时、实物 900 余件、口述史料 1069 万字。重庆纳入长征国家文化公园建设范围。9 个区县纳入国家第一批革命文物保护利用片区分县名单。其中，城口纳入川陕片区名单，黔江、武隆、丰都、忠县、石柱、秀山、酉阳、彭水 8 个区县纳入湘鄂川黔片区名单。列入全国爱国主义教育示范基地 10 处，全国红色旅游经典景区 16 处，市级爱国主义教育基地 61 处，红色旅游 A 级景区 19 处。

二、全市红色资源保护传承情况

围绕贯彻中办、国办《关于实施革命文物保护利用工程（2018—2022年）的意见》，实施以革命文物为重点的红色资源系统保护传承，全市红色资源保护状况明显改善，利用水平明显提升，革命精神传承更加有效。尤其是以红岩革命文物为载体的红岩精神纳入中国革命精神谱系，红岩品牌成为重庆的“金色名片”。

（一）致力于把红色资源保护好

坚持顶层设计、规划引领，出台《革命文物保护利用总体规划（2016—2020年）》《关于推进革命文物保护利用工程（2018—2022年）的实施方案》《关于加强文物保护利用改革的实施意见》，制定《红岩革命文物保护传承工程实施方案》得到国家文物局支持，为红色资源保护提供政策保障。强化红色资源保护法定工作，将主城核心区革命旧址纳入城市控制性详细规划管理，推动重庆大学早期建筑、张自忠将军墓成为第八批全国重点文物保护单位，城口红三十三军旧址、酉阳南腰界红三军旧址等8处革命旧址公布为第三批市级文物保护单位。坚持保护为主、抢救第一，完成桂园、赵世炎故居、南腰界红三军司令部旧址、城口红三十三军指挥部旧址、王良故居、中共四川省临委会扩大会议旧址暨周贡植故居等保护项目50个，重点革命旧址险情基本排除，成为“不忘初心、牢记使命”主题教育的重要场所。

（二）致力于把红色资源利用好

坚持外提“颜值”、内修“气质”，实施红岩革命历史博物馆品质提升工程，编制《红岩村及新华日报总馆旧址保护提升专项规划》，完成红岩革命纪念馆入口环境、凌云路过境交通及烈士墓、渣滓洞停车场改造，实施歌乐山片区周边环境整治、景区人行步道建设，建成渣滓洞、白公馆、松林坡网上预约系统，完成《千秋红岩——中共中央南方局历史陈列》改陈并对外开放，红岩革命历史博物馆成为全国首批研学旅游示范基地。认真贯彻中办、国办《长城、大运河、长征国家文化公园建设方案》，成立由市委、市政府分管领导任组长的领导小组，出台《长征国家文化公园（重庆段）建设实施方案》，编制建设规划，确保2023年底建成綦江、酉阳、城口3个主体建设区及黔江、石柱、秀山、彭水4个拓展区。大力发展红色旅游，编撰《重庆市红色旅游概览》，统筹整合革命旧址，把“珍珠”串成“项链”，推出红岩精神、统战文化、大革命文化、西南大区建设等4条红色旅游主题线路，成为重庆文旅融合发展的重要支撑。2019年，全市纳入统计的21个红色旅游景区接待游客2333万人次，同比增长25.5%。

（三）致力于把红色传统发扬好

坚持创造性转化、创新性发展，成立红岩精神研究会，举办南方局成立80周年学术研讨会，加强红色资源史料征集整理，出版《中国共产党重庆历史大事记》《中共中央南方局史》《红岩精神研究》《重庆党史人物》等重磅文献，系统阐发重庆红色文化。深挖红色资源价值内涵，举办“礼赞新中国·讴歌新时代”爱国主义教育基地精品巡展和联展，推出《不忘初心、牢记使命——中国革命精神联展（1929—1949）》《一代名帅刘伯承生平业绩展》《赵世炎烈士生平事迹展》等专题展览，着力提升红色文化感染力。立足提升红色文化传播力，创作红色题材文艺精品，纪录片《破晓》《重庆谈判》列入国家新闻出版广电总局推荐片目，出版《信仰的力量》《红岩英烈诗文选编》《初心使命奋斗——巴渝革命烈士诗文选录》等红色读物，组织川剧《江姐》、话剧《幸存者》《红岩魂》全国巡演48场，引起社会强烈反响。

（四）致力于把红色基因传承好

开展“讲红色故事、讲革命精神”活动，征集400余个经典红色故事，创编120个红色主题小故事，开展面对面红色故事微宣讲3万余场次。强化红岩党性教育基地教育功能，完善红岩村、歌乐山、特园三大教学区及20余个现场教学点，研发红岩故事汇、行走红岩等 6大主题特色课程，形成1～7天“菜单式”课程体系，《传承弘扬革命精神 初心使命永驻心间》理论课程被中组部评为学习贯彻习近平新时代中国特色社会主义思想全国好课程，红岩党性教育基地入选中组部干部党性教育基地，2019年接待各级各类培训班601个、20734人次。开展红色基因传承工程——“让烈士回家”、“小萝卜头”进校园、红岩故事宣讲、“保护革命文物、传承红色基因”等主题活动，红岩中小学生研学教育基地接待班次97个、学生12986人次。结合“9·30”

烈士纪念日、“11 · 27”烈士殉难纪念日等重要时间节点，依托革命旧址开展纪念活动，充分激发爱国热情、广泛凝聚奋斗力量。

三、存在的主要问题

（一）保护状况不平衡，在彰显红色形象上有差距

由于文物修缮保护实行分级管理，市级以上革命旧址总体保存较好，但大量区县级及未定级的革命旧址保存较差，尤其是一些处于边远地区的革命旧址保存状况堪忧，与群众期盼的形象有差距。经统计，革命旧址保存较差的 89 处，其中区县级及一般不可移动革命旧址达 86 处、占 96.6%。

（二）研究阐释不充分，在讲好红色故事上有差距

全市未形成统一的红色资源研究平台，研究阐释存在各自为政的形象，对外宣传口径不统一。对红色资源的系统性研究不够，尤其是对其历史渊源、重大历史事件、重要革命人物、重要历史活动相关史料的收集梳理、研究阐释不够，宣传传播不系统。

（三）活化利用不充分，在传承红色基因上有差距

红色资源保护利用缺乏全市统筹，革命旧址及红色旅游景区权属关系复杂、管理使用主体分散，难以形成保护利用合力。如歌乐山烈士陵园所在地块，权属分属于党政机关、国有企业、高校等 10 余家单位，责任落实较差，加之过境交通贯穿景区，难以实现封闭管理、统一管理，导致游客投诉较多。

四、下一步工作重点

以习近平新时代中国特色社会主义思想为指导，深入贯彻习近平总书记关于用好红色资源、弘扬红岩精神的重要指示精神，切实增强思想自觉、政治自觉和行动自觉，落实好保护责任，用好红色资源，发扬好红色传统，传承好红色基因。

（一）强化红色资源基础工作

统筹整合市级相关部门力量，开展红色资源全面普查，加强红色资源研究和评估，重点做好革命旧址的核查核实和革命文献档案史料的认定定级，建立健全红色资源数据库和保护利用重点项目库。先期公布全市革命文物名录，推进革命文物资源信息开放共享。修订重庆革命文物保护利用总体规划，分类分批实施保护利用。修订《重庆红岩遗址保护区管理办法》。

（二）强化红色资源保护利用

推进红岩革命文物保护传承工程，统筹实施红岩村、曾家岩、虎头岩“红色三岩”提档升级，开展红岩革命纪念馆改扩建及新建重庆谈判纪念馆、新华日报历史陈列馆、红岩干部学院暨红岩研究院前期工作，高标准完成中央党校红岩教学基地建设，加强周边环境整治，高标准规划打造红岩公园和歌乐山景区。加快推进长征国家文化公园重庆段建设，全面保护修缮长征文物，启动重庆红军长征纪念馆建设选址研究，策划长征游线。继续实施好革命旧址维修保护和馆藏革命文物保护修复五年行动计划。大力发展红色旅游，结合体育康养、山地旅游、乡村旅游等，科学规划红色旅游产品和路线，注重体验性、带动性，以文旅融合发展助力脱贫攻坚。

（三）强化红色资源研究传承

整合全市研究资源，开展重庆红色文化课题研究，举办高层次论坛或学术研究会。实施红色资源解读工程，完善革命文物标志标牌，探索实行“二维码”身份标识，全面展示革命文物的历史沿革、历史价值及重要历史信息。深入挖掘红色资源的核心内涵和当代价值，通过线上线下宣传展示，推出“中共中央南方局隐蔽战线的传奇”“重庆谈判”“中共代表团在重庆”等专题展览。加强党性教育基地建设，研究制定革命类博物馆研学旅行指南，分类建立社会教育服务项目体系，继续开展“让烈士回家”“小萝卜头”进校园等红色主题活动。加强主题文艺创作，打造一批革命历史题材文艺精品力作。

（四）强化管理体制机制创新

进一步理顺管理体制机制，推动构建“一家牵头、多方协作、市县联动”的工作格局，形成“数据统一、研究同步、保护利用共促”的全市红色资源保护利用传承体制机制。努力构建多元化的投入机制，推动资金、政策、项目等向红色资源保护利用倾斜。整合各级各类媒体资源，通过开办网上故居、网上博物馆等，全方位展示红色文化。建立革命旧址、博物馆与学校、党政机关、企事业单位、城乡社区的共建共享机制。围绕成渝地区双城经济圈建设，联合四川共同推进川陕苏区红军文化公园建设。围绕渝黔先行合作示范区建设，加强与长征贵州重点建设区的资源整合、设施配套和游线策划。

BLUE BOOK OF CHONGQING

2019 年重庆文物业发展报告

文物保护与考古处

2019 年，全市文物系统坚持以习近平新时代中国特色社会主义思想为指导，全面贯彻落实党的十九大和十九届二中、三中、四中全会精神，紧扣习近平总书记对重庆提出的“两点”定位、“两地”“两高”目标、发挥“三个作用”和营造良好政治生态的重要指示要求，围绕市委、市政府和国家文物局工作部署，以贯彻落实中办、国办《关于加强文物保护利用改革的若干意见》《关于实施革命文物保护利用工程（2018—2022 年）的意见》为统领，不忘初心、牢记使命，真抓实干、开拓创新，持续推动全市文物业持续稳定发展。

一、2019 年全市文物业发展概况

（一）历史文化遗产资源情况

截至 2019 年 12 月底，全市共有不可移动文物 25908 处，位列全国第 13、西部第 3、直辖市第 1。市级以上文物保护单位 436 处，其中全国重点文物保护单位 64 处（包括世界文化遗产 1 处，列入中国世界文化遗产预备名单 2 处），市级文物保护单位 372 处（见表 1），区县级文物保护单位 1999 处。现有中国历史文化名镇 23 个、名街 1 个、名村 1 个，中国传统村落 110 个，市级历史文化名镇 53 个、名村 45 个、街区 11 个、传统风貌区 20 个，历史建筑 644 处。

表 1　2019 年全市市级以上文物保护单位情况

文物级别	2018年（处）	2019年（处）	增减率（%）
全国重点文物保护单位	55	64	16.4
市级文物保护单位	282	372	31.9
总计	337	436	29.4

（二）文物保护资金投入情况

2019 年，中央财政和市级财政安排文物保护专项资金 23339 万元，比 2018 年增加 18.2%，其中中央资金 13539 万元，市级专项资金 2600 万元。从近三年看，除 2018 年三峡后续文保资金因国家水利资金调整，出现较大减幅外，中央、市级文物保护专项资金投入实现常态化，总量较为稳定（见表 2）。

表 2　2017—2019 年全市文物保护专项资金投入情况（单位：万元）

年度	全国重点文保专项	市级文保专项	三峡后续文保经费	小计
2017年	14612	2680	7500	24792
2018年	13803	2950	3000	19753
2019年	13539	2600	7200	23339
总计	41954	8230	17700	67884

（三）文物保护利用工程实施情况

全年实施文物保护工程 251 个，其中延续项目 100 个，新开工项目 156 个，完工 131 个，其余正在实施（见表 3）。从保护级别看，高级别文物保护项目占比较大，市保以上项目 182 个、区县及以下文物保护项目 69 个，占比分别为 72.5%、27.5%。从工程类型看，本体维护项目达 181 个，占比达 72.1%，另外，实施文物保护三防项目（安防、消防、防雷）48 个，展示陈列项目 5 个，设施配套项目 11 个，主动考古发掘项目 6 个（见图 1）。

表3　2018—2019年文物保护工程实施情况表（单位：个）

年度	项目分级统计				新开工数量	完工数量
	国保项目	市保项目	区县级及以下项目	小计		
2018年	27	42	82	151	97	56
2019年	111	71	69	251	156	131

表4　2019年文物保护工程类型统计（单位：个）

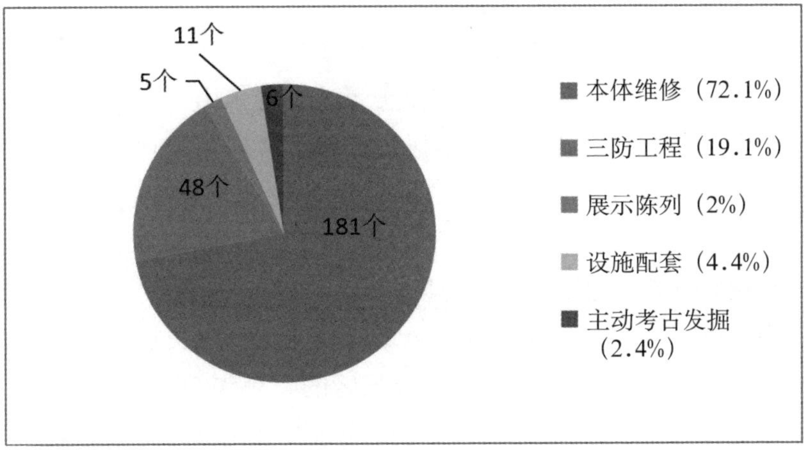

二、主要成效

（一）新增公布一批历史文化资源

新增全国重点文物保护单位11处（含2处并入），现共有64处。公布第三批市级文物保护单位103处，市保单位总量达372处。完成全市开放历史文化资源梳理，现存文物建筑53处。建立436处市级以上文物保护单位本体构成整理和名录，划定91处市级以上文物保护单位保护范围和建控地带。新增万州燕山乡泉水村等中国传统村落36个，现共有110个。新增酉阳龚滩镇等中国历史文化名镇5个，现共有23个，占全国总量（312个）的7%，位居全国第四，其中江苏31个、四川31个、浙江27个。

（二）钓鱼城遗址、白鹤梁题刻纳入国家申遗重点培育项目

钓鱼城遗址、白鹤梁题刻完成保护规划、保护办法、申遗文本三大要件，2019 年 3 月正式递交申遗申请。编制完成钓鱼城遗址五年考古计划，范家堰衙署遗址保护展示项目开工建设，白鹤梁题刻文物本体和保护环境监测项目基本完成，白鹤梁题刻水下灯光改造项目入选文化和旅游部“2019 年文化和旅游装备技术提升优秀案例”。举办高水平国际学术会议 4 次，深入挖掘突出普遍价值。赴法国、意大利举办申遗推介活动。市文化遗产研究院成立申遗研究办，与合川区政府合力推进钓鱼城遗址考古发掘、保护展示。

（三）石窟寺保护走在全国前列

大足石刻研究院升格为市属副厅级事业单位，在国家新一轮机构改革中率先强化力量。完成大足石刻监测预警系统、宝顶山大佛湾石刻三维测绘与数字化、合川涞滩二佛寺摩崖造像卧佛修缮保护等重点项目，开工实施川渝石窟重大示范项目——大足石刻卧佛小佛湾、江津区石门大佛寺摩崖造像、南岸区弹子石大佛摩崖造像等修缮保护工程，大佛湾水害治理项目成为南方石质文物保护典范。《大足石刻全集》正式发行，填补我国大型石窟寺编撰出版系列考古报告空白。经统计，全市 6 处全国重点文物保护单位石窟寺已作为旅游景区对公众开放，列入 A 级景区的石窟寺 2019 年接待游客总量约 500 万人次，门票收入约 3 亿元，逐渐成为我市文化旅游的“新热点”。其中，仅大足石刻年均接待游客就超 100 万人次。

（四）考古工作取得重大收获

实施考古项目 65 项，其中主动考古项目 6 项、基本建设考古 59 项，考古发掘面积 2.2 万平方米，新发现文物点 519 处，出土文物 4100 余件／套。忠县皇华岛发现川渝地区结构最完整、保存最完好的南宋城址，奉节白帝城遗址、万州天生城遗址、江津石佛寺遗址等考古项目取得重要发现。合川钓鱼城范家堰衙署遗址荣获 2018 年全国十大考古新发现、国家文物局田野考古三等奖。完成轨道交通第四期及远期规划共 18 条线路 729 千米文物调查，完成渝湘高速铁路、高速公路等 6 条 412 千米重大交通工程文物调查，完成利泽航电枢纽、工业园区建设等重点工程 65 平方千米文物调查，有效保障全市重大工程建设，有力服务全市经济社会发展。

（五）革命文物保护传承成效明显

市委办公厅、市政府办公厅印发《关于推进革命文物保护利用工程（2018—2022年）的实施方案》。制定《重庆红岩革命文物保护传承工程实施方案》，得到国家文物局支持。推动酉阳、城口、武隆、忠县等9个区县纳入国家首批革命文物保护利用片区分县名单。联合四川、陕西推进川陕苏区（城口）红军文化公园建设。完成中共四川省临委会扩大会议旧址暨周贡植故居、赵世炎故居、王良故居等革命旧址修缮开放，开展“双讲”“让烈士回家”“小萝卜头”进校园等主题活动，革命旧址成为主题教育的重要阵地。全市纳入统计的21个红色旅游景区接待游客2333万人次，同比增长25.5%。

（六）城市提升行动推进有力

加快十八梯、金刚碑等传统风貌区保护，渝中区十八梯记忆馆建成，十八梯首开区和北碚金刚碑体验区对外展示开放，南岸区安达森洋行完成保护修缮，正在抓紧推进故宫文物南迁纪念馆建设。启动大田湾—文化宫—大礼堂文化风貌片区保护，推动大田湾体育场修缮。推进渝中区老鼓楼衙署遗址公园建设，完成保护展示方案，加快开展遗址南侧考古工作。完成广阳岛抗战遗址群、渝中区通远门古城墙、朝天门古城墙等文物保护修缮，不断提升城市人文品质。

（七）文物保护助力贫困乡镇脱贫攻坚

完成全市乡村文化遗产资源调查报告，摸清全市乡村文化遗产资源家底。完成酉阳县车田乡何土司城遗址考古发掘，抓紧实施遗址保护展示工程。完成车田乡历史文化资源调查，形成专项调查报告，梳理车田乡人文本底，为乡村旅游发展奠定基础。落实专项资金1500万元，重点支持巫溪县、万州区等有关深度贫困乡镇文物保护项目18个。

（八）深化“放管服”改革卓有成效

深化“放管服”改革要求，将建设工程文物保护和考古许可纳入重庆市工程建设项目审批“一站式”服务，落实专人负责在市政府工程建设项目审批大厅接件审批，申报材料缩减50%，审批时间缩短为6个工作日。在全国率先发布《重庆市工程建设区域整体文物影响评估体系》《工程建设领域整体文物影响评估报告大纲和编制导则》，先期实行区域文物影响整体评价，为实现建设工程文物保护奠定基础。

（九）文物活化利用更加深入

全年新增开放嘉陵江索道北站房、抗建堂、复兴寺等不可移动文物12处，全市对外开放的市级以上文物保护单位104处。湖广会馆、国民政府警察局旧址（曾家岩书院）入选国家文物局“文物建筑开放利用案例”。重庆工业博物馆被成功打造为集博物馆展示、文化创意、互动体验、工业旅游于一体的复合型文化创意产业园区，走出“文物＋旅游”融合发展新路。推动中英联络处旧址开辟为文化交流、创意空间，重庆抗战戏剧博物馆成为“全国话剧工作者爱国主义教育基地”。渝中区、南岸区、巴南区积极探索“文物保护＋公共文化服务”模式，引导社会力量参与文物保护单位保护利用。

表4　2019年全市市级以上文物保护单位开放情况

文物级别	2018年	2019年	增加率（%）
全国重点文物保护单位（处）	35	38	8.6
市级文物保护单位（处）	57	66	15.8
小计（处）	92	104	13.0

（十）对外交流合作更加广泛

钓鱼城遗址、白鹤梁题刻等重庆优秀文化遗产走出国门，赴意大利等国家举办展览、专家讲座、开展文化交流。成功举办中国世界文化遗产监测年会、中国岩土文物保护传承与发展国际学术研讨会、大足石刻国际学术研讨会等会议，持续推进中意合作保护项目——大足石刻舒成岩摩崖造像保护，《大足石刻巡回展》走进天津、广西、成都，走进高校——西南民族大学。实施俄罗斯西伯利亚联合考古项目，重庆考古正在走出国门。完成重庆大韩民国临时政府旧址陈列馆和韩国光复军总司令部旧址基本陈列，成为中外文化交流场所。

三、主要问题

（一）文物保护发展不平衡

近年来，在国家文物局的大力支持下，按照属地管理、分级负责的原则，市级以上不可移动文物总体保存情况总体较好，但大量区县级文物及一般不可移动文物的保护得不到重视，保存较差，占总量的69%。

（二）文物保护地方专项投入不够

2019年中央投入文物保护专项占总投入的88.9%，市区两级投入不足。市级文物保护专项投入仅2600万元，区县财政投入不足3000万元，9个区县无文物保护经费。

（三）部分项目推进较慢

少数文物保护项目重复财评、多次招投标，部分文物项目前期研究深度不够，反复调整设计，久拖不决，导致工程推进较慢。

（四）少数文物维修后闲置

经统计，全市市级以上建筑类文物保存状况较好长期闲置的44处，占总数的10.1%，未能发挥作用。

四、对策和建议

（一）强化文物保护责任

严格落实将文物安全纳入区县政府考核制度，推动文物工作纳入经济社会发展考核评价体系，落实区县政府文物保护主体责任。督促区县政府按照文物工作“五纳入”要求，将文物保护专项经费列入财政预算，形成常态化机制，特别是加大对区县级及以下低级别文物保护投入力度。优化中央、市级文物保护专项资金分配，适度向部分保护级别低，但价值较高、服务群众作用大的文物倾斜，着力解决文物保护发展不平衡的问题。

（二）拓展资金筹措渠道

文物保护工程综合性强，资金需求量大，除政府投入资金外，更需要创新思路，吸引更多社会力量参与文物保护。探索通过认养、以奖代补等方式，落实绿地率、容积率补偿等优惠措施，广泛吸引社会资金参与区县级以下低级别文物保护利用，努力拓宽文物保护资金来源，探索和完善吸纳社会资金投入文物事业和相关产业的有效途径，增强文物保护经费保障。

（三）优化文保工程管理

完善文物保护利用项目政府采购管理方式，提升采购质量和效率。加强项目需求管理和履约验收，结合实际实施文物保护工程设计施工一体化管理模式，保证项目质量。针对文物保护等服务类项目特点和资质单位数量等，探索合理选择适当采购方式，综合评价并择优确定专业保护机构。进一步优化文物保护工程审批，简化审批程序，加快项目推动。

（四）加强人才队伍建设

加强文物保护工程资质单位管理，通过定期培训、委托培养等，提升文物资质队伍专业素养。积极探索文物管理机构人事制度改革新路，加大中高级职称编制倾斜力度，吸引专业人才向基层流动，充实基层文物保护力量。总结经验，加大区县文物首席专家制度推行力度，共享智力资源，强化技术指导。建立传统工匠传承培养体系，培养一支有情怀、有手艺、有水平的工匠队伍。

（五）拓展文物活化利用

制定《全市文物建筑保护利用导则》，加强利用功能引导，实施分级分类活化利用。对全国重点文物保护单位，在严格保护建筑原真性基础上，主要用作展示馆、美术馆、图书馆或科学研究等场所，发挥文化传播、科研和教育功能。对市级以下文物，除可以用作博物馆、展示陈列外，也可用作社区书屋、公益讲堂、文化站等公共服务场所，或民宿、店铺、茶室等经营服务场所。对纪念性建筑应以展览、教育为主题，不宜用作商业性经营场所。对祠堂建筑可持续用作传统家族祠堂，以及村民活动中心、图书室、文化站等服务场所。民居建筑可用于自住，也可以用作民宿、村史馆、非遗展示传习等场所。

BLUE BOOK OF CHONGQING

2019年重庆博物馆业发展报告

博物馆与社会文物处

2019年，是新中国成立70周年，也是实现2020年全面小康的决胜年和攻坚年。我市博物馆以习近平新时代中国特色社会主义思想为指导，坚持以人民为中心的发展思想，围绕建国70周年和脱贫攻坚这两项中心任务，守正创新，担当作为，量质并举，博物馆事业继续呈现蓬勃发展的良好局面，全年接待观众3982万人次，比“十三五”初期增长58.96%，参观博物馆成为民众精神文化生活的重要内容和主要休闲方式之一，博物馆在经济社会发展中的作用持续显现，博物馆已成为我市的文化会客厅和重要文化旅游目的地。

一、博物馆建设基本情况

2019年，全市新设立备案5家博物馆，1家非国有博物馆注销（重庆龙的博物馆），2家国有博物馆合并（永川博物馆、陈之庄艺术陈列馆），博物馆备案总数达103家，其中国有博物馆80家，非国有博物馆23家。国家等级博物馆16家，其中一级博物馆3家、二级博物馆3家、三级博物馆10家。按类型划分，综合类24家，历史纪念类55家，艺术类8家，自然科学类4家，其他类12家。利用文保单位建成开放的博物馆45家。全市实施免费开放博物馆85家，占比82%。从区县分布的情况看，现有博物馆主要分布在35个区县，覆盖率 89.7%；有 31 家博物馆是国家 A 级景区，17 家博物馆纪念馆列入全国红色旅游经典景区名录。

二、博物馆管理基本情况

一年来，我市博物馆深入学习贯彻习近平总书记关于文物工作重要论述精神，印发《贯彻落实习近平总书记在敦煌研究院座谈时重要讲话精神工作方案的通知》，全面推动落实中办、国办《关于加强文物保护利用改革的若干意见》《关于实施革命文物保护利用工程（2018—2022 年）的意见》。建立市领导批示办理台账，落实责任单位、责任人，每月报进度，逐个下账销号，进一步推动重庆工业博物馆、三峡文物科技保护基地等一批重点文博设施建设和文物保护项目。坚持把党风廉政建设贯穿于全市博物馆事业发展全过程，认真落实意识形态工作责任制，加强对博物馆展陈、讲座、论坛及讲解词等的审查管理，加强舆情研判处置，及时、妥善处置了未备案博物馆舆情。

国家文物进出境审核重庆管理处实施文物进出境审核 3 次（出境 2 次、入境 1 次），审核文物 184 件（套）（实际 262 件）；协助公安机关打击文物犯罪，开展涉案文物鉴定 24 次，鉴定涉案物品 281 件（套），墓葬 9 座。组织文物拍卖标的审核 5 次，审核标的 1948 件／套，撤拍 1 件。新审批拍卖企业取得文物拍卖许可资质 1 家，文物商店 1 家。

三、公共文化服务基本情况

新建成开放重庆工业类龙头馆——重庆工业博物馆、重庆抗战戏剧博物馆、巴蜀古建博物馆、万灵提琴博物馆、巴渝民风博物馆、永川堃航博物馆，忠州博物馆正式开馆，江津博物馆完成设立备案，故宫文物南迁纪念馆成功落户，全市博物馆备案总数达 103 家，区县博物馆覆盖率达 89.7%。年内全市博物馆新征集藏品 6420 件（套）。围绕中华人民共和国成立 70 周年，策划新推出《“国强”的生活——庆祝新中国成立 70 周年重庆生活变迁物证展》《“礼赞新中国·讴歌新时代”——重庆市爱国主义教育基地精品巡展》《三千大千——张大千抗战时期绘画作品展》《熊猫时代——大熊猫的前世今生》等专题、临时展览 370 个；《盛筵——见证〈史记〉中的大西南》荣获第十六届全国博物馆十大陈列展览精品奖，三峡博物馆《“国强”的生活——庆祝新中国成立 70 周年重庆生活变迁物证展》、红岩革命历史博物馆《“不忘初心、牢记使命”专题展览》、白鹤梁水下博物馆《长江史书——新中国 70 年 · 我和白鹤梁》、巫山博物馆《百年巫山——票证年代》入选国家文物局年度“弘扬优秀传统文化、培育社会主义核心价值观”主题展览征集推介项目。重庆三峡移民纪念馆成为全国爱国主义教育示范基地，奉节县夔州博物馆成为中华诗教先进单位。

四、博物馆创新发展基本情况

顺利完成博物馆法人治理结构改革阶段性任务，全市 6 家博物馆成立博物馆理事会，有效引入社会力量参与博物馆建设发展，建立了科学有效的决策、执行、监督、管理机制，为下一步推广博物馆法人治理结构改革工作奠定了基础。完成重庆市博物馆协会换届工作。

重庆中国三峡博物馆成为国家文化和科技融合示范基地，该馆“馆藏文物有害生物控制研究国家文物局重点科研基地”列入第七批国家文物局重点科研基地认定名单；全年申报省部级及以上科研课题 27 个，获得专利 10 个，发表专著（图录）61 个、省级及以上刊物发表论文 357 篇，获得国家级奖项 1 个，省部级奖项 7 个；可移动文物项目申报国家重点文物保护专项资金 15 项，下达资金 2899 万元，新实施可移动文物修复保护项目 10 项，完成往年项目结项验收 9 项。

成功举办 2019 国际博物馆日暨第十届重庆文化遗产宣传月活动，策划推出 8 大板块 215 项活动。圆满完成 2019 智博会智慧博物馆展区和高峰论坛承办任务，“智慧博物馆展区”4 天共接待观众 12 万人次。智慧文博高峰论坛有来自国内外文博行业和科技文化企业代表以及大英图书馆、英国驻渝总领馆、瑞士驻成都总领馆代表等 300 余人参会，论坛直播当天收看量达到 188 万人次。2019 年，5 · 18 国际博物馆日举办“馆长讲解”直播活动，累计观看量突破1100万，评论互动6500余条。与腾讯、新浪、喜马拉雅等新媒体实现战略合作，在主流媒体、网站形成报道1000余条次；联合“喜马拉雅”FM推出“今天，我们去看博物馆”在全市6大商圈大屏幕和50个公交车站及2632个电梯轿厢，通过照片和短片滚动播放重庆文博事业发展状况，直接宣传受众达1500多万人次。

五、博物馆助力脱贫攻坚基本情况

2019年，首次将博物馆公共文化服务纳入对区县政府公共文化服务考核内容，客观上对文化扶贫工作起到了保基础、提质量的作用。市文物局、市直属博物馆主要领导先后10余次到对口扶贫乡村进行专题调研，研究扶贫工作任务，坚持送展览到18个贫困乡村、学校，开展巡展活动共175场次，教育活动73场次，受惠6万余人次；派出干部担任驻村书记助力脱贫攻坚；积极协调推进武隆区乌江博物馆建设，免费提供文物IP资源助力非遗脱贫项目，提高产品附加值，推出扶贫攻坚美术展，利用博物馆人才、技术优势全方位提升农村群众科学素质，将“扶志”与“扶智”落到实处。

2019年重庆文物安全工作报告

文物督察处

2019年，全市文物系统深入学习贯彻习近平总书记关于文物安全的重要指示批示精神，落实中共中央办公厅、国务院办公厅《关于加强文物保护利用改革的若干意见》和《国务院办公厅关于进一步加强文物安全工作的实施意见》，牢固树立文物安全是文物保护的红线、底线和生命线意识，以重庆市委办公厅、重庆市人民政府办公厅《关于加强文物保护利用改革的实施意见》和《重庆市人民政府办公厅关于切实加强文物安全工作的实施意见》为指导，加强文物安全工作。切实增强文物安全意识，筑牢文物安全防线，提高安全防护能力，有效防范盗窃、盗掘、破坏、火灾等较大文物安全风险。

一、夯实文物安全责任

（一）强化政府主体责任

市委市政府自2018年，起将文物安全工作纳入了对区县党委政府年度经济社会发展考核内容，2019年，文物工作纳入区县城市提升行动考核内容，列为历史文化保护传承专项工作考核指标。通过考核，全市38个区县和万盛经开区都将文物保护或文物安全工作列入了重要议事日程，将文物工作纳入了对区县党委政府绩效考核评价体系，财政列支文物保护经费，政府主体责任显著增强，对文物工作重视程度不断提高，文物安全防范成效明显。

（二）全面落实直接责任

按照文物安全责任制落实要求，区县（自治县）政府领导与乡镇（街道）负责人签订责任书，乡镇（街道）负责人与辖区内文物、博物馆单位负责人签订责任书，逐级落实了主体责任、属地管理责任和文物管理使用者的直接责任。同时，按照“谁管理、谁使用、谁负责”的要求，各区县、乡镇（街道）通过安排附近村民、村社干部或聘请文物保护员等方式，对无专门管理机构的文物单位逐处落实巡查员，负责文物日常巡查看护，确保每处文物日常都有人巡查、有人管。

二、严格日常巡查检查

（一）落实日常安全巡查

各级文物部门严格按照《重庆市人民政府办公厅关于切实加强文物安全工作的实施意见》中的巡查要求，利用全市文物安全综合管理平台开展文物安全日常巡查。全市各级共安排3825名巡查人员，巡查员通过手机APP开展文物安全巡查，记录巡查情况，实现了日常巡查智能化和信息化。根据平台统计数据，全年开展巡查52900次，巡查各级各类文物单位19874处，发现安全隐患1342条。

（二）开展文物消防安全专项检查

会同市消防救援总队联合开展博物馆和文物建筑消防安全大检查“回头看”活动、文物建筑火灾隐患排查整治工作。组织约谈960余人，培训3752人次，开展灭火救援及疏散演练217次；组成141个排查组，共出动1795人次，排查文物建筑1341处，发现隐患和问题569项；排查博物馆49座，发现隐患和问题49项。全市投入整改经费2365万余元，增设独立式火灾探测器982个，简易喷淋46套，电气火灾监控系统32套；配备灭火、救援装备器材3641件（套）。经过整改，完善了文物消防设施，提升了文物自身防范火灾能力。

（三）开展防风险保平安迎大庆重点检查

召开国庆安全工作专题会，研究制定了《2019年国庆节前文物安全检查工作方案》，抽调人员组成7个督察检查组，对全市40个区县（单位）国庆节前文物安全工作进行督察检查。并抽查文博单位63处，发现隐患46项，督促国庆节前整改到位。国庆节期间，还组织明察暗访组，对主城区14处对外开放博物馆、文物景区和重要文物单位开展明察暗访，确保了国庆节期间文物系统安全稳定。

三、注重业务技能提升

为贯彻落实党中央和市委“保安全护稳定迎大庆”工作会议精神，按照《重庆市文物火灾隐患排查整治工作实施方案》要求，结合主城区文博单位节日安全压力特点，于9月23日在重庆中国三峡博物馆组织开展文物消防安全知识、安全检查技能培训和应急疏散、灭火救援实地操作演练，主城区九区文物行政部门、文物管理所和重点文博单位负责人共60人参加了集中培训。通过培训，增强了文物从业人员的安全意识，提升了工作人员的业务水平和处置突发事件的应急能力。

四、强化文物保护督察

建立文物安全事故案件督察督办台账，按照“一案一档”整理案件档案资料，明确督办责任人，坚持“四不放过”原则，坚决一督到底。会同市消防救援总队、市民族宗教委督察完成国务院安委办督办的梁平双桂堂火灾隐患整改工作。重点督察南川张之选碉楼修缮中发生垮塌事故、石柱西沱古镇火灾事故和涪陵戴家巷民居火灾事故的调查处理。会同市文化执法总队、渝中区文化旅游委、重庆红岩联线文化发展管理中心，完成了国家文物局交办的实地核查八路军重庆办事处旧址、重庆古城墙、老鼓楼衙署遗址、同盟国中国战区统帅部参谋长官邸旧址等的14处地物变化。并约谈了红岩村桥隧工程施工单位中建五局、八局负责人，责令做好文物环境保护工作，待工程完工后立即拆除设施恢复原貌，妥善处理了城市建设与文物保护的矛盾。

五、严查文物违法犯罪

2019年，在“文物法人违法专项整治三年行动”的基础上，继续加大文物违法行为查处力度。先后会同市文化执法总队督办查处云阳县大佛头摩崖造像被破坏案、渝北区木耳周氏节孝牌坊建设控制地带内违法建设案、石柱冶锌遗址群被盗案件，并督促依法依纪追究相关责任单位、责任人责任。按照公安部、国家文物局统一部署，2019年7月至12月，配合公安机关在全市开展打击文物犯罪专项行动。2019年，全市文物犯罪立案22起，破获13起，抓获犯罪嫌疑人21人。会同市公安局，对近年来在打击文物犯罪工作中表现突出的先进单位和先进个人进行通报表彰。同时，对2019年文物安全事故和违法犯罪案件情况进行总结、分析，并在全市通报。

当前，全市文物安全还面临一定风险和问题，主要表现在：文物建筑消防安全压力大，部分民居类不可移动文物日常安全管理难度大，工程建设中还存在不依法报批造成文物保护环境受破坏的法人违法行为，盗窃文物构件、盗割石刻、倒卖文物、盗掘古墓葬等文物犯罪案件时有发生。2020年要针对突出问题重点做好三方面工作。

一是进一步落实安全责任。对各区县履行文物保护责任和文物保存现状、文物安全状况工作开展检查评估，检查、了解区县政府主体责任落实情况。深化文物安全责任书签订工作，逐处确定安全责任人，将安全责任落实到单位、到部门、到人、到岗，并对文物安全直接责任人进行公示公告，接受全社会共同监督。通过政府购买服务落实文物安全日常巡查看护责任，加强文物安全日常管理。

二是进一步强化检查督察。组织参加专业机构的安全工作、消防培训、执法督察培训，提升做好文物安全和督察工作能力。加大文物安全巡查检查的督察，督促区县文物部门按要求开展巡查，不可移动文物、博物馆巡查全覆盖，及时发现隐患，坚决督促整改消除隐患。按照“四不放过原则”，坚决跟踪督察督办文物安全事故案件。

三是进一步深化协作机制。加强与公安、消防、宗教、城建、文化执法等部门的协作，进一步完善文物安全联合长效协作机制。联合消防救援机构、民族宗教、城乡建设等部门开展文物建筑、宗教场所、历史文化名镇名村的文物消防安全检查等专项活动，联合文化执法、公安部门开展文物安全执法巡查检查和打击文物违法犯罪专项行动。

2019年重庆对外和对港澳台文化和旅游工作报告

国际交流合作处

我委深入学习贯彻习近平新时代中国特色社会主义思想和党的十九大精神，牢固树立“四个意识”，坚定“四个自信”，以高度的政治责任感和历史使命感，认真开展对外及对港澳台文化旅游交流工作，不断开创工作新局面。

一、总体情况和数据统计

2019年，完成对外及对港澳台文化交流项目共计521项，其中因公出访78批529人次，出访美国、法国、日本、韩国、葡萄牙、德国等29个国家和地区；来访443批，4959人次（公益文化交流17项337人次；商演426项4622人次）。完成对外和对港澳台旅游交流推广项目共计32项，其中因公出访22批76人次，出访美国、加拿大、澳大利亚、新西兰、俄罗斯、白俄罗斯、瑞士、新加坡等国家，访问中国港澳台地区；接待境外旅行商及媒体来渝考察踩线10批次122人次。

二、工作特点

（一）文旅宣传推广平台有新拓展

积极打造重庆旅游国际传播中心，依托iChongqing持续发力外宣，着力搭建“1+N+X”的文化旅游对外宣传推广平台。有序推进重庆文化旅游境外推广中心的筛选、筹备和设立工作，全年分别在香港、东京、罗马等我市主要客源地设立 7 个重庆文化旅游境外推广中心。与陶然居集团、白俄罗斯明斯克推广中心签订火锅合作推广协议，以设立境外火锅体验店、形象店等方式，起步开展“重庆火锅行天下”宣传推广。充分利用和挖掘境外推广中心的阵地宣传作用，拟定年度合作推广计划，着力构建文化旅游对外宣传推广点阵图，宣传阵地进一步扩大，主要客源地常态化宣传推广态势初步形成。全年各中心围绕重庆文化旅游开展境外推广活动 20 余次，推广成效逐步显现。

（二）文旅融合宣传推广渠道有新衍生

将重庆文化旅游推广营销融入全市对外推广战略，依托市领导出访、文化和旅游部海外旅游推广、市委宣传部和市外办等相关市级部门的对外交流机制平台，结合境外重点客源市场拓展，先后赴美国、德国、日本、意大利、西班牙、法国、新加坡、柬埔寨等国家以及北京、厦门、香港、澳门等地，开展专题文旅推广营销活动 30 余场，参加各类展会 10 余场，较好地提升了“山水之城 · 美丽之地”旅游品牌的美誉度、知名度和影响力。元旦期间，连续第二年参加纽约时代广场新年庆典活动，重庆文旅元素再次走入“世界十字路口”时代广场，进一步提升了美国游客对重庆文旅资源的认知度。结合上海合作组织地方领导人重庆会晤活动契机，圆满开展“美轮美奂新丝路”文旅合作推介会和“重庆之夜”重庆文艺展示演出两项活动，以“文化展示 + 旅游推介”方式，面向嘉宾重点展示了长江三峡、大足石刻、大熊猫、温泉、火锅等文旅名片，全方位、多角度展现了重庆独特文化旅游资源。在第二届中国西部国际投资贸易洽谈会期间，结合中匈建交 70 周年契机，与匈牙利驻重庆总领事馆共同主办匈牙利旅游智能化升级交流促进会，开展了匈牙利旅游资源推介、签证政策讲解及文化旅游业内交流等活动，为下一步增进重庆与匈牙利两地文化旅游交流、游客往来互送提供了更多的机会。组织中国舞蹈最高奖项荷花奖获得者、市歌舞团演绎的大型舞剧《杜甫》首次走出国门，在韩国天安市首演成功，实现了市内大型舞剧的首次海外成功商演，为韩国观众送上了中华传统文化大餐的同时，宣传了重庆文化旅游资源，吸引了韩国民众的广泛关注。

（三）文旅推广营销力度有新提升

组织召开了2019全球旅行商大会，邀请了30多个国家和地区的400余名海内外旅行商应邀参会。大会紧紧围绕重庆入境游，开展了文旅资源和特色线路集中展示、专业推介、实地推广、旅游交易及“一对一”洽谈等系列活动，有效提升了“山水之城·美丽之地”的国际知名度和美誉度，有力地推动了重庆入境旅游加快发展。联合市政府外办、寸滩保税港区管委会，以重庆保税商品展示交易中心为载体，共同打造中西部国际交往中心·保税港“一带一路”之窗。与市委台办共同举办了第十一届重庆·台湾周中的文创产业青年研讨会和渝台书画名家艺术联展活动等系列活动，吸引了大批台湾同胞关注重庆文旅发展。为进一步做大入境游客总量，实施精准推广战略，划分出欧洲、亚洲、美洲、澳非及港澳台五个区域，与入境游客数量和推广活动组织相关联，采取公开招标方式，从市内外优秀旅行商中遴选出重庆文化旅游对外宣传推广执行商，积极探索政企联合加大海外推广新模式。利用携程等大型旅游电商网站，线上线下打捆销售重庆旅游产品，促进了入渝旅游人数增长。注重深入挖掘重庆文化历史元素，加强对全市43处涉外文物旧址的整体包装、宣传推广力度，着力打造重庆文化旅游“国际会客厅”，与市教委依托罗斯福图书馆旧址创建全市首家国际青少年研学旅游基地。创新推出“火锅行天下”品牌推广计划，依托境外火锅店和重庆文化旅游形象店逐步开设火锅体验点和重庆文化旅游宣传点，结合海外各类推介活动，形成“文化＋美食＋旅游”的综合宣传推介模式，在白俄罗斯明斯克成功开办海外首家重庆火锅形象店。

（四）对外文旅交流合作有新深入

配合美中友好协会在重庆开设办事处，并联合举办了中美青少年篮球友谊赛、向罗斯福图书馆旧址捐赠罗斯福铜像等交流活动。全年与匈牙利、意大利、泰国、越南、菲律宾、韩国等国使领馆、旅游部门联合开展20余场文旅互动推广活动。积极巩固文化旅游外交成果，与30多个国际友城、“一带一路”和“南向通道”国家和地区深入开展文化旅游交流合作，实现文化互送、产品互推、游客互访、成果互惠。邀请德国、澳大利亚、英国等国的旅行商，海外知名媒体记者、旅游达人、自媒体大V等人士以及驻渝领事机构和外国工作人员，国内、市内高校外国留学生等来渝开展踩线、体验、考察活动 20 余批次。

三、重点工作

（一）重大活动

一是成功举办 2019 重庆全球旅行商大会。今年全球旅行商大会的嘉宾规模、活动影响均超过去年大会，美国、英国、法国、意大利、日本、韩国、澳大利亚、新加坡、泰国、印度等 30 多个国家和港澳台等地区的 400 余名海内外旅行商应邀参会。世界旅游联盟、亚太旅游组织等国际旅游机构；纽约、洛杉矶、多伦多、巴黎等 10 个文旅部驻境外旅游办事处；印度国家旅游局副局长、斯洛文尼亚科佩尔市市长代表、丹麦国际文化协会主席、萨摩亚共和国总理中国特使等国际友人均纷纷带团参会。百度搜索“2019 重庆全球旅行商大会”关键词新闻达 70 万余条，新浪微博浏览量达 361 万次，新闻媒体报道整体覆盖人数达到 4758 万人次，“山水之城 · 美丽之地”核心旅游品牌知名度、影响力进一步提升。

二是成功举办第六届中国西部旅游产业博览会。本届西旅会以“携手美丽西部，创造美好生活”为主题，展览总规模为 3.45 万平方米，通过展览展示、高峰论坛、文艺表演、互动活动等形式，全方位展示西部乃至全球各地文化旅游产业的新发展和新形象。现场共举办 56 场国内外旅游推介会，商演近 100 场文艺演出，吸引 10 余万人次观展。展会现场集中签约 140 个文旅综合项目，涵盖旅游景区、旅游综合体、旅游度假区等领域，协议投资总金额 4190 亿元。

三是成功组织开展上合组织地方领导人会晤文旅推介活动。5 月 14 日至 16 日，2019 上海合作组织地方领导人会晤在重庆成功举办。我委按照市政府工作部署，积极参与、主动承担，圆满完成了“美轮美奂新丝路”文旅合作推介会、“重庆之夜”重庆文艺展示交流演出、市政府欢迎晚宴伴餐演出等多项任务。本次系列宣传推广活动深度契合“开放、共享，上合组织国家地方合作新机遇”主题，以“山水之城 · 美丽之地——重庆行千里 · 致广大”

为主线，以“美轮美奂新丝路”文旅合作推介会和“重庆之夜”重庆文艺展示交流演出为工作重点，做到了旅游文化宣传形式新颖，交流活动独具特色，充分展现了重庆国际知名文化旅游目的地城市形象，彰显了“山水之城·美丽之地”国际文化旅游品牌效应，提升了重庆国际知名度、美誉度和影响力，实现了良好的正面传播和宣传推广效益，获得了海内外参会嘉宾高度肯定。

（二）机制合作

一是积极拓展重庆文化旅游国际推广平台，重庆文化旅游“走出去”战略进一步加快。2019 年，先后在洛杉矶、纽约、明斯克、香港、东京、洛桑、罗马等地，依托当地大型旅游企业，设立了 7 个重庆文化旅游境外推广中心。香港推广中心还为重庆入境旅游开发了大蜂 APP，面向亚洲和港澳台地区上线推广使用。

二是采取市场化操作方式，加大入境旅游宣传推广力度。区分亚洲、欧洲、美非、澳洲、港澳台五个市场，拿出千万元资金，公开招标有能力的旅游企业，来帮助我们在世界各地开展宣传推广，从目前运行情况看，效果比较明显，较好带动了目标市场的入境游客增量。

（三）人文交流

一是配合重庆市台办共同举办了第十一届重庆·台湾周活动，重点支持开展了渝台青年文创产业研讨会和“翰墨同源——渝台书画名家艺术联展”两项活动。

二是赴新加坡组织开展重庆文化旅游周。9 月份，在新加坡开展了重庆文化旅游周活动，期间组织了重庆印象·美术作品展、重庆印象·非遗项目展和《追寻香格里拉》重庆原创芭蕾舞剧表演。美术作品展中，渝新两地艺术家共联合展出作品 40 幅；非遗项目展共为新加坡民众展示山神漆器、旗美人旗袍、酉阳苗绣、木版年画等 5 项非遗项目。

三是开展了文化交流。2019 年 5 月，香港焦媛实验剧团港版话剧《金锁记》在渝上演，同期，重庆京剧团的《金锁记》联袂上演，促进了两家院团的交流合作。2019 年 8 月，“山水间”——渝港民乐交流音乐会在渝举办，香港著名粤剧艺术家阮兆辉、何文川程专来渝演唱，音乐会由香港音乐团体竹韵小集与重庆交响乐团、重庆市曲艺团联袂演出，也是地水南音和四川清音这两项国家级非物质文化遗产首次在渝合作。组织中国舞蹈最高奖项荷花奖获得者、市歌舞团演绎的大型舞剧《杜甫》首次走出国门，在韩国天安市首演成功，实现了市内大型舞剧的首次海外成功商演。川剧《李亚仙》作为庆祝中国与罗马尼亚建交70周年的重要活动之一，受邀参加罗马尼亚重要的戏剧及表演艺术节——锡比乌艺术节，通过展示具有中国传统代表性的演出，实现中国与欧洲乃至世界范围内的创造性对话，促进最高水平的艺术交流。

（四）品牌项目

继续参加文化和旅游部“欢乐春节”项目。组织重庆市群众艺术馆赴马尔代夫和斯里兰卡开展欢乐春节演出和重庆旅游图片展。中国驻马尔代夫大使馆还书写了感谢信，对活动成效表示肯定和认可。

组织开展了渝新国际电竞邀请赛。此次比赛共邀请重庆和新加坡各2支电竞队伍参赛，我委计划将此项比赛作为品牌项目打造。

（五）“一带一路”

充分发挥重庆作为“一带一路”和“长江经济带”重要联接点的优势作用，不断完善对外文化旅游工作布局，深入推进实施与“一带一路”沿线国家的文旅交流合作，取得了较为明显的工作成效。2019年，共派出51个团组200余人次出访俄罗斯、白俄罗斯、匈牙利、柬埔寨、老挝、菲律宾、印度尼西亚、泰国、马来西亚、越南以及黎巴嫩等26个“一带一路”沿线国家和地区。2019年至今，我市旅行社组织重庆游客到“一带一路”沿线国家出境旅游的人数为25.5万人次，“一带一路”沿线国家和地区到重庆入境的旅游游客45.8万人次。

（六）海外中国文化中心合作建设

一是积极为东京中国文化中心提供重庆非遗展品，并在日本东京共同开展了綦江农民版画展等文化旅游宣传推广活动。

二是会同新加坡中国文化中心开展了重庆文化旅游周活动。

（七）产业合作

为推进渝版电视剧作品输出到南美市场，组织重庆银龙影视有限公司、重庆克莱斯克影视传媒有限公司和重庆银海圣通影视文化传播有限责任公司前往秘鲁和智利举办了文化图片展，商谈了电视剧合作事宜。组织文化企业、文博文创机构抱团参加美国演艺出品人年会、伦敦书展、东京动漫展、法兰克福中国文创博览会等国际展会，共计 15 个团组 71 人，搭建重庆文化贸易企业“走出去”的平台，扩大文化渠道。

2019 年重庆 大足石刻保护发展工作报告

大足石刻研究院

一、2019 年大足石刻保护利用工作

（一）坚持科学思维，文物保护提速加力

1. 文物保护项目扎实推进

完成宝顶山石刻三维测绘与数字化二期工程、宝顶山石刻千手观音像保护建筑大悲阁修缮工程。启动川渝石窟保护示范项目——宝顶山石刻卧佛、小佛湾造像修缮工程；开工实施宝顶山石刻大佛湾水害治理二期工程、石篆山石刻佛惠寺修缮工程、宝顶山石刻结界造像抢险加固保护工程。注重预防性保护，开展了“五山”石刻部分造像的日常保养和维护工作。

2. 遗产监测取得新的进展

完成大足石刻监测预警二期工程，成功申请大足石刻监测预警平台和大足石刻 e 监测（Android 版、IOS 版）软件著作权。编制完成的《2018 年大足石刻监测年报》获中国世界文化遗产年度优秀监测年报。

3. 文物管理形势持续向好

妙高山、舒成岩石刻列入全国重点文物保护单位，普圣庙、峰山寺、圣水寺、陈家岩石刻及龙水东岳庙列入市级文物保护单位。全年未发生重大文物安全事故。

（二）坚持深挖内涵，学术成果丰硕可喜

1.《大足石刻全集》正式出版

国家重点图书出版规划项目、国家出版基金资助项目《大足石刻全集》正式出版。该书共 11 卷 19 册，版面文字达 1200 万字，收载测绘图、拓片及造像图版近万幅；综合运用考古学、艺术学、文献学、民俗学、社会学、统计学等相关学科研究方法，充分借助现代科技手段，重点对大足列入世界文化遗产的 5 处石窟进行了系统的考古学研究。该书填补了我国在大型石窟领域出版系列考古报告的空白。

2. 学术交流扎实开展

举办了“2019 年大足学国际学术研讨会暨大足石刻列入《世界遗产名录》20 周年纪念会”，来自美国、德国、意大利等 13 个国家和地区的 140 余名专家学者齐聚大足，围绕川渝石窟背景下的大足学、一带一路视野下的石窟寺研究等主题展开广泛讨论与研究，收到高质量论文 80 余篇。组织召开了“大足石刻保护研究传承利用大讨论座谈会”“传承 · 创新——大足石刻文艺创作座谈会”“大足石刻与南宋历史研究座谈会”等专题会议。联合举办了“中国世界文化遗产监测 2019 年年会”和“中国岩土文物保护传承发展国际学术研讨会”。

3. 研究成果推陈出新

出版《大足学刊》（第 3 辑）、《大足石刻保护工程举要》《大足石刻史话》等。完成《大足石刻编年史》的撰写。在《华夏考古》《四川文物》《石窟寺研究》等省级以上刊物发表研究论文 20 余篇；完成《名人与大足石刻》《大足明代史物徵考》等科研项目。

（三）坚持多措并举，传承利用成效明显

1. 持续改善景区环境

实施广大寺香灰池清淤，完成宝顶山景区高杆灯安设，北山景区游客中心栏杆改造等工程。宝顶山、北山和大足石刻博物馆各类标识、标牌、游览图等得到进一步完善。宝顶山石刻景区参观线路优化提升工程稳步推进，持续开展宝顶山、北山石刻景区绿化、美化、森林病虫害防治等日常维护工作。

2. 不断提升服务功能

完成大足石刻国家级旅游服务标准化试点和AAAAA级旅游景区的复核，开展了2019年度市级平安示范景区建设。稳步推进智慧化景区和智慧博物馆建设，完成线上线下售票系统、免费Wi–Fi景区全覆盖、宝顶山和北山石刻景区免费语音讲解系统建设。

3. 大力深化宣传营销

继续大力开展大足石刻“四百工程”文化旅游推广活动。在天津滨海新区美术馆、广西柳州博物馆、西南民族大学艺术学院美术馆等地举行大足石刻展。在西南大学、重庆师范大学、四川美术学院、敦煌研究院等地举办学术讲座21场，协助推送大足石刻微视频15集。《保护卧佛》特别节目在重庆卫视、重庆新闻频道、第一眼APP进行长达3小时的现场直播，电视收视人数高达300万人次，网络直播收看超10万人次，评论留言四千多条，开启了文旅融合宣传的新模式。通过电视、报纸、网络、自媒体等手段，累计进行电视和网络直播10余次、新闻报道和转载近300次，吸引近5000万名观众和网友参与，极大地提高了大足石刻的知名度和美誉度。

4. 传承利用成效显著

切实推行标准化服务，加强景区精细化管理，圆满完成了各项重要参观接待任务。大足石刻爱国主义教育基地、青少年教育基地、反邪教涉外宣传基地、干部教育培训基地的作用得到进一步发挥。全年接待中小学生2万余人到景区开展研学活动。2019年，大足石刻景区累计参观人数102万人，同比增长8.6%，进一步发挥了大足石刻的传统文化教育功能。

二、2020年大足石刻工作意见

（一）完成体制调整，加强内部管理

1. 完成体制调整，完善运行机制

按照市文旅委和大足区委的安排部署，有计划、有步骤地做好大足石刻研究院升格、转隶和委托大足区管理的相关工作，确保体制调整顺畅有序。

2. 加强队伍建设，强化内部管理

通过大力挖掘现有人才潜力，公开招聘引进人才，聘请知名专家等措施，加强我院人才队伍建设。注重和加强年轻人才的培养。按照新的工作要求，建立健全内部控制管理制度，切实加强内部管理和考核力度。

（二）加强文物保护，夯实发展基础

1. 修编保护利用规划，实施一批保护项目

争取尽快立项，启动《大足石刻保护利用总体规划》的编制。完成石篆山石刻佛会寺修缮、舒成岩石刻中意合作保护等 2 个项目。继续实施好宝顶山大佛湾水害治理二期、川渝石窟保护示范项目——宝顶山卧佛和小佛湾石刻保护修缮、宝顶山石刻结界造像和北山石刻周边造像抢救性加固保护，以及北山石刻第 168 号窟抢救性加固保护等项目。

2. 提高遗产监测水平，加强文物安全管理

完成监测预警中心建设项目。完成 2019 年度监测年报、2020 年监测评估报告的编制。启动北山、南山、石篆山石刻安全技术防范系统升级改造工程，宝顶山、北山石刻防雷工程等。做好文物安全巡查和日常管理等工作，督促镇街履行文物保护属地责任。公布第一批大足区文物保护单位及大足区不可移动文物名录。完善区级石窟寺及石刻类文物点的“四有”工作。

（三）深化科研工作，讲好大足故事

1. 深化专题研究和项目引领

完成《文化艺术和旅游研究项目信息化发展专项——大足石刻宝顶山景区客流量控制联动系统研究及应用》《大足石刻乡风民俗文物展示及教育》《宋代川渝地区的‘柳本尊’信仰及其石窟艺术研究》《川渝石窟保护示范项目子项——宝顶山卧佛与小佛湾造像现状与遗产价值》等 4 个科研项目。

2. 深化考古研究和成果出版

启动《新编大足石刻内容总录》的编撰工作。出版《大足学刊》（第四辑）、《大足石刻编年史》《大足石刻千手观音造像抢救性保护工程技术报告》等图书。

3. 深化学术交流和科研合作

争取与北京大学、复旦大学、四川大学、中国文化遗产研究院、敦煌研究院等签署战略合作协议。与四川美术学院等国内外高等院校共同创办“大

足学研究院”，招收研究生，为“大足学”发展提供体系性支撑。建成市级社会科学重点研究基地，将大足学研究纳入市级社科研究重点支持范围。

（四）加大利用力度，突破利用瓶颈

1. 完善基础设施，建设智慧景区

启动宝顶山石刻保护利用设施建设项目。整合网络资源，消除信息壁垒，实现大足石刻景区全数字营运管理、指挥调度、统计分析和无窗口售票。

2. 优化景区管理，强化宣传营销

努力提升服务水平，加强讲解员队伍建设，提高讲解服务质量。加大景区执法力度，进一步规范旅游秩序。继续大力推进“四百工程”，至少在国内省会城市举办一次展览。自主建设微博、抖音、快手等自媒体平台，加强微信公众号、大足石刻官方网站的统一规范管理。

2019 年重庆美术馆工作报告

重庆美术馆

2019 年，重庆美术馆（重庆画院）在市文旅委的正确领导下，深入学习贯彻习近平新时代中国特色社会主义思想，开展“不忘初心、牢记使命”主题教育，全面落实市文旅委年初下达的目标任务、重点工作，全馆职工团结一致，全力推动各项工作稳步前进、协调发展。全年馆内免费开放 317 天，推出展览 50 场，其中馆内举办 41 场，馆外展览 3 场，区县巡展 6 场。举办公益性讲座、社会教育活动 100 余场，接待观众 39 万余人次。

一、开展“不忘初心、牢记使命”主题教育

（一）学习教育走深走实

紧紧围绕深入学习贯彻习近平新时代中国特色社会主义思想主线，深学笃用习总书记关于“不忘初心、牢记使命”主题教育、视察重庆、对文艺工作等方面的重要讲话精神，拟订 8 个方面 30 个专题学习计划，按照“三个全覆盖”的要求，推动全面学习。现场参观学习主题展览，组织观看“警钟长鸣”纪录片，开展“以案四说”活动以身边人身边事开展警示教育，影响深、作用大、效果好。党支部书记以“践行初心、担当使命，从重庆美术的发展看艺术家的精品创作与责任担当”为题讲专题党课，讲出了学习习近平新时代中国特色社会主义思想的收获体会。

（二）调查研究身入心入

紧扣贯彻落实习近平新时代中国特色社会主义思想、党中央决策部署以及市委10项重点任务，围绕全市艺术创作有高原无高峰，艺术助推脱贫攻坚力度不够的“痛点”，找到症结，形成问题清单，明确整改措施。累计开展座谈10场次、参与50余人次，走访省市、区县、市内美术馆、扶贫乡镇5批次，开展谈心谈话20余人次，发放问卷50份，形成高质量调研报告2份，充分展现调研成果。

（三）整改落实高质高效

聚焦“改”字精准发力，立行立改问题1个。列为重点整改的15个问题，逐一落实了责任人和完成时限，1个问题已初步得到解决，其余14个问题列入“8个专项整治”，进行专题整改。举办《艺术助力 酉阳车田脱贫攻坚作品展》，对贫困村车田的自然风光通过展览进行宣传；将美术馆5楼和7楼约1500平方米区域打造成集文旅文创展销、时尚文化发布、文创产品开发、艺术沙龙等为一体的文旅文创区；将6楼精品展厅等区域约300平方米，改造成为集创作、展示和交流为一体的艺术家工作区，让观众不仅能直接观看已成熟的作品，还能观看艺术家创作的过程。修改完善藏品收藏办法、展览申报办法。

（四）组织领导有力有序

启动开展主题教育，向文旅委上报信息简报12条。党支部起草方案8个，召开领导小组会议10次，学习传达文件会议7次。支部书记带头发言14次、调研5场次、讲党课1次，起到了很好的示范带动作用。坚持每天上午召开党员大会，以读书学习会、“三会一课”、专题组织生活会等形式，讲初心、谈使命、搞调研、找差距、抓整改，营造良好氛围，实现全覆盖。

二、工作亮点

（1）自主策划的《刀刻的信念——牛文70年艺术文献展》项目成功入选国家文化和旅游部“2019全国美术馆青年策展人扶持计划”。

（2）成功举办《蒙娜丽莎的微笑和文艺复兴——贝利尼家族收藏特展》，

让重庆市民在家门口即可欣赏到14—18世纪欧洲艺术大师的油画、雕塑等百余件艺术珍品。

(3) 国家艺术基金2018年度传播交流推广资助项目《重庆木刻版画巡展》成功在陕西省美术博物馆举办。

(4)“重庆文化旅游周”期间，在新加坡推出了“重庆印象·美术作品展”，展现了重庆山城、江城、不夜城的独特都市风光、自然风景和民俗风情。加强了重庆与新加坡的文化交流与合作，对于区域间美术文化交流起到积极促进作用。

(5) 创作了《金色童年》《延安保育园纪事》《荷之梦》《通商宽农》《盖碗茶》等近十件作品并成功入选第十三届全国美展、第十二届中国艺术节全国优秀美术作品展等系列作品展、第六届全国画院作品展等全国重大学术大展。

三、业务工作

(一) 努力提升公共展览服务工作，提升全民艺术素质

全年推出展览50场，在满足观众多方面审美需求的同时，也进一步提升了重庆美术创作的视野及审美水平。其中为庆祝新中国成立70周年，举办“向祖国献礼——庆祝中华人民共和国成立70周年第七届重庆市美术作品展览暨第十三届全国美展重庆选送作品展（国画、油画展区选送及评委、特邀作品）”“向祖国献礼——庆祝中华人民共和国成立70周年重庆市书法作品展”；为贯彻“一带一路”发展战略，积极参与并加强国际交流与合作，举办国际交流展“朴素非洲民间艺术背景下李华跨文化艺术展”等；积极与国家级学术机构合作，共同主办“第六届全国架上连环画作品展”“周而复始”国家艺术基金综合材料绘画作品展，引进“苏百钧工笔画作品展”“任惠中中国画作品展”等；加强馆际交流与合作，联合中国美术学院美术馆、兰州画院、江苏美术馆、中央美术学院等共同主办“中国美术学院美术馆馆藏国立艺专西迁时期师生作品展”“兰州画院作品展”“大桥记忆文献展”等；关注区县美术馆发展及业务工作指导交流，将2018年赴白俄罗斯展出的“印象——重庆民居中国画作品展”送至涪陵区美术馆、北碚区美术馆、大足区

美术馆、綦江区美术馆、永川区美术馆、合川区美术馆展出。

（二）加强公教推广工作，彰显美术馆服务社会职能

组织政府机关、企事业单位、院校、社区群众、学生等60余个单位和团体走进美术馆，开展讲座、现场互动及公教推广活动80余场，其中邀请当代知名理论家、画家向社会公众推出“名家讲坛”“艺术与生活”系列美术讲座活动共12场；加强馆校互动合作，持续推进美与构建心灵项目，到九龙坡区共和小学、渝中区精一民族小学等上课10次，调研交流2次，促进美术教育及普及；尝试文旅结合的美术教育推广方式，策划《印象 · 重庆》系列活动，在该活动中组织邀请3—14岁少年儿童1000人分别到博物馆、洪崖洞、磁器口等现场写生、创作并组织300余件优秀作品面向观众展览，展览现场进行公教体验，吸引观众2万余人；围绕《美育构建心灵》项目目标，针对3个不同年龄段的儿童进行了基线评估，将美育课程纳入学校教学计划，推出“开心课堂”教学；面向社会公开招聘了50名志愿者，定期培训，设立志愿服务项目；“美术课堂”举办“带您走进重庆美术馆‘向人民汇报’——美术作品迎春展览”“美术馆公教活动——带你感受非洲珍藏艺术精品”6场活动。

（三）做好收藏研究工作，积淀学术厚度

按照重庆美术馆的收藏定位、方向和学术重点，有针对性地收藏有代表性的作品，完成了14位艺术家、共37件（套）艺术品的收藏工作，包括书协主席团书法作品26件（套）、李少言版画2套等，接收了3位艺术家共3件艺术品的捐赠；藏品库房正式投入运行，藏品入库总数共1100件，捐赠品入库共223件，资料画入库共252件；完成了藏品馆外展览1次共70余件，馆内陈列展览7次共350件。

（四）抓《重庆美术》组稿与编辑，积极做好推广交流

《重庆美术》出版4期，积极弘扬民族优秀文化，体现社会主义核心价值观，梳理重庆美术史，刊载优秀艺术作品，积极打造宣传、推广的艺术平台。同时，聘请尚辉、盛葳作为《重庆美术》杂志顾问。

（五）抓艺术创作，努力打造精品力作

组织重庆画院中国画艺委会、版画艺委会艺术家分别参加了第十三届全国美展重庆中国画、版画创作作品专家观摩、指导会；组织画院艺术家参加了第六届全国画院美术作品展览学术研讨会、中国美协主办的中青年创作人才创作研讨会；组织画院艺术家开展“渝西行创作采风活动”、巫溪红池坝写生采风活动，创作出大量精品力作；赴梁平、大足、大渝书画院等调研交流，指导基层画院美术创作。

（六）抓培训与拓展，增强美术馆活力

参加了第十二届中国艺术博览会，策划组织了一批受市场欢迎的具有重庆元素的文创产品参加展销，取得不错销售成绩；通过多轮仔细的约见和磋商，正式完成了文创企业与重庆美术馆签约；高效有序地安排组织美术考级。

（七）抓人才队伍建设，凝聚美术馆发展动力

召开领导班子年度专题研究人才队伍建设达到10余次；广泛开展在职职工继续教育工作，专业技术人员和管理人员都已经完成当年学习任务；组织相关人员积极参加各项培训33人，其中管理人员5人，专业技术人员28人，共计48余次。

（八）抓安全生产，为美术馆发展提供坚强保障

对安全稳定防范工作高度重视，与中层签订了消防安全责任书，按照党政同责、一岗双责的要求，主要领导深入展场督查，分管领导在一线实施监管。建立健全美术馆《安全稳定工作措施》《安全稳定工作预案》《消防安全责任制》《公务车辆使用管理办法》《安全值班》等。坚持每月召开一次安全生产工作会议，坚持全天24小时值班制度。全年组织消防安全检查30次，发出安全隐患整改通知书30余份，督促现场安全隐患整改20余起。组织各类安全培训20余次，完成了火灾疏散演练、反恐防暴演练及防踩踏事件演练。

BLUE BOOK OF CHONGQING

2019 年重庆图书馆调研报告

重庆图书馆

为全面贯彻习近平总书记关于调查研究重要论述精神，2019 年，重庆图书馆以第二届阅读之星——重庆市民诵读大赛活动为契机，深入各区县文化旅游委及图书馆开展调研实践活动，通过会议研讨、实地考察等形式，就如何发挥各区县开展全民阅读活动带动作用，拓展公共文化服务范围，创新推动全民阅读和公共文化服务体系建设，全力开创书香重庆建设新局面进行了深入的了解、思考和研究。

一、主要做法

为庆祝新中国成立 70 周年，重庆图书馆举办以我和我的祖国为主题的第二届阅读之星——重庆市民诵读大赛，此次大赛自今年 8 月启动以来，覆盖全市 38 个区县及市级各机关、单位，历经 4 个月时间，65000 余人参赛，收录 12 万余条音频素材，在全重庆营造出浓厚的阅读氛围。

（一）召开会议，统筹安排

重庆图书馆全民阅读活动推广部门作为此次调研实践组，负责第二届阅读之星——重庆市民诵读大赛活动的统筹协调，联络各区县、各单位，牵头召开活动会议进行研究部署。明确责任分工，重庆图书馆负责赛制制定、各阶段比赛的执行、技术平台保障以及大赛组委会日常事务；各区县、各单位切实做好组织动员和活动宣传工作，最大限度地吸引广大群众参与到活动中来。

（二）**广泛宣传，认真执行**

此次大赛邀请了重庆日报、重庆电视台、华龙网等本地主流媒体以及中央驻渝媒体进行宣传报道；以重庆图书馆等重庆市各公共图书馆官网、微信、微博作为对外宣传途径；同时利用中国文化网络平台、重庆网络广播平台进行晚会现场直播。2019 年 8 月，第二届阅读之星初赛启动，在前期媒体宣传造势下，通过朗读亭和重庆图书馆微信公众号报送的音频，由各区县、各单位先行海选，大赛组委会按照各区县报送音频的总数，按比例分配名额。各区县按名额提交音频到大赛组委会，大赛组委会邀请专家再次进行统一评审，每个片区选出 30 名选手进入复赛。

（三）**实地考察，汲取经验**

此次调研实践组深入到每个片区进行实地调查，走进渝北、涪陵、江津、忠县等地，了解各区县开展全民阅读活动的实际情况。11 月 30 日，第二届阅读之星重庆市民诵读大赛总决赛圆满落幕。从进入第二届阅读之星总决赛的 15 名选手来看，从各区县突围进入总决赛的选手比去年明显增多，扩大了该活动的辐射范围，提高了全市阅读平均水平。究其原因：一是当地政府重视、各区县文旅委支持，自大赛 8 月启动以来，当地政府和区文化旅游委高度重视、精心谋划，全覆盖宣传，各图书馆积极组织活动实施工作；二是各区县图书馆开展全民阅读活动较多，群众参与度高。

二、存在问题

（一）**各地区参与人数不均衡**

此次大赛吸引了一大批热爱诵读的市民群众参与其中，掀起了全民阅读热潮。同时针对各区县图书馆组织参赛人员情况来看，主城区参与人数较为平衡，平均近 1400 人参赛，渝东北地区参与人数较多，累计达到 3 万余人，其中忠县和奉节均达到 1 万人次参赛，渝西地区和渝东南地区参赛人数相对较少，个别地区仅 20 余人参赛，各地区参赛程度不一。究其原因，主要是部分地区大赛宣传力度不够或宣传方式单一，无法扩大活动的影响力和辐射面。

（二）专业人才发展不均衡

针对第二届阅读之星参赛选手入围名单，各区县图书馆参赛选手水平差距较大，专业人才发展不均衡，主要是有的图书馆组织阅读活动数量偏少、管理制度不够规范以及活动形式内容单一等，难以激发群众的参与热情。

三、对策建议

（一）加强宣传，营造良好的阅读氛围

将全民阅读工作纳入各区县、各单位重点工作中，提高重视程度，积极开展全民阅读活动，加大宣传力度，利用官网、微博、微信等新媒体进行活动宣传，同时加强与新闻媒体的沟通和互动，深入挖掘先进典型和事例，为推广全民阅读工作营造良好的舆论氛围。

（二）细化人群，开展特色阅读活动

针对不同社会群体、不同年龄层次以及特殊人群的个性化阅读需求，组织开展系列阅读活动，既面向青少年开展青少年读书会，又面向农民工、老年人、视障人群等开展针对性的阅读活动，吸引更多的群众参与到全民阅读活动中来，激发群众浓厚的阅读兴趣，养成良好的阅读习惯，培养更多的专业人才。

（三）互联互通，壮大阅读推广队伍

各区县图书馆加强馆际合作和协调，按照各种主题构建起各种合作联盟，争取使政府部门、书商、出版商和企业等均发展成为全民阅读推广活动的支持者或者参与者，并且联合社会各界力量，实现跨行业、跨部门联合推动，共建跨行业的全民阅读推广平台和品牌活动，不断壮大阅读推广队伍。

（四）创新模式，延伸图书馆服务半径

各区县图书馆在原有服务的基础上，通过详细的读者调研、创新的活动形式、有趣的现代技术继续深化图书馆的阅读推广服务，从内容和形式上满足读者需求。同时积极开展面向社会、深入社区、深入农村的延伸服务活动，让基层群众的基本公共文化服务权益得到有效保障，推动全民阅读推广工作再上新台阶。

总而言之，全民阅读推广工作不是一朝一夕的事情。本次调研初步了解了目前重庆市各区县公共图书馆阅读推广的基本情况，为后续的调查研究提供了一定参考，有助于推动我市公共图书馆阅读推广的不断完善，促进公共图书馆更好地开展服务。

BLUE BOOK OF CHONGQING

2019年重庆区县广电监测业务调研报告

重庆广播电视检测台

2019年，按照市文旅委绩效考核目标任务部署，重庆广播电视监测台（监管中心）通过问卷调查、实地走访、电话联系等多种方式历时3个月，对全市39个区县广播电视监测监管平台运行近4年的机构、人员、经费保障情况和融媒体、应急广播等新业务的开展情况进行了全面的调研工作。特别是随着广播电视媒体融合建设、网络视听节目的快速发展，新成立的区县融媒体中心运行体制发生了根本变化，至今区县融媒体中心新媒体音视频版块都未纳入当地文化旅游委广播电视监测监管范畴。监管工作面临诸多变化和新的挑战，只有加快适应新时代信息化浪潮发展形势，不断推进完善监测监管体系建设，才能确保安全播出万无一失。

一、各区县监测机构现状

一是机构情况。截至目前，全市39个区县广播电视监测监管系统均处于正常运转的状态，其中北碚、云阳、合川、长寿、垫江等16个区县文化委相继成立了监测部门；其他23个区县由区县文化委广电科室承担监测任务。二是人员情况。我市各区县从事监测业务的人员共计49人，较2018年的117人减少了68人。目前，合川、北碚、永川、江津等16个区县配置了

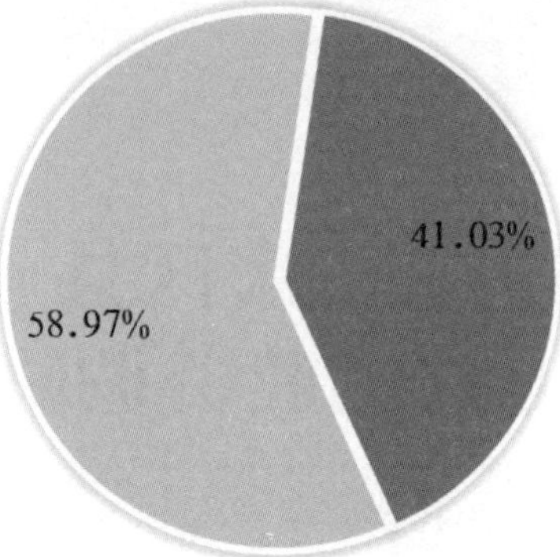

图 1　区县监测机构配置情况图

专职监测人员，其中云阳配置的监测人数最多，为 7 人；忠县、潼南、长寿等 3 个区县配置了兼职监测人员。可见，2018 年至今，专职监测人员下降了 58%，而且监测人员多为管理岗位人员，技术岗位较少。三是运行经费保障情况。目前我市共有 19 个区县配套了监测监管运行维护经费 239.8 万元，其中 50 万元以上的区县 1 个，10 万元以上的区县 9 个，有 20 个区县没有运行维护经费，占全市区县的 51%。

二、监测监管业务开展情况

针对广播电视监测、安全播出调度指挥、收听收看、视听新媒体监测、广告监看等五项广电监测监管基本业务开展情况进行了摸底。初步统计，39 个区县均开展了广播电视监测业务；39 个区县开展了安全播出调度指挥业务，占区县（自治县）100%；23 个区县开展了广告监看业务，占区县 58.97%；30 个区县开展了收听收看业务，占区县 76.92%。

由此可见，对传统广播电视的技术监测业务和安全播出调度指挥业务开展全面，但涉及内容监管的广告监看和收听收看监测业务较少，特别是对于视听新媒体的监测和应急广播的监测工作，39 个区县均未开展，个别区县甚

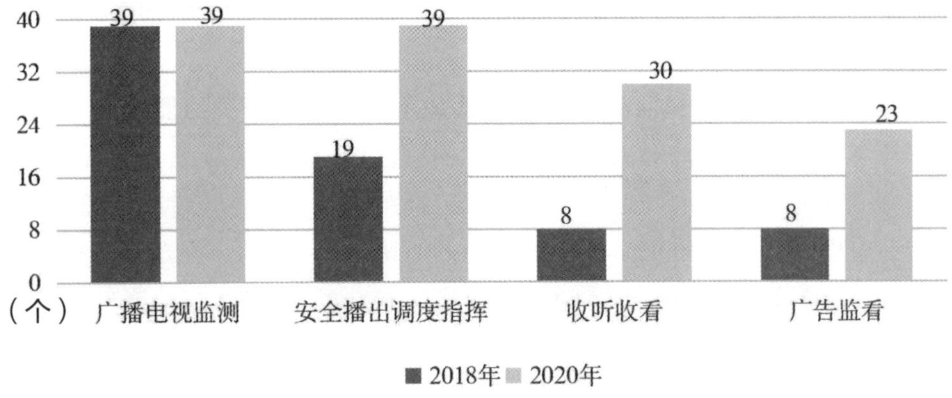

图 2　区县监测业务情况对比表

至对视听新媒体监管的业务范畴都不甚了解。自 2004 年开始，重庆市信息网络视听节目传播监管中心就已开展全市视听新媒体监测工作，主要是对全市范围内获得行政许可的 21 家持证备案网站及 IPTV 节目传输情况进行监测，先后搭建了“重庆市互联网视听节目监管系统”“重庆市 IPTV 监管平台”“重庆市融媒体监管试用系统”等技术监测系统，落实专人采取技术监测与人工审核相结合的方式开展监测工作，年均监测网站 3 万余家，审核疑似有害信息 1.2 万余条，处置违规网站 60 余家，营造了良好的视听网络氛围。但是区县层面的视听新媒体监测是空缺的，特别是各区县正积极推进融媒体中心建设，而媒体融合产生的视听新媒体平台在传播力、影响力方面都是巨大的，对它们的监管工作也是极为迫切的。

三、目前存在的问题

总体来看我市各区县监测监管工作取得的成绩还是值得肯定的，但是对照国家新闻出版广电总局和市文化旅游委对广播电视监测监管工作的新要求，还存在许多不足和薄弱环节。

（一）组织领导力不强，对监测工作认识不到位

广电监测监管是维护意识形态领域安全的重要一环，必须层层压紧压实，既敢于担当又善抓善管，真正做到守土有责、守土负责、守土尽责。但是，大多数区县对广播电视监测监管工作认识不到位，对相关监测政策、法规、依据等掌握不够全面，对监测范畴边界模糊。部分区县甚至将监测监管系统和指挥调度系统放置于当地网络公司或广播电视台，让本该接受监管的对象履行监管职能，一旦出现广播事故无法及时采取有效的应对措施，当地的广播电视监测监管工作存在严重的安全隐患。

（二）保障力度不够，监管工作能力较弱

由于我市各区县经济发展、思想认识、能力水平等方面的差异，部分区县监测监管工作因资金保障和人员配置情况不同，存在对监测监管工作的重要性认识不到位，监测业务开展不全面，监测结果运用水平较薄弱，规章制度不完善，从业人员不足且专业技能欠缺，负责同志年龄偏大、知识结构与监测监管业务不相符、技术系统维护能力弱等问题，开展业务工作相对被动。

（三）投入不够，技术手段亟待提高

2018 年，在市文旅委的支持下建立了部分监测系统的区县，由于缺少持续的财政投入，运行维护保障困难，监测设备严重老化，无法对广播电视质量、节目内容评议、广告发布情况等进行有效技术监测。且基于新媒体和应急广播的监管系统建设严重滞后，视听新媒体内容监管、分析研判等技术手段匮乏，难以满足融媒体条件下监测监管新要求。特别是在媒体融合发展的大趋势下，广播电视传统媒体与新兴媒体融合不断交汇，广电新业务快速发展，与互联网业务联系日趋紧密，我市陆续开展了 IPTV、网络电视台、手机电视等视听新媒体业务，2019 年各区县融媒体中心成立后，各平台媒体快速融合发展，而监测监管却始终没有跟上，一旦出现安全播出事故，无法及时有效应对。

四、广播电视监测监管发展思考

各区县文化旅游委应高度重视广播电视监测监管工作，积极争取当地党

委政府支持，市级层面应把广播电视监测监管版块纳入各区县年度考核体系，努力推进广播电视监管队伍向专业化、规范化发展，并做好后续设备维护保障工作，将运维保障资金列入单位常年财政预算，确保监测系统安全稳定运行。

一是要加强组织领导。各区县文化旅游委应积极争取当地党委政府支持，落实监测监管机构和人员，努力推进广播电视监管队伍向专业化、规范化发展，并做好后续设备维护保障工作，将运维保障资金列入单位常年财政预算，确保监测系统安全稳定运行。

二是结合实际开展工作。利用现有的监测技术手段开展技术监测和广告、收听收看等内容监管业务，建立完善各项规章制度、应急预案，切实履行监管职能职责。人手少的区县要重点做好重要保障期、重点时段、重要节目的监测。

三是做好人员培训。监测人员需具备高度的政治意识、安全意识，较强的责任心、专业素养，目前人员素质参差不齐，且多为管理岗位，应加强监测监管业务培训工作，综合运用岗位练兵、项目培优、人才引进等方式，加强人才队伍建设培养，着力打造一支政治过硬、业务精湛、求实创新的监测监管队伍。为行政主管部门履行职能职责当好参谋助手，成为“千里眼”“顺风耳”，发挥好监测监管在广播电视安全播出中的重要作用。

四是开展传统媒体和新媒体的监测监管一体化平台建设。充分依靠现代科技的优势，根据媒体融合发展的新形势、新要求不断完善监测监管一体化平台建设，全面推进市、区县两级广播电视监测平台互联互通，将新媒体广播电视和应急广播纳入监测监管体系内，建成“技术先进、标准统一、研判专业、资源共享、制度健全”的全媒体监测监管体系。当前，各区县正积极推进融媒体中心和应急广播建设，建议区县广电主管部门对本地融媒体建设情况进行摸底，掌握各个媒体系统数量，并督促所辖安全播出责任单位务必高度重视，适时将应急广播和融媒体业务纳入日常监测，最终实现监测业务全覆盖。

2019年重庆杂技艺术团调研报告

重庆杂技艺术团

为有效促进文旅融合，全面了解和掌握重庆国际马戏城研学教育活动的具体情况，对研学教育下一步工作的开展、研学质量的提升进行更精密的部署和规划，重庆杂技艺术团根据市文旅委调研工作安排，结合自身实际，对国际马戏城杂技艺术研学教育认真开展了调研工作，现将调研有关情况报告如下。

一、项目基本情况

2019年以来，在文旅融合的大背景下，重庆杂技艺术团在团场合一的基础上，结合自身实际情况，以本团杂技演员为师资主体，以重庆国际马戏城为研学平台，以杂技剧目《大禹》为主打剧目，通过现场观演+教学、互动体验+学生自学、跟师指导+沉浸式研学的方式，一体化、全流程为中小学生量身打造了国际马戏城杂技艺术研学教育项目。从2019年10月研学活动开设至今，国际马戏城共举办研学活动50余场，接待中小学生3万余人次。

一是有效弘扬了中华民族优秀传统文化。在研学活动中，以杂技剧《大禹》作为中小学生观演剧目，以大禹排除万难、不惧艰辛的治水精神为研学教材，以剧育人，给学生们带来满满正能量，使他们树立勇往直前的人生信念，给研学活动带来成效。

二是寓教于乐，调动所有学生参与研学的积极性。经过长时间的调研考察，结合中小学生各年龄段的实际，开发设置了《转碟》《空竹》《草帽》《晃管》《转毯》《手技》《魔术》《摇圈》等30余个以杂技、魔术节目为主的研学课堂，给学生们带来了多样化的研学内容。同时，定时轮换学习的方式，保证各个年龄段的学生都能找到自己喜爱的研学课堂，让研学活动不再枯燥，保证研学活动的成效。

三是实现了杂技艺术的创造性转化、创新性发展。在研学过程中，杂技艺术这项中华优秀传统艺术，在广大中小学生中得到普及和推广，同时很多孩子的想法和建议，给团队的创作和重庆国际马戏城的表演，提供了很多新思路、新点子。比如，杂技剧《大禹》水幕布景，原来只是在主舞台上，后来，采纳研学学生的建议，改为可移动、可变换前置水幕布景，舞台的实景感、现场感大大增强。

四是有效利用了剧场闲置资源。国际马戏城杂技研学教育项目的打造，打破了传统剧院晚上演出，白天闲置的剧院运营旧况，充分利用剧院白天的闲置时间，盘活了剧场资源，保证了国有资产利用率最大化，提升了企业的经济收益。

二、存在的问题

从2019年研学活动开展至今，活动开展效果明显，开设的课程和开发的道具得到了市内广大中小学生的青睐，在活动进行的过程中学生也对杂技艺术产生了一定的兴趣，老师及家长也给予研学活动一致好评，很多学校的负责人、老师都表示：重庆杂技艺术研学教育项目，有平台、有内容、有基础、有吸引力，丰富了学校的美育教育，提升了学生的审美情趣。但经过调研发现，在过去50余场的活动中存在以下问题：

一是研学教师队伍人才缺乏。研学教师是直接面对参与研学教育广大中小学生的第一线人员，教师的数量和教学水平直接影响到研学活动的效果，甚至影响到整个研学基地的成果和形象。经过调研发现，随着研学基地的发展，研学课堂的增设，研学学生的不断增加，需增设和吸收优秀的杂技艺术人才投身到研学教育项目中来，以适应后续研学发展的需要。

二是研学活动组织能力有待提高。重庆杂技艺术团和重庆国际马戏城实行场团合一的经营模式后，马戏城研学教育活动应运而生。在公司上下的通力配合下，研学教育活动虽开展顺利，但仍存在不足。经调研发现，目前存在教学场地紧张、研学课程开发不全面、杂技相关衍生品种类不丰富等问题。另外，马戏城配套基础设施也有待进一步完善，配套基础设置的完善程度直接影响到研学教育活动的开展甚至研学基地的发展前景。

三是现有的运营模式较单一。中小学生研学教育活动的开展，为研学教育基地创办前期迅速打开了市场，并取得了一定的经济效益和社会效益。但经过调研发现，如后期要在现今竞争激烈的演出市场中脱颖而出创造更多的社会效益和经济效益，则需适应市场发展的脚步，广开门路，在现有成果的基础上，继续依托于重庆国际马戏城，拓宽研学教育基地的业务发展和经营范围，才能取得更好的成绩。

三、对策及建议

探索永无止境，改革永远在路上。下一步，重庆杂技艺术团将从三个方面着手，切实加强重庆杂技艺术研学教育基地建设，放大杂技艺术研学教育项目的龙头示范效应，带动和支撑重庆杂技艺术团新一轮全面深化改革和可持续发展。

一是进一步优化研学，夯实专业队伍。一方面，通过行之有效的方式，鼓励、吸引更多的专业演员，特别是优秀青年演员担当研学老师，在教学过程中提升思想境界，提高专业素养。另一方面，在研学教育中注重发现杂技尖子，有意识地加以培养，争取吸纳一批参加杂技专业培训班的小学员，加强重庆杂技专业人才的梯队建设，力争为重庆杂技艺术的传承、发展和创作、演出，培养源源不断的后备力量。

二是进一步做实基地，深化团场合一。重庆杂技艺术团和重庆国际马戏城的结合，是实施高效管理、整合业务资源、更好发挥优势、增强发展活力的重要举措。研学教育基地的建设是给两者带来良好社会效益和经济效益的点睛之笔。在现有基础上，重庆杂技艺术团将继续开拓进取，围绕研学教育基地的拓展壮大，创造研学新思路，延伸研学新产业，奋力开拓新局面，为打响研学基地名气、提升重庆国际马戏城影响力、促进文旅融合发展做出更大的贡献。

三是进一步创新机制，创新运营模式。在后期研学基地的发展中，公司会紧紧盯住青少年这个重要群体，借鉴、推广、优化从研学教育过程中衍生出来的“1+2”营销模式，开发“亲子游”等全域旅游杂技演出营销新渠道。力争通过孩子，带动家庭；通过家庭，撬动朋友圈；通过朋友圈，覆盖全社会。不断培育、做大杂技艺术传承群体和观众群体，让重庆杂技艺术研学教育项目更广泛地发挥作用，更有效地服务社会。

ZHUANTI PIAN
专题篇 <

立足实际情况
助力青年创作人才成长

——重庆市青年戏剧创作人才现状调研报告

重庆市艺术创作中心

为深入学习贯彻习近平新时代中国特色社会主义思想和党的十九大精神，全面贯彻落实习近平总书记关于文化旅游工作的重要论述和视察重庆重要讲话精神，充分发挥调查研究对认清事实、破解难题起到的重要作用，重庆市艺术创作中心根据“不忘初心、牢记使命”主题教育工作要求，积极发挥在全市舞台艺术创作工作中的职能职责，聚焦我市戏剧创作人才，尤其是青年人才的现状和未来，开展了一系列的调研工作。现将有关情况报告如下。

一、调研准备

前期调研准备重点围绕文化发展不平衡不充分和文艺创作有高原无高峰两个问题展开，经过多方面征求意见，最终将调研内容聚焦到人才，尤其是青年戏剧创作人才培养这个方向。为此，中心通过召开全市青年创作人员座谈会并会同市话剧院共同举办青年编剧座谈会，现场了解青年创作状况，听取他们在创作服务方面的需求。座谈会后，中心创作部还同多个青年创作人员进行了单独交流，开展资料收集、信息梳理等基础工作，在撰写报告时从多个方面对比分析，以期达到摸清目前我市戏剧创作人才工作中存在的问题，提出相应的解决思路，尝试搭建更加切实有效的人才成长平台，为我市戏剧艺术的恒久长青灌注持续活力。

二、存在问题

经创作部对我市50岁以下青年编剧、导演、舞美、作曲等创作人员进行摸底和情况梳理，我们发现目前我市戏剧艺术创作人才队伍总量不少，时而亦有较好作品出现，但存在着分布不均、属性单一、缺乏精品、结构不佳等明显短板和潜在风险，亟待关注解决。

（一）门类齐全，但分布较为不均

目前，现掌握材料显示，编剧、导演、舞美、作曲等舞台艺术创作重要行当，我市青年创作人才均有覆盖，且不论艺术水平高低，基本可以满足一个大型剧目的创作需求。统计数据显示，目前我市50岁以下时常有作品产生或参与戏剧创作的人才约29人，其中编剧22人、导演4人、舞美设计2人、戏曲作曲1人。与22人的编剧队伍相比，导演仅有5人，舞美设计仅有2人，戏曲作曲仅有1人。这些创作人才大多数可以从事话剧、小戏小品的创作，但有一定能力从事戏曲创作的仅有7人。总体来说，话剧（含小戏小品）创作人才紧张状况得到了缓解，但戏曲创作人才匮乏的情况仍然十分严重，歌剧、舞剧等门类的创作人才更是长期空缺，亟待填补。可以说，在行当和类别方面，我市青年戏剧创作人才分布不均的情况较为严重，需要尽快补齐短板、填补空白。

（二）人数不少，但属性较为单一

据不完全统计，编剧方面，目前我市50岁以下时常有作品产生的编剧共有22余人。其中40岁以下有吴喜梅、周津菁、王宏亮、李月、曾立、孙丽萍、冯甜甜、刘晓山、孙强、周睿、陈国亮、李若行、吕路遥13人；40到45岁之间有凌萧、李德胜、毛迪3人；45岁到50岁之间有鲁广峰、李劲松、李云、杨东、廖川婴5人。导演方面，现有45岁以下青年导演5名，分别是重庆京剧团牛凌霄，重庆大学美视电影学院教师赵虎，重庆市话剧院梁东华、谢滢，重庆师范大学涉外商贸学院教师杨阳。舞美设计方面，现有45岁以下青年舞美设计人员2名，分别是四川美术学院副教授徐丹和自由舞美设计师孟王欢。戏曲作曲人才最为稀缺，45岁以下只有京剧团京剧作曲刘明明 1 人。从人员总数来看，相比其他省区市不算少，能看得出重庆青年戏剧创作人员的创作热情已经被激发出来了。但是从人员的身份来看，绝大部分属于体制内工作人员，自由戏剧人吕路遥和孟王欢 2 人也曾经属于体制内。总体而言，考虑到创作人员的身份关系，可以大概判断我市大多数青年戏剧创作人才对市场性的认识还不够充分客观，需要在如何有效对接市场开展创作上进行适当的引导和提供相应的机会。

（三）**态度积极，但尚无精品力作**

经资料梳理发现，这批青年戏剧创作人才的创作热情普遍比较高昂，近年来涌现的作品总数不少，但总的来看优秀作品依然较少，真正能在全国拿得出、叫得响的精品力作尚未产生。目前，青年编剧队伍里创作基础较好、艺术水准较为突出，且创作风格较为鲜明的编剧有王宏亮、陈国亮、周津菁、吴喜梅、鲁广峰等 5 人。市话剧院王宏亮主要创作主旋律作品，重点围绕红岩革命题材进行话剧创作，有时也兼任大学生戏剧导演，创作大型作品 9 部，其中上演 8 部；市艺术创作中心陈国亮属于全能型创作人才，较为偏好中国历史题材，有时也涉猎现实题材，戏曲和话剧都能写，技巧十分娴熟，由于十分熟悉舞台，有时还兼任导演，共创作各类作品 14 部，其中上演 4 部；市文化研究院周津菁主要从事川剧的研究和创作，其作品更注重实验性、创新性，为我市及川渝地区少有的川剧青年女编剧，共创作各类作品 10 部，其中上演 5 部；重庆人文科技学院吴喜梅主要从事话剧创作，其作品显著特征是充满了人文关怀和乡土气息，且心思笔触细腻、常于细节处打动人，共创作大型作品 4 部，其中上演 3 部；重庆群众艺术馆鲁广峰主要从事现实题材的小戏小品和曲艺类创作，创作数量和获奖数量较多。尽管上述几位编剧已经形成了比较明确的创作风格，作品基础相对较好，但在由高原向高峰冲刺中还需要多方支持、持续发力。

（四）**梯队完善，但结构风险依存**

就目前掌握的情况来看，50 岁以下青年戏剧创作人才的年龄大多集中在 45 岁以下年龄档，有 22 名之多，占比达 72%，涉及了编剧、导演、舞美、作曲等多个行当，包括话剧、戏曲在内的大型剧目，以及小戏小品等都有覆盖，整理结构最完善，实力也最好。45 岁到 50 岁之间有 5 名，全部为编剧，其中鲁广峰、李云、廖川婴主要从事小戏小品、曲艺类创作，李劲松、杨东主要从事大型剧本创作，而杨东又身兼导演。35 岁以下有 3 名，王宏亮、吕路遥从事话剧创作，李若行从事戏曲创作，其中王宏亮近年作品较多，基础较好。由上述分析可见，35 到 50 岁创作人员数量和行当都具备相当好的条件，是目前我市各类戏剧创作的中坚力量。但是，35 以下情况堪忧，不仅人数过少，而且行当过于单一，亟须在 90 后甚至 00 后的广大群体中发现更多的戏剧创作人才，尽快完善人才梯队结构，提早进行培养。

三、原因分析

经分析，我们发现由于多种因素造成的累积效应，造成了创作人才青黄不接，冲刺高峰乏力，青年创作人才成长较慢的现象。具体分析原因有以下三点。

一是创作资源有所偏移。俗话说十年树木百年树人。抓住地方特色，打磨自己的创作队伍才是一个地区的戏剧艺术彰显魅力、永葆活力的长久之计。而近年来包括重庆在内，全国很多地方院团着眼于“排大戏”“拿大奖”而纷纷向外求援，抢订“特邀编剧、特邀导演、特邀舞美、特邀作曲”的档期。这种结果就是一到全国大型戏剧节，观众就会发现一个编剧写的很多戏、一个导演导的很多戏都会在一个平台上竞技，这不仅会出现艺术上的近亲繁殖和势力范围，还伤害了本土人员的创作热情，很不利于自身人才队伍的培养，一些创作人才纷纷离职或转岗。近两年尽管国家已经大量砍减了文艺评奖，但大型剧目的排演本身就带有冲刺艺术高峰的初衷，会带来一系列的延伸效益，比如在顺利获得国家艺术基金、拿到地方政府的特殊关照、助推演员成名成角、夯实剧团发展基础等多方面具有现实利益诉求。因此，只要是创作排演大戏，就必须保证艺术质量，而艺术大家、艺术名家显然就能提供这种保证。另外，除了创作难、上演难外，发表难的问题也成为制约戏剧创作人才成长的一大问题。一些在 20 世纪 80 年代兼发剧本的文学刊物，在 20 世纪 90 年代以后对戏剧关闭门扉，剧本发表园地的锐减，导致剧本被逐出了文学的伊甸园。就重庆而言，目前还没有一家公开刊物可以刊登剧本，而作为主抓戏剧艺术的内刊《重庆艺术》，目前可刊登的剧本数量也很有限，正刊每年仅能发表大戏剧本 6 部，显然不能满足现有编剧发表剧本的需求。

二是机制措施不够统一。优秀人才可以创作出优秀作品，优秀作品可以提升优秀人才。青年戏剧创作人才青黄不接的问题谈了很多年，各种会上也呼吁了很多次，但始终没有一个成体系的针对我市青年戏剧创作人才成长的培养计划出台。目前，无论是从政府部门还是各文艺单位，我们都能看到一些措施相继出台和实施。全市文艺创作资助项目有计划地向青年创作人员倾斜，赋予他们更多的资金支持；院团有意识地开始培养自己的编剧、导演，让他们担纲一些剧日的主创；市艺术创作中心相继举办多期戏剧编剧培训班，并通过戏剧艺术沙龙团结青年戏剧人，在戏剧剧本改稿活动中将重点放在青年编剧身上；市剧协相继举办多期中青年戏剧编导研修班，并通过大戏节、青戏季，给青年戏剧人才提供集中展示的机会……但是，由于缺乏统一有效的机制，在青年戏剧人才的培养方面存在着重复投入和各自为政的问题，一些优秀作品推荐多次，但没有排演单位认领至今都无法在重庆立上舞台。

三是忽视基础急功近利。德不优者不能怀远，才不大者不能博见。习近平总书记在中国文联十大、中国作协九大开幕式的讲话中特别强调，广大文艺工作者要有“板凳坐得十年冷”的艺术定力，有“语不惊人死不休”的执着追求，才能拿出扛鼎之作、传世之作、不朽之作。不可否认，青年戏剧创作人员当中也存在着一定的急功近利现象。一些人在基础没打牢甚至对戏剧舞台还不甚熟悉的情况下就渴望成名成家获得殊荣，另一些人则只顾前不顾后，只注重创新不注重继承。戏剧创作既是个人行为，更是集体行为，人的德行会在创作过程中被所有参与者审视。有的青年创作人员目光短浅，因斤斤计较眼前利益得失而丧失宝贵机会，十分可惜，还有的眼中只看得见“势”，竞争意识压制合作意识。创作人才是戏剧事业的灵魂。因此对他们的培养要稳中求进，先立德再立艺，切忌拔苗助长和一棍子打死，也不能众星捧月般让少数优秀人才飘飘然而迷失自我。

四、解决思路

尽管近年来我们在鼓舞青年戏剧创作上做了大量工作，取得了一些成绩，积累了一大批有创作意愿、创作激情、创作基础的人才，但总体而言因年龄断层、积淀不够而导致冲刺高峰的动能不足问题依旧无法在短时期内彻底解决。对各类别青年戏剧艺术创作人才的培养，已经到了无法再继续回避的时刻，因此在青年戏剧创作人才的培养问题上不能松懈，必须持之以恒，坚持下去。为此，站在自己工作的角度，我们提出以下几个思路。

一是加强思想教育。要通过制定发布创作选题、开展创作活动、编辑好《重庆艺术》、组织青年剧本改稿会、专题研讨会和座谈会等多种渠道，积极对青年戏剧创作人才进行有效的政治思想引领，把意识形态工作做在前面。同时还要多鼓励他们“深入基层，扎根人民”，鼓励他们坚守中华文化立场，立足当代中国现实，结合当今时代条件，创作面向现代化、面向世界、面向未来的，民族的科学的大众的社会主义文艺作品，唱出时代最强音，从精神上竖起中国特色社会主义道路自信、理论自信、制度自信、文化自信的旗帜。

二是强化中心职能。建议市文化旅游委加大对市艺术创作中心的资金投入力度和政策支持力度，强化中心在戏剧艺术创作人才培养工作上的统筹管理，以更好发挥中心在全市创作组织、创作服务、创作培训、创作指导等方面的职能职责和突出优势。应积极地在创作规划、创作活动等工作中把青年戏剧创作人才作为重中之重纳入其中，有效带动青年人才在理论学习和实践创新中磨炼成长。建议市文化旅游委制定新的考核办法，把各级文艺院团对青年创作人才的培养纳入其整体绩效的考核中，定期定量安排青年人担任剧目的主创，有必要时可打破单位界限，给青年人更大的成长机会。建议市文化旅游委设立“重庆市编剧扶持基金”，专项经费划拨给市艺术创作中心，用于设立“重庆市剧本库”，由中心分几个档次，对尚未排演的剧本、大纲进行收购，同时，还对院团提出要求，其排演剧目的全部或不低于一半比例的剧本必须从“重庆市剧本库”中挑选，双方签订使用协议后，由中心负责剧本的修改打磨。

三是营造良好环境。相比以前，现在的创作环境已经有了明显的改善，但束缚青年人创作和成长的因素还依旧存在。应积极对这些因素加以分析、归类，除解决基本的生活保障和避免安排过多行政工作外，还应充分尊重艺术归类，尽量避免给他们安排过多命题作文，让其在成长、成熟的关键时期能在戏剧艺术上进行思考、沉淀、发酵，转化为自己独特的创作语言，形成自己所特有的戏剧观。另外，建议各级各单位充分尊重市场规律，除了对介入商业戏剧市场进行积极探索外，还应多鼓励青年戏剧创作人才到市场中搏击、取经，发现人民真正的文化消费需求所在，主动地深入市场、引领市场，带动戏剧事业健康发展，营造更加和谐的戏剧生态圈。

四是搭建有效平台。对外，我们应积极谋求多方合作，全力支持市剧协继续办好大戏节、青戏季，积极与上级沟通，争取尽早开展重庆青年戏剧原创作品大赛（可两到三年举办一届），《重庆艺术》年度优秀剧本、评论文章评选等赛事活动。对内，我们要谋求更多资金支持进一步提升《重庆艺术》的办刊水平，或增加出刊期数，或增加页码，以满足广大青年剧作者的剧本发表需求；同时，进一步搞好戏剧创作培训、戏剧艺术沙龙、戏剧剧本改稿会、戏剧创作采风、优秀剧目观摩等常态化工作，从根子上培育人才和涵养作者。加强与国内知名戏剧院校合作，适时开办中高级编剧、导演专业提升培训班，加速我市戏剧人才培养。

公共文化服务在脱贫攻坚中如何发挥扶智扶志作用调研

重庆市群众艺术馆

为深入贯彻落实市委、市政府脱贫攻坚工作部署要求，打赢全市脱贫攻坚战，市群艺馆深入全市部分深度贫困乡镇、村室，开展“公共文化服务在脱贫攻坚中如何发挥扶智扶志作用”专项调研，坚持问题导向，系统深入调研公共文化服务助力脱贫攻坚工作情况，对前期开展的文化帮扶工作跟踪调研，评估反馈，总结有效可行值得推广的经验做法，探究破解难题的路径和方法，提出对策建议，调研情况如下。

一、具体措施及成效

重庆市群众艺术馆作为全市龙头馆，发挥联动机制，动员和组织广大群文工作者积极参与文化助力扶贫行动，充分发挥全市文化馆工作优势，为打赢脱贫攻坚战提供坚强有力的文化引领和智力支撑。

（一）组织保障有力

1. 成立工作领导小组

重庆市群众艺术馆成立脱贫攻坚专项扶贫工作领导小组，统筹协调推进文旅扶贫工作，收集汇总、整理上报工作进展情况，督促做好文旅扶贫相关工作。

2. 落实扶贫专项经费

明确扶贫专项资金，从本馆年度免费开放经费当中列出专项经费，用于文化扶贫专项开支，做到专款专用、公开透明、规范运作。

3. 选派干部驻扎深度贫困乡镇

选派人力资源部主任黄永俭同志担任酉阳县车田乡扶贫工作队队员，实施精准扶贫、精准脱贫。

（二）发挥资源统筹作用

发出《关于开展以“市馆带区县馆”联动机制助力脱贫攻坚的倡议》，以主城九区文化馆资源为带动，聚合渝东南、渝东北两个“区域文化馆联盟”的文化资源，形成市群艺馆、区县文化馆、乡镇文化站三级联动，通过系列活动载体建设，共同助力脱贫攻坚。

（三）送文化，扶智扶贫

1. 送设备

赴巫山县双龙镇、万州龙驹镇等深度贫困乡镇赠送音响设备 1 套、广场舞教学和演出音视频 U 盘 3 个（内含市群艺馆编排的 4 套广场舞《太阳出来喜洋洋》《黄杨扁担》《高粱秆节节甜》《太阳出来红满天》等教学视频以及《全国广场舞集中展演》《全市广场舞集中展演》）。

2. 送演出

组织文艺演出走进贫困地区，慰问村民、驻村干部，用文艺的形式宣传习近平总书记关于扶贫工作重要论述，引领贫困地区的文明风尚，激发当地群众勇于脱贫的信心，拓宽他们善于脱贫的视野，增强脱贫致富的内生动力。

3. 开展广场舞教学

组织专业文艺骨干赴巫山双龙镇、万州龙驹镇开展 10 余次广场舞教学活动，为贫困乡镇群众讲解广场舞知识，传授广场舞动作要领，培养组建乡村固定文化团队。

4. 送展览

组织一批优秀的美术书法摄影作品，举办 1 期文艺展览，让广大群众在近距离欣赏艺术的同时，宣传党中央、国务院和市委、市政府脱贫攻坚决策部署及各项政策，让群众明政策、知实惠。

5. 送数字化建设

组织数字文化中心助力“数字乡村”建设，赠送相关数字资源设备，架构电商信息平台，助推“互联网 +”农产品出村进城工程。

（四）开展主题文艺创作

组织文艺骨干前往万州区龙驹镇、酉阳县车田乡、巫山县双龙镇、奉节县平安乡等重点乡镇，开展文艺采风活动，创作一批宣传脱贫攻坚方针政策，反映脱贫攻坚的好人好事、先进典型以及脱贫攻坚取得的新成就的作品。

二、存在的问题

（一）后续运行经费有待保障

调研发现随着脱贫攻坚工作不断深入推进，贫困乡镇的公共文化服务设施阵地建设整体提档升级，为公共文化服务效能提升打下了坚实基础。但后期运行经费无法有效保障，缺乏可持续性，亟须探索建立运行保障机制。

（二）覆盖面不广，供给量偏少，需求与供给不符

乡村空壳化，贫困地区人口流动、流失严重，常住人口减少，同时居住分散，这些成为制约基本公共文化服务覆盖面不足的客观因素，村居尤其是偏远地区还存在服务盲区，受实际文化资源制约，也不可能达到村居全覆盖，故而，蜻蜓点水似的送文化下乡的实际情况存在覆盖率低、精准度低的顽疾。

送文化中的文艺作品与基层生活联系欠缺，难以产生共鸣，忽视民族性、地域性和个性化需求的情况还较普遍，与贫困群众的文化生活方式、文化消费方式关联度不高。

（三）脱贫攻坚的主题不够鲜明

在助力扶贫中，公共文化服务承载着宣传思想政策、鼓舞士气、启迪心智的重要助力作用，但调研发现，围绕脱贫攻坚这个主题，扎扎实实开展文艺创作的较少，接地气，尤其以战斗在脱贫攻坚第一线人物为原型的优秀作品较少，自力更生、自强不息的脱贫典型形象塑造更是不够，文化助力脱贫的社会效果和浸染作用没有发挥。

（四）文艺人才匮乏

调研发现，大部分贫困基层乡镇由于条件有限、工作待遇不高，难以招聘或留住优秀、紧缺人才，大部分村（居）文化室无专职人员。一个乡镇几十个村庄，甚至才有一两个文化人才，人才自身综合素质不高，人才队伍日益老龄化趋势明显。贫困地区文化建设队伍既缺乏一般人才，更缺乏“排头兵，领头雁”。

三、对策建议

为做好文化助力扶贫的制度设计，围绕“公共文化服务在脱贫攻坚中如何发挥扶智扶志作用”主题，在市群艺馆开展专项调研的基础上，结合工作实际，对文化助力扶贫下一步工作具体的建议和对策为：坚持由送文化改为“种文化”的工作方向，发挥好四个作用，具体措施如下。

（一）发挥好宣传引领作用

习近平总书记指出，没有文化的小康，全面建成小康社会就无从谈起。中国传统文化一直秉承着“文以载道”“文以明道”的理念，“以文化人”更是文化的核心价值。当今社会，公共文化是社会主义核心价值观宣传引领的主要承担者。公共文化服务体系是社会主义意识形态的重要阵地，蕴含着政治和社会功能，让公共文化服务有效融入贫困群众的日常生活，才能发挥其“扶志”“扶智”作用。

（二）发挥好统筹协调作用

在帮扶区域内要做好统筹协调，不断拓展服务边界、推进跨界融合，可联合区域内学校、文化机构等部门，开展群众文化活动、文化艺术培训、文化艺术展览和讲座等活动，有效推进文化系统内外公共文化资源的集聚，实现公共文化资源共建共享。

（三）树人育才，发挥好文化人才核心力量

打造一支扎根基层、扎根乡村的文化工作者和志愿者队伍，培养农村文化能人，才能把文化真正“种”进村民心里。其中重点是乡村文化能人的培育，以乡村文化骨干、群众文化活动带头人、文化志愿者、文化爱好者为主体，

通过结对子“种文化”、文化站长大轮训等多种方式，在市、区县文化部门组织开展文化技能培训，把培育农村文化能人作为推动文化进户、增强扶贫力量的重要工程来抓，将农村文化人才开发培育纳入扶贫工作体系，并给予一定补贴，建立人才服务保障制度。坚持“群众文化群众参与”，激发贫困地区文化的自我发展能力，让贫困群众从“接受者”到“参与者”，最终成为“主角”，形成乡村文化能人带动社会风气，为扶智扶志持续助力的良好局面。

（四）发挥好文艺作品的浸染作用

启动脱贫攻坚主题文艺创作行动计划，在前期进行的采风创作活动基础上，围绕脱贫攻坚主题，以文艺创作为抓手，把创作重点、中心放在基层扶贫干部、贫困群众身上，创造出更多脱贫攻坚题材的文艺精品，塑造更多血肉丰满的扶贫人物形象。结合文化能人的培养，做到当地人演身边事演给当地人看，更具共鸣和感染力，激励着广大人民群众将文艺作品传导的精神力量转化为改变贫困命运的实际行动，从而更好地发挥文艺“扶智”“扶志”的独特优势。

另外在打造文艺作品时，应结合贫困地区的文化资源，找到传统与现代的结合点、主流价值观的实现机制。贫困地区的文化生态大都保存得比较完整而纯正，因此，应大力挖掘地方历史文化资源和传统民俗文化资源，以此为基础完善文化创意和旅游产业发展机制，实现文化事业、文化产业和旅游产业的融合发展。

坚持守正创新　深度推进
红岩文化和旅游融合发展报告

重庆红岩联线文化发展管理中心

文化是旅游的灵魂，旅游是文化的载体，文化与旅游相生共兴，相辅相成。2018 年 3 月，文化和旅游部组建成立，文旅融合便成为国家层面推动的、关乎国家文化发展大计和旅游市场繁荣的战略举措。习近平总书记强调，要坚持以文塑旅、以旅彰文，推动文化和旅游融合发展，让人们在领略自然之美中感悟文化之美、陶冶心灵之美。走文旅融合发展之路，是实现革命文化资源当代转换、充分发挥革命精神资政育人作用的有效路径和重要举措。2019 年，红岩联线管理中心坚持以习近平新时代中国特色社会主义思想为指导，深入学习贯彻习近平总书记视察重庆重要讲话以及对重庆所作系列重要指示批示精神，深化落实习近平总书记关于红岩精神的重要论述精神，扎实落实市委、市政府的各项工作要求，坚持守正创新，唱响“山水之城 · 美丽之地”，牢牢把握“行千里 · 致广大”的价值定位，深度推进文化与旅游融合发展，深入打造红岩升级版，努力建设世界知名、全国一流的红色旅游目的地和特色教育基地。

一、坚持“塑形 + 铸魂”有机统一，增强红岩文化旅游“气质”

厚植文化旅游发展优势，注重把文化元素植入景区，以红色资源塑形，用红岩文化铸魂，着力提升红岩旅游的文化底蕴和特色魅力。

（一）**延续历史文化根脉**

科学保护53处革命遗址，完成桂园保养维护等2个文保项目，抢救性保护梅园、“八办”托儿所等文物建筑。加强10万余件馆藏的保护管理，充分发掘文物背后的故事，让沉睡的文物“活”起来，推出“不忘初心·牢记使命”专题展，制作“重庆谈判”等复原及辅助陈列，参与举办国际性展览1个。

（二）**深挖红岩文化价值**

全力塑造红岩景区的文化内涵，深挖红岩精神时代价值，让红岩旅游更具时代性和独特性；全年推进省部级以上课题研究13个，出版小说《最后的58天》等图书3部；举办南方局成立80周年纪念座谈会暨学术研讨会，深度打磨《红岩魂》实景剧，增强文化吸引力和感染力。

（三）**整合融合发展力量**

发挥红岩的辐射力和带动力，联动我市红色旅游景区，共同推出重庆市爱国主义教育基地精品联展；牵头成立重庆市研学旅行协会；与复旦大学、中国电信、交通银行等25家单位合作，共建红色文化旅游和教育联盟，形成了不同领域的文旅联动发展格局。

二、坚持“红色＋绿色”协调发展，增加红岩文化旅游“颜值”

坚持既抓红色、又抓绿色，既要精神美、又要生态美，着力改善景区旅游环境，其实增加了红岩文化旅游的“颜值”。

（一）**坚持项目带动，不断完善配套设施**

依托红岩村中共中央南方局八路军办事处旧址、虎头岩《新华日报》总馆旧址、曾家岩周公馆旧址等为主的革命遗址群，规划建设红岩公园，整体打造“红色三岩”文化旅游品牌。全力实施红岩革命历史博物馆品质提升工程，扎实开展“项目建设年”主题活动，完成公共厕所等服务设施改造项目50余个，新建停车场2个，游客休闲服务设施不断健全。

（二）**实施美化工程，不断优化旅游环境**

扎实开展景区环境整治，建成海棠园、红梅林等主题花卉园；协调整改歌乐山烈士陵园景区周边危旧房，拓宽景区周边道路；美化景区文化景观，规范制作标识标牌，打造最美“红岩小道”；开辟精品旅游线路，配备全程旅游车并安装智能语音播报系统，吸引各地游客在优美的旅游环境中体验重庆都市红色精品旅游，留下“一次红岩行、一生红岩情”的深刻感受。

（三）强化规范管理，不断提升服务水平

围绕“专业化、规范化、数字化、精细化”的四化管理，提升公共文化服务水平，着力提高景区对外整体形象。对核心景区实行小封闭管理，强化安全管理，联合开展旅游环境综合整治，全年实现零安全事故、零有效投诉，为观众营造了安全的旅游环境。2019 年接待观众 1150 万人次，接待量居全国红色景区之首，红岩景区的知名度和吸引力不断增强。

三、坚持“文旅＋教育”融合发展，提高红岩文化旅游“价值”

深入实施红岩精神宣传传播工程，努力把丰富而独特的红色文化资源转化为优质生动的教育资源，打造红岩特色教育基地，发挥革命文化资政育人作用，着力提高红岩文化旅游价值。

（一）深化建设爱国主义教育基地

充分发挥红色文化资源在培育社会主义核心价值观中的重要作用，扎实开展“烈士纪念日”“一一二七”烈士殉难 70 周年祭扫等爱国主义教育和革命传统教育活动；围绕庆祝新中国成立 70 周年，创新开展“我和我的祖国”快闪活动，深入上海、四川、陕西等地开展“让烈士回家”系列活动 27 场，在重庆各区县广泛开展“讲红色故事、讲革命精神”“小萝卜头进校园”等特色活动。

（二）深入打造红岩党性教育基地

立足重庆、面向全国、服务全党，对广大党员干部开展专业化、系统化、特色化的党性教育；红岩党性教育基地被中组部列入《省（部）级党委（党组）批准的干部党性教育基地目录》，“传承弘扬革命精神 初心使命永驻心间”理论课程被中组部评为全国好课程；基地全年专题培训党员 2.6 万余人次。主动服务“不忘初心、牢记使命”主题教育，策划 17 个特色活动项目，研发 9 个专题课程，接待主题教育班次 171 个、学员 7424 人次。

（三）**全力打造研学实践教育基地**

打造青少年思想政治教育第二课堂，建设红岩中小学生研学实践教育基地，研发“红岩故事汇”“行走红岩”等六大特色课程，设计 10 余条研学实践线路，全年基地接待研学培训班 97 个、学生 12986 人次，在教育部年度绩效考核中获“优秀”，红岩特色教育品牌进一步做强做响。

四、坚持“文旅＋科技”创新发展，提升红岩文化旅游“品质”

推动“文旅＋科技”创新发展，让科技赋能，增强文化体验，建设智慧景区，让珍藏文物和革命历史活起来，不断提高红岩文化旅游品质。

（一）**创新数字化展示**

努力创新陈列展览形式，在采用数字化手段全面采集文物遗址详细信息的基础上，运用全媒体技术、互联网技术、全息技术等展示重要文物。建设网上虚拟博物馆，实现主体展馆全景漫游，优化提升数字化精品展览 20 余个。建成《红岩记忆》数字体验厅、3D 立体画廊、7D 互动影院，打造《周恩来与他的朋友们》互动交互展示平台，让游客在生动的旅游体验中了解红岩历史、感受红岩文化、接受红色教育。

（二）**提供数字化服务**

实行网上预约免费参观，建设景点票务系统和客流监控系统，提升旅游信息化管理与服务水平。自主研发 6 种语言自助讲解服务系统，推广耳麦式讲解服务，建立“人工讲解＋智能讲解”服务体系。推进新媒体与传统媒体的融合，充分运用微博、微信等新媒体加强对红岩文化旅游的宣传推介，微信公众号每日推送红岩故事，让观众在“云服务”中感受红岩文化的魅力。

（三）**开发数字化产品**

坚持数字化挖掘、智能化发展、个性化体现的文化旅游产品开发路径，精心研发系列化、高档化、个性化的文化创意产品，注重提升产品的科技含量和文化品位，举办第三届文创大赛，全年新开发文创产品 20 种，9 件产品获全国红色旅游文创产品成果征集活动优秀奖，进一步塑造了红岩旅游品牌形象，增强了红岩文化传播力。

文旅融合是推动高质量发展的新引擎，是新时代文化和旅游发展的客观需要和必然趋势。红岩联线管理中心将坚持以习近平新时代中国特色社会主义思想为指导，深入贯彻落实习近平总书记关于文化和旅游工作重要论述精神，坚持新发展理念，坚持以人民为中心，强化创新驱动，统筹推进党的建设新的伟大工程、红岩革命文物保护传承工程、红岩革命历史研究工程、红岩景区品质提升工程、红岩精神宣传传播工程、红岩文化产业发展创新工程，进一步推进文化和旅游真融合、深融合，努力构建新时代红色文化旅游融合发展新格局，不断推动红岩文化旅游景区高质量发展，为文化强国建设贡献更大力量。

重庆市旅游业发展 2019 年亮点工作及 2020 年目标思路和重点任务

政策法规处

2019 年以来，在市委、市政府的正确领导下，全市旅游行业坚持以习近平新时代中国特色社会主义思想为指导,全面落实习近平总书记对重庆提出的“两点”定位、“两地”“两高”目标、发挥“三个作用”和营造良好政治生态的重要指示要求，紧扣打好“三大攻坚战”和实施“八项行动计划”，认真贯彻全市旅游发展大会精神，按照“山水之城 · 美丽之地”目标定位和“行千里 · 致广大”价值定位，聚焦文旅融合发展主线，以打好“五张牌”为着力点，全力推进旅游业改革发展、转型升级、提质增效，全市旅游业实现了持续快速健康发展。市委主要领导在我委报送的《关于贯彻落实全市旅游发展大会精神情况的报告》上批示：卓有成效，方兴未艾，望再接再厉，在旅游业高质量发展上再下功夫、多见成效。

一、2019 年全市旅游亮点工作

（一）旅游业对全市经济拉动作用逐步增强

今年以来，全市旅游业持续保持高质量、高速度发展态势，连续三年在界面新闻“中国旅游业最发达城市排行榜”位列前三。一是主要指标持续增长。今年前三季度，全市旅游业增加值预计实现 730 亿元，同比增长 8%；全市接待境内外游客 45250.54 万人次，实现旅游总收入 3951.31 亿元，同比分别增长 10.2% 和 31.5%，其中接待入境游客 288.9 万人次，旅游外汇收入 178451 万美元,同比分别增长 3.6% 和 12.6%。游客次均旅游消费 873.21 元，比去年同期增加 141.63 元，同比增长 19.4%。二是文旅投资持续增长。前三季度，150 余个优质项目集中签约，协议金额超 4500 亿元；完成 44 个文化旅游重点项目投资 51.6 亿元；文化旅游项目投资超 1400 亿元，同比增长 7.3%。三是假日旅游持续火爆。今年元旦节小长假三天，全市共接待境内外游客 1184.26 万人次，同比增长 16.8% ；实现旅游总收入 78.16 亿元，同比增长 28.7%。春节长假七天，全市共接待境内外游客 4725.98 万人次，同比增长 10.26% ；实现旅游总收入 180.29 亿元，同比增长 34.82%。清明节小长假三天，全市共接待境内外游客 1361.71 万人次，同比增长 12.8% ；实现旅游总收入 100.89 亿元，同比增长 35.2%。五一节小长假四天，全市共接待境内外游客 2559.65 万人次，实现旅游总收入 200.16 亿元，按可比口径即节日前三天数据与去年同期进行对比计算，同比分别增长 10.6%、33.5%。端午节小长假三天，全市共接待境内外游客 1046.58 万人次，实现旅游总收入 64.11 亿元，同比分别增长 10.8% 和 32.6%。中秋节小长假三天，全市共接待境内外游客 1170.16 万人次，实现旅游总收入 69.39 亿元，同比分别增长 11.3% 和 32.1%。国庆节长假七天，全市共接待境内外游客 3859.61 万人次，同比增长 10.6%；实现旅游总收入 187.62 亿元，同比增长 32.8%。

（二）文旅融合发展初见成效

一是政策支持力度更加充分。市委市政府出台《关于推动文化产业高质量发展的意见》,《关于加快全域旅游发展的意见》和文旅融合发展实施方案全面落地，新设立 1.3 亿元全域旅游发展专项资金和 3 亿元文化产业发展专项资金，有效凝聚起推动文旅融合发展的思想共识和强大合力。二是机构改革向纵深推进。为加快融合发展，统一将旅游协会、旅游培训中心、文化研究院、文化交流中心等委属机构名称前缀增改为“文化和旅游”并增设相应职责，新设立重庆市文化旅游老年志愿服务协会、重庆市老年大学文旅分校。纵深推进区县文化旅游机构改革，全市 38 个区县（自治县）文化旅游部门按时改革到位。三是国有文艺院团改革破冰前行。成立国资办，按照“旅游搭台、文化唱戏”思路，积极推进国有文艺院团调优管理架构、整合演艺资源、拓宽发展路径，大力推动文艺创作和市场营销能力同步提升。杂技剧《大禹》、民族管弦乐音乐会《思君不见下渝州》成功首演，市委主要领导出席观看《思君不见下渝州》首演并给予肯定；川剧《江姐》首度亮相国家大剧院；舞剧《杜甫》赴韩国商业演出开创了重庆大型舞剧走出国门商业演出之先河；其中，舞剧《杜甫》获第十六届中国文化艺术政府奖文华大奖——提名剧目奖，歌剧《尘埃落定》入选2019年中国民族歌剧传承发展工程滚动扶持剧目、2019年全国舞台艺术优秀剧目暨优秀民族歌剧展演参演剧目，川剧《江姐》获评全国优秀红色旅游演艺作品并入选2019年戏曲百戏（昆山）盛典参演剧目，群舞《龙把子》摘得第十八届群星奖。有序推进市级文艺院团驻场演出，市川剧院经典川剧折子戏驻场演出在川剧艺术中心启动试运行，重庆杂技艺术团驻场旅游演出——杂技秀《魔幻之都·极限快乐SHOW》5月19日起正式在重庆国际马戏城开展驻场演出，填补主城无驻场旅游演艺空白。

（三）打好“五张牌”取得阶段性进展

一是打好三峡牌。研究制定《大三峡旅游一体化发展实施方案》，加快编制《大三峡旅游一体化发展总体规划》，出台大三峡旅游营销奖励政策，策划举办大三峡旅游发展论坛，持续开展第二届大河歌会区县系列广场音乐会活动，组织开展2019长江旅游线路产品大赛。今年前三季度，三峡库区接待游客7529.51万人次，同比增长15.4%，实现旅游收入726.8亿元，同比增长39.9%；三峡游轮游船共接待游客85.8万人次，同比增长15.5%。游轮经济持续壮大。二是打好山城牌。调研整理山城特色文化旅游资源，制定山城旅游发展专题研究方案，通过境内外知名展会平台开展10余场山城文旅宣传推介活动。三是打好人文牌。细化人文旅游建设重点任务，扎实推进红岩革命历史博物馆品质提升，实施重点文物保护利用项目27个，推进十八梯等7条传统风貌街区保护，红岩革命历史博物馆启动《歌乐忠魂》实景剧策划。四是打好温泉牌。举办第二届中匈温泉产业发展高峰论坛，匈牙利国会副主席及温泉专家出席；签订中外温泉合作重大项目2个，引入世界级温泉康养品牌与产品体系“黑维兹”，打造重庆“世界温泉谷”；发布“温泉＋中医康养”“温泉＋气候康养”“温泉疗程式康养”主题旅游线路3条。联合主办第三届康养大会，与重庆医科大学、石柱县签订石柱黄水气候康养基地合作协议。启动温泉旅游发展规划编制，推出世界温泉之都温泉创意活动，即2019世界温泉之都微视频大赛和“寻找温泉小天使”重庆少儿才艺大赛等活动。五是打好乡村牌。开展乡村旅游提档升级和品牌培育，策划市级乡村旅游重点村评选，巫溪县古路镇观峰村等9个村被列为全国首批乡村旅游重点村，万盛经开区凉风村等6个乡村旅游项目被列为全国乡村旅游发展典型案例。全市105个乡（镇）、182个村（社区）、296个乡村旅游点被认定为重庆市2019年休闲农业和乡村旅游示范乡镇、示范村（社区）、示范点。发布乡村旅游线路200余条。全市6个乡村旅游项目被列为全国乡村旅游典型案例。

（四）重要文旅项目建设有序推进

注重产业规划布局，开展全市文化产业聚集区高质量发展调研，在渝中、渝北、两江新区布局数字文化产业园，在璧山布局文旅装备产业园，在涪陵、石柱布局康养旅游产业。《城市恋链文创衍生品研发和推广项目》成功入选2019年度“一带一路”文化产业和旅游产业国际合作重点项目，成功举办2019年西南片区文化和旅游产业融合发展项目推介会。南滨路创建国家级文化产业示范园区步伐加快，制定完成《数字文化产业园创建管理办法》，初步确定4个园区为重庆市数字文化产业园创建指导园区。强化与两江新区协商合作，将对外文化贸易基地选址确定于寸滩保税区；大力支持重庆演艺集团、鸿艺九州等打造文化外贸平台。南川中医药小镇、石柱“巾帼土司城”、大渡口国韵国际艺术小镇、“一带一路”艺术城、涪陵北山国际文旅康养度假区、巴南巴人部落文化公园等重点项目稳步推进、初具轮廓。

（五）重庆旅游影响力日益扩大

聚焦我市文化和生态两个独特“宝贝”，整合文化和旅游两个宣传平台，全力做靓“山水之城 · 美丽之地”新名片。区县“晒文化 · 晒风景”大型文旅推介活动在国内外反响热烈、成效明显，合力奏响重庆文化旅游宣传推介“大合唱”。先后与贵州、吉林、甘肃、湖北等省文化旅游厅，遵义市人民政府签订战略合作协议，“渝约秋冬季，别样渝都行”——百家旅行商、媒体走进重庆踩线采风活动如期启动，区域文化旅游合作向纵深推进。成功举办“重庆文旅融合发展全球金点子大赛”，征集金点子 1180 篇，专题网页点击量超过 100 万人次。推出“丽人行”西安快闪推广活动，快闪视频连续三天成为全国热搜，话题整体播放量近 2 亿次，“丽人行”IP 裂变式曝光超 10 亿次。整体包装宣传全市 43 处涉外文物旧址，着力打造重庆文化旅游“国际会客厅”，提高重庆城市国际化形象。新设重庆文化旅游境外推广中心 3 个，依托 17 个境外推广中心加大对“一带一路”沿线国家宣传推介。“重庆文化旅游周”系列活动首次惊艳亮相新加坡，重庆文旅元素再次走入“世界十字路口”纽约时代广场新年庆典活动。今年以来，先后赴 38 个国家（地区）开展重庆文旅宣传推广活动 60 余次，邀请国外旅行商、海外知名人士、外国留学生等来渝开展踩线、体验、考察活动 20 余批次，动态开展重庆文旅宣传推广、游客招募。我市文旅“朋友圈”持续扩容增量，山城、江城的知名度、美誉度和影响力大幅提升，成为全国网民高度认可的“最宠游客的城市”，荣获 2019 亚洲旅游“红珊瑚”奖——十大最受欢迎文旅目的地。

（六）重要节会活动精彩纷呈

成功举办 2019 年西部动漫节春季展，参展游客近 2 万人次，充分彰显文旅融合发展成效。成功举办第六届中国西部旅游产业博览会，吸引 42 个国家和地区、80 多家国际文旅推广机构、500 多家国内外企业参展，签约重大项目 140 个，签约金额 4190 亿元，节会效果之好前所未有。成功举办第八届重庆文博会，观众达 32.5 万人次，现场交易额 2.8 亿元，全市 38 个区县首次全部参展，30 个国家、28 个省市的 2000 余家展商参与其中，现场活动超过 200 场。继续举办第三届文化旅游惠民消费季，惠及群众 3162 万人次，直接拉动消费 44.5 亿元，文化和旅游部指定我市在深圳文博会展示扩大消费试点成果，我市荣获优秀展示奖和优秀组织奖。高标准启动实施第四届重庆文化旅游惠民消费季。成功举办 2019“重庆好礼”旅游商品（文创产品）大赛，集中展示重庆集特色、品位和品牌于一体的特色旅游商品（文创产品），推出一批重庆旅游商品新品牌、新标杆。组织参加全国旅游商品大赛，喜获 2 金、7 银、9 铜的好成绩。

（七）传承保护进一步加强

新增白帝城遗址、罗斯福图书馆旧址等9处“国保”，目前重庆全国重点文物保护单位达63处。公布第三批市级文物保护单位103处，划定公布91处文物保护单位保护范围和建设控制地带。开展革命文物专项调查，摸清核实全市革命文物423处。朝天门通远门城墙修复、广阳岛抗战遗址修缮工程等重点项目全面完工。新建开放重庆抗战戏剧博物馆、重庆工业博物馆等5家，设立备案博物馆达到103家。《盛筵——见证〈史记〉中的大西南》获第十六届全国博物馆十大陈列展览精品奖，三峡博物馆入选第三批国家文化和科技融合示范基地，并成功申报为国家文物局重点科研基地。重庆三峡移民纪念馆入选全国爱国主义教育示范基地。红岩干部党性教育基地入选中央国家机关党校首批党性教育基地。钓鱼城遗址、白鹤梁题刻进入全国申遗重点培育项目，钓鱼城范家堰南宋衙署遗址获评全国十大考古新发现。新增市级非遗代表性项目196项，市级非遗代表性项目突破700项。“荣昌陶器制作技艺”入选“国家级非物质文化遗产代表性项目优秀保护实践案例”名单。

（八）革命文物保护和红色旅游相得益彰

制定《重庆红岩革命文物保护传承工程实施方案》，并获国家文物局同意支持；《关于推进革命文物保护利用工程（2018—2022年）的实施方案》印发实施，我市9个区县纳入国家第一批革命文物保护利用片区分县名单。统筹策划红岩村、曾家岩、虎头岩“红色三岩”提档升级，初步完成红岩革命文化遗址公园规划编制。启动桂园、周公馆、曾家岩书院等提档升级项目。推进红岩革命历史博物馆品质提升，完成八路军办事处旧址、中美合作所集中营旧址部分建筑及环境综合整治方案编制，完成红岩革命纪念馆主出入口环境改造、景区标志标牌升级改造，建成周恩来纪念广场海棠园，完成白公馆周边危旧房拆除和渣滓洞至白公馆景区游步道建设，启动凌云路道路拓宽工程，加快推进配套公共停车场建设，推出《“不忘初心、牢记使命”专题展览》《爱国主义教育基地精品巡展》。开展“让烈士回家”、“小萝卜头”进校园等主题活动，推出“一人、一物、一故事”红色革命故事宣讲。前三季度，红岩革命历史博物馆接待观众912.8万人次；红岩党性教育基地接待党性教育培训班366个、学员13383人次，接待“不忘初心、牢记使命”主题教育班

125 个、学员 5937 人次；全市纳入统计的 21 个红色旅游景点景区接待游客 1547.1 万人次。

（九）文旅扶贫进一步深化

成立中央脱贫攻坚专项巡视反馈意见整改工作领导小组，印发《委领导、机关处室、委属单位定点联系 18 个深度贫困乡镇方案》，共组建 18 个工作组，全面投身到 18 个深度贫困乡镇脱贫帮扶工作。推出 12 条政策措施重点扶持贫困区县和深度贫困乡镇文化旅游发展、助民增收致富。建立“车田乡脱贫攻坚调度指挥系统”，赴酉阳县车田乡开展突出问题排查，协调扶贫集团 21 个成员单位筹集资金 1.15 亿元，用于解决车田乡“两不愁三保障”突出问题。酉阳县车田乡 4 处乡村旅游民宿示范点建设基本完工，猫头坝开业迎客，奉节县兴隆镇龙门客栈一期项目开门迎客，旺季月接待游客达 9000 多人次。举办“十万山东人游重庆”旅游营销系列活动，开通济南至万州、青岛至黔江航线和“酉阳桃花源号”“黔江濯水号”旅游扶贫专列，截至目前，重庆市境内山东籍过夜游客数累计达 67.43 万人，同比增长 7.31%。开展鲁渝共建非遗扶贫培训 11 期，培训建档贫困户、留守妇女 550 余人，建成非遗扶贫工坊 6 个，市文化旅游委被全国妇联授予“全国巾帼建功先进集体”荣誉。积极指导重庆网络广播电视台开展新媒体信息扶贫，优先为酉阳县车田乡等 18 个深度贫困乡镇居民提供电视扶贫服务，18 个深度贫困乡镇新媒体信息扶贫项目建设全面完成。IPTV 上线运行日均集成各有关区县新闻、脱贫攻坚等优质节目超过 3000 小时。举办“艺术助力酉阳车田脱贫攻坚作品展”，展出美术作品 120 余幅。

（十）公共服务逐步提档升级

一是公共文化和旅游领域改革全面深化。文化馆图书馆总分馆实现全覆盖，全国公共文化领域重点改革任务暨旅游厕所革命工作现场推进会在渝成功召开。建成 29 个 24 小时城市书房，平台访问量达到 220 万次。公共文化物联网升级为群众文化云，完成配送 92128 场次，服务 2175.09 万人次。提档升级 1484 个基层综合文化服务中心，完成直播卫星户户通建设 5.7 万户，完成无线发射台站改造 6 座。全市应急广播系统建设全面推进，巫溪等 3 个县获得中央补助资金 1370 万元。武隆、巫山成功创建首批国家全域旅游示范区。重庆国际交流研究中心、全市首家“国际青少年研学旅游基地”正式成立。创建评定 AAAA 级旅游景区 10 家、AAA 级旅游景区 3 家，新评定五星级旅游饭店 1 家，全市五星级旅游饭店总数达到 27 家。新改建旅游厕所 940 座，建成运营 7 个市级旅游集散中心、22 个区县旅游集散分中心。二是公共服务类活动丰富多彩。举办庆祝新中国成立 70 周年专题展览 29 个，“我和我的祖国”系列庆祝活动、重庆工业博物馆“大轧市集”主题活动等吸引众多游客。成功举办 2019 国际博物馆日暨第十届重庆文化遗产宣传月活动，策划推出 8 大板块 215 项活动。全市博物馆接待观众超过 2000 万人次，开展社教活动 2000 场次以上，推出《熊猫时代——大熊猫的前世今生》《溪山清赏——重庆中国三峡博物馆馆藏山水画系列展之实景山水展》等展览 100 余个，开展流动博物馆送展览和教育活动到深度贫困乡镇 105 场次。举办“我爱你中国”“欢跃四季 · 舞动巴渝”2019 重庆市广场舞展演，2274 支队伍 5 万多名广场舞爱好者参与，线上线下观看群众超过 1000 万人次。采取线上线下互动结合，664 件作品入展第十九届美术书法摄影联展，打造永不落幕的展览。开展流动文化服务进村演出活动 3.3 万场、“放歌新时代”重庆市送演出进基层活动 500 场、送博物馆展览到基层 1000 余场次。三是智慧文旅建设加速推进。以“第 1 眼”“逗听 FM”为龙头的移动传播矩阵加快建设，推动区县广播电视节目规范接入 IPTV，14 个区县融媒体中心建设试点有序推进，5 个区县挂牌成立融媒体中心，“两江云”市级融媒体基础云平台荣获 2018 年度广播影视科技成果应用与技术革新一等奖。重庆文旅大数据发布会成功举办，“巴渝文旅云”改版上线；智慧博物馆和智慧景区建设同步启动，首期对三峡博物馆、抗战遗址馆等 9 家博物馆开展智慧化改造，19 家景区（度假区）和 20 家乡村旅游点成功创建智慧旅游示范试点单位，上线“惠游重庆”“金牌解说”等小程序。

（十一）行业发展保障更加坚实有力

一是党建根本保障抓得更扎实。深入贯彻落实新时代党的建设总要求，对标对表推动“不忘初心、牢记使命”主题教育在委系统深入开展，组织开展调查研究 40 余次、检视问题 83 条、立行立改问题 32 个。提高站位、统一思想，以高度的政治责任感扎实抓好迎接市委第九巡视组巡视工作，做到立言立改、迅即整改。深入开展增强“四力”教育实践活动，组织实施“五大引领行动”，常态化开展“以案四说”警示教育，全系统党员干部呈现出积极进取、奋发有为的良好精神状态。二是资金投入保障抓得更有效。积极争取中央和市级财政资金13.24亿元，加强与中国银行、建设银行、农业银行、兴业银行战略合作，协调四家银行为全市文旅产业综合授信900亿元，授信总计达到1600亿元。成功承办文化和旅游部“2019年文化和旅游产业专项债券及投资基金融资对接交流会（重庆专场）”，积极探索企业债券融资，文化旅游发展金融环境不断优化。三是人才队伍保障抓得更充分。结合“不忘初心、牢记使命”主题教育，系统调研文化旅游人才情况，科学分析新时代文化艺术和旅游发展特点，印发实施《重庆市文化艺术和旅游人才分类评价实施方案》，引导各类人才合理发展，14人入选文化和旅游部人才项目，7人入选市级以上各类专家库。深入实施“三区”人才支持计划文化工作者专项，指导区县招募文化工作者269人、上派培养14人，委属单位选派指导专家22人。联合举办“2019年重庆广播电视专业技术技能竞赛”，组织实施文旅融合、融媒体规范化建设培训等培训项目24个，培训2400余人次。市文化旅游委获评2018年资格考试组织工作一等奖，被表彰为“2018年全国广播电视编辑记者、播音员主持人资格考试组织工作先进单位”；非物质文化遗产处被表彰为“全国巾帼建功先进集体”，重庆图书馆专题文献中心被表彰为“全国巾帼文明岗”。

（十二）文化和旅游市场持续保持健康稳定

一是大力营造良好营商环境。扎实抓好对文旅企业的支持帮扶力度，今年全市新设立文化旅游企业2万余家，总数达13.8万家，同比增长5.3%；其中，民营文旅企业新增1.97万家，总数达13.37万家，同比增长5.2%，占所有文旅企业的96.87%，社会资本加速进入文旅领域。纵深推进“放管服”改革，取消清理审批和中介服务事项78项，向区县划转下放审批事项12项，放权赋能比例居全市前列。二是着力加强文化和旅游市场监管。依法审批、全程监管涉外商业演出342批次1568场次，约谈企业法定代表人40多人次，处理负面舆情46条，开展节日市场检查和明察暗访48批次，全面建立文化和旅游市场月点评、季通报、年考核制度，持续开展歌乐山烈士陵园景区周边秩序整治、保健品市场乱象百日整治、旅游行业骚扰电话专项整治、“三峡游”市场秩序专项整治、文化和旅游市场百日整治等行动，依法受理各类旅游投诉案件 234 件，文化和旅游市场秩序持续向好。“全国文化市场技术监管与服务平台”开展旅游“诉转案”试点工作，受到文化和旅游部综合执法监督局的肯定；《中国旅行社总社有限公司重庆分社以不合理的低价组织旅游活动案》以案释法案例，作为全国旅游行业唯一案例入选中国法律服务网司法行政案例库。三是全力确保文化和旅游发展安全稳定。做细做实全市文化旅游行业系统防范化解重大风险工作，国家广播电视广告整治、扫黑除恶专项斗争、安全稳定“百日攻坚”行动、旅游景区交通安全隐患突出问题整治、“防风险保平安迎大庆”消防安全隐患专项排查整治行动扎实开展，妥善处置 1 名游客在长江丰都段水域失踪遇难事故，如期完成中央第 9 督导组反馈问题整改工作，市文化旅游委被评为“2018 年全市扫黑除恶专项斗争先进单位”。

当前，我市正在经历一波“旅游热”，但作为旅游行政管理部门，我们必须“冷思考”，客观检视存在的问题：一是全市旅游发展不平衡不充分比较突出，都市旅游红红火火，“网红景点”集中扎堆，但渝东北、渝东南部分景区还藏在深闺、少为人知；二是旅游基础设施落后，对外大通道还在建设中，旅游景区环线尚未连通，“最后一公里”仍未畅通，“快旅慢游”体系尚未形成；三是旅游产品供给还不够丰富，文化内涵挖掘利用不足，游客次均消费在全国横比偏低；四是旅游管理服务水平不够高，一些景区景点存在“一流资源、二流开发、三流管理”现象；五是旅游发展国际化水平还不高，入境游客占比低，旅游产品在国际上的知名度和影响力有待提升。这些问题的解决，需要我们深入贯彻落实新发展理念，全力聚焦难点痛点，加快推进旅游业供给侧结构性改革。

二、2020 年全市旅游工作目标和重点任务

2020 年，全市旅游工作坚持以习近平新时代中国特色社会主义思想为指导，全面落实习近平总书记对重庆提出的“两点”定位、“两地”“两高”目标，

发挥“三个作用”和营造良好政治生态要求，积极适应高质量发展高品质生活要求，以“三大攻坚战”和“八项战略行动计划”为主要抓手，全面贯彻落实全市旅游发展大会精神，着眼“山水之城·美丽之地”目标定位和“行千里·致广大”价值定位，按照“抓大文旅促品质化”要求，以“一圈两群”发展布局为牵引，以融合发展为主线，以打好“五张牌”为重点，围绕提供优质旅游产品和服务，加快旅游供给侧改革，推进全域旅游发展，着力打造重庆旅游业发展升级版，力争2020年全市接待游客总人次同比增长8%以上，全市旅游总收入同比增长20%以上，人均每次旅游消费超过1000元，努力把旅游业培育成为综合性战略支柱产业，努力把重庆建设成为国际知名文化旅游目的地，让重庆旅游风行天下、享誉全球、造福人民。

（一）抓好顶层设计和整体规划

1. 调整优化旅游发展布局

按照“一圈两群”调整优化旅游发展布局，全面推动大都市、大三峡、大武陵协调发展，做强做优主城区都市旅游圈，优化渝东南产品线路开发，加大渝东北区域联合力度；深化与川、陕、贵、鄂、湘等周边省市合作，形成一体化联动，打造三峡无障碍旅游区，推进成渝城市群、大武陵山区、秦巴山区等区域旅游一体化发展，构建板块联动、区域互动的大发展格局。

2. 扎实抓好旅游发展规划编制

在总结“十三五”规划的基础上，深入谋划、系统思考、全面启动旅游发展改革“十四五”规划，深入研究怎么抓、怎么促、怎么化的问题。加快编制《重庆市全域旅游发展规划》《大三峡旅游一体化发展总体规划》《温泉与气候康养旅游专项规划》，着力构建全域旅游发展大格局。

（二）集中力量打好“五张牌”

1. 打造世界温泉谷项目集群

充分发挥“世温联重庆代表处”和“亚太（重庆）温泉与气候养生旅游研究院”优势，定期召开温泉与气候养生国际研讨会。依托世界温泉与气候养生联合会有效整合国际资源，积极引进国际先进的理念和技术，加快推进康养旅游企业与医疗机构、高校、科研院所、养生养颜品牌机构深入合作，建立全球领先的康养旅游产业大数据库。对标世界知名温泉旅游胜地，以“五方十泉”为基础，以北碚世界温泉谷项目为核心，持续引进和打造一系列温泉养生国际化旅游项目，对现有的优质温泉资源提质增效，逐步形成温泉养生示范旅游集聚区，推动“世界温泉之都”成为全球知名品牌。

2. 打造长江三峡国际旅游集散中心项目集群

着眼加速推进我市最具国际竞争力的长江游轮旅游国际化进程，以“壮美长江 · 诗画三峡”为主题，构建以万州为中心、辐射全域的长江三峡国际旅游集散体系，推动实现长江三峡旅游“水、陆、空、铁”无缝衔接。高起点、高标准、高质量推动广阳岛保护和规划工作，全力抓好广阳岛抗战遗址群保护利用，努力助推打造长江风景眼重庆生态岛。强化项目支撑，突出抓好项目策划包装与招商引资，重点推动云阳侏罗纪恐龙公园、奉节白帝城大遗址保护、万州天生城大遗址公园、“观光巴士”等项目建设。加强区域统筹，重点举办好世界大河歌会、长江三峡（巫山）红叶节等品牌节会，落实好三峡旅游营销奖励政策，开展三峡游船旅游市场整治专项行动，实现由“一线游”向“一片游”全面转型升级，打造长江三峡国际黄金旅游带。

3. 打造都市旅游项目集群

着眼打造世界上独一无二的 3D 魔幻都市旅游品牌，高水平规划打造“两江四岸”旅游线路，打造国际一流滨江旅游休闲带国际品牌。合力打造大朝天门景区，实施“两江游”提档升级行动，建成山水都市旅游的知名品牌和拳头产品。推进主城区“山城步道”建设，特别是解放碑－朝天门及周边区域山城慢行步道的建设和提升。开展主城区“两江四岸”景观照明查漏补缺，推动主城各区“灯明景靓”工程落地落实。整合各区县山城文旅资源，借助中国国际旅游交易会等知名展会平台，广泛开展山城文旅宣传营销。打造主城区大型实景旅游演艺等文旅项目，做深做优都市“网红景点”的人文内涵，让“网红”变“长红”，“打卡游”变成“目的地游”。以地铁、轻轨、索道、游轮、有轨无轨公交以及直升机等立体旅游交通为依托，串联各个“网红景点”、自然景观和历史文化街区，形成精品旅游线路和产品集群。

4. 打造立体气候四季康养项目集群

以打造四季皆宜的国际一流气候康养胜地为目标，充分利用重庆大山、大川、大库区及优质的生态和气候资源，着眼实现四季康养目标，推动气候养生旅游与温泉旅游、都市旅游、美食、中医、山地运动、民俗文化体验等有机融合，大力开发景区带动发展型、特色产业支持型、高山避暑纳凉型、科普体验观光型、民俗文化依托型、乡村民宿带动型、生态资源依托型、旅游扶贫成长型等特色旅游项目，实现由单一的“避暑旅游”向“气候养生”“四季康养”全面转型升级。采取新建和改造并举，将功能各异、各具特色的世界级气候养生项目植入各类旅游度假区、高中低山地休闲度假项目，打造中高端全产业链气候康养服务国际品牌体系和气候康养项目集群，把我市建设成为国际知名的气候养生旅游示范区和目的地。重点建设100个特色旅游镇、1000个特色旅游村，培育10000家乡村旅游规模经营主体，打造100个乡村休闲体验基地。

（三）全方位推进文旅融合提档升级

1. 推进一批重点作品创作

结合全面建成小康社会、庆祝中国共产党成立100周年等重要时间节点，抓好歌剧《碧水青山》、京剧《陈然》、话剧《天下农夫》、芭蕾舞剧《归来红菱艳》等新作品的创排工作；做好交响乐《重庆组曲》、京剧《双枪惠娘》、歌剧《尘埃落定》等作品的深度打磨工作；积极推进电视剧《一江水》《国家情怀》等的拍摄制作和播出，稳步推进《智能大时代》《梦响都市》等重点项目进展。

2. 扎实推动文化文物保护传承

着力把大足石刻保护好研究好利用好，进一步完善制度规划，高质量实施大足石刻宝顶山卧佛及小佛湾摩崖造像保护修缮、大足石刻数字化保存与展示等重点文物保护工程，全力把大足石刻研究院建成世界知名研究院，把大足石刻景区建设成为国内一流的文化保护利用和文旅融合示范区。合力推动钓鱼城遗址白鹤梁题刻申遗。完成4至6期中国非遗传承人群研培班，培训传承人群学员200人，培育一批非遗研学培训基地、非遗特色小镇。扎实推进红岩革命文物保护传承工程，加大红岩景区环境整治力度，推动“小萝卜头”展室、梅园展厅等展陈陈列提档升级，持续办好“不忘初心、牢记使命”专题展览，策划推出“中共中央南方局的外事工作掠影”等精品展览。统筹推进红岩村、曾家岩、虎头岩“红色三岩”革命旧址保护利用提档升级。开展城口、酉阳等革命文物保护利用片区项目筹建，推进綦江区国家长征文化公园建设，实施赵世炎烈士纪念馆、刘伯承同志纪念馆、聂荣臻元帅陈列馆、杨闇公杨尚昆旧居陈列馆等基本陈列改陈，实施一批区县级以下低级别革命文物抢救维修项目。

3. 积极抓好文旅融合重大项目

全力推进市青少年活动中心、广播电视发射新塔等项目尽快开工建设。着力推进重庆音乐厅、重庆芭蕾舞剧院、重庆博物馆、非遗博览园、自然博物馆园区、重庆图书馆二期等重点项目开展前期论证工作；继续推进南滨路创建国家级文化产业示范园区工作，开展模拟预验收；推进对外文化贸易基地落地启动和数字文化产业园区创建工作；继续推进国家文物保护装备产业基地三峡文物科技保护中心建设，推进故宫南迁文物纪念馆建成开放，推进重庆博物馆、自然博物馆二期项目等市级博物馆建设项目，推进博物馆云平台建设项目；重点抓好弹子石大佛修复、老鼓楼衙署遗址保护展示、安达森洋行文物维修（故宫文物南迁纪念馆落地）等保护项目；加强传统风貌区内不可移动文物保护，推动十八梯首开区、金刚碑核心区对外开放。开展新一批市级文化产业示范园区、基地评选命名。

4. 全力做深做精文化内涵

用大旅游的思维方式深入挖掘全市文化资源，面向市场深度开发传统工艺、特色节会、博物馆文创、文化民宿，做大杂技、川剧等旅游演艺市场。打造綦江画家村、忠县电竞小镇等一批特色鲜明、产业融合的文创园区、基地、街区、小镇和艺术之乡，持续抓好奉节县建设《中国诗词大会》永久会址工作，全力推动南滨路开埠文化遗址公园建设。全面深化国有文艺院团改革，充分发挥委国资办抓总定向、综合监管作用，充分发挥大文旅的制度优势、资源优势和人才优势，依托旅游营销体系找市场找平台，依托市级文艺院团出人才出精品，探索推广文艺院团驻场演出、文化演艺植入旅游景点、非遗文化产品进景区等融合举措，逐步探索构建“旅游搭台、文化唱戏”融合发展模式。深入挖掘“红岩精神”的精神实质和丰富内涵，组织推进革命文物内涵价值研究阐释和宣传教育，推动“红岩精神”纳入中国革命精神谱系，着力塑造新时代重庆人。

（四）全面抓好全域旅游发展

1. 定期召开全市文化和旅游发展大会

借鉴贵州旅发大会模式，出台召开文旅发展大会的配套办法，按照区县申报、择优选取、轮流举办的程序，切实选出在文化和旅游发展上有思路、有项目、有市场的区县召开，以会促比，以会促建，起到一次会议、多方受益、长期收益的良好效应。

2. 抓好试点示范创建工作

严格对标对表国家全域旅游示范区验收标准，总结推广创建经验，召开全市全域旅游现场会，营造浓厚的全域旅游创建氛围。努力向文化和旅游部争取增加下一轮验收认定指标，高标准推动渝中区、南川区、大足区、奉节县、石柱县、万盛经开区继续创建国家全域旅游示范区。扎实抓好市级全域旅游示范区验收认定，再确定一批创建单位。

3. 推进多产业融合发展

按照“旅游 +”“+ 旅游”发展理念，大力创新发展冰雪运动、山地户外、养生养老、医疗健康、自驾车房车营地、精品民宿等新业态新产品，建成品牌突出、数量充足的旅游吸引物，拓展发展新空间、培育增长新动能，助推全域旅游发展。

4. 推动旅游综合体制机制改革

进一步调整优化现有旅游管理模式，完成文化和旅游市场综合执法改革，深化旅游领域“放管服”改革，做好导游体制、旅行社体制等改革。根据机构改革进程和要求，持续推进旅游领域相关政策法规立改废，推动相关行业标准整合。

（五）扎实推进供给侧结构性改革

1. 大力抓好招商引资

坚持开门办旅游，放宽市场准入，加大招商引资力度，鼓励各种社会资本投资旅游产业，加快培育新兴旅游市场主体。拿出优质资源，开出优惠条件，大力引进战略投资者和国内外知名旅游企业，并创造条件支持其做大做强。

2. 着力推动景区提档升级

扎实推进彭水阿依河、涪陵武陵山大裂谷、奉节白帝城 · 瞿塘峡、合川钓鱼城、红岩联线等创建国家AAAAA级景区工作。依托山水森林生态特色旅游资源，加快建成市级以上旅游度假区30个，力争两年内成功创建一批优质旅游度假区。大力推动红色旅游发展，优化红色旅游精品线路，推出首批“红色旅游优质服务示范景区”，全力打造红色旅游升级版。整合推动旅游精品线路打造，重点抓好轨道二号线旅游风景带和自驾游目的地建设。

3. 进一步畅通融资渠道

加大贷款、担保、债券等金融资源对接力度，坚持举办文化和旅游精品项目对接会，开展市级文化产业专项资金项目扶持工作。推动文化创意产业协会筹设“文化创意产业基金”、演艺集团和西南证券联合设立文化旅游产业基金，探索“政府或园区担保、银行放大”的精准融资模式，推动全市文化和旅游业做大做强做优。

（六）扎实抓好乡村旅游和文旅扶贫

1. 加强乡村旅游产品打造

加快实施乡村旅游百镇千村示范工程和乡村休闲旅游扶贫工程，持续开发一批形式多样、特色鲜明的乡村休闲旅游产品，提升全市乡村旅游知名度。实施乡村旅游“后备箱”工程，推动土特产品、旅游纪念品、特色食品等乡村休闲旅游商品开发工作，培育一批乡村旅游商品开发龙头企业。重点支持江小白发展，推动“江津烧酒酿造技艺”申报国家级非遗，加大对江津白沙打造酒文化主题小镇扶持力度。

2. 扎实抓好文旅扶贫工作

支持深度贫困地区旅游业发展，推动三峡库区、武陵山区、秦巴山区集中连片特困地区乡村旅游集群发展，加大旅游资源、旅游商品宣传推介力度，带动整村脱贫增收致富。持续实施文化旅游帮扶，对14个贫困区县继续实施“六大攻坚工程”，对18个贫困乡镇继续实施“三建六送”项目，结合“扶智扶志”活动推进“文化惠民”深入基层一线，提升贫困地区公共服务条件和能力。加强酉阳县车田乡、巫山县双龙镇对口帮扶，巩固酉阳县车田乡全面脱贫成果，确保巫山县双龙镇如期脱贫。

3. 深入推进鲁渝、浙渝文旅扶贫协作

持续推进鲁渝扶贫协作，坚持委主要负责人每年与山东省文化旅游厅开展1次扶贫协作对接，持续开展“10万山东人游重庆”、重庆贫困区县旅游产品山东推介会、乡村旅游扶贫协作培训等活动；建立健全鲁渝扶贫协作援建项目备选库，邀请山东文化旅游企业到贫困区县投资。持续推进浙渝三峡库区对口支援，主动争取和积极对接人文旅游领域支援事项和援建项目，推动双方共同打好三峡库区脱贫攻坚战。

（七）持续加强旅游宣传营销

1. 强化旅游宣传推广

着眼塑造“山水之城 · 美丽之地”“行千里 · 致广大”重庆旅游新形象，大力实施“百媒”“百城”“百业”推广行动。建立健全旅游宣传日常协作或者联动机制，形成常态化宣传。持续在中央电视台投放重庆旅游形象广告，持续在国内主流媒体、市属主要媒体策划推出打好“五张牌”专题报道，进一步扩大重庆旅游的知名度和影响力。加强与新媒体合作，发展壮大重庆旅游新媒体平台，推动网络宣传推介。

2. 打造旅游节会品牌

完成“中国西部文化旅游产业博览会”报审核准等工作，举办“重庆时尚与文创艺术节”，持续举办中国西部动漫文化节、国际博物馆日暨重庆文化遗产宣传、重庆文化旅游惠民消费季、“5 · 19”中国旅游日、渝东南生态民族旅游文化节等节会活动。持续开展重庆旅游“四季歌”宣传，策划实施系列旅游宣传推广活动。支持区县打造国际山地户外运动大赛、国际翼装大赛、国际马拉松大赛等国际化特色旅游活动。

3. 推进区域旅游合作

紧跟西部陆海大通道建设，同步推进与西部12个省区市、海南省、广东省湛江市文化和旅游交流合作；重点抓好与四川联合打造国际文化旅游目的地，推动实现联合造势、借势发展；抓好与广西跨区域文旅合作，面向越南、东盟联合开发打造有特色、有市场竞争力的“一站多程”入境游线路，推动实现海陆联程、借船出海。深入拓展长江黄金水道、高速铁路、高速公路沿线旅游城市以及长三角、珠三角、环渤海重点客源市场，大力实施“引客入渝”，促进客源地与目的地市场有效互动。年内继续组织3—4批市外旅行商、媒体来渝开展采风踩线活动。

（八）全力推动旅游发展国际化

1. 进一步深化境外旅游交流合作

加强与亚太旅游协会（PATA）、世界旅游业理事会（WTTC）、世界旅游城市联合会（WTCF）、美中友好协会等国际性旅游及相关协会组织合作交流，鼓励各区县、各旅游企业在境外设立工作机构，进一步畅通和拓宽重庆旅游对外交流渠道。重点推动“一带一路”商品展示交易中心和中国摩娱乐综合体建设，将其打造成中西部国际交流中心的重要平台、全市对外开放的重要窗口。

2. 创新入境游营销模式

健全完善“1+N+X”的旅游外宣平台，继续在海外重点城市建立重庆文化旅游境外推广中心，有计划地在纽约、伦敦、米兰、巴黎、东京等全球主流城市开展宣传。借助中新互联互通项目建立的合作机制，持续办好新加坡“重庆文化旅游周”系列活动，推动重庆旅游与新加坡旅游深度整合，同步带动辐射整个东南亚旅游市场。继续在分别覆盖欧洲、北美和东南亚客源市场的英国 BBC 电视台、美国 ABC 电视台、凤凰卫视和新加坡电视台等国外（地区）主流媒体投放重庆文化旅游形象宣传片。

3. 推动入境旅游优惠政策落实落地

结合当前出入境旅游市场实际，加强中美经贸摩擦形势研判，持续举办全球旅行商大会和重庆国际旅游交易会，同步配套出台更大力度的优惠和奖励政策措施，落实 144 小时入境免签政策，更加充分地调动境内外旅行社组织入境游的积极性主动性，争取全市入境游人数大幅度增长。

（九）扎实推进文旅发展智能化

1. 强化大数据应用和发布

依托文化和旅游部数据中心重庆分中心，加快区域性旅游数据收集、运用和共享，统筹采集、购买各类涉旅数据，为行业发展和部门管理提供决策依据；继续以该中心的名义发布有价值和影响力的分析报告，全年不少于 5 篇。利用“人工 + 大数据”监测手段，实施 24 小时无缝隙旅游舆情监测，强化网络旅游舆情监控和引导。

2. 继续推进文化旅游云平台建设

全力打造智慧文旅公共服务平台，抓好巴渝文化云、科普文化云的稳定有效运行。继续推进全域旅游云平台建设，开展旅游云大数据中心、旅游行业视频监控建设与景区 Wi-Fi 覆盖、旅游行业数据接入和涉旅部门、企业数据共享，开展 80 个以上示范智慧旅游景区（度假区）、50 个以上智慧旅游乡村试点示范创建。

3. 全面推动智慧旅游建设

加强与旅游电商企业（OTA）合作，落实与阿里巴巴、携程、银联商务、旅游集团等深度合作协议，加快推进山城通、各类旅游 APP 等智慧旅游项目落地运用，推动旅游产品网络化定制、旅游商品全渠道营销、旅游服务在线预售预订、旅游管理在线实时调度，进一步扩大游客市场，优化游客体验。

（十）持续加强文旅公共服务体系建设

1. 持续推进“厕所革命”

深入抓好旅游厕所革命新三年行动落实，推进全市 AAAAA 级景区“第三卫生间”建设，巩固并扩大旅游厕所革命成果。

2. 提升旅游标准化水平

推动创新旅游住宿业管理，实施旅游民宿、精品旅游酒店、文化主题旅游饭店标准，起草制定旅游业地方标准，持续开展旅游标准年建设活动和旅游标准化示范创建工作。按照文化和旅游部工作安排，推动建立统一的旅游业统计体系、产业核算体系、政府考核体系，提升全市旅游业标准化水平。

3. 提升文旅公共服务质量

持续抓好乡镇（街道）、（社区）综合文化服务中心、乡村文化阵地三级基层文化阵地建设。抓好主城各区边角地文化体育设施配套，在城区和景区因地制宜建设一批 24 小时图书馆。按照月月有活动、季度有主题、全年都精彩的思路，办好广场舞展演、市民诵读大赛等群众参与面广的文化活动系列赛事。大力实施“种文化”工程，在春节、元宵、清明、端午、中秋等传统节日广泛组织开展群众和游客共同参与的民俗文化活动，逐步形成传统节庆的浓厚氛围。推动全市 A 级以上景区标识标牌系统、内部交通体系提档升级，推动打造公交专用道、骑行专用道、登山步道等慢行系统，加强全市旅游集散体系、旅游咨询服务体系建设。研究制定促进旅游星级饭店发展的政策，建立健全长效监管机制，扎实抓好重庆希尔顿等三家酒店整改，全面提升全市星级酒店服务和管理水平。

4. 加强文旅人才队伍建设

继续实施“三区”人才支持计划文化工作者专项。继续与重大联合开展旅游博士研究生招生工作，适时实施旅游青年专家和旅游英才培养计划，高质量推动双师型教师、旅游基础研究人才、技术技能大师工作室等人才项目开展。组建全市文化旅游安全专家库，全面加强导游、景区、酒店等从业人员教育培训，突出抓好高层次导游人才培养、引进和保留工作，努力提升全市旅游人才队伍整体素质。

（十一）不断净化优化旅游市场环境

1. 突出抓好旅游市场监管

建立健全市级部门、区县以及跨省联合执法常态化工作机制。抓好96111投诉咨询热线的使用管理。依托“扫黑除恶”专项斗争任务，深入推进整治“四黑”“不合理低价游”等重点难点问题；巩固深化整治成效，全面落实旅游市场月点评、季通报、年考核制度，持续抓好东南亚线和两江游、一日游等投诉较为集中的旅游产品和线路整治，持续保持高压整治态势，不断净化优化旅游市场秩序。深入推进信用体系建设，大力推进“双随机、一公开”监管制度，严格落实“逢办必查、触发留痕、联合惩戒”要求。加强旅游质监执法队伍建设，着力提升区县旅游质监执法工作整体水平。

2. 进一步加强旅游安全管理

严格落实市、区两级旅游安全“一岗双责”责任制，强化旅游安全宣传教育，加强旅游保险制度建设和景区安全应急管理，确保全市AAAA级以上景区100%开展“平安景区”创建活动，突出抓好“网红景点”安全、旅游交通安全、食品安全、住宿安全、景区安全监管和常态化抽查检查，加强旅游景区景点气象灾害风险预判和管控，坚决防止重特大涉旅事故发生，确保全市旅游安全形势持续稳定。

2019年五一节假日重庆文化旅游综述

宣传处

2019年五一节假日期间，全市文化旅游行业按照国家文化和旅游部以及市委、市政府有关假日文化旅游工作部署，全力做好五一节假日文化旅游各项工作，旅游接待持续火爆，文化旅游市场安全有序，文明旅游蔚然成风，无旅游安全事故发生，全面实现了“安全、有序、优质、高效、文明”假日旅游工作目标。据初步统计测算，五一期间，全市共接待境内外游客2559.65万人次，实现旅游总收入200.16亿元，按可比口径计算，同比分别增长10.6%、33.5%。

一、精品景区收入稳步增长

纳入市文化旅游委统计直报点的“百万游客俱乐部”旅游景区共接待游客113.71万人次，同比增长13.26%；实现门票收入3236.69万元，同比增长28.65%。其中，武隆喀斯特旅游区接待游客18.32万人次，同比增长23.22%；实现旅游收入1738.88万元，同比增长23.54%。重庆动物园接待游客13.5万人次，同比增长22.34%，实现旅游收入310万元，同比增长8.33%。云阳龙缸景区接待游客9.81万人次，同比增长5.37%，实现旅游收入969.8万元，同比增长6.38%。乐和乐都景区接待游客7.61万人次，同比增长73.9%，实现旅游收入1687.1万元，同比增长57.93%。南川金佛山景区接待游客 6 万人次，同比增长 12.44%，实现旅游收入 3244 万元，同比增长 12.59%。重庆南山植物园接待游客 4.18 万人次，同比增长 9.27%，实现旅游收入 123.72 万元，同比增长 29.6%；两江影视城接待游客 8.23 万人次，同比增长 29.96%，实现旅游收入 323.05 万元，同比增长 36.65%。

二、都市旅游持续火爆

五一节期间主城区各大商圈、景区人山人海、异常火爆。渝中区接待游客 420.5 万人次，同比增长 5.52%；沙坪坝区接待游客 111.33 万人次，同比增长 15.94%；江北区接待游客 92.2 万人次，同比增长 8.74%。观音桥商圈都市旅游区接待游客 33.4 万人次，同比增长 24.88%；洪崖洞民俗风貌区接待游客 41.7 万人次，同比增长 178.99%；长江索道景区接待游客 7.99 万人次，同比增长 39.47%；磁器口古镇接待游客 24.81 万人次，同比增长 26.78%。

三、乡村旅游红红火火

随着我市大力打好“乡村牌”，强力推进乡村振兴战略和文化旅游扶贫工程，乡村旅游呈现加速发展的良好态势。五一节假日期间，大量市民前往乡村旅游点健身休闲、赏花采摘、旅游观光。主城区的沙坪坝歌乐山森林公园、北碚缙云山等乡村旅游片区分别接待游客 1.88 万人次、6.35 万人次，同比分别增长 44.66%、57.62%。远郊的南川生态大观园接待游客 16.6 万人次，同比增长 15.04%；黔江爱莉丝庄园接待游客 10 万人次，同比增长 46.67%；丰都九重天景区接待游客 1.49 万人次，同比增长 44.49%；巫溪红池坝景区接待游客 5.75 万人次，同比增长 24.1%。

四、红色旅游表现不俗

邱少云烈士纪念馆、重庆宋庆龄旧居陈列馆、赵世炎烈士纪念馆等 6 家成为假期最热门的红色景区，接待游客量占全市红色旅游景区游客量的 91.4%。

五、古镇文化备受青睐

随着人们对中华文化认同感的不断加深，我市对古镇文化的深入挖掘，五一节假日期间，古镇旅游逐渐升温。江津中山古镇景区接待游客 1.83 万人次，同比增长 10.68%；长寿菩提古镇文化旅游区接待游客 13.64 万人次，同比增长 12.31%；合川涞滩古镇接待游客 2.16 万人次，同比增长 24.44%。

六、文化旅游活动亮点纷呈

5 月 1 日至 3 日，由重庆市歌舞团精心打造的舞蹈《丽人行》走进统景温泉，重庆杂技艺术团倾力打造的杂技秀《星光璀璨》在重庆国际马戏城举行驻场演出，引起热烈反响，节目深受广大市民和游客的喜爱。另外，我市各区县也开展了丰富多彩的旅游节庆活动。如北碚区举办“寻找北碚历史文化之美”抖音挑战赛、缙云山“蝶变”大学生短视频征集活动、迎五一摄影书画展、纪念五四运动一百周年图片展、偏岩古镇“戏剧天天演”活动，从不同侧面展示北碚文化旅游内涵；黔江区举办了“遇见濯水”篝火晚会、“多彩土家”民俗表演等活动；梁平区推出了滑石古寨景区百万红包感恩回馈、“劳动最光荣”五一节主题活动、明月山 · 百里竹海星空露营房车基地露营节、金城寨玫瑰园玫瑰节、五月百里竹海民宿体验节等；沙坪坝区推出了“黄葛树下龙门阵”主题文化活动；南岸区在南山壹华里、重庆海昌加勒比海水世界、重庆海昌汤都、南山植物园、东原 1891、长嘉汇弹子石老街和龙门浩老街等景区景点推出了夜市、文创节、音乐会等精彩文化活动；武隆区推出了羊角古镇开街、仙女山国际风筝节；铜梁安居古城推出了武韵古城梦回隋唐、安居古城汉服秀征集令、花海旅游文化节等活动；万盛经开区举办了 2019 年第二届世界苗族文化艺术节暨万盛第 21 届苗族踩山会、2019 万盛百花谷首届网红花海旅游节。

BLUE BOOK OF CHONGQING

2019年端午节假日重庆文化旅游综述

宣传处

2019年端午节假日期间，按照文化和旅游部的安排部署和市委市政府的工作要求，全市文化旅游系统扎实做好假日文化旅游各项工作，旅游接待平稳增长，文化旅游市场安全有序，文明旅游蔚然成风，无旅游安全事故发生，全面实现了“安全、有序、优质、高效、文明”假日旅游工作目标。据初步统计测算，端午期间，全市共接待境内外游客1046.58万人次，实现旅游总收入64.11亿元，同比分别增长10.8%和32.6%。

一、精品景区收入稳步增长

纳入市文化旅游委统计直报点的“百万游客俱乐部”旅游景区共接待游客53.69万人次，同比增长2.25%；实现旅游收入4815.57万元，同比增长12.75%。其中，武隆喀斯特旅游区接待游客8.52万人次，同比增长6.63%；实现旅游收入813.54万元，同比增长5.94%。重庆动物园接待游客4.4万人次，同比增长18.92%；实现旅游收入98万元，同比增长13.95%。云阳龙缸景区接待游客7.2万人次，同比增长3.75%；实现旅游收入837.4万元，同比增长2.1%。乐和乐都景区接待游客3.86万人次，同比增长44.01%；实现旅游收入839.19万元，同比增长34.72%。南川金佛山景区接待游客2.87万人次，同比增长9.96%；实现旅游收入1817万元，同比增长7.51%。

二、都市旅游稳中有增

端午节期间，主城区各大商圈、景区人山人海、异常火爆。渝中区接待游客321.1万人次，同比增长5.5%；沙坪坝区接待游客51.35万人次，同比增长15.11%；南岸区接待游客134.77万人次，同比增长9.72%；渝北区接待游客62.58万人次，同比增长14.52%。其中，观音桥商圈都市旅游区接待游客50万人次，同比增长113.49%；洪崖洞民俗风貌区接待游客23.2万人次，同比增长8.41%；长江索道景区接待游客4.77万人次，同比增长1.71%。

三、乡村游、古镇游红红火火

随着我市持续打好“乡村牌”，强力推进乡村振兴战略和文化旅游扶贫工程，加强对中华优秀传统文化的挖掘保护，乡村旅游和古镇旅游呈现加速发展的良好态势。主城区的沙坪坝歌乐山森林公园、北碚缙云山乡村旅游片区分别接待游客1.23万人次、3.45万人次，同比分别增长161.7%、539.07%。远郊的黔江芭拉胡景区接待游客7.9万人次，同比增长125.71%；巫溪红池坝景区6.66万人次，同比增长18.72%。重庆石柱千野草场接待游客1.49万人次，同比增长25.61%。重庆开州盛山植物园接待游客3.22万人次，同比增长76.92%。长寿菩提古镇文化旅游区接待游客13.45万人次，同比增长44.62%。合川涞滩古镇接待游客3.69人次，同比增长248.11%。

四、红色旅游持续走红

我市红色旅游以其独特的文化魅力吸引着各地游客，表现抢眼。端午假期适逢第14个“文化和自然遗产日”，市内多个红色旅游景区围绕“保护革命文物，传承红色基因”主题开展了一系列宣传活动，通过馆长讲解红色故事、举办革命文物展览、重走革命道路等，让广大游客在驻足重庆人文景观的同时，追思英雄足迹，接受红色教育，缅怀革命先烈。据统计，市内革命烈士纪念馆、抗战纪念馆等纳入市文化旅游委统计的19个红色景区景点共接待游客22.16万人次。其中，红岩革命历史博物馆、杨闇公故里景区及烈士陵园、刘伯承故居及纪念馆、赵世炎烈士纪念馆成为假期最热门的红色景区，接待游客量占全市红色旅游景区游客量的92.1%。

五、文旅演艺、博物馆备受青睐

加大文化旅游融合，推出一批演艺节目和驻场演出，受到游客和市民热情欢迎。精心打造《魔幻之都 · 极限快乐SHOW》，6月7日至9日中午三天对外售票近700张，其中已有国旅、港侨等5家旅行社旅游团队购票100余张，并开通长江索道至马戏城观光巴士；重庆大剧院上演音乐剧《白夜行》，该音乐剧由知名演员韩雪、音乐剧演员刘令飞主演；6月8日晚，取材自经典剧作《雷雨》的喜剧《雷管》上演；川剧院推出《白蛇传》及周露个人专场演出；渝中区魁星楼拾楼小剧场上演话剧《麦克白》。三峡博物馆接待游客3.07万人次，同比增长1.7%；自然博物馆接待游客2.06万人次，同比增长13.07%。

六、宣传推广精彩纷呈

加强文化旅游国际交流，市文化旅游委组队赴韩国、日本开展重庆文化旅游宣传推广和交流活动，组织原创舞剧《杜甫》在韩国天安市艺术中心剧场隆重上演，引起韩国媒体和公众的关注。联合市发展改革委、市规划和自然资源局、自然博物馆等单位赴日本，推进落实自然博物馆赴日举办展览等宣传推广工作，进行自然博物馆二期建设调研。持续实施区县“晒文化 · 晒风景”大型文旅推介活动，重点推介大足、荣昌等区县的文化旅游资源和产品。

联合重庆机场集团开展“山水之城 · 美丽之地”重庆文化旅游空港大型宣传推广活动。会同市商务委、荣昌区政府举办 2019“文化和自然遗产日”重庆主会场活动——第四届重庆非物质文化遗产暨老字号博览会，集中宣传展示全市 210 余个非遗项目和老字号。

BLUE BOOK OF CHONGQING

市文化旅游委
深入推进文物保护利用改革

革命文物处　博物馆处

市文化旅游委始终把加强文物保护利用改革作为一项重大政治责任和促进文物事业长远发展的重要任务来抓，切实增强政治自觉、思想自觉和行动自觉，按照中办、国办和市委、市政府要求，聚焦文物工作的重点难点和改革发展问题，加强顶层设计、制度创新和精准管理，推动文物保护利用改革取得一定成效。

一、着力构建巴渝文化标识体系

完善重庆历史文化序列和巴渝文化谱系，宋蒙（元）战争山城遗址群、史前文化遗址群、城市遗址等考古发掘取得阶段性成果，历时八年的三峡消落区考古阶段性收官，《消落区考古报告集（第一辑）》《重庆冶锌遗址群》《渝东盐史文集》等一批考古研究成果相继出版，重庆历史文化实证更加充实。实施革命文物、抗战遗址、石窟寺及石刻、三峡后续文物、大遗址、巴渝古建筑等重点文物保护利用项目 61 个，世界最大石雕半身卧佛像——大足石刻宝顶山卧佛摩崖造像本体修缮工程顺利开工，完成鼓楼衙署遗址公园规划方案编制，市级以上文物保护单位重大险情排除率达 96.4%。全面推进申遗工作，举办钓鱼城国际学术会议、白鹤梁国际学术研讨会，启动白鹤梁题刻监测系统建设、钓鱼城衙署遗址保护展示，钓鱼城范家堰南宋衙署遗址获评全国十大考古新发现，已向国家文物局提交钓鱼城遗址、白鹤梁题刻申遗文本。加强历史文化研究阐发，推出重点文物保护研究成果，出版《重庆地域特色文化》《重庆市志·文物志》《大足石刻全集》。

二、着力完善革命文物保护传承体系

制定《重庆红岩革命文物保护传承工程实施方案》，得到国家文物局同意支持，红岩精神纳入中国革命精神谱系，綦江区纳入国家长征文化公园建设。推进红岩革命文物保护传承工程，初步完成红岩村、曾家岩、虎头岩“红色三岩”提档升级规划编制，完成红岩革命纪念馆主出入口环境改造，完成歌乐山片区环境整治及渣滓洞至白公馆景区游步道建设，推出“不忘初心、牢记使命”专题展览，策划推出《歌乐忠魂》实景剧，举办中共中央南方局成立80周年纪念座谈会，完成中共四川省临委会扩大会议旧址暨周贡植故居、赵世炎故居、王良故居、红三十三军军师团指挥部旧址等保护修缮，大力弘扬红岩精神，红岩品牌的影响力和感召力进一步彰显。2019年前三季度，以红岩景区为代表的全市重点红色旅游景点景区接待游客1632.73万人次。

三、着力创新文物价值传播推广体系

不断完善历史、革命、抗战、工业、自然五大博物馆群，重庆工业博物馆建成开放，全市登记备案博物馆103家，年均推出展览超过200个、接待观众超过3300万人次，推动全市博物馆与130所学校建立起参观学习长效机制。强化红岩党性教育基地教育功能，完善红岩村、歌乐山、特园三大教学区及20余个现场教学点，研发红岩故事汇、行走红岩、红岩祭英烈等6大主题系列特色课程，形成1～7天“菜单式”课程体系，今年前三季度红岩党性教育基地接待党性教育培训班366个、学员13383人次，接待“不忘初心、牢记使命”主题教育班125个、学员5937人次。强化文物价值宣传传播，开展“让烈士回家”、“小萝卜头”进校园、红岩故事宣讲、“保护革命文物、传承红色基因”等主题活动，推出“追寻先烈的足迹”“一人、一物、一故事”等红色革命故事全媒体宣传，推出8大板块215项活动亮相第十届重庆文化遗产宣传月，在两届智博会中推出“智慧文博展区”广受好评，推动文物从“馆舍天地”走向“大千世界”。

四、着力加强文物资源资产管理

推动文物资源资产纳入全市国有资产管理，由市政府向市人大常委会报告情况。目前，全市登录不可移动文物25908处，其中全国重点文物保护单位55处、市级文物保护单位381处、区县级文物保护单位1999处，馆藏珍贵文物29378件（套），2018年度全市行政事业性国有资产新增文物和陈列品0.7亿元，占全市新增固定资产原值的0.2%。实现国保单位保护范围划定全覆盖，完成91处市级以上文物保护单位保护范围和建设控制地带划定，文物保护法定工作更加完备。围绕乡村振兴，开展乡村文化遗产资源调查，资源家底基本摸清。推进文物工程建设项目审批制度改革，审批事项由4项合并为1项，审批材料缩减50%，审批时间缩短30%。

五、着力推进文物资源合理利用

坚持以文促旅、以旅彰文，指导法国水师兵营旧址、曾家岩书院、中英联络处旧址、抗战戏剧博物馆、鹅岭印制二厂旧址、工业博物馆、建川博物馆等建设主题展示、文创和文化交流空间，打造文旅融合示范样本，实现文化的“热”带动旅游的“火”。围绕城市提升，加强传统风貌街区保护利用，渝中区十八梯首开区全面建成，南岸区龙门浩街区首开区对外开街，磁器口街区文物保护工程基本完工，朝天门、通远门城墙修复工程全面完工，丰富“两江四岸”人文底蕴。着力打造重庆文物品牌，三峡博物馆、白鹤梁水下博物馆、自然博物馆、重庆抗战遗址博物馆等入选“全国中小学生研学实践教育基地”，三峡博物馆获评全国最具创新力博物馆、入选国家文化和科技融合示范基地，三峡数字博物馆入选中国智慧博物馆蓝皮书实践案例，故宫学院、故宫文物南迁纪念馆成功落户。加强文创产品开发，新开发文创产品 115 种近 2 万件，让广大市民把博物馆记忆带回家。

QUXIAN PIAN
区县篇 <

万州区 2019 年文化和旅游工作亮点

熊刚

一、公共服务供给充分

完成 2106 场流动文化进村服务、312 场助力扶贫攻坚送文艺下乡演出活动。开展送戏曲进校园演出 20 场、三峡曲艺“周周演”100 场、“全民阅读 · 书香万州”世界读书日等全民阅读活动 20 余场。打造太白街道、高峰镇等 8 个特色综合性文化服务中心，实现全区基层综合性文化服务中心全覆盖。新建图书馆分馆 2 个、24 小时城市书屋 1 个。完成南浦小剧场改建工程。新创建凤凰花果山 AAA 级旅游景区。修缮旅游交通标识牌 52 块、新增 16 块。建设 58 座旅游厕所。在万州港设立“三峡好礼”特色商品展销厅。

二、产业发展动能积聚

全年新增文化旅游市场主体 25 家。实施重点项目 9 个、事项 21 个，完成投资 2.287 亿元。建成 3 个“文艺名家工作室”。大型方言话剧《薪火》全年共演出 12 场并申报 2020 年度国家艺术基金资助项目。儿童广播剧《“事儿妈”宋小娥》荣获第十五届全国精神文明建设“五个一工程”奖。微视频《梨园薪火》获“我和我的祖国”微视频、摄影作品大奖赛三等奖。启动大型本土原创川剧《峡江月》创编排导工作。开通万云“水上巴士”航线，全年接待游客达 10 万人次。出台《加快把万州建成大三峡旅游集散中心和重要目的地旅游营销奖励办法（试行）》，助推旅游产业发展。全年共接待游客 2300 万人次，实现旅游综合收入 150.9 亿元，同比分别增长 16.6% 和 35.2%。

三、文旅活动亮点纷呈

开展“晒文化·晒风景”大型文旅推介活动，展示“万川毕汇、平湖之州”独特魅力。精心承办 2019 年新年音乐会、春节文艺惠民演出、第二届三峡好歌曲大赛、第三届中国西部优秀曲艺节目展演、庆祝新中国成立 70 周年系列演出等活动。创新第二届世界大河歌会举办形式，共有 154 个国外知名媒体网站刊发报道。成功举办第四届文化旅游惠民消费季活动，组织 120 余家企业参展，直接投入让利 1100 多万元，拉动文化旅游消费近 3 亿元。

四、历史文脉守护传承

西山钟楼、瀼渡电厂成功晋升为全国重点文物保护单位。三峡移民纪念馆入选中宣部全国爱国主义教育示范基地名单。完成青云寨、柱山箭楼、顺天寨修缮保护工程，启动何其芳故居、谭家院子、七星观玉皇楼修缮保护工程。三峡绣、三峡木雕、万州烤鱼技艺、程凉面制作技艺、冉师傅牛肉干传统制作技艺、郑氏温病诊疗法等六项非遗项目成功入选重庆市级非物质文化遗产代表性项目名录。三峡移民纪念馆和万州区广播电视台联合打造 10 集微纪录片《以文物说》。编辑出版《流淌的乡愁》《三峡民间文化精粹》等系列历史文化丛书。启动第三批 10 个镇（乡）的历史文化挖掘工程。

五、宣传营销有声有色

围绕“畅游三峡·万州出发”旅游品牌，联动大三峡区域各区县赴南京、济南、桂林等地开展旅游宣传推介活动，设计“平湖万州”花车精彩亮相上海国际旅游节。赴港澳交流访问，举办商务文旅恳谈会，宣传长江三峡旅游资源和万州旅游形象。圆满完成重庆文化旅游代表团出访斐济、新西兰，执行庆祝新中国成立70周年和中秋大型文化演出暨旅游推广任务。与达州市文体旅游局签订《达万文化旅游协同发展战略合作协议》。召开"情牵万巴·文旅携手"冬季旅游推介会，携手巴南区同台推介文化旅游资源，签订战略合作协议。

黔江区 2019 年文化和旅游工作亮点

庞一胜

一、产业经济持续向好

2019 年，全区接待游客 3000 万人次，旅游综合总收入 160 亿元，分别同比增长 45%、49%。全区文化产业法人单位 1586 家。新增规上文化服务业企业 2 家。

二、项目建设推进有力

水车坪景区成功创建国家 AAAA 级旅游景区。濯水景区得到文化和旅游部专家好评，爱莉丝庄园二期工程建成投用。招商引资建成投用芭拉胡 5D 玻璃廊桥。完成仰头山无线发射台基础设施改造提升。建成 8 座旅游厕所。

三、文旅融合深入推进

后河古戏、南溪号子等非遗项目进景区开展活动 60 余场。新增濯水古建筑群、黎水女子职业学校旧址为市级文物保护单位。完成第二批 8 种 39 册市级珍贵古籍修复和数字化工作。武陵山土家族传统制陶技艺(石鸡砣土陶)、武陵山薅草习俗申报国家级非遗项目名录，新增市级非遗项目 10 项。打造了中塘镇兴泉社区传统文化传承示范社区、小南海镇新建村生态民俗文化示范村、冯家街道寨子社区乡风文明示范村。完成了 85 个村（社区）文化活动室设施设备配套。创作了《向往黔江》《神龟峡》《大美黔江等你来》等歌曲，《茅古斯》等舞蹈。

四、宣传营销亮点纷呈

荣获“全国首批生态旅游胜地”“2019中国最佳品质文化旅游目的地”称号。濯水古镇获评“海外游客最想去的内地新兴旅游线路”并荣获“旅游线路金奖”。濯水景区入选《全国乡村旅游扶贫典型案例》。成功举办中国山地马拉松系列赛总决赛、濯水景区形象大使选拔赛，得到了中央电视台、新华社、人民网等主流媒体报道。开通黔江—青岛、黔江—日照航线。编辑出版了中英文版旅游画册《黔江旅游》。中央电视台全程在黔江取景拍摄的4集电视剧《照梦人》，作为献给党的生日礼物于7月1日CCTV-12黄金时间播出。联合张家界、凤凰、恩施等热门旅游目的地共同策划推出20余条旅游线路产品。

涪陵区 2019 年文化和旅游工作亮点

王海燕

一、公共服务展现高品质

全国文化先进区的品质明显提升，图书馆、美术馆在全市绩效评价中获一等奖。图书馆新馆、区少儿图书馆新馆全面对外开放，全年两馆共接待读者 20 余万人次。全年开展流动文化进基层、周末广场文艺演出、“幸福涪陵跳起来”第二届广场舞大赛、庆祝中华人民共和国成立 70 周年群众音乐会等系列主题活动、春节团拜会等群众文化活动 1000 余场次。举办摄影作品展、白鹤梁拓片展等各类文艺作品展览 40 余场次。完成新建改扩建旅游厕所 45 座，开展文明旅游志愿服务活动 2000 余人次。

二、遗产保护取得新突破

新增市级文保单位 9 处，市级非遗保护传承项目 8 项。白鹤梁题刻入选 2021 年中国申报世界文化遗产五个备选项目之一；“白鹤梁题刻水下灯光改造项目”成功入选文化和旅游部“2019 年文化和旅游装备技术提升优秀案例”，系重庆市唯一入选项目；“长江史书——新中国成立 70 周年 · 我和白鹤梁”展览被国家文物局评为 2019 年 100 个核心价值观主题展览推介项目。

三、产业发展呈现新亮点

武陵山大裂谷景区创 AAAAA 完成国家文旅部的暗访验收。成功创建 AAAA 级景区、AAA 级景区、AA 级景区各 1 家，分别是 816 工程、美心红酒小镇和李蔚如烈士陵园。加速回归三峡国际黄金旅游线，2019 年共接待每周固定停靠的“长江探索号”262 团次共 4970 名外籍游客。2019 年，全区文化、旅游产业增加值分别达到 35.4 亿元、30.45 亿元，占全区 GDP 的比重为 3%、2.58%。文旅规上企业达 49 家。引入总投资约 115 亿元的交里文化旅游小镇和北山国际文旅康养度假小镇项目。

四、文旅融合开启新篇章

开启全市以公共图书馆为景区之先河，在涪陵图书馆新馆首创“涪陵江城文化展示中心”，向外籍游客展示涪陵本土的特色文化和涪州川剧、焦石民歌、涪陵榨菜等非遗项目，全年接待来自欧美、东南亚等国家和地区游客 59 批次，5000 余人次。“双晒”活动展示了涪陵文旅新形象。赴意大利罗马、新加坡进行主题推介，助力提升涪陵文旅知名度与美誉度。规范强化监督执法，全年开展执法检查文化市场经营单位的网吧、电影放映、娱乐场所 1120 家次，立案处罚 26 起。

渝中区 2019年文化和旅游工作亮点

何俊生

2019年，全年接待游客6744.2万人次，实现旅游收入463.5亿元、同比增长20.9%，人均消费同比增长10%左右，产业增加值占比超10%。

一、坚持挖掘、保护与开发并重，延续历史文脉，打造具有渝中特色的文化印记，彰显“母城”魅力

一是系统梳理巴渝文化、移民文化、抗战文化、统战文化、红岩精神等资源，开展重庆历史人文核心区保护传承，建立人文资源清单，加快释放文化价值。二是完工巴县衙门旧址等41处文物保护工程，重庆古城墙遗址、抗战统战遗址、名人故居等一批文物重获新生。三是美国大使馆旧址等3家博物馆、陈列馆建成开放，支持建设匾额博物馆等一批非国有博物馆，湖广会馆、国民政府警察局旧址入选《国家文物局文物建筑开放利用案例指南》首批优秀案例。四是精心策划“双晒”活动，出版《文物有秘事》丛书，《城门几丈高》等影视剧目亮相央视，《十八梯》《思君不见下渝州》等演艺项目获市场广泛好评。

二、围绕空间布局优化、功能配套完善、生态环境提升，高标准高水平推进风貌建设，扮靓城市颜值

一是科学实施多规合一，妥善协调历史建筑与城市建设之间的关系，相继建成白象街、戴家巷等一批传统风貌区和山城老街区，让人们记住乡愁，让城市留住记忆。二是以独有的街巷梯道为背景，有机联系古石刻、传统民居、特色文创园等历史人文元素，形成“处处有历史、步步有文化”的展示窗口，完工曾家岩临崖步道一期等 3 条山城步道，山城巷、二层马路等区域逐渐成为文旅发展新热点。三是以解放碑、国泰艺术中心、重庆来福士等为重点，全面落实景区式精细化城市管理标准，开展城市提升“春夏秋冬”四大行动，完善全域旅游标识系统建设，形成“近悦远来”的都市旅游目的地。

三、坚持文商旅互促、产城人融合，不断传承“文气”、集聚“人气”、汇集“财气”，提升旅游品质

一是建成旅游大数据中心和实时游客流量监测系统，13 个等级景区实现免费无线网络、智能导游、电子讲解全覆盖，23 个重点涉旅场所实现 720 度全景展示。二是打造“文化游”“山水游”“都市游”品牌产品，持续开展“重庆飞 · 山城游”项目合作，推出“山城扎包”系列文旅商品，定制“母城往事 · 叩访激情燃烧的岁月”等 15 条精品旅游线路，中山四路、朝天门“两江游”、李子坝轻轨穿楼广受追捧，相继获评“2018 年全国最受欢迎全域旅游目的地”“2019 年中国旅游影响力年度夜游城市”。三是深入推进国家文化旅游消费试点城市建设，在国庆等节假日期间，“封”桥、“让”路、“搭”台，把最靓丽的风景展现给游客，获中央媒体称赞。

大渡口区 2019 年文化和旅游工作亮点

江存彬

一、公共服务创新发展提质增效

完成区图书馆功能改造升级和“城市书房”建设，读者使用空间扩容 40%,运用 RFID 技术实现智能化管理。文图总分馆建设经验作为典型案例写入文旅部重庆现场会资料，《中国文化报》进行报道。首次在重庆大剧院举办“优秀原创音乐作品演唱会”，承接文旅部“春雨工程”志愿服务赴新疆举办专场演出，举办庆祝中华人民共和国成立 70 周年主题系列活动 30 余场次。3 件作品亮相全国第十八届群星奖决赛（全国 84 件，重庆 5 件），连续 3 届登上全国群星奖舞台。2 件作品获“2019 年重庆市庆祝中华人民共和国成立 70 周年原创歌曲征集活动优秀歌曲奖”。

二、文旅产业融合发展效果初显

明确了“长江文化艺术湾区”和钓鱼嘴音乐半岛规划功能定位，组建钓鱼嘴保护开发专项工作领导小组，强力推进了前期工作。辖区景区实现免费 Wi–Fi 全覆盖，跳磴石盘村通过“重庆市智慧旅游乡村示范点”验收。搭建了商务部投资促进局和朝阳区国家文创实验新区 2 个文旅项目平台，洲际酒店项目与我区签约。参加全市大型文旅推介活动“晒文化·晒风景”吸引超千万人次点赞关注，有效提升了知名度和美誉度。2019 年全区文化企业近千家，规上文旅企业 19 家；文化产业增加值 10.5 亿元，旅游产业增加值 7.06 亿元。全年旅游总收入 7.8 亿元，各类景区接待游客 559.40 万人次。重庆工业博览园建成开放，接待游客 8 万人次。成功举办首届长江草莓音乐节，接待游客 3 万人次。

三、文旅市场安全平稳运行

开展联合执法 39 次，检查经营单位 871 家次，取缔各类无证照场所 57 家次。收缴非法出版物 1068 张（册），消除网上有害信息 700 余条。检查排查消防隐患 107 处，挂牌整改 3 家次，行政处罚 13 家。处理文化旅游市场投诉 42 起，群众满意率 100%。

四、文化遗产保护利用再上台阶

开展大渡口市民生活变迁展、国际博物馆日等特色展览和主题活动 122 场次。启用“智慧导览系统”，35 个展览文物实现了微信语音导览和手语讲解。完成秦家院子民居修缮、金鳌寺古井及放生池环境改造，兵工署第二十一兵工厂火工所旧址成功申报第三批市级文保单位。老氏静卧养生法申报国家级非遗项目，通过市级评审。

江北区
2019年文化和旅游工作亮点

谭洪

一、文化创新“多点发力”，促进江北经济发展动能更加强劲

一是招商引资持续发力。签约乐游旅游区域总部、山河志传媒、悟空商务、北京时代悲鸿艺术中心等重点文旅项目共计48个，总投资近20亿元。二是壮大创意企业不断用力。形成以创意设计、平台整合、影视创作等新兴业态，创新企业占35%，较去年提升近10个百分点。三是推进个性消费不断给力。分季度错时开展文旅营销活动近1000场，引导推出各类优惠近2500万元，吸引30余万人次参与。规上企业实现营收约60亿元，其中以服务型消费增长最快，实现营收12.9亿元，同比增长259.2%。

二、文化感召“育人树德”，促进江北城市文明招牌更加亮眼

一是书香阅读空间基本建成。新建成自助图书馆3个，延伸至医院、学校等单位，全区图书、文化分馆总数达68个，社区文化室达110个。二是文艺生活空间基本建成。《看山看水看重庆》在舞动巴渝2019重庆市广场舞展演中荣获“优美队伍”奖和“网络人气”奖。观音桥广场文化之声在2019

年春节期间被中央电视台专题报道。三是文化学习空间基本建成。推进免费艺术培训，培训学员6000余人次，老年大学培训学员4500余人次。

三、文化吸引“增香添彩”，促进江北国际都市旅游更加迷人

接待国内外游客突破5000万人次，同比增长约12.5%；旅游总收入突破138亿元，同比增长约11.4%。一是主打文创旅游。北仓、九街等文创园区（街区）成为新晋网红打卡地，旅游人次将近1800万人次，占总人次40%；实现旅游收入近65亿元，占总收入55%。二是做好宣传推介。举办“重庆市首届高等院校专业教师导游词创作大赛”，承办首届中国（重庆）智慧文旅高峰论坛等国际重要推介活动。三是A级景区再添新丁。新增鎏嘉码头国家AAAA级景区，全区AAAA级景区达4家。

四、文化传承“换道超车”，促进江北城市历史文脉更加清晰

大班房、石家花园、文峰塔、保定门等一大批重点文物完成修缮。一是主要领导亲自研究推动。维超书记、小红区长对文物保护修缮工作多次组织召开协调会议，听取专门汇报，部门之间协力推进，资金、规划等各类条件及时保障到位。二是推进“双晒”燃动全市。维超书记作为金牌导游讲述“古城巴郡 · 时尚江北”故事，在中央、市级主流媒体推出相关报道173篇，阅读量突破670万。12个街镇“双晒”持续发力，实现网络阅读量突破2500万。

沙坪坝区 2019年文化和旅游工作亮点

单大国

一、艺术创作彰显新形象

获国家级奖项6个、省市级奖项40余个。成功开展“双晒”活动，顺利举办2020年迎春文艺晚会，打造新版川剧《江姐》、话剧《寅初亭》等文艺作品。

二、公共服务迈上新台阶

改扩建20个基层综合文化服务中心、2个24小时自助图书馆、61座旅游厕所。开展300场流动文化服务进基层活动，维护村村响广播主干线311.2千米。山洞街道社区获评全国“书香社区”。曾家镇虎峰山村入选首批全国旅游乡村示范点。

三、文化遗产保护利用实现新突破

巴蜀古代建筑博物馆建成并开馆，7个非遗项目被列入第六批市级非遗名录，重庆大学早期建筑（1项4处）成功入选第八批全国重点文物保护单位。冯玉祥旧居被命名为第六批重庆市爱国主义教育基地。

四、产业发展激发新活力

融创文旅城、金融街、金碧正街等重大文化旅游项目稳妥推进。全面开展全域旅游资源普查，启动磁器口片区 AAAAA 级景区创建工作。全区全年共接待海内外游客 3800.79 万人次，实现旅游综合收入 143.5 亿元，同比分别增长 9.63% 和 12.96%。

五、着力推动产业发展强质量

加快推进磁器口古镇创建国家 AAAAA 级景区，推进全域旅游示范区创建，全力助推融创文旅城、磁器口后街建成投用，开工建设金碧正街大型商演剧场，举办首届“瓷文化论坛”，推进重庆市乡村旅游重点村创建，着力发展夜间经济。巩固红岩景区整治成果，保护红色资源，传承红色基因，讲好红色故事，发展红色产业。实现全年旅游总收入增长 10% 以上。

六、着力推动文化遗产保护利用上水平

保护利用好山洞传统风貌区，积极推进金九公馆的抢救修缮工作，打造巴人汲水图取景地，进一步丰富巴蜀古代建筑博物馆内涵，建成缝纫机博物馆、青花瓷博物馆、“重庆之蛙”抗战宣传陈列馆，鼓励民营博物馆发展，着力打造博物馆聚落群。

七、着力推动指标考核任务有突破

全面掌握全区文旅产业运行动态和数据监测，防止跑冒滴漏，完成文化旅游事业、产业相关数据及秩序管理考核任务。

九龙坡区 2019年文化和旅游工作亮点

邓立

围绕“三高九龙坡，三宜山水城”总愿景，大力弘扬“九心归一、龙行天下”九龙人文精神，聚焦落实好“九龙一坡”十项重点任务和“五五”部署任务，唱响“江山多娇城·龙凤呈祥地”，努力建设世界知名文化旅游目的地的靓丽区。

一、强规划

盯紧“中国特色、世界一流”目标，做好“文卫旅城”一体巴渝国医城、巴国城旅游规划前期工作。推进33平方千米的中梁山风景区旅游和华岩旅游区发展规划。

二、优产业

五洲世纪文创中心主体封顶，将打造国内最大单体书店。城上音乐剧艺术中心建成运营，落户中国音乐剧协会重庆基地，师资和硬件水平属全国一流水准。2019年，全区规上文化企业营业收入30.9亿元，接待游客4937万人次，同比增长10.2%，旅游综合收入182亿元，同比增长15.9%。

三、善群文

开展各类大型活动170余场次，全年服务群众约60万人次，同比增长3%。送文化活动进基层2433场次；通过重庆群众文化云平台向基层配送文化服务近500场次。建成村（社区）级综合文化服务中心22个、24小时自助图书馆3个、旅游厕所5座。

四、精创作

歌曲《燃烧的信念》入选重庆市第十届精神文明建设“五个一工程”奖优秀作品。参加第十九届重庆市美术书法摄影联展获一等奖作品1件，二等奖作品4件，三等奖作品1件，网络人气奖1件。

五、活文博

重庆巴人博物馆、重庆建川博物馆2019年度全市博物馆绩效考核获评优秀。中共四川省临委会扩大会议会址（周贡植故居）、刘伯承六店旧居纪念馆对外开放。举办“初心·使命·奋斗——巴渝地区早期共产主义运动文物史料展”，展出文物、档案、史料数百件，其中不少是全国首次展出。落实非国有博物馆各类补助共计1135.6万元，8个非遗项目成功入选第六批市级非物质文化遗产代表性项目名录。

六、全营销

参与协办第十三届全国美术作品展览雕塑作品展。举办2019黄桷坪新年艺术节、2019开放的六月·川美创谷艺术游、走马观花旅游文化节、华岩荷花展、文化消费惠民消费季等特色文旅品牌活动。在2019“重庆好礼”特色旅游商品（文创产品）大赛中囊括金银铜奖。

七、稳行管

指导重庆建川博物馆成功创建国家AAAA级旅游景区。辖区A级景区“体检式”交叉检查复核、星级酒店标准监督检查受检率100%，通过率100%。全区A级及以上旅游景区重点区域实时监控全覆盖，基本实现全区A级旅游景区和星级旅游饭店公共区域免费Wi−Fi全覆盖。举办“文旅融合·安全先行”文旅行业安全竞技大赛。开展“扫黄打非”“扫黑除恶”和旅游企业安全风险分级摸排，检查各类场所1260余家次，办结举报信访37件，完成演出市场监管14场次，整治各类安全隐患160余处，发放宣传资料6500余份，全年未发生违法执法行为和涉及违法执法方面的投诉，文化旅游市场平稳有序。

南岸区 2019 年文化和旅游工作亮点

雷旺

2019 年，共接待境内外游客 5386.97 万人次，同比增长 10.17%，全年实现旅游收入 224.57 亿元，同比增长 33.55%。

一、创建工作成效显著

国家文旅部雒树刚部长在 2019 年全国公共文化领域重点改革任务工作推进会暨旅游厕所革命现场推进会中，对我区南湖社区公共文化服务工作 5 次点赞。在 9 月国家文旅部举行的中期评估测评会上，以西部第一的得分通过了文旅部国家公共文化体系示范区创建中期评估。南滨路文化产业示范区和全域旅游示范区创建也在加速推进中。

二、品牌创建日趋成熟

一是“南岸起风景”旅游品牌荣获 2019 中国大三峡文化旅游最具吸引力城市形象宣传口号 100 强。二是成功打造南山街道盆景之乡、广阳镇回龙桥村“中国乡村文化旅游模范村”品牌称号，建成南山街道石放牛村、广阳回龙桥村为 2019 年全市休闲农业和乡村旅游示范村，迎龙谷生态园为“2019 年全市休闲农业和乡村旅游示范点”。南之山书店 · 小森林、墟渡、松间民宿被评为全市“最美旅游民宿”。三是成功承办 2019 重庆国际马拉松赛，共吸引了来自全球50多个国家和地区，海内外487个城市的3万余名马拉松选手和马拉松爱好者报名参赛。促成重庆女子国际马拉松赛成为国内继名古屋女马、大阪女马之后第3个世界田联标牌女子马拉松赛事、国内首个世界田联标牌女子路跑赛事的“双金”赛事品牌。

三、公共文化彰显特色

一是构建市级重大文化设施、区三级文化设施、文化服务点的“1+3+N”设施网络体系，实现我区公共文化服务体系全域全时全民覆盖。二是成功培育广阳民间故事基地和北斗村农民管乐队等文化活动品牌，全年开展高品质品牌活动配送4068场。三是建成群众文化云南岸区分平台，累计服务近160万人次，服务人次达30万人次／年。四是投入4466万元专项资金用于公共文化服务体系建设，撬动多方资金约9亿元共同参与茶园文化艺术中心等公共文化设施建设。

四、历史资源得到保护利用

一是南滨路沿线弹子石摩崖造像、法国水师兵营等12家文物建筑单位及时实施汛期文物保护措施，开展防汛专项执法检查和灾后修缮工作。二是深挖历史文化内涵打造黄桷桠老街、慈云寺老街、弹子石老街、龙门浩区首开区等多个历史风貌区。三是活用历史资源建设故宫文物南迁博物馆、南滨路开埠文化公园、南山黄葛古道等特色文旅品牌项目，打造重庆首个非遗市集九街壹华里国家非遗项目广阳民间故事基地。四是重庆抗战遗址博物馆为国家AAAA级景区，被授予“第六批重庆市爱国主义教育基地”称号，成为我区综合旅游和爱国主义的重要教育基地和重庆市重点文物保护单位。

五、宣传活动广泛开展

一是重磅推出南岸区“晒文化·晒风景”大型文旅推介活动。二是成功举办 2019 年全球旅行商大会，接待全球 400 余名海内外旅行商，促成签约 17 个入境旅游市场合作项目，为重庆加强国际旅游推介合作搭建广阔的合作平台。

六、项目引进成果丰硕

一是打造九街壹华里重庆首个非遗特色小镇、施光南大剧院、重庆四公里文化旅游集散中心、重庆国际马戏城、国瑞 303 艺术剧场、先锋艺术影院等一批文旅重点项目。二是引进重庆美电先锋电影制片厂、国家文保基地、三峡文物科研中心、故宫文物南迁纪念馆、重庆开埠遗址公园等一批国家级、市级重点文化旅游企业和文旅项目。

七、全面开展帮扶工作

一是完善对口联系村社和在职党员到村社报到工作机制，先后投入 30 余万元为对口联系的社区、村配套体育健身器材、有声图书馆、修建旅游厕所等。二是实施对石柱县文旅体行业的对口帮扶，全年共投入 30 万元帮助石柱县加大旅游宣传和发展旅游产业。

北碚区 2019年文化和旅游工作亮点

寇韦弦

一、旅游经济持续增长

全年共接待过夜游客345.48万人次，同比增长15.02%，旅游实际收入109.01亿元，同比增长36.14%。

二、公共服务蓬勃发展

全区9个街道、8个镇、103个村、80个社区基层综合文化服务中心规范运行，新建6个有声图书馆、6个微型图书馆、3个社会分馆和5个馆外图书流通点。成功举办第七届全国部分省市文化馆“百馆联动”系列文旅嘉年华活动，全年开展各类文体活动2000余场；培育打造品牌活动，“碚城同读一本书”系列活动荣获全国阅读推广优秀项目。完成20余项文艺新作和100余场国际与国内交流活动，一批作品获国家、市级多项奖励，如群舞《丑角》获表演一等奖并入选首届中国舞蹈优秀作品集萃。组织举办北碚区第二十五届运动会、缙云山森林马拉松、城市定向赛等重大赛事15场次，获得第二届全国青年运动会女足团体金牌等各类重要赛事奖牌39枚。

三、校地合作卓有成效

与西南大学经济管理学院签订多方面合作协议，完成《缙云山文化遗存保护与利用研究》等调研成果3篇。盘活闲置场地，优化环西南大学创新创业生态圈产业布局，完成“126”文创园、极地加科技西南总部、交流展示中心等文化创意产业项目建设，现已签约入驻西南大学学生创业项目7个、文创梦想馆等文化企业23家，依托西师出版社出版大楼，争取筹建市级数字文化创意园区。复旦大学经济学院北碚发展研究基地正式挂牌成立，区博物馆与重庆青年职业技术学院签订思政课校外实践教学基地协议，区文化馆与西南大学音乐学院签订艺术硕士专业学位研究生实践基地协议。联合西南大学举办第十届模拟导游大赛、第七届温哥华国际华语电影节中国大学生主持人大赛暨微电影大赛决赛及颁奖典礼等活动。

四、文旅产业提质增效

出台《关于推动文化产业高质量发展的实施意见》等全域性发展指导文件3个，规划文旅产业空间布局。签约恒大国际温泉旅游健康小镇、协信多利·健康田园小镇、中投田园综合体、北京极地国际创新中心等文旅体项目10余个，协议引资金额210亿元。世温联重庆代表处、亚太（重庆）温泉与气候养生旅游研究院正式运营，与匈牙利黑维兹市和意大利阿巴诺市等签订友好合作关系备忘录，成功举办中国第二届温泉与气候养生国际研讨会，推动我区温泉旅游产业走向国际化。结合双晒文旅推介活动，组织参加第六届中国西部旅游产业博览会和第八届重庆文化产业博览会，分获最佳组织奖和最佳人气奖；金刀峡景区被评为“重庆文旅新地标”，中国西部科学院旧址被评为“最美历史文化古迹”。

渝北区 2019年文化和旅游工作亮点

吴云斌

2019年，全区有民营文化经营法人单位近7000家，民营旅游相关企业14000余家，规上民营文化旅游企业96家。2019年文化产业增加值63.47亿元，占全区GDP比重3.43%，增速6.5%，旅游综合总收入133.23亿元，接待游客3329.29万人次；旅游增加值121.47亿，占全区GDP比重6.58%，增速5%。2019年市级考核中获得第三名的好成绩。

一、完善配套政策，助推产业转型升级

先后出台了《关于加快全域旅游发展的实施意见》《加快发展文化创意产业的实施意见》《重庆市临空文化创意产业走廊建设规划》等6项政策。财政投入3500余万元，加大重点文化旅游产业项目、文化产业园区（基地）、骨干文化旅游企业培育、文化旅游产业人才培养等扶持力度。

二、推动规划编制，强化产业发展方向

《渝北区全域旅游发展规划》已通过专家评审，旅游资源普查的编制已基本完成，获准统景温泉群、重庆中央公园、铜锣山矿山公园等3个五级旅游资源，龙兴古镇、印盒李花、茨竹梨花等12个四级旅游资源，周家山云海、大盛天仙谷、江北国际机场等31个三级旅游资源。

三、推进重大项目建设，带动产业聚集发展

重庆创意产业园已入驻企业620余家；重庆新闻传媒中心、重视传媒总部基地已建成；金紫山文创园建设有序推进，预计2020年12月开园。重庆数字产业园招商引资工作稳步推进，铜锣山矿山公园正在推进总体规划报批和一期开园的前期建设工作，统景峡江温泉度假区合作事宜合作取得重大进展。

四、规范市场管理，努力提高服务质量

指导澳维酒店成功创建五星级酒店、际华园景区成功创建AAAA级旅游景区，持续推进圣名游乐城、广告产业园（重庆创意公园）开展AAAA级景区创建，持续开展悦来温德姆酒店、银鑫世纪酒店、金陵大饭店、港森国际大酒店五星级旅游饭店创建。全年办理文体旅等各类行政审批事项204件、备案事项26件，群众满意率达100%。开展文化市场整治和“扫黄打非”等行动，共出动执法人员1600余人次，检查经营场所2680家次，办理案件47件，开展娱乐场所噪音专项整治，清理重点娱乐场所20家，下发责令整改通知书23份，开展噪音监测24家次，办理头等舱、音浪KTV等噪音扰民案件21件。2019年重庆市旅游服务综合满意度调查我区蝉联第一。

五、强化宣传推广，拉动文化旅游消费

以“文旅让生活更美好”为主题举办首届文化旅游惠民消费季，组织1200余家企业参加，拿出各类优惠3000余万元，带动消费2亿元。举办贯穿全年的“文化进景区”系列活动，在旅游景区开展专场文艺演出、非遗展演、艺术采风等70场次，带动消费1000万元以上。指导举办统景温泉节、大盛樱花节、印盒李花节、放牛坪梨花节等旅游节庆活动，补助宣传营销经费120万元，共接待游客70万人，营业收入达8600万元，带动农村就业人数达800人。

巴南区
2019 年文化和旅游工作亮点

吕勇才

一、文旅产业取得新发展

招大商优商，积极引进落地圣灯山康养小镇、双寨山尚善国际养生源、都市原乡艺术小镇等 10 多个文旅项目。推动景区提档升级，海洋公园、西流沱小镇、南湖多彩植物园、云林天乡、丰盛古镇、木洞河街等项目成为文旅新亮点，羊鹿山景区成功创建国家 AAAA 级旅游景区。2019 年，全区 23 家规上文化企业实现营业收入 264.6 亿元，旅游综合收入 133 亿元。

二、公共服务取得新实效

文化服务不断提升，建成 14 个基层公共文化服务示范点，新增文化馆分馆 8 个；表演唱《唱起歌来上大梁》成功入围 2019 第十二届中国艺术节第十八届群星奖决赛，谐剧《让我看你一眼》荣获重庆市第十五届精神文明建设“五个一工程”奖。旅游设施不断完善，10 余条旅游主线道路开工建设；建成丰盛等 4 个旅游集散中心，新建旅游厕所 16 座；打造了丰盛古镇等一批智慧旅游乡村示范点。

三、文化遗产实现新传承

文物保护力度加大，彭氏民居、朱家大院完成主体修缮，解放重庆历史陈列馆建成投用；完成木洞福音堂、丁雪松旧居修缮；新公布巴一井等3处市级重点文物。非遗传承亮点纷呈，开展“老外@Chongqing 体验非遗2019”等活动7场；2项非遗项目列入第一批重庆市传统工艺振兴名录，2件非遗项目衍生产品获重庆好礼大赛铜奖；推动木洞山歌、接龙吹打多次赴国外作文化交流，木洞镇连续多年被命名为“中国民间文化艺术之乡”。

四、宣传营销取得新突破

宣传影响不断扩大，在全市“晒文化·晒风景”活动中，获得“最佳传播奖”，上榜“2019中国大三峡文化旅游最具吸引力城市形象宣传口号TOP100”；成功举办2019中华山水茶道文化节、文化旅游惠民消费节等系列节庆活动20余场。四季宣传有声有色，全年开展专题宣传40余次，推出四季旅游线路20余条，打造丰盛古镇、天坪山、巴滨路等3条精品旅游线路，“乐享四季·生态巴南”品牌影响力不断提升。

长寿区 2019 年文化和旅游工作亮点

程庸

（1）全区接待游客达 1048 万人次，同比增长 12.1%；实现旅游收入达 71 亿元，同比增长 24.6%。

（2）陶静苡获全国艺术体操集体项目第一；那俊杰获全国国际式摔跤冠军；罗名钰 50 米仰泳多次打破全国、全市记录；田径男子甲组 4×100 米打破市纪录。

（3）举办全民健身运动会、“全民嗨歌”、文旅消费季、巴蜀及古代名家书画展、巴渝名家书画保真拍卖会等活动。

（4）成功承办中匈建交 70 周年重庆长寿皮划艇国际邀请赛、全国围棋甲级联赛、全国青少年空手道、国际铁人三项联赛、全国大金操表演赛，赛事数量刷新历史纪录。

（5）建成首个江南街道滨江社区智能健身点，首个风雨运动场桃花高架桥体育公园建设动工，7 个足球场、2 个体育公园启动建设。

(6)海外华文媒体高层走进长寿、全国百家旅行社长寿踩线；重庆公交车、重庆北站、重庆交通广播、成都宽窄巷子等精准投放旅游宣传。

（7）全区有标识文化企业 2785 家、旅游企业 7275 家。体育场地完成首次普查，全区人均体育面积达 2.17 平方米。

（8）长寿区博物馆开工，长寿区美术馆挂牌开馆，长寿区首个游客旅游集散中心建成投用，首个全市美术馆联盟正式在长寿成立。

（9）三倒拐正式挂牌市级历史文化名街，林庄学堂旧址、长寿文峰塔、扇沱王爷庙、晏家聂氏宗祠入选市级文物保护单位，启动杨克明故居修复，推进文物保护与开发利用相融合。

（10）成功打造重庆市体育旅游精品线路 1 条、重庆市体育旅游精品赛事 1 个、重庆市体育旅游综合体 1 个、市级乡村文化乐园 2 个。

江津区
2019 年文化和旅游工作亮点

郑军燕

2019 年，国家文化旅游部授予江津区公共文化服务体系示范区称号，荣获 2019 中国旅游影响力区县、2019 年中国考古新发现、“中华诗词城市”、重庆首个市级历史文化名城。全年接待游客 2224.5 万人次，实现旅游收入 166.6 亿元，同比增长 18% 以上；实现文化产业增加值 27 亿元，同比增长 5% 以上，占全区 GDP 比重增加到 2.7% 左右。

一、以文化保护为抓手，推动文化资源转化，做好“文化兴”文章

一是加强文化资源保护。新增 10 个市级非遗代表性项目名录，对双峰寺等 18 处文物进行保护修缮。二是完成聂荣臻元帅陈列馆陈列布展改造、江津区博物馆陈列布展，建成 1.3 千米的“诗联文化长廊”，巴渝土陶制作技艺、四面山传统竹笼竹编进入第一批重庆市传统工艺振兴目录。三是上线 2 家数字馆、9 个资源库，做到“闭馆不闭服务”。文化工作队伍总规模超万人，服务群众近 120 万人次。四是创作的《祖国颂》获第二届中国雕刻大赛金奖，“最美童心 · 纪朵朵的城市梦”系列入选 2019 年国家出版基金项目，文艺作品获国家级奖项 3 个、省市级奖项 23 个。

二、以文旅共融为引擎，推动产业“接二连三”，做好“产业强”文章

一是出台文化和旅游业发展激励等政策，设立 3500 万元专项激励资金，推动“绿色经济”提质升级，激发产业活力。二是举办“中国七夕东方爱情节”、中山古镇“千米长宴”“双晒”等 25 场大型文化旅游活动，央视、卫视等各级媒体纷纷点赞，累计曝光量达 1.148 亿人次。三是重庆影视城（江津白沙）、万达广场等一批融合项目渐成规模，聚人气、兴商气、汇财气。

三、以科学规划为引领，推动区域美美与共，做好“生态美”文章

一是坚持“绿色发展”理念，编制完成全域旅游发展规划等。二是科学推进南部生态旅游区、中部乡村旅游区、北部都市旅游区建设，完善游客中心等配套设施。三是打造爱情文化游、古镇文化游、红色文化游、抗战文化游，推出“一大四小”5 条精品旅游线路。

合川区
2019年文化和旅游工作亮点

陈道平

2019年，合川区进一步深化文旅融合发展理念，念好“快、全、准、实、多、高”六字诀，推进全区文化体育旅游全方位、高质量发展。全年接待游客2326.52万人次、实现旅游综合收入70.1亿元、争取上级资金5286万元。

一、项目推进“快”

钓鱼城申遗和AAAAA级景区创建、涞滩古镇和龙多山景区提质工程有序推动；“钓鱼城号”游船平稳运营并启动续建扩能。

二、公共服务“全”

新图书馆建成国家一级图书馆，美术馆基本建成，开展文旅惠民活动1500余场；“四馆”、全民健身中心分时段等免费开放，完成16座旅游厕所、12个市级社区健身点建设。

三、宣传营销“准”

成功举办首届嘉陵江国际文化旅游节；开展“书记双晒”和乡村旅游四

季节会宣传活动，赴法国、意大利推介了钓鱼城；首次推出合川历史文化有声书《钓鱼城说》，钓鱼城、涞滩古镇基本完成“智慧景区”建设。

四、文保工作“实”

钓鱼城遗址、涞滩瓮城及二佛寺、龙多山等文物保护修缮工作稳步推进，新评选区级非物质文化遗产名录13处。

五、赛事活动“多”

成功举办了2019中华龙舟大赛总决赛、第三十届“钓鱼城杯”全国中老年篮球赛、2019中华垂钓大赛“钓鱼城杯”重庆合川选拔赛、2019中国体育彩票全国象棋业余棋王预选赛、合川区第二届全民健身运动会等级别高、规模大的赛事，创新“体育＋旅游”融合发展模式，积攒了良好口碑和人气。

六、竞技水平“高”

全年在导游大赛、旅游商品大赛、文艺创作、体育竞技等方面共获得市级荣誉54项（含14金17银23铜），国家级奖项10项（含5金4银1铜），尤其是参加第十一届全国少数民族运动会，合川龙舟项目代表重庆获得3金4银1铜的好成绩。中华龙舟大赛（重庆 · 合川站）获评2019年重庆市体育旅游精品赛事，钓鱼城景区获得魅力中国城“年度魅力文化景区”，涞滩镇二佛村成功入选第一批全国乡村旅游重点村名单。

永川区 2019 年文化和旅游工作亮点

唐士德

2019 年，永川区全年接待游客 2212.46 万人次，实现旅游收入 141.72 亿元，同比分别增长 19.16% 和 30.3%。永川黄瓜山村被评为“全国乡村旅游重点村”和“重庆市智慧旅游村”，乐和乐都景区被评为“重庆市智慧旅游景区”，石笋山村被评为“重庆市智慧旅游村”，永川春游赏花季专题营销荣获全国“文旅融合类—结合典范”铜奖（全国唯一地市区级文旅委获奖单位）。

一、融合发展新体制——文旅发展动能强劲

一是注重融合文旅规划。文旅规划逐步走向“多规合一”，编制《茶山竹海规划区及其周边地质环境影响调查评价》等 7 个专项规划，注重持续开拓文化事业的旅游功能和深度挖掘旅游项目的文化内涵。二是探索文旅融合业态。我区在景区策划和项目初设时积极探索融合文旅业态，如在茶山竹海景区植入非遗体验园、松溉古镇中植入红色文化，有机融合“诗与远方”，焕发业态新活力。

二、文化事业新作为——优质作品不断涌现

《清风亭》作为重庆唯一代表剧目参加全国基层院团戏曲会演活动；刘

阿本美术作品入选“魅力中国闪耀世界——世界邮票上的中国文化纪念珍藏册”；张天彦《明天请早》入选五年一届的第十三届全国美术大展。

三、旅游发展新项目——龙头项目重点突破

永川区委区政府召开了乐和乐都、松溉古镇景区提升工作专题会，紧紧围绕“产城景”深度发力，全面建设三大龙头项目，全力打造松溉古镇走心之旅、乐和乐都开心之旅、茶山竹海养心之旅，逐渐形成近者悦、远者来的全域旅游舒心之旅。

四、宣传营销新形式——抓新媒体博取眼球

一是积极参与市里组织的“双晒”活动，永川点赞票达 2797 万票，获得最佳作品奖。二是“永川果真不错”网络点击量突破 4500 万；“永川春光为你而来”春季赏花专题营销获得 1400 万网络关注。

南川区 2019年文化和旅游工作亮点

曾祥友

一、公共文化服务品质提升

投用区文化艺术中心，建成基层综合文化服务中心277个，文化馆分馆34个，图书馆分馆24个。举办大型文化活动10余场，送流动文化服务、文艺演出进基层超过300场，送惠民电影2940场。

二、优秀传统文化不断弘扬

启动龙岩城申报世界文化遗产，“三不加酱油传统酿造技艺”申报国家级非物质文化遗产保护名录，“金佛山方竹笋宴”“外婆家油茶”等9项被列为重庆市级非物质文化遗产保护名录，三不加极致品礼盒、三不加至臻品礼盒参加“2019中国特色旅游商品大赛”荣获银奖。

三、“金佛山 · 福南川”品牌更加响亮

在全市“晒文化 · 晒风景”活动中获得全市“最佳作品奖”，参加2019中央电视台“魅力盛典”收获“魅力生态景区”“魅力特色美食”“魅力旅游文创产品”三大奖项，参加全国文化和旅游消费工作推进会，南川作为全国唯一区县代表做交流发言。金佛山大环线被评为市级“体育旅游精品线路”。

央视《我的美丽乡村》录制播出南川专题节目，本土电影《大梦难忘》在全国上映。2019 年，全区接待游客 2502 万人次，同比增长 17.4%；实现旅游综合收入 104.5 亿元，同比增长 16.8%。乡村旅游接待 1806 万人次，同比增长 15%；乡村旅游收入 44 亿元，同比增长 16%。

四、文化旅游产业加快发展

牵头和配合实施重点文旅项目 20 个并完成投资 44 亿元，建成投用天马旅游公路、东街故城（一期）和金佛山飞拉达等一批旅游项目，开工康养地产 40 万方，销售超过 10 万方，抢滩重庆市场。文化旅游产业市场主体 800 多家，文化产业增加值突破 5 亿元，体育彩票销售达到 1.2 亿元。

五、文旅品牌活动精彩纷呈

成功举办十二金钗大观园乡村旅游文化节、第十届金佛山国际旅游文化节暨杜鹃花节、金佛山方竹笋节暨“味道南川”美食文化节、金佛山冰雪节等大型节会活动，举办中国健身名山暨第七届金佛山登山赛、2019 金佛山·绳命 LifeLine 国际绳索救援邀请赛两大国家级赛事。

六、旅游接待服务品质提升

金佛山景区通过评定性复核检查。全区新增停车位 1800 个，新建或改造提升旅游厕所 149 座。全年共出动文化旅游执法 1756 人次，检查经营场所 552 家次，查处违法案件 29 件，旅游投诉结案率 100%，实现文化旅游体育行业安全生产“零事故”目标。在全市旅游服务综合满意度调查中，第一、三、四季度均位列片区第一位。

綦江区 2019年文化和旅游工作亮点

胡梅

一、“粉”来南州

文旅“粉”持续攀升。累计接待游客1539.6万人次，旅游综合收入达74.1亿元，比上年增长20.7%、36.5%。綦江文旅官方公众号粉丝达13.3万，获评2019听众最喜欢的旅游目的地。“晒文化·晒风景”活动以3800万流量获最佳作品奖。四国女篮争霸赛、老瀛山国际越野挑战赛、区全民健身运动会等近30次品牌赛事吸引国内外20余万人次参加。

研学“粉”上档升级。老瀛山成功创建重庆首个以古生物化石为主题的国家AAAA级旅游景区。横山花仙谷景区开园，北纬29度康旅示范小镇项目落地，中国百越史研究会僚学研究委员会落户綦江。以文史资源为导向的户外团队等20余个社团开展近100场活动带动10万余人次参加。

二、“红”耀渝州

文物“红”触动灵魂。石壕红军烈士墓全年接待约2.2万人次，同比增长约10%。市文保单位王良故居被命名为“市干部教育培训现场教学基地”，开放仅半年就接待 2.1 万人次。博物馆到馆观众约 12.5 万人次，接待社会团体 183 个。

长征“红”争相报道。深度发掘中央红军过綦江等红色资源，人民网、今日头条、《贵阳日报》等 26 家媒体宣传报道。中宣部“壮丽 70 年 · 奋斗新时代——记者再走长征路”深入綦江采访，央视《朝闻天下》《新闻直播间》栏目给予近 10 分钟的深度报道。

三、“舞”动神州

国家舞台亮綦江。四川评书《人民在上》《红颜知己》分别入选全国优秀曲艺节目、全国民间文艺等展演。摄影作品《扶贫攻坚路先行》入选全国农民摄影大展。7 件美术作品入选中国农民画展或创作展。5 名选手在中国图书馆学会比赛中获奖。

世界舞台美綦江。綦江农民版画元素时装于 9 月 7 日登上美国纽约时装周舞台，标志着重庆首个文旅文创产品登上世界四大时装周舞台。农民版画作品参加“一带一路”国际技能大赛展示和“上合组织”美轮美奂新丝路文旅合作推介会，还远赴日本、澳大利亚、新西兰等 3 国参展交流。承办英国知山大学孔子学院夏令营师生、在渝海外华裔青少年寻根之旅等文化交流活动 2 班次。博物馆接待韩国旅游团 28 个。

大足区
2019 年文化和旅游工作亮点

何圣春

2019 年，全区实现旅游产业增加值 17.1 亿元，同比增长 8.2%，旅游产业增加值占 GDP 比重为 2.6%；实现文化增加值 13.4 亿元，增长 15.2%，文化产业增加值占 GDP 比重为 2.1%。全区累计接待海内外游客 2414 万人次，同比增长 12.43%；累计实现旅游总收入 112.87 亿元，同比增长 11.68%。其中，大足石刻景区累计接待购票游客 100.10 万人，同比增长 7.64%，累计实现门票收入 6323.65 万元，同比增长 −7.29 %。

一、文化工作

完成龙滩子街道重汽文化展厅、雍溪镇民俗文化展厅、拾万镇农耕文化展厅、古龙镇茶叶锶盐特色文化展厅建设。开展重大活动 70 场次，开展全民艺术普及活动 231 场次，组织开展公益性讲座、展览活动共 56 场次，全民阅读活动 108 场次，开展流动文化进基层演出服务 549 场，政府购买公共体育服务开展活动 32 场次。

万古鲤鱼灯舞在国庆 70 周年联欢活动中精彩亮相天安门广场，区文化旅游委被授予“为中华人民共和国成立 70 周年联欢活动做出积极贡献”奖牌。双桥经开区图书馆获“城市图书馆服务效能最佳实践案例——综合服务效能之星”称号，“小螺号 · 故事会”获评“2019 年重庆市公共图书馆创新案例优秀奖”，双桥经开区文化馆陈晓聪获梦想中国说——都市风采主持人大赛最佳口才奖、一等奖。

二、旅游工作

成立大足区文化和旅游工作领导小组。开展旅游资源普查。完成国家级全域旅游示范区创建评估申报和首批市级全域旅游示范区验收准备工作。推进“以大足石刻为核心的国际文旅城”项目策划，启动大足石刻游客中心建设筹备工作。海天石魂冬菜在中国旅游商品大赛上获银奖。参加中国国际旅游商品博览会，中国（深圳）国际文化产业博览交易会，重庆（国际）文化产业博览会等节会，举办第三届文旅惠民消费季大足分会场活动。利用重庆卫视、国际机场航站楼移动电视、重庆商圈LED广告等宣传推介大足。

三、文旅市场

案件办理领域得到进一步拓展，办理案件35件。综合执法改革成效显著，文化市场综合执法机构设置更加科学健全，执法水平显著提升。“扫黄打非”进基层全覆盖，建立起层层衔接、紧密配合、齐抓共管的三级监管体系。全区27个镇（街）建成“扫黄打非”进基层工作站（点）336个，示范点31个，已有121个基层站（点）达到标准化规范化建设标准。

璧山区
2019 年文化和旅游工作亮点

韩宵

一、文化事业繁荣发展

璧山区图书馆新馆投入使用。全区基层综合文化服务中心功能提升并全覆盖。举办庆祝新中国成立 70 周年等重大文化活动 28 场。引进《洪湖赤卫队》《神笔马良》等 10 台精品剧目在大剧院开展“放歌新时代 · 共筑中国梦”文化惠民系列演出。开展流动文化服务进基层 600 场。在公园舞台演出共 160 场。文化扶贫精准推进，为 3 个贫困村送去演出 33 场、文艺培训讲座 6 场，创作《因为有你》《扶贫路上在一起》等文艺作品。

二、品牌活动精彩纷呈

主导及参与云雾山樱桃节、葡萄节、蔬菜采摘节、梨茶节、璧山国际半程马拉松等节庆活动，补助相关经费达 200 余万元，助力乡村旅游发展，实现农民增收达 1 亿元。签订重庆秀湖水街国际非遗手艺特色小镇运营合作协议、璧山游客之家及璧山好礼体验馆项目投资合同等事宜。

三、智慧元素推陈出新

整合升级智慧旅游平台：璧山旅游微信公众号持续推送文旅信息，积累关注人数超过3万，同时筹备微信公众号升级璧山文旅；“全景璧山”璧山景区VR体验、智慧导览系统等功能上线试运行；“璧山旅游大数据监测平台”投用，累计发送游客欢迎、服务、预警等信息超过400万条；重庆文化云璧山平台点击量73.7万次，惠及群众90余万人次。

四、文旅市场健康有序

新改建旅游厕所8座，改建公厕4座，实现全区126座旅游厕所百度地图精准定位。开展各类检查达110余家次，督促整改隐患和问题13处。处理旅游投诉咨询及建议9件次，回（答）复率、满意率100%，新增旅行社1家，旅行社服务网点备案7个。开展各类旅游宣传和志愿者服务活动10余次。

五、文化遗产保护持续深化

开展《璧山区历史文化保护发展专题研究》编制和第三批璧山区区级文物保护单位申报评审工作。林氏宗祠保护维修工程通过验收。配合市文研院考古所对六旗乐园工程内的五小庙遗址和合璧津高速公路璧山段进行文物清理发掘。举办“5.18国际博物馆日”暨文化遗产宣传月活动。公布第四批11项区级非遗项目名录。

铜梁区 2019 年文化和旅游工作亮点

严勇

一、公共服务工作迈上新台阶

不断完善文化旅游阵地，全面启动龙文化艺术中心规划设计，完成图书馆提档升级，新建旅游厕所 5 座，28 个镇街 333 个村社综合文化服务中心升级建设实现全覆盖。成功举办 2019 年全市乡村文化振兴现场会，市委常委、宣传部部长张鸣以及各区县党政分管领导和文化旅游部门主要负责人出席。组织群众合唱音乐会、广场坝坝舞展演、“乡村振兴大舞台”系列大型文化旅游活动 13 场次，流动文化服务进村活动 1914 场次，送文艺演出、阅读推广、教育培训、展览展示等 2539 场次，惠及群众 364 万人次。

二、文化旅游体育活动交出新答卷

举办首届重庆铜梁中华龙灯艺术节、亚洲龙狮锦标赛、铜梁区第五届运动会、“双晒”“原乡风情 大美铜梁重庆小姐大赛”等系列大型活动 10 多场次，组织参加各类大型会议表演、赛事活动、交流 20 多次。组织铜梁龙赴美国纽约时代广场参加 2019 年新年倒计时活动、赴中国台湾南投县参加铜梁火龙展演和赴以色列参加阿卡国际艺术节和耶路撒冷美食节，打造铜梁龙文化国际 IP。铜梁龙晋京参加“庆祝中华人民共和国成立 70 周年群众联欢活动”取得圆满成功，国庆联欢活动指挥部评价铜梁龙舞“高标准高质量完成了世界一流、历史最好的表演目标，向全世界人民展示了中国传统文化的巨大魅力”。原创舞蹈《龙把子》赴上海参加第十二届中国艺术节第十八届群星奖决赛，获全国群星奖；原创歌曲《那一片云》荣获第八届重庆市艺术奖；在铜梁区举办的第五届亚洲龙狮锦标赛中，铜梁舞龙队在三个项目的角逐中分别荣获第一名、第三名和第四名的佳绩。

三、文旅产业发展实现新突破

出台《铜梁区龙文化产业发展工作方案》，以西郊示范片建设为突破口，在西郊绿道沿线新发展精品民宿 3 家、集中连片打造特色农家乐 20 余家。研发文创产品 15 种，设计生产龙灯产品 5 万余件。全区建成龙灯彩扎村（基地）8 个，帮助农村剩余劳动力和困难群众就业 210 人，为群众带来直接经济效益 60 余万元。2019 年，全区接待国内外游客 988 万人次，同比增长 12.9%；实现旅游综合收入 42.18 亿元，同比增长 12.47%。完成旅游固投 73.5 亿元。

四、文化遗产保护取得新成效

成功获评 2018—2020 年度“中国民间文化艺术之乡”称号，全面完成《铜梁龙舞演艺规范》《铜梁龙舞道具制作技术规范》地方标准编制工作。开展了“铜梁龙灯彩扎工艺”申报第六批国家级非遗名录工作，铜梁火龙荣获第三届重庆市民间文化艺术之星选拔赛艺术之秀奖。余家拳、赵木二羊肉制作技艺、三活春鸡兔鱼烹制技艺列入重庆市第六批市级非物质文化遗产代表性项目名录。联合重庆工业职业技术学院成立了铜梁龙灯彩扎工艺工作站，创作设计近百件工艺品。

潼南区 2019年文化和旅游工作亮点

唐凡云

（1）2019 年，全区文化产业总投入 3.07 亿元，旅游固定投资 40.03 亿元；规上企业收入 9802 万元，同比增长 9.9%；非营利性规上企业收入 13837 万元，同比增长 3.5 %。接待海内外游客 1008 万人次，综合收入突破 55.06 亿元，同比增长 37.5%。荣获“2019 文化软实力提升优秀城市”“2019 文旅融合发展优秀城市”，书记“晒文化·晒风景”点赞量突破 4000 万，荣获“最佳传播奖”，“巴蜀福地、六养潼南”更有名气。

（2）成功举办龙舟赛、马拉松等精品体育赛事，发展文化旅游规上企业 3 家，建成崇龛镇葫芦坝首个文创基地，香水百荷田园综合体成功创建为“市级乡村文化乐园”，太安休闲农业旅游度假区启动创建“市级旅游度假区”，启动汇达柠檬产业园创建“市级工业旅游示范园”工作。开工建设文化旅游项目共计 46 个，总投资 209 亿元。打造 22 个乡村文化振兴示范点，建成塘坝天印村等 5 个乡情陈列馆，新增 5 个乡村旅游示范点。新建大佛寺景区—大佛坝—双江古镇沿江 9 公里旅游道路，乡村旅游道路 91 公里；涪江大酒店、劲力酒店建成投用，新改建 16 座旅游厕所；研发柠檬系列和桑葚 2 个系列旅游商品，编入《“重庆好礼”旅游商品名录》，获评 2019“重庆好礼”特色旅游商品（文创产品）大赛铜奖。开通“涪江游”，突出“人文牌”“乡村牌”，推出“赏花游”“古镇游”“红色游”“礼佛游”“养生游”5 大精品线路。

(3)免费开放区、镇、村三级公共文化设施,年服务 300 余万人次；选送《美食联唱——麻辣烫》在央视音乐频道春节系列节目演出；打造戏曲《梨园春色韵长流》、歌曲《绿水青山我的家》等富有地域特色的文艺产品，创编狮舞节目《你乐我乐天天乐》荣获 2019 年重庆市广场舞展演“一等奖”；开展 2019 年春节联欢晚会、“我们的中国梦——文化进万家”新春进基层、“我爱你中国”、“欢跃四季 · 舞动巴渝”——2019 重庆市潼南区广场舞展演、“歌唱祖国”——重庆市潼南区庆祝新中国成立 70 周年群众合唱音乐会、“百姓大舞台”走进柠檬之都网络直播活动等大型文艺活动 50 余场，惠及群众超 100 万人次。特别是 10 月举办的“百姓人舞台”走进柠檬之都全国网络直播活动有 81.9 万余人次在线收看。

BLUE BOOK OF CHONGQING

荣昌区 2019年文化和旅游工作亮点

郑德德

2019年共接待游客701.2万人次，实现旅游收入30.29亿元，同比分别增长25.4%和68.3%。

一、软文化演绎硬实力，群众幸福指数显著提升

一是不断扩展文化阵地。建成桂花园社区城区公共文化服务示范点，为群众提供图书、电影、文艺培训等文化服务；新建文化中心户80个，共建成文化中心户140个。二是“四馆联盟”成果深化。2019年2月，国家级公共文化示范项目“四馆联盟”获国家文旅部和财政部共同授牌，并在全市深化改革专报上刊载。三是品牌活动深入人心。着力打造“书香荣昌”文化品牌，开展“4.23世界读书日”等系列阅读推广168次，服务群众7万余人次。举办“周末文艺荟”“广场故事会”活动，参与群众达10万人次。四是文化遗产保护有力。启动标准文物库房建设工作；举办2019荣昌陶学术研讨会，7件荣昌陶艺作品被中国美术馆收藏；举办第四届重庆非物质文化遗产暨老字号博览会，夏布小镇、安陶小镇获“重庆市非物质文化遗产特色小镇”授牌；荣昌区国家级示范性综合实践基地获“重庆市非物质文化遗产研学旅行示范基地”授牌。五是规上经济快速增长。全区38家文化产业规上企业产业增加值23.37亿元，占全区GDP3.58%，增速12.6%。

二、高效能打造新亮点，景区景点建设不断推进

一是旅游重点项目有序推进。全区旅游固定投资 39.45 亿元，完成万灵镇沿河街区整治、古佛山人行索桥、古佛山公路工程等 12 个项目。二是旅游景区创建顺利完成。夏布小镇成功创建国家 AAA 级旅游景区，被命名为“市级文化产业示范园区”；古佛山景区正式开门迎客。三是景区设施配套完善。安陶小镇、古佛山景区按照“国家 AAAA 级旅游景区标准”完善景区停车场建设，完成景区标识标牌的安装维护；建设旅游厕所 47 座。

三、广营销提升新体验，文旅融合注入强劲动力

一是开展“中国旅游日”主题活动，策划“七夕河灯旅游文化节”“年猪文化节”“旅游大篷车”等系列活动，其中“年猪文化节”被评选为第三届重庆文化旅游惠民消费季“优秀特色活动”。二是出台《重庆市荣昌区组团来荣旅游人气奖励办法（试行）》，招徕区外游客 6000 余人。三是策划参加书记“晒文化 · 晒风景”大型文旅推介活动，获全市最佳作品奖，来荣旅游的人次同比增长 50%，旅游文化产品销售增长 60%。

开州区 2019年文化和旅游工作亮点

王斌

（1）完成马尾槽、马扎营生态度假项目前期工作。

（2）文旅实现签约项目147亿元，其中北京伟光汇通旅游产业发展公司投资汉丰湖国际生态文旅度假项目141亿元。

（3）成立开州文化旅游发展专家咨询顾问团，完成《开州历史文化研究》《文旅融合推进开州全域旅游发展研究》《开州盐茶文化研究》。

（4）开州糖画、上九登高成功申报重庆市第六批市级非物质文化遗产代表性项目；与重庆市文化研究院签订协议，启动《开州民歌》申报第五批国家级非物质文化遗产代表性项目。

（5）参与全市“晒文化·晒风景”活动，荣获“最佳创意奖”；开州“双晒”篇以“书记晒文旅”8分钟短片、“区县故事荟”图文专题报道和“炫彩60秒”微视频三大板块呈现，在全国掀起“爱家乡·爱开州”热潮，人民网等10余家国家网站和东方网等30家省级网站转载相关信息106次，腾讯、搜狐等知名网站转载报道1100余次，市区两级媒体刊发“双晒”报道287篇。

（6）高水平举办“百姓春晚”、“正月十五闹元宵”、“百团争优”、“上九登高”、汉丰湖半程马拉松赛、汉丰湖龙舟邀请赛、“汉丰湖水上欢乐季”、“第三届状元文化节”、开州区第五届运动会等文体旅重大活动；持续开展“浪漫开州花满城”“逍遥开州乐满城”“水韵开州香满城”“年味开州情满城”四季旅游营销活动。

（7）大进镇文体广场（红旗村文化广场）建成投入使用；大进镇巴渠茶园文旅融合项目基本建成，杨柳村巴渝民宿项目竣工进入试运行阶段；编制《大进镇全域旅游总体规划》，在大进镇建成旅游厕所 3 座、停车场 5 个、秦巴驿站 1 个。

（8）“中国重庆开州汉丰湖国际摩托艇公开赛”被重庆市体育局、重庆市文化和旅游发展委员会命名为“2019 年重庆市体育旅游精品赛事”；开州汉绣台灯荣获 2019 年中国旅游商品大赛银奖，醉再醉余开州牛肉干获得“重庆好礼”旅游商品金奖；倦鸟驿站、善贷农庄获评重庆市最美旅游民宿。

BLUE BOOK OF CHONGQING

梁平区 2019年文化和旅游工作亮点

刘原

2019 年，梁平区实现文化产业增加值 13.9 亿元，占 GDP 比重 2.9%；旅游产业增加值 18.8 亿元，占 GDP 比重 4%；文旅发展质效考核排名渝东北同考核组第二，其中文化产业增加值排名第一。全年共接待海内外游客 981.47 万人次，实现旅游总收入 45.76 亿元，同比分别增长 88.74%、83.03%。

一、建特色精品景区，促进康旅融合

持续推进百里竹海、双桂田园两大核心景区建设，启动赤牛城考古调查发掘工程，完成文峰塔展示利用、双桂堂消防整改等工程，谋划推进都梁大剧院、巴蜀非遗文化产业园等重点项目建设，百里竹海观音洞景区成功创建国家 AAAA 级旅游景区，万石耕春 · 碗米民宿、数谷农场、三峡竹博园等重要景点全面建成；竹山镇猎神村成功创建重庆市智慧旅游乡村示范点。用好竹资源、建好民宿群，在百里竹海度假区发展明月山 · 明月汇、梦溪湉园、梁山驿、洞湾等特色民宿近 100 家，叫响“东有莫干山、西有明月山”品牌。

二、保护人文资源，促进文旅融合

突出打好“人文”牌，保护修缮国宝双桂堂、荔枝古道等人文资源；新增6个市级非遗项目，成功举办文化遗产摄影大赛、年画重回春节、文旅惠民消费季等系列活动；以新中国成立70周年为主题，开展群众文化活动100余场次，观众人数超10万人次。梁平博物馆“缤纷非遗”基本陈列展被评为重庆市十大优秀陈列展览奖；梁山灯戏《好人邓平寿》荣获重庆市“五个一工程”奖；年画作品《红高粱》入围第十三届全国美术作品展并进京展出；梁平草把龙成功申报吉尼斯世界纪录。

三、发展旅游，促进多业融合

突出农旅文旅体旅工旅商旅融合发展，连续两年成功举办长江三峡（梁平）晒秋节，实现从梁平晒秋—三峡晒秋—川渝晒秋的升级跨域，通过晒秋色、晒丰收、晒民俗、晒幸福，展示乡村振兴和农文旅融合发展成果；推动建成西部一流的智慧农业园区——重庆数谷农场，用科技为五子（稻子、竹子、柚子、鸭子、豆子）赋能，实现“五子登科”；打造万石耕春、中华·梁平柚海、川西渔村、百年张鸭子、宏美达丝绸展示体验馆、奇爽食品产业园等景点；成功举办丰收节、柚博会、民宿文化体验周等重大节会活动，参加全市“双晒”活动获得“最佳效果奖”。“山水田园·美丽梁平”宣传口号获“2019中国大三峡文化旅游最具吸引力城市形象宣传口号“TOP100” 称号；百里竹海体育旅游精品线路获评“重庆市十大体育旅游精品线路”称号；百年张鸭子、梁平木版年画在2019“重庆好礼”特色旅游商品大赛中获银奖，桑叶面获铜奖。

武隆区 2019 年文化和旅游工作亮点

贺俊

2019 年，全区接待游客 3600 万人次，旅游综合收入 170 亿元。

一、品牌创建成效显著

成功创建首批国家全域旅游示范区，白马山天尺情缘景区、龙水峡地缝景区创建为国家 AAAA 级旅游景区。成功创建仙女山镇荆竹村为全国首批乡村旅游重点村，仙女山镇桃园村成功入选全国首批地质文化示范村。全面完成仙女山国家级旅游度假区提质升级。

二、文旅项目有力推进

全区签订文旅项目正式合作协议 10 个，签约金额 215 亿元，完成文旅项目固定资产投资约 30 亿元。白马山天尺情缘景区开园、羊角古镇开街、懒坝大地艺术区开放、后坪天池苗寨开寨，仙女山机场、乌江白马航电枢纽、乌江博物馆、区美术馆、区非遗中心等多个文旅项目加快建设；白马山东方明珠项目落地，“天下鹊桥”完成策划。“一部手机游武隆”加快建设，全年新培育规上文化企业 16 家。

三、市场营销多点发力

武隆与瑞士、匈牙利、新加坡等 11 个国家进行了友好合作交流；缔结格林瓦德等 3 个“国际友城”；仙女山与瑞士少女峰结成“共建景区”。I−WuLong 国际网站面向全球进行发布；参加各种节会活动 15 次，成功举办宣传推介活动 10 余次。“武小仙”“隆小马”等文创系列产品全面完成。

四、乡村旅游发展良好

武隆区全域乡村旅游扶贫模式入围《全国乡村旅游发展典型案例》。天池苗寨获第二届重庆旅游新地标称号，天池苗寨、艳山红村入选 2019 年重庆十大最美乡村，永隆田园综合体、黄莺大峡谷入选十大特色乡村。完成全区 5 条乡村旅游特色线路导视系统规划设计和全区 22 个乡镇街道乡村旅游及乡村旅游示范（村）点规划编制。

五、文旅活动有声有色

成功举办仙女山国际音乐季、绿色发展实践国际论坛、国际山地户外运动公开赛等大型文（体）旅活动 30 余场次，“双晒”获最佳效果奖。开展全民阅读等系列读书活动 40 余场次，送文化活动下乡 156 场次，文化互动工程送演出进基层活动 10 余场次，荣获 2019 年重庆市第四届篮球联赛第三名。组织非遗项目参加国家、市、区三级各类展演活动 10 余次，平桥薅秧号子成功列入重庆市第五批国家级非遗代表性项目拟推荐申报名单。

六、行业监管规范有序

深入开展“扫黄打非”“扫黑除恶”等专项行动。出动执法检查人员 2210 人次，检查各类文化经营场所 649 家次，没收出版物 2012 册，办结文化类案件 12 件，处罚款 35.8 万元。规范或取缔乱摆摊点 118 处，整治拦路揽客 1700 余人次，清理旅游主干道私搭乱建广告牌匾 82 块，排查购物店 100 家次，有效调处游客纠纷 118 起，成功处理游客投诉 89 件，挽回经济损失 20 万余元，全年无旅游安全事故发生，游客满意度调查全市领先。

城口县 2019 年文化和旅游工作亮点

陈良丰

2019 年，城口县培育“大巴山森林人家”为主的乡村旅游扶贫集群片区 7 个、示范村 33 个、示范户突破 2000 户，带动 3000 余户贫困户脱贫增收，乡村旅游年接待人数突破 150 万人次，乡村旅游综合收入达到 2 亿元。乡村旅游扶贫经验做法在中央扶贫开发工作会上得到了习近平总书记的肯定。

一、注重三个融合，破解旅游扶贫发展难题

（一）坚持与易地扶贫搬迁相融合，破解后续增收难题

按照“搬得出、稳得住、能致富”的要求，以 47 个易地扶贫搬迁集中安置点为重点，以户为单位、大力发展具有原乡特色的“大巴山森林人家”，通过整合行业扶贫、社会扶贫、专项扶贫等各类资金，实施通水、通电话、通网络和改厕、改厨、改院坝、改圈的综合治理，让搬迁户实现从“住无所居”到“居者有其屋”再到“小型游客接待中心”的演变，有效破解了搬迁户实现增收致富的难题，取得了“一迁活全局”的效果。

（二）坚持与山地特色农业发展相融合，破解产业转型难题

充分利用易地扶贫搬迁腾退的土地和林地资源发展生态林下经济，大力培育城口山地鸡、板栗、核桃、中蜂、中药材等“七大扶贫产业”，推进市场经营主体与贫困户建立稳定利益联结关系，形成了“山上中药材、林下山

地鸡，坡上核桃树、中蜂百花蜜，香菌巴掌田、杂粮鸡窝地，火炕老腊肉、冷水生态鱼”山地特色生态农业发展格局。

（三）坚持与美丽乡村建设相融合，破解资源整合难题。

按照“统一规划、分步实施，集中建设、示范带动”的思路，整合资金、土地、林地等资源，集中打造乡村旅游扶贫示范区、示范村、示范户，建成了一批生态环境优美、风格独特、特色鲜明的生态景观村落，实现了“农业旅游、农村发展、农民致富”三位一体同步发展。

二、创新四大模式，筑牢旅游扶贫利益联结

（一）直接带动模式，实现了稳定增收

针对贫困户家里有懂经营、会管理的明白人，通过扶贫政策扶持贫困户直接参与发展乡村旅游，集中对贫困户进行创业培训、政策支持、帮扶措施，转变观念、提高素质、提升技能，解决了“如何干”“能够干”“干得好”的问题。

（二）间接带动模式，扩宽了增收渠道

紧紧围绕贫困户家庭劳动力务工和销售贫困户农副产品两大关键环节，引导贫困户在乡村旅游经营户中参与服务，获得劳务收入；采取产业补助和销售政策支持，激励乡村旅游经营主体销售贫困户生产的农副土特产，助推贫困户稳定增收。

（三）入股分红带动模式，提升了脱贫质量

大力开展“三变”改革，按照贫困户不低于 50% 的受益比例，让有条件的贫困户可以把房屋、土地、林地等资产入股到乡村旅游扶贫示范户或乡村旅游产业合作社中，通过参与分红实现贫困户户均增收 1000 元以上。

（四）资产收益扶贫带动模式，巩固了脱贫成果

整合财政扶贫资金合理投入到乡村旅游扶贫经营项目，通过合作制、合同制、股份制等模式，重点瞄准贫困户中大病慢病、残疾等特殊困难群体，建立与其的利益链接机制，让贫困户获得资产性收益，实现参与贫困户户均增收 3000 元以上。

BLUE BOOK OF CHONGQING

丰都县 2019年文化和旅游工作亮点

谭云昭

一、景区品质升级 智慧旅游添彩

大名山景区已完成15个AAAAA创建重点建设项目。南天湖景区旅游集散中心主体全面完工，滑雪场接待中心基本建成，并获国家级旅游度假区申报资格。双桂山实现常态化开放，九重天景区公路实现升级改造通车。名山景区、南天湖景区（度假区）、雪玉洞景区成功创建为市级智慧旅游景区（度假区），九重天景区成功创建为市级智慧乡村旅游景区，实现游客“一部手机玩转丰都”。

二、营销创新发力 非遗保护有效

成功举办南天湖冰爽啤酒露营音乐季，《来丰都南天湖！找属于你的冰雪奇缘！》视频在人民网、新华网等播放，阅读人数超亿人。创新策划丰都庙会营销活动，“夜游鬼城”“阴天子巡游”成为“抖音网红打卡地”，抖音关注人数超一亿人次，“丰都庙会”微博热搜上榜全球第三。鬼城神鼓舞、太平石工号子、龙河高台狮舞、朱氏麦秆画、茶元白酒传统酿造技艺、青龙茶传统制作技艺被纳入市级非物质文化遗产名录。开放小官山古民居明清特色古建筑群，迈出了文物保护和活化利用的步伐。

三、扶植乡村旅游 助力脱贫攻坚

我县文旅系统紧盯脱贫攻坚任务，坚持“乡村旅游 + 农村扶贫”，保合镇举办了“花漾丰都”赏花踏青之旅，都督乡举办了“清凉丰都”避暑旅游季，江池镇、武平镇、太平坝乡先后举办了系列避暑文化旅游活动，仙女湖镇、三元镇、龙孔镇分别举办了系列采摘活动。实现年接待乡村旅游游客突破 900 万人次、乡村旅游综合收入实现约 40 亿元，直接或间接带动贫困人口增收约 3000 人。旅游扶贫已成为全县推动乡村振兴、助力脱贫攻坚、建设美丽乡村的重要抓手。

四、繁荣民间文体 丰富文化生活

为 74 个村配送了文化器材，新建 24 小时自助图书馆，开展全民阅读系列活动 85 场次，开设“巾帼夜校”分校 27 所，推动全民艺术普及。举办了群众合唱音乐会、群众广场舞展演、第二届世界大河歌会广场音乐会（丰都专场）等庆祝中华人民共和国成立 70 周年系列文化活动。全年开展群众性文化文艺活动 600 余场次，使人民群众文化生活得到极大丰富。

垫江县 2019 年文化和旅游工作亮点

周洪

2019 年，文化产业增加值达 11.39 亿元，占全县 GDP 的 2.73%；旅游产业增加值达 16.52 亿元，占全县 GDP 的 4%。

一、文化服务获得新突破

成功举办了第二十届垫江牡丹文化节、第三届中国石磨豆花美食文化节；圆满举行了庆祝中华人民共和国成立 70 周年系列活动、2019“山城手表”重庆垫江半程马拉松赛、垫江县五运会、垫江县 2019 年春节联欢晚会等大型活动。2019 唢呐曲目《百鸟朝凤》获重庆市第三届民间文化艺术之星选拔赛民间器乐组第一名。

二、非遗传承获得新成就

2019 年 6 月获得第二届全国创业就业服务展示交流活动“优秀项目奖”。《垫江石磨豆花制作技艺》和《牡丹皮传统加工技艺》列入市级非物质文化遗产名录。非遗项目大石竹编画系列——灯塔石牌获“2019 中国特色旅游商品大赛”银奖。

三、旅游营销获得新成效

积极参与2019重庆都市旅游节展会、2019年第六届中国西部旅游产业博览会、第八届重庆国际文化产业博览会等大型活动，获得了第六届中国西部旅游产业博览会优秀组织奖。书记“晒文化·晒风景”主题活动晒出了“千年牡丹、秀美垫江”的文化气质，晒出了垫江生态美、百姓富的美好生活，晒出了垫江山清水秀的新形象，并获最佳创意奖。在“重庆好礼”特色旅游商品（文创产品）大赛上，赵牛肉系列产品获得银奖，巴人咂酒、角雕工艺品获得铜奖。

四、垫江形象获得新提升

恺之峰旅游区上榜2019重庆文旅新地标并成功创建AAAA级景区，打造了AI智慧旅游系统，实现景区数据云同步。太平红精品牡丹二获北京世界园艺博览会金奖，垫江县文化旅游委荣获2019北京世园会优秀组织奖。沙坪箩蔸湾获评市级乡村文化乐园，新民镇明月村获评“全国乡村旅游重点村”和“全国百佳旅游目的地”，沙坪镇毕桥村入选“2019中国最美乡村”。

忠县
2019 年文化和旅游工作亮点

易会

2019 年，接待游客 1001.1 万人次，实现旅游综合收入 51.3 亿元，同比分别增长 42.9%、46.6%。

一、文旅融合发展迈上新台阶

一是全域旅游提质增效。县委主要领导顶层设计全域旅游发展思路，亲自策划“双晒”大型文旅推介活动，获得“最佳传播奖”。

二是文旅精品不断丰富。白公祠古建筑群成功申报为第八批全国重点文物保护单位，忠州博物馆正式开馆，白公祠文博景区 AAAA 级景区创建有序推进。烽烟三国提档升级，接待游客首次突破 11 万人次。三峡橘乡 · 田园综合体建成风情廊道、慢行廊道、马拉松廊道等，成功打造特色民宿 6 家，“五彩稻田”成为网红打卡地。

三是文旅活动精彩纷呈。成功举办田园马、三峡马、音乐节、电竞大赛等大型文体旅赛事活动，承办了 2019“国际博物馆日”、“中国旅游日”重庆主（分）会场活动，举办的“诗意忠县 dou 是美”抖音短视频大赛、腾讯微视“30 秒游忠州”等活动，持续提升忠县文旅对外影响力，忠县荣获“2019 文旅融合发展优秀城市”称号。

二、文旅项目建设释放新动能

一是推进国家示范项目创建。创新实施创建国家公共文化服务体系示范项目——小区文化工程建设，建成小区文化活动室（中心）40 个，推动公共文化服务向广覆盖、高效能转变。

二是数字文化产业不断壮大。成功引进希望教育集团投资 15 亿元建设重庆数字产业职业技术学院，20 多家企业入驻电竞小镇，2019 年电竞产业结算收入 28.55 亿元，实现税收 1.29 亿元。

三是文旅项目投资持续增长。投资 2 亿元新造华夏神女 3 号，豪华游轮数量增至 3 艘，为三峡旅游增添新动能。投资 892 万元，建成旅游厕所 26 座，全年完成文旅项目投资 62.9 亿元，同比增长 27%。

BLUE BOOK OF CHONGQING

云阳县
2019 年文化和旅游工作亮点

林冬利

2019 年，全县共接待海内外游客 2530.7 万人次，实现旅游综合收入 100.7 亿元，同比分别增长 26.5%、25.9%。

一、产业发展有厚度

一是注重高位谋划。出台“1+16”全域旅游配套方案，实施大旅游目标实事 180 件，创成市级休闲农业和乡村旅游示范乡镇（村、点）18 个，乡村旅游发展模式入选全国典型案例。二是注重主体培育。新增文旅市场主体 108 家、规上企业 5 家，新创 A 级景区 5 家、星级饭店 3 家，文化旅游产业增加值达 25.2 亿元。文旅产业有为有位，登榜 2019 中国县域旅游竞争力百强县市。

二、品牌宣传有热度

一是突出“借势借力、抱团发展”。开展“晒文化 · 晒风景”大型文旅推介，获最佳效果奖，云阳文旅宣传片作为全国首批区县亮相央视《生财有道》；主动与三峡沿江区县、对口帮扶单位互访联动，推出“梯城八景一日游”城市游线，累计接待山东游客 11937 人次。二是突出“请进来、走出去”。举办全国沙滩排球巡回赛、龙缸国际文化旅游爱情节、第二届世界大河歌会广场音乐会（云阳专场）等品牌赛事活动，参加西洽会、西旅会等 14 场市内外推介，接待入境团队 300 余个。“万里长江 · 天生云阳”品牌形象深入人心，龙缸景区连续 5 年迈入全市百万游客俱乐部，获“中国天然氧吧”称号。

三、项目建设有深度

一是“四张名片”持续擦亮。编制完成清水国家级旅游度假区规划、侏罗纪恐龙世界公园核心区总体规划、盘龙休闲健康产业示范区总体规划，新增龙缸飞拉达、悬崖秋千等一批游玩项目，序时推进张飞庙南滨路民俗风情街及一期提档升级项目，完成普安恐龙遗址馆、博物馆等主要建筑单体设计。二是文物保护持续推进。编制完成云阳县“三个十”文物保护与利用规划，完成程家祠堂等一批“三个十”文物保护项目，修复珍贵文物 375 件；新增市级文保单位 3 处，总量居渝东北第一。

四、文旅服务有温度

一是围绕旅游顺心。完成云阳县智慧旅游建设方案，打造餐饮聚集区 3 个，建成投用“三中心”，推出“十个一”文创产品，新建旅游厕所 35 座。二是围绕文化舒心。首创举办“唱响梯城 · 舞动云阳”文艺展演赛，开展系列群众文化活动 1000 余场次，创作各类文艺作品 300 余部，注册“梯城 · 悦读吧”全民阅读品牌，打造形成“梯城周末剧场”百姓文化品牌；基本实现镇村两级文图分馆全覆盖。

BLUE BOOK OF CHONGQING

奉节县 2019 年文化和旅游工作亮点

潘万山

2019 年，全县接待游客 2060 万人次，同比增长 12%；购票人数 145.1 万人次，同比增长 15.1%；旅游总收入 100.6 亿元，同比增长 25.4%。

一、打造全域景区，品牌创建持续推进

一是白帝城 · 瞿塘峡景区列入国家 AAAAA 级旅游景区预备名单；夔州博物馆、龙桥河景区成功创建为国家 AAAA 级旅游景区，全县 AAAA 景区数量增至 4 个，A 级景区达到 14 个。二是白帝城大遗址成功申报第八批全国重点文物保护单位，正式启动申报世界文化遗产工作。三是启动夔州木雕等 3 项国家级非遗项目申报工作，新增加竹枝词等 16 项市级非遗项目。四是荣获“2019 中国最美山水生态文化旅游名城”“2019 文旅融合发展优秀城市”“2019 中国旅游影响年度文化景区”“中国攀岩旅游推荐目的地”“醉美摄影旅游目的地”等荣誉称号。

二、提升文化自信，诗城魅力持续彰显

一是高质量举办第二届中华诗人节、第六次杜甫读书会、第三届“中国 · 白帝城”国际诗歌节，最多人组成的“夔”字成功申报吉尼斯世界纪录。二是与《中国诗词大会》（第四季）深度合作，首播观众达 3.43 亿人次，宣传奉

节达 230 次。三是中华诗词学会授予奉节县“中华诗词白帝城创作研究基地”牌匾，与北师大达成战略合作，“诗词六进”、才子佳人诗词挑战赛等活动引爆火热诗潮。四是《归来三峡》震撼开演，高质量演出 204 场，常态化开展节目优化升级，诗书情怀全面激发，文化自信更加坚定。

三、开展宣传活动，宣传营销精准发力

一是全市“双晒”活动，县委杨树海书记亲自当导游，取得良好效果，获得市委宣传部表彰的“最佳作品奖”。二是杨树海书记、祁美文县长分别到北京推介全县文化旅游，获得首都媒体、旅行商的一致好评。三是瞿塘峡 · 三峡之巅景区、《归来三峡》荣登全市文旅新地标 40 强，白帝城入选重庆历史文化地标 20 强。与市川剧院联合出品川剧《江姐》《归来三峡》，分别获得市委宣传部精神文明“五个一工程”奖。四是参加第八届重庆国际文化产业博览会，奉节获“晒文化 · 晒风景”成果展示最佳人气奖。

BLUE BOOK OF CHONGQING

巫山县 2019年文化和旅游工作亮点

李元华

一、突出全域旅游抓发展，成果丰硕

2019年，成功创建首批国家全域旅游示范区，并作为生态依托型全域旅游典型案例入选国家文化旅游部11个示范区，纳入全国17个重点示范区，全域旅游“点状供地”等经验成果在全国宣传推广。巫山博物馆成功创建国家AAAA级旅游景区，小三峡景区通过国家AAAAA级景区评定性复核，神女景区实现“水陆环线游、立体看三峡”，全县形成1个AAAAA、3个AAAA精品景区集群和6个乡村旅游示范片、25个示范点的旅游大格局。建设“七横三纵三港一场八环线八中心”交通网络，推动旅游交通便捷式发展。2019年8月，巫山机场建成正式通航，开启“航空＋旅游”时代，切机位已达5000余个。郑万高铁、长江黄金水道、3条航线、4条高速、8条旅游大环线将形成旅游立体交通枢纽。庙宇镇玉米洞入选国家级文物保护单位。巫山博物馆《百年巫山——票证年代》主题展览入选国家文物局“2019年社会主义核心价值观主题展览推介”100个项目，全国仅3个县级博物馆获此殊荣。

二、突出品牌宣传抓营销，成效显著

实施“旅游宣传营销年”行动，全年接待游客1902.83万人次，实现旅游综合收入 83.22 亿元，同比分别增长 19.02%、30.02%，旅游购票人数 155.3 万人次，同比增长 27.3%。打好“三峡牌”，成功举办首届长江三峡旅游一体化（巫山）旅游宣传营销大会，签订《2020 年长江三峡旅游一体化旅游宣传营销合作协议》等合作协议 37 份。打好“神女牌”，与江泰保险公司签订《神女峰投保保险协定》，投保 1 亿元，成为全球首个陆地旅游资源保险案例和全国首个旅游资源保险案例。打好“红叶牌”，精心策划巫山国际红叶节开幕式晚会、“山盟海誓”等优质活动，展示巫山的山水之美、历史之美、人文之美、美食之美，唱响“神女恋城 · 红叶巫山”品牌。实施精准营销，设立重庆、湖北、成都、山东、广东 5 个宣传营销组，解决旅游营销“最后一公里”问题。扩大推介营销，“晒文化 · 晒风景”获全市最佳效果奖，参加国家、省市级旅游节会推介 20 余场次，赴芬兰、瑞士、新加坡等地开展国际旅游推介活动 8 场次。深化对口营销。成功举办“相约飞巫山 · 陆上游三峡”巫山美食美景美物走进烟台系列宣传活动，与三峡集团旅游公司成立全景旅游运营管理公司，打造“船进车出、车进船出”水陆环线旅游产品，输送游客 20.9 万人次。

三、突出融合发展抓品质，成为常态

深化文旅融合，高品质打造文化活动，成功举办第十三届中国重庆长江三峡（巫山）国际红叶节、第四届巫山神女杯艺术电影周，吸引李幼斌、吴京等明星大咖云集，成为全国最靓丽的节庆活动之一。深化体旅融合，成功举办第四届长江三峡国际越野赛、第三届当阳大峡谷户外挑战赛、“红叶杯”中国拔河俱乐部公开赛（巫山站）。深化农旅林旅融合，摩天岭森林小镇荣获“中国（重庆）气候旅游目的地”，生态宝贝“巫山脆李”荣获“中国气候好产品”。深化城旅融合，完成五期夜景灯饰改造和长江大桥、龙门大桥等城景灯饰工程建设，成为全域旅游“美的客厅”。深化商旅融合，高品质打造巫山烤鱼国际总店，建设高唐、滨江等 6 大美食街区，开设旅游商品店 20 家，开发文创商品 160 余件，成为游客首选纪念品。

四、突出赋能驱动抓管理，成绩斐然

组织保障给力，成立文化旅游高质量发展领导小组，出台《关于推动文化产业高质量发展的实施意见》等指导、规划性文件8份。资金保障有力，安排旅游宣传营销资金3000万元，统筹部门全域旅游建设资金56亿元，支持文旅项目资金9.7亿元，为企业协调贷款资金25亿元。实施景区重点项目12个、文化旅游民生工程24个，建立文化旅游扶贫利益连接机制，带动2997户贫困户脱贫致富，14.6万人受益。环境保障得力，组建文化旅游执法支队、旅游警察大队、旅游市场监督管理所，优化文化旅游市场环境，得到社会的广泛认同，游客满意度高，在渝东北片区排名前三。人才保障助力，新增人员编制7个，招聘、引进专业人才6人。“三馆一站”、旅游服务大厅、景区售票大厅等文旅服务窗口群众满意率达100%。2019年11月，巫山县文化和旅游发展委员会被公示为第三届全市文旅系统唯一“人民满意公务员集体”。

巫溪县
2019 年文化和旅游工作亮点

刘杨

2019 年，全县共接待国内外游客 800.32 万人次，同比增长 16.44%；实现旅游综合收入 38.41 亿元，同比增长 34.58%。

一、深入推进文旅融合，切实提升文化自信

（一）文旅营销收获颇丰

接待文旅考察团队 18 支，外出招商推介 11 场次。以“晒文化 · 晒旅游”活动为契机，以“巫盐文化”为主线，多角度宣传推介全县文旅资源，全面展示厚重人文历史，切实晒出巫溪的文化自信，提升“上古盐都、心旅巫溪”形象魅力。

（二）文旅活动精彩纷呈

开展特色乡村文化旅游节会 13 场，成功举办第四届大宁河国际漂流赛、第八届红池坝国际山地自行车邀请赛、华侨城 · 红池坝文化旅游节等品牌营销活动，邀请知名笑星、体育健将、网红明星体验推广巫溪大美山河、历史文化、美食文化和习俗文化，不断提升巫溪知名度和美誉度。

（三）文旅项目硕果累累

红池坝景区、宁厂古镇分别获评第二届重庆文旅新地标、首届重庆最美历史文化古迹称号；大宁盐厂遗址被评为“全国第八批重点文物保护单位”；古路镇观峰村成功创建全国乡村旅游重点村。歌曲《九千万分之一》获得重

庆市“五个一工程”奖。大宁河刺绣传承人唐丽娟成功入围2019“中国非遗年度人物”推选100人候选人名单，重庆仅2人获此殊荣；水韵酒店成功被评为我县首家4星级旅游饭店。

二、强化基层文化服务，丰富业余文化生活

（一）抓好文体项目建设

建成红池坝镇、天元乡2个深度贫困乡（镇）文化服务中心，升级改建完成22个村（社区）级文化服务中心，完成74个村文化活动室标准化设备配备。新增体彩销售点5个，为10个社区、35个单位（村、机关、企业）配备体育健身器材。

（二）做好基层文化覆盖

实现全县32个乡镇（街道）文图分馆全覆盖，开展流动文化服务进基层活动1220场，承接市级演出活动27场，放映惠民电影3468场，开展各类培训、展览、讲座147次。

（三）用好免费开放场地

县文化馆分59期免费培训学员6660人次；县图书馆接待读者5.4万余人次，免费办理图书借阅证219个，外借图书约2.3万册次；县博物馆开展“小小讲解员培训”“永远的三峡·巫溪研学游”等活动，举办文物专题展览、爱国主义教育等活动33场，接待市民7.2万人次。

石柱土家族自治县
2019 年文化和旅游工作亮点

哈文

一、以康养大会为载体，撬动康养经济稳步前行

2019 年，全县成功举办三届康养大会，成功发布《2019“康养石柱”白皮书》和康养指数，并获“中国天然氧吧”和“中国（重庆）气候旅游目的地”称号，累计签约招商引资项目 32 个，总投资 773.6 亿元。接待游客 1517 万人次，同比增长 42.78%；过夜游客 875.7 万人次，同比增长 19.7%；实现旅游综合收入约 93.2 亿元，同比增长 44.56%。规模以上文化服务企业营业收入 1.3 亿元，文化产业投入实现 5680 万元。

二、以《秦良玉》为突破，为石柱文化注入新内涵

围绕“将文化资源转化为旅游产品，延长产业链”的目标，通过一年多来的努力，石柱文化特别是以秦良玉为代表的土司文化取得阶段性突破。11 月 29—30 日京剧《秦良玉》在国泰艺术中心大剧院首次公开上演，受到广大戏迷一致好评。河嘴乡湾底谭氏民居成功入选第八批全国重点文物保护单位，成为石柱第二例国宝级文物；首批中国历史文化名镇西沱古镇和秦良玉军寨遗址万寿山同步实现对外开放。

三、以“三创”工作为抓手，为文旅深度融合筑基

围绕“创 AAAAA 景区、创黄水国家级旅游度假区、全域旅游示范区”目标，统筹全县资源，打好产业发展基础，助推文旅深度融合。

秀山土家族苗族自治县 2019 年文化和旅游工作亮点

文彬

2019 年，全县接待游客 1474.6 万人次，实现旅游综合收入 73.7 亿元，实现文化产业增加值 11.3 亿元，旅游产业增加值 15.2 亿，分别占全县 GDP 比重达 4%、5.4%。实现旅游综合收入 74.03 亿元，同比增长 33.16%。完成综合涉旅固投 22 亿元。完成重点景区固投 12.5 亿元。

一、文化旅游

一是规划体系逐步完善。编制和完善景区总规、专项规划等 70 余项。二是项目策划不断优化。积极策划秀山县川河盖国家级山地体育公园等储备项目 20 余个，总投资约 630 亿元。三是旅游品牌创建成效明显。荣获“2019 中国美丽休闲乡村”“中国美丽田园景观”等国家级、市级旅游品牌 20 余个。四是产业招商成果显著。2019 年协议引资 26.3 亿元，文旅招商占全县招商比重达 4.2%，引导社会资本投入文旅产业近 12 亿元。五是重大项目建设快速推进。完成综合涉旅固投 22 亿元。完成重点景区固投 12.5 亿元。

二、公共文化

一是文化惠民。开展免费开放及流动文化服务进村 1170 场。二是全民阅读。全年图书借阅量达 18 万册次。三是文化活动。举办了大型文化活动

14 次。四是文艺创作。组织本土创作力量，多次获奖。五是非遗及文物保护。积极推进 7 个项目入列第六批市级非遗名录，使我县市级非遗代表性项目达到 22 项。

三、公共体育

一是群众体育。全年举办县内群体活动 40 次。二是竞技体育。参加市级以上比赛获奖牌 13 枚，其中金牌 4 枚、银牌 3 枚、铜牌 6 枚。三是体育基础设施建设。现有体育场地 1438 个，场地面积 791281 平方米，免费开放率达 99.35%。四是体育产业。完成体育彩票销售近 1.5 亿元，实现体育彩票公益金近 1500 万元。

四、广播电视

一是应急广播系统建设。项目总投资 400 万元，目前已全面完成县级平台和 184 个村级平台建设，完成鸡冠岩、黄木 2 个传输覆盖辅站建设，安装终端 618 组；二是直播卫星公共服务建设。我县任务数 6060 户（套），已全面完成开通安装，完成率 100%。

五、市场管理

一是文化旅游市场监管。认领公共服务和权力事项 293 项，已全部完成流程配置并发布；共有注册导游 6 名；我县 4 家 A 级旅游景区视频信号全部成功接入市级应急指挥平台。二是文化旅游市场执法。共出动执法人员 680 余人次，执法车辆 240 余车次，检查各类文化旅游经营场所 165 家次，检查文保单位 50 家次，督促景区安全 35 次，下发整改处罚通知书 19 份，罚款 8200 元，没收盗版音像制品 327 盘。

酉阳土家族苗族自治县 2019年文化和旅游工作亮点

冉云峰

一、经济指标稳中有升

全县全年接待游客1760.10万人次，实现旅游综合收入81.60亿元，分别同比增长20.44%和23.04%。其中：过夜游客172.89万人次，同比增长6.83%；境外游客16万人次，同比增长13.72%。重点扶持、支持和指导了以子月苗绣公司、演艺公司、非遗酒类企业等文化产业，支持项目资金约1000万元，文化产业增加值及占GDP比重持续升高。

二、文旅扶贫深入推进

印发农旅融合发展实施方案和异地扶贫搬迁与“桃源人家”利益联结方案，建成车田、浪坪2个非遗扶贫工坊，争取市级扶贫专项扶贫资金1500余万元，开工旅游扶贫项目22个，覆盖全县12个乡镇，解决直接就业500余人，项目建成后将提供19000余个就业岗位，让更多贫困人口吃上“文化旅游饭”。

三、项目建设加速发力

重点打造内口村、红花村、山羊村等15个乡村旅游重点示范点；完成旅游厕所建设4座，“桃源人家”民宿品牌创建138户；建成投用270个村级综合文化服务中心，全面建成县乡（镇）村三级公共文化服务体系。开展送文化下乡活动1080场次。96个行政村实现数字有线电视信号覆盖，争取中央资金460万元，快速推进应急广播系统建设，完成直播卫星“户户通”工程6000套。

四、行业监管有力有效

开展联合执法专项行动4次，出动执法检查人员850余人次，检查文化旅游企业341家／次、提出整改意见和建议211条，现场整改198条，责令限期整改13条，发出警告通知8家／次，对检查整改不合格的酉洲大酒店星级酒店进行了摘牌、对龚滩景区安全管理负责人进行了警示约谈、对龚滩仁义酒店存在安全隐患进行了处罚、对酉阳旅行社和酉阳吉祥亚休闲网吧进行限期停业整顿一个月。有效实现全年安全责任零事故。

五、公共服务全面提升

全县开发土家特色菜品50种、小吃30余种美食品牌、旅游商品1680种。以嗨皮游为主加大了华北、华南等二级目标市场的营销力度；渝东南旅游协作组织共同助力开通了“黔江—青岛”航线、“贵阳—黔江—日照”航线，开通了10万山东人游重庆首趟“桃花源”号专列，山东游客到酉阳旅游8万余人次；培训旅游从业人员1551人次。

六、文物非遗保护成效显著

实施文物消防工程3处，落实475处不可移动文物安全责任人，有效保护文物安全。酉酬禹王宫、南腰界红三军旧址成功申报为重庆市第三批文物保护单位，成功升级为全国革命文物保护利用片区，南腰界革命文物保护利用纳入“湘鄂川黔”片区实施革命文物保护利用工程；投入90万元开展非遗培训3期，投入115万元，建成投用车田、浪坪两个深度贫困乡非遗扶贫工坊。

彭水苗族土家族自治县 2019 年文化和旅游工作亮点

袁业国

一、旅游经济持续向好

全年接待各类旅游者突破 3000 万人次、同比增长 19.73%，实现旅游综合收入 150.02 亿元、同比增长 34.19%，旅游经济保持了良好的发展势头。

二、品牌创建成效突显

阿依河景区成功创建国家 AAAAA 级旅游景区，并进入中国 AAAAA 级旅游景区排行榜前 100 名；彭水成功跻身“2019 全国县域旅游综合实力百强县”榜单；彭水不老泉 · 太极水荣获 2019 中国特色旅游商品大赛金奖；苗阿依小麻花获得 2019“重庆好礼”特色旅游商品（文创产品）大赛铜奖；原生态民歌作品《娇阿依》荣获第十四届中国民间文艺“山花奖”优秀民间艺术表演作品奖；彭水县射弩队代表重庆市参加第十一届全国少数民族传统体育运动会射弩项目的比赛，获得了传统弩团体二等奖、标准弩团体三等奖和 3 个个人二等奖、6 个个人三等奖，娇阿依艺术团获得第十一届全国少数民族传统体育运动会表演类项目二等奖。

三、节赛活动亮点纷呈

2019 · 第八届中国乌江苗族踩花山节隆重开幕，万名苗族群众齐唱民歌《娇阿依》，共舞踩花山，演绎了一场极具少数民族特色的文化盛宴；成功举办“第四届渝东南生态民族旅游文化节”等 40 余项节庆、赛事活动；隆重举行“歌唱祖国”——重庆市庆祝中华人民共和国成立 70 周年彭水自治县群众合唱音乐会；以建设美丽中国为主题的“绿色中国行”大型系列主题公益活动再次走进彭水；2019 年，先后有 9 个乡镇（街道）举办了以“世界苗乡 · 养心彭水”为主题的乡村旅游活动；彭水县以“世界苗乡 · 养心彭水”为主题的“晒文化 · 晒风景”荣获全市最佳作品奖。

四、文旅扶贫纵深推进

全面开展东西部扶贫协作、旅游营销推介、文旅招商、“好客山东人 · 养心彭水游”主题活动四大板块，2019 年山东游客来彭达 12 万人次；举办鲁渝共建非遗扶贫培训 5 个班次，培训人员共计 161 人；两江新区市场监管局和两江置业公司来彭开展对口帮扶交流；深度贫困乡“三建六送”扶贫项目有序实施，大垭、三义两个乡村级文化服务中心建成投用，完成 1210 套直播卫星设备安装验收和 14800 余册图书配置。

五、文化传承效果显著

增设 2 个非遗生产性保护示范基地，完成鞍子苗歌、竹板桥造纸等 4 个非遗传习所建设，组织申报《彭水苗绣》《郁山鸡豆花制作技艺》等 3 项国家级项目。郁山盐业遗址群和万足茶林坪古建筑群被列入市级文物保护单位，郁山抗日阵亡将士纪念碑被列入县级重点文物保护单位，桐楼乡被命名为“红三军入彭第一乡”。彭水高竿狮舞、玩牛等 11 个县级非遗代表性项目获批升级，被列入重庆市第六批市级非物质文化遗产名录。

两江新区 2019年文化和旅游工作亮点

张光明

一、文化工作亮点

（一）文化设施建设稳步推进

一是积极协调新区相关部门，配合推进市青少年活动中心建设。二是积极推进区级文图两馆建设，推动文化馆与“城市大脑”合建，开展图书馆前期选址。三是金山街道综合文化服务中心实施迁建；建成投用5个社区文化室，2个社区文化室完成装修，实现免费无线网络全覆盖。

（二）文化品牌活动做精做细

一是举办“壮丽70年　奋斗新时代”大型文艺汇演，彰显两江风采；做优第二届“发现两江之美”书法绘画摄影活动，充分展示新区秀美风光和群众幸福生活状态；参与“双晒”活动，新区作品获得最佳作品奖。二是举办送京剧、川剧进校园20场，开展“渝州大舞台”春秋两季送演出进基层24场，区级送演出进基层44场，较上年净增21场、增幅达91%。三是与重庆文化艺术职业学院开展“校地合作”，推动人才培育；加强对新区美术家协会的工作指导，引导辖区居民开展艺术创作和艺术推广工作；开展“阅读让您独善　朗读让您分享”主题读书月活动。

（三）文物非遗工作稳步推进

一是配合市文化旅游委推进“山城防御体系”申报世界文化遗产，稳步推进白云寨、中央大学柏溪分校等文物修缮工作；二是新审核通过区级非遗项目4个，成功获评2个市级非遗项目。

二、旅游工作亮点

（一）政策引领，优化旅游发展环境

先后出台《全域旅游发展三年行动计划》和《促进旅游业发展暂行办法》，完善文旅、交旅、研学等配套政策。全区现有规上旅游主体536家，已跃居全市前列。2019年发放旅游扶持资金976万元，力度居全市之首。

（二）产业融合，丰富旅游项目业态

依托产业优势，以“旅游+”为载体，全面打造智慧旅游、会展旅游、工业旅游、生态旅游和城市文化旅游。全区AAA级以上景区、星级酒店实现免费Wi-Fi、移动通信网络、视频监控系统全覆盖。园博园、欢乐谷成功创建智慧旅游景区。礼嘉智慧公园备受世界瞩目。国博会展中心成功举办“智博会”“西旅会”等82场国际性展会，成为享誉国内外的城市会客厅。机器人展示中心工业旅游独树一帜。

（三）宣传营销，提升旅游品牌知名度

在“晒文化·晒风景”文旅推广活动中获最佳作品奖。布展“西旅会”获“最佳组织奖”。文创作品“火漆印章”获中国特色旅游商品大赛银奖。指导旅游主体创办各类旅游节会，“诗意桃源”“高铁觅香”等成为网红打卡点，“电音节”燃爆夜间旅游。开放之旅、智慧之旅、人文之旅等13条旅游线路吸引游客打卡不断。

（四）多措并举，增强旅游主体实力

保税商品展示交易中心、欢乐谷成功创建AAAA级景区。园博园、欢乐谷成功创建研学旅行示范基地。华宇温德姆大酒店通过五星级标准认定。世纪同辉、伊可莎酒店成功创建四星级。星级酒店总量及新增数均处于全市前列。6 家酒店被评定为五叶级、四叶级绿色饭店，占全市总量的三分之一。将旅游主体纳入市场信用监管平台进行动态监管，全方位打造有序健康的旅游市场环境。加强与主城各区的交流合作，全面展示两江新区文旅形象。主动参与彭水自治县对口帮扶，深化交流合作。

BLUE BOOK OF CHONGQING

万盛经开区 2019年文化和旅游工作亮点

杨学明

一、文旅经济高质量发展

全年来区游客达2510.9万人次，同比增长13.7%；旅游总收入185.2亿元，同比增长26.9%。文化企业达317家，较上一年度增加107家，颁发《关于推动文化产业高质量发展的实施意见》。

二、完善配套强基础

完成《万盛经开区全域旅游发展规划》调整和修编工作。全区共有住宿接待设施713家，床位19218个，住宿业餐饮接待能力49920位。完成3个基层综合性公共文化服务中心建设。启动3个镇级基层综合文化服务中心和42个村（社区）级基层综合文化服务中心的提级达标建设工作。推动4个乡村文化振兴基层示范点建设。

三、品牌推广出新招

积极参加全市“晒文化·晒风景”大型文旅推介活动，获最佳效果奖。成功举办第二届渝南黔北区域文化和旅游发展联盟大会、黑山谷国际大马戏节、全市乡村振兴推进会、2019重庆体育旅游产业发展大会等高端会议；参加“美丽中国”欧洲旅游推广活动、第十五届中国（深圳）文化产业博览交易会等重大旅游推介活动20余场次。接待国家文旅部假日经济调研及各地参观考察学习代表团65批次。在国家及市级媒体发布新闻、消息1294条。

四、创先争优获丰收

成功入选中国·重庆2018首届健康盛典“全市十佳康养胜地”；关坝凉风村成功入选全国首批乡村旅游重点村及全市十佳美丽乡村典范；黑山旅游度假区在2019中国旅游产业发展年会上入选2018中国十大旅游影响力度假区；“重庆市万盛全域智慧旅游项目”入选《2018年全国文化和旅游信息化应用案例书》“信息综合管理服务类优秀案例”；2019年我区智慧旅游发展水平位列全市区县排行榜第一；新华通讯社《新华文旅观察》推出《万盛全域旅游助推万盛资源型城市转型发展》专题文章。

五、文化惠民显成效

文化馆、图书馆、博物馆免费开放率100%。持续开展“三节”系列群众文化活动、戏曲进校园、万盛大舞台、放歌新时代、“乡村振兴·文化铸魂”等各类大型公益性活动59场，组织117场文化服务活动进基层。开展全民阅读活动60余场次，播放公益电影288场次。开设“种文化”培训班和免费艺术培训班17个，培训学员500余人次。

TEZAI PIAN
特载篇 <

2019 年规范性文件

重庆市文化和旅游发展委员会关于废止部分规范性文件的通知

渝文旅规〔2019〕1号

各区县（自治县）文化旅游委，两江新区社发局、市场监管局，万盛经开区文广新局、旅发委，委属各单位：

根据《重庆市行政规范性文件管理办法》（重庆市人民政府令第290号）规定，经市文化旅游委2019年第11次主任办公会议研究决定，同意将《重庆市文化广播电视局关于进一步加强境外广播电视节目引进、播出管理的通知》（渝文广发〔2009〕107号）等15个规范性文件予以废止，自本通知印发之日起不再施行。

附件：废止的部分规范性文件

重庆市文化和旅游发展委员会

2019年7月15日

废止的部分规范性文件

1. 重庆市旅游局关于印发《重庆市旅游景区质量等级评定工作程序》、《重庆市旅游饭店星级评定工作程序》和《重庆市内河旅游船星级评定初评和申报工作程序》的通知（渝旅〔2006〕55号）

2. 重庆市文化广播电视局关于进一步加强境外广播电视节目引进、播出管理的通知（渝文广发〔2009〕107号）

3. 重庆市文化广播电视局关于严格规范广播电视节目保护个人隐私的通知（渝文广发〔2009〕108号）

4. 重庆市文化广播电视局重庆市财政局重庆市国家税务局重庆市地方税务局关于实施《动漫企业认定管理办法（试行）》有关问题的通知（渝文广发〔2009〕214号）

5. 中共重庆市委宣传部重庆市财政局重庆市文化广播电视局关于印发《重庆市农村综合广播信息系统工程建设实施办法》的通知（渝文广发〔2010〕201号）

6. 重庆市文化广播电视局关于印发《重庆市卫星电视广播地面接收设施安装服务管理实施细则》的通知（渝文广发〔2010〕223号）

7. 中共重庆市委宣传部重庆市文化广播电视局重庆市工商行政管理局重庆市新闻出版局关于大力发展微型文化创意企业的通知（渝文广发〔2010〕

229 号）

8. 重庆市文化广播电视局重庆市经济和信息化委员会关于加强工业园区建设文物保护工作的通知（渝文广发〔2010〕281 号）

9. 重庆市文化广播电视局关于贯彻《进一步加强网络剧微电影等网络视听节目管理的通知》的实施意见（渝文广发〔2012〕258 号）

10. 重庆市文化广播电视局重庆市财政局关于实施社区文化室建设的通知（渝文广发〔2013〕36 号）

11. 重庆市文化广播电视局关于调整行政审批有关事项的通知（渝文广发〔2013〕181 号）

12. 重庆市旅游局关于印发重庆市旅游规划设计单位资质等级认定管理实施细则的通知（渝旅〔2014〕8 号）

13. 重庆市文化委员会关于印发重庆市文化委员会行政许可工作规程通知（渝文委规〔2016〕9 号）

14. 重庆市文化委员会重庆市文化市场行政执法总队关于印发重庆市文化市场警示名单管理办法（试行）的通知（渝文委规〔2017〕16 号）

15. 重庆市文化委员会重庆市文化市场行政执法总队关于印发重庆市文化市场红名单管理办法（试行）的通知（渝文委规〔2017〕17 号）

重庆市文化和旅游发展委员会关于印发重庆市国有博物馆服务规范的通知

各区县（自治县）文化旅游委，委属各单位，机关各处室，各有关单位：

《重庆市国有博物馆服务规范》已经市文化旅游委研究同意，现印发给你们，请认真贯彻执行。

重庆市文化和旅游发展委员会

2019 年 7 月 15 日

BLUE BOOK OF CHONGQING

重庆市国有博物馆服务规范

第一章 总　则

第一条　为加强国有博物馆从业人员良好的职业道德修养，增强服务意识，优化服务质量，规范服务标准，展示良好形象，提升公众满意度，根据《中华人民共和国文物保护法》、《中华人民共和国公共文化服务保障法》、《博物馆条例》（国务院令第659号），结合本市实际，制定本规范。

第二条　本市行政区域内各级国有博物馆（以下简称博物馆）的管理和服务适用本规范。

第三条　博物馆开展社会服务应当坚持为人民服务、为社会主义服务的方向和贴近实际、贴近生活、贴近群众的原则，丰富人民群众精神文化生活。

第二章 服务设施与环境

第四条　博物馆应当在馆外有醒目的馆名牌，入口应当有服务设施分布图，通道有明确的指引牌；开放时间、参观须知、服务项目等服务信息，以及博物馆举办临时展览、讲座等教育活动，应当在醒目位置予以公示。

第五条　博物馆出入口设置合理，能保证有足够流量的观众安全出入；

免费领票处、检票口设在入口处显著位置，有明显标识。应当实时统计观众入馆人数并做好相关记录。

第六条　博物馆应当设立无障碍设施及专用标识，应当提供无障碍通道，提供无障碍卫生设备。无障碍设施设备标识明显，符合国家规定的标准。

第七条　博物馆应当为观众提供广播服务，观众流量较大或发生突发事件时及时通知，避免发生安全事故。

第八条　建立环境卫生制度，及时清除场馆内的垃圾和污垢，做到流动清扫，日产日清。公共卫生间清洁、无异味，垃圾箱数量及位置分布合理。公共区域应当设置明显的禁烟标识。

第三章 服务对象与开放时间

第九条　鼓励博物馆向观众免费开放。未实行免费开放的博物馆，应当对未成年人、成年学生、教师、老年人、残疾人和军人等实行免费或者其他优惠。博物馆实行优惠的项目和标准应当向公众公告。

第十条　博物馆每年开放时间应当在 300 天以上。在国家法定节假日和学校寒暑假期间，博物馆应当开放。

第十一条　博物馆应当公告开放时间，变更开放时间的，提前 7 日公告。如遇公共安全、网络安全等突发事件需临时闭馆或者关闭部分区域、暂停部分服务的，应当及时向社会公告。

第四章 服务内容与方式

第十二条　博物馆陈列展览应当与办馆宗旨相适应并突出藏品特色。展品以原件为主，使用复制品、仿制品应当明示。展品文字说明和讲解词应当科学、准确、生动。

第十三条　博物馆应当配备适当的专业人员，为观众提供讲解服务。有条件的博物馆应当为观众提供多语种讲解和语音导览、微信导览等多形式的讲解服务。

第十四条　博物馆应当根据自身特点、条件，运用现代化信息技术，开展形式多样、生动活泼的社会教育和服务活动，参与社区文化建设和对外文化交流与合作。

第十五条　博物馆应当为学校开展相关教育教学活动提供支持和帮助，鼓励学生到博物馆开展学习实践活动和研学旅行。

第十六条　博物馆应当发挥藏品优势，开展相关专业领域的理论及应用研究，提高业务水平，促进专业人才的成长。博物馆应当为高等院校、科研机构和专家学者等开展科学研究工作提供支持和帮助。

第十七条　博物馆应当挖掘藏品内涵，与文化创意、旅游等产业相结合，开发具有本馆特色的文化创意产品，增强博物馆发展能力。

第十八条　博物馆应当利用每年国际博物馆日、文化和自然遗产日等开展宣传活动，增强全社会保护文化遗产的意识。

第十九条　博物馆工作人员上岗开展服务活动时，应当遵守以下行为规范要求：

（一）挂牌上岗，仪表端庄大方，着装规范得体，接待观众应当说普通话和使用文明规范用语；

（二）爱岗敬业，严格遵守工作纪律，上班时间不准闲聊或者做与工作无关的事情；

（三）维持好秩序，因故离岗时须设立提示牌或者由其他工作人员替岗；

（四）保洁人员、维修人员等现场作业遇到观众，应当主动问候和礼让。

第五章 服务管理与监督

第二十条　建立健全安全管理制度。确保消防设施完好，消防通道畅通，标识明显；各类设备要定期检修，保证运行安全；举办各项活动要有应急预案和措施，确保安全有序。

第二十一条　建立首问责任制。首问责任人对观众提出的问题或要求，应当及时给予回复解答。对不属于自己职责范围的问题，应当热心引导，协调相关部门和人员予以及时解决。

第二十二条　实施公共服务报告制度。博物馆应当在每年7月31日、1月31日前向本级文物行政部门书面报告公共服务情况。

第二十三条　博物馆应当加强对工作人员的管理，健全员工考核、培训制度。

博物馆属于事业单位的，应当严格执行国家和我市关于事业单位人员聘用、管理、待岗、辞职、解聘的规定，并按照上述规定制定单位内部人事管理制度。对事业单位人员的评价监督结果纳入事业单位人事年度考核，考核结果作为续聘、解聘、调整岗位以及奖惩、晋升、增资的依据。

第二十四条　建立服务投诉处理机制。博物馆应当在馆舍显著位置设立观众意见箱（簿），公示服务投诉电话和网上信箱。认真对待并正确处理观众意见或投诉。现场投诉问题要及时解决，信箱或其他渠道投诉要在5个工作日内回复并整改落实，因故不能及时解决或整改到位的，应向观众做好沟通解释工作。

第二十五条　建立科学评价机制。运用信息化手段，通过互联网评价、短信评价等方式，以大数据为基础，建立便捷的服务评价反馈渠道，对服务进行科学评价。

第二十六条　建立第三方评价机制。委托第三方机构进行服务满意度调查，就设施设备、服务内容、服务质量和员工素质等情况进行全过程跟踪监督、动态分析、督导落实，接受社会监督。

第二十七条　市、区县（自治县）文物行政部门应当建立博物馆服务投诉处理机制，积极处理和妥善解决投诉，并将投诉情况作为对博物馆服务质量评价的指标和内容。

第二十八条　市、区县（自治县）文物行政部门应当每年对博物馆服务进行考核评价。

第二十九条　本规范中各项制度的建设和执行情况以及评价监督结果，纳入文物行政部门对博物馆年度绩效考核。

第六章　附　则

第三十条　本规范由重庆市文化和旅游发展委员会负责解释，自

2019 年 7 月 15 日起执行，有效期 5 年。2017 年 11 月 1 日印发的《重庆市文化委员会关于印发重庆市国有博物馆服务规范（试行）的通知》（渝文委规〔2017〕11 号）同时废止。

博物馆岗位工作流程图

1．预约登记岗位工作流程图
2．票务岗位工作流程图
3．安全检查岗位工作流程图
4．咨询服务岗位工作流程图
5．物品寄存岗位工作流程图
6．投诉接待岗位工作流程图
7．物品租借岗位工作流程图
8．人工讲解服务岗位工作流程图
9．教育活动岗位工作流程图
10．展厅服务岗位工作流程图
11．影像播放岗位工作流程图
12．设备维护岗位工作流程图
13．车场管理岗位工作流程图
14．营销服务岗位工作流程图

1. 预约登记岗位工作流程图

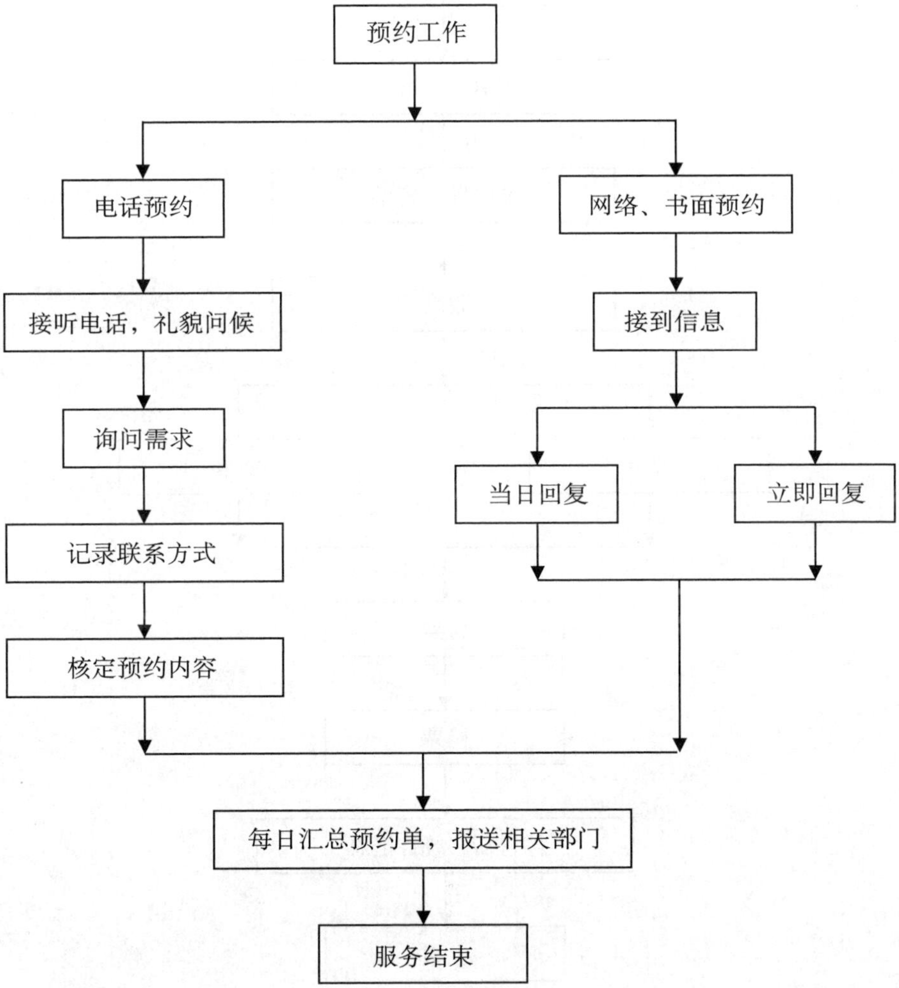

2. 票务岗位工作流程图

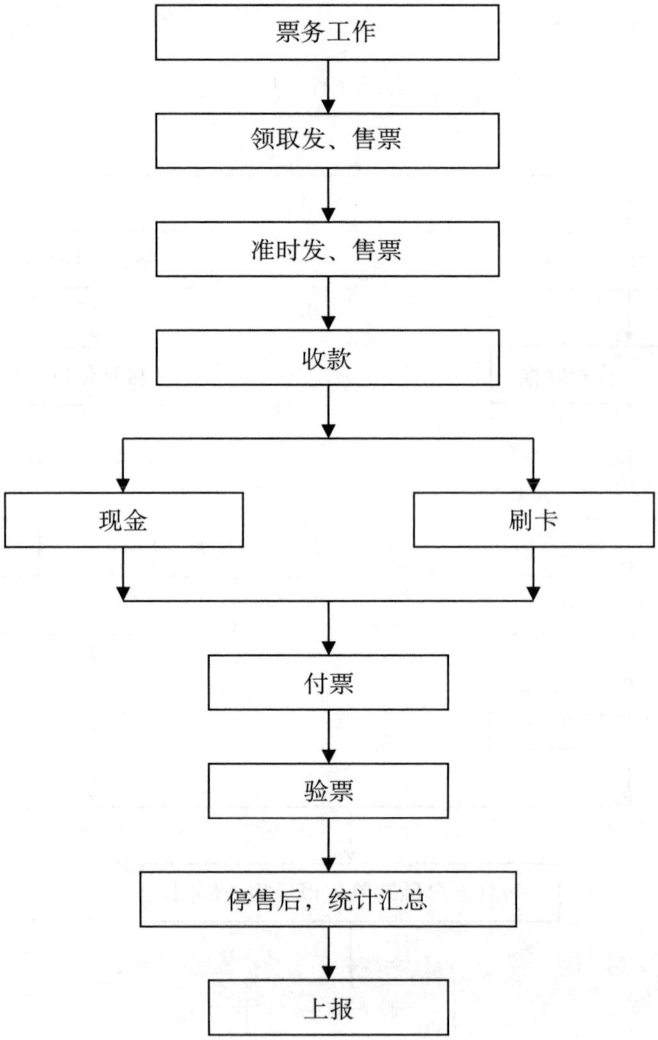

3. 安全检查岗位工作流程图

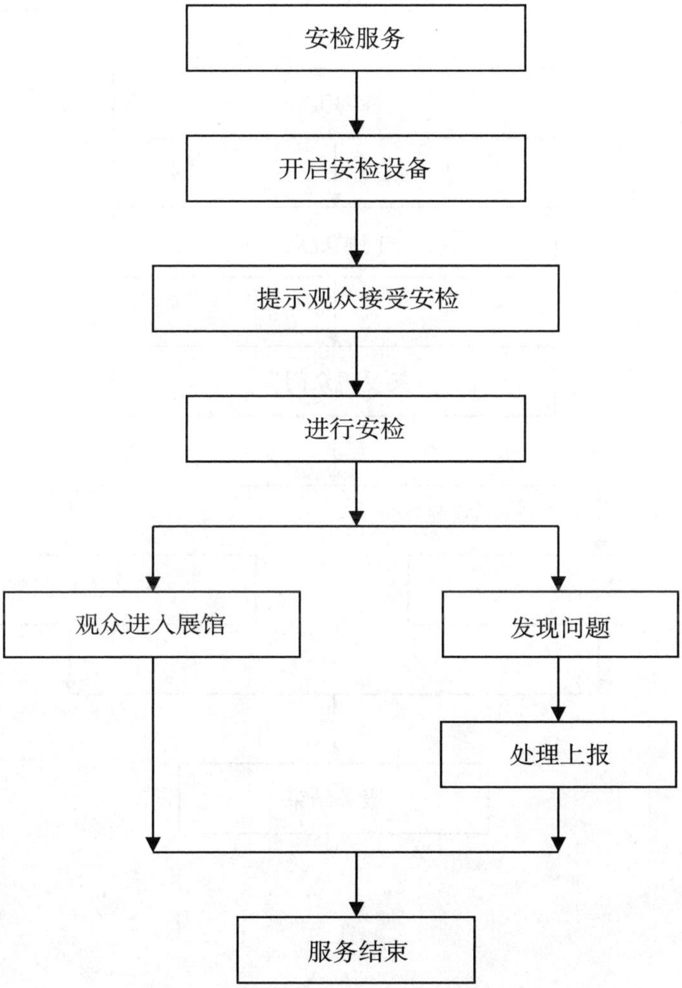

4. 咨询服务岗位工作流程图

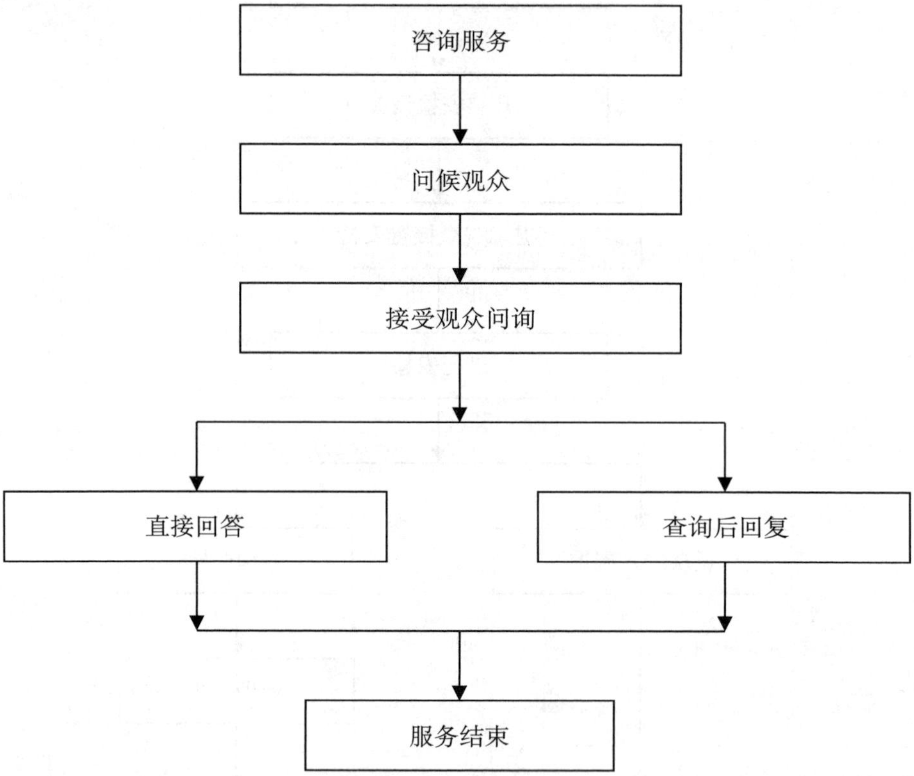

BLUE BOOK OF CHONGQING

5. 物品寄存岗位工作流程图

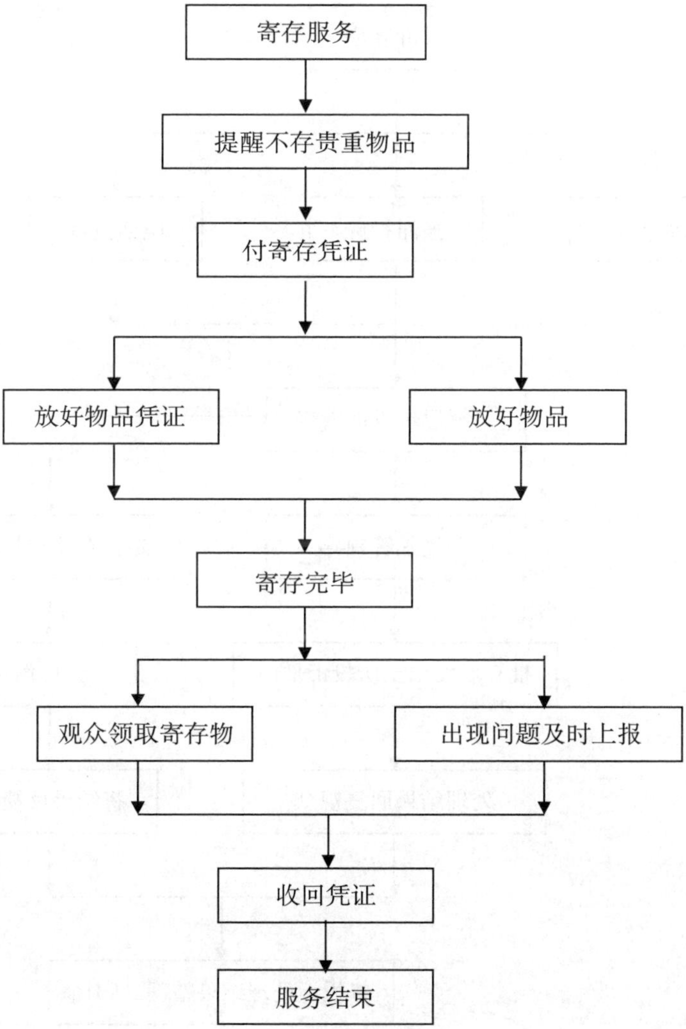

6. 投诉接待岗位工作流程图

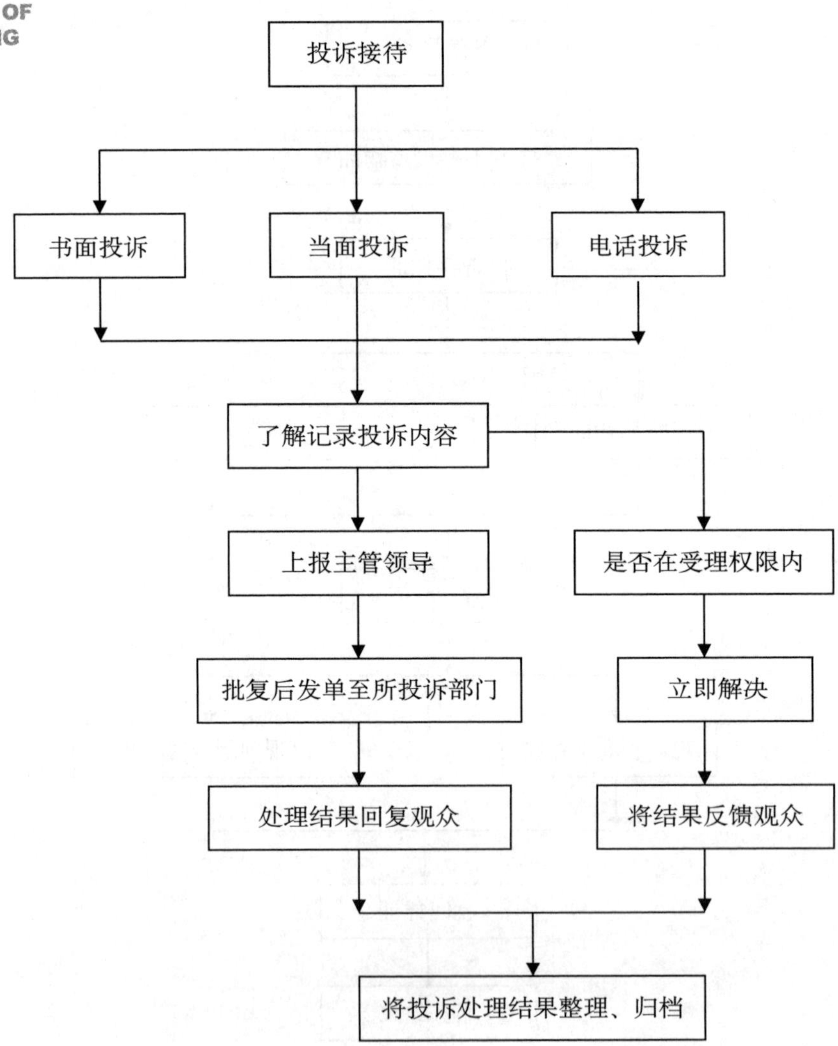

BLUE BOOK OF CHONGQING

7. 物品租借岗位工作流程图

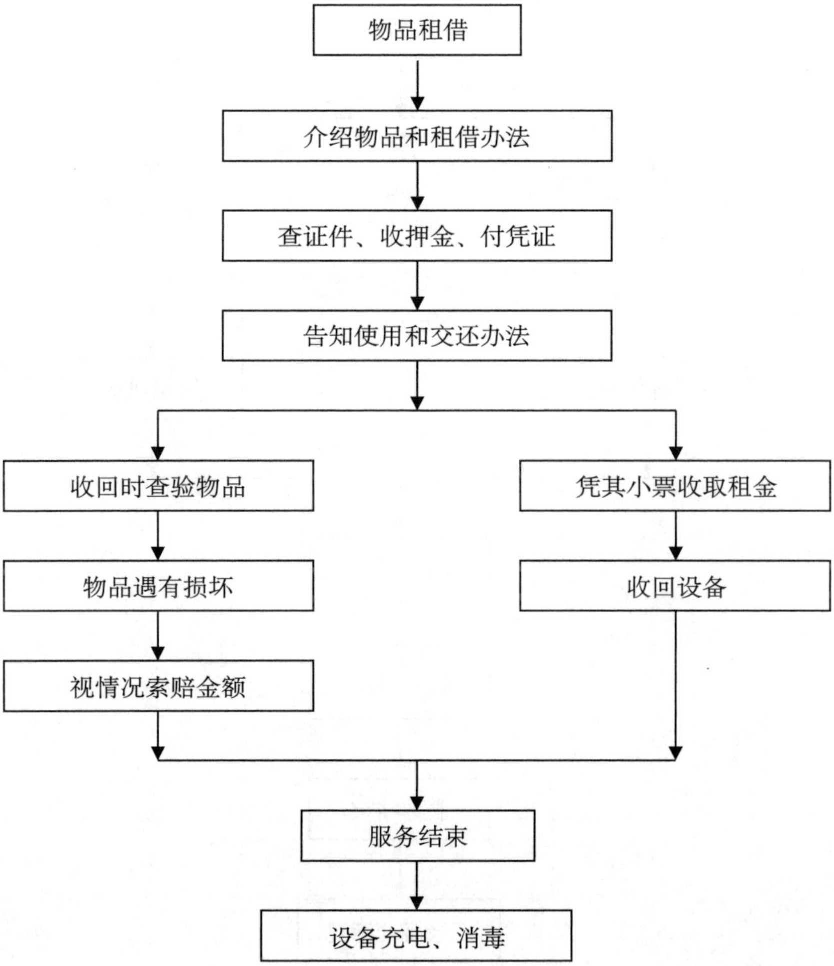

8. 人工讲解服务岗位工作流程图

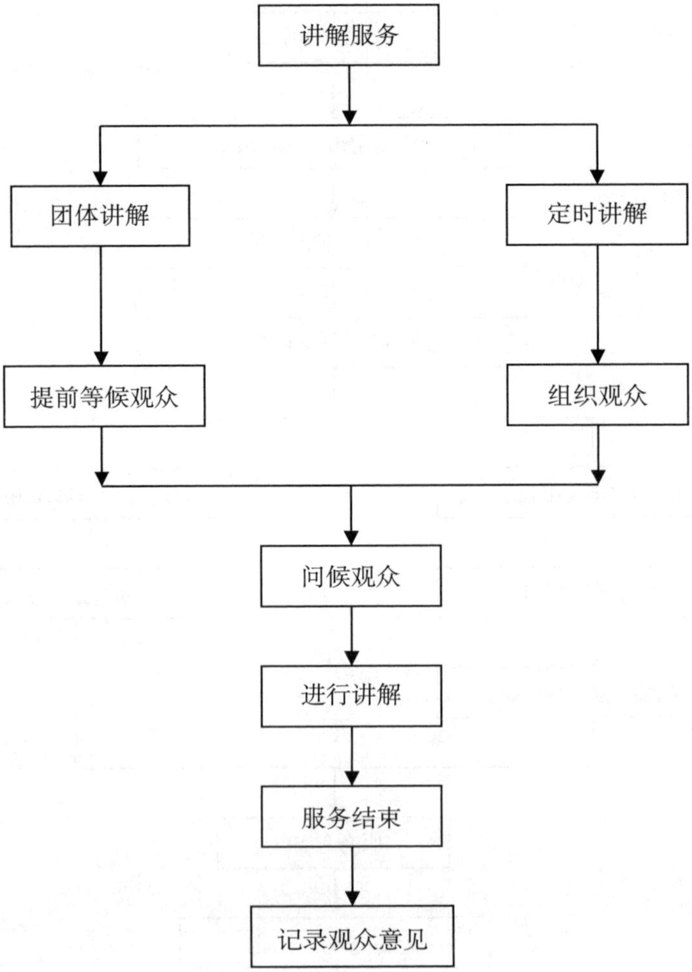

9. 教育活动岗位工作流程图

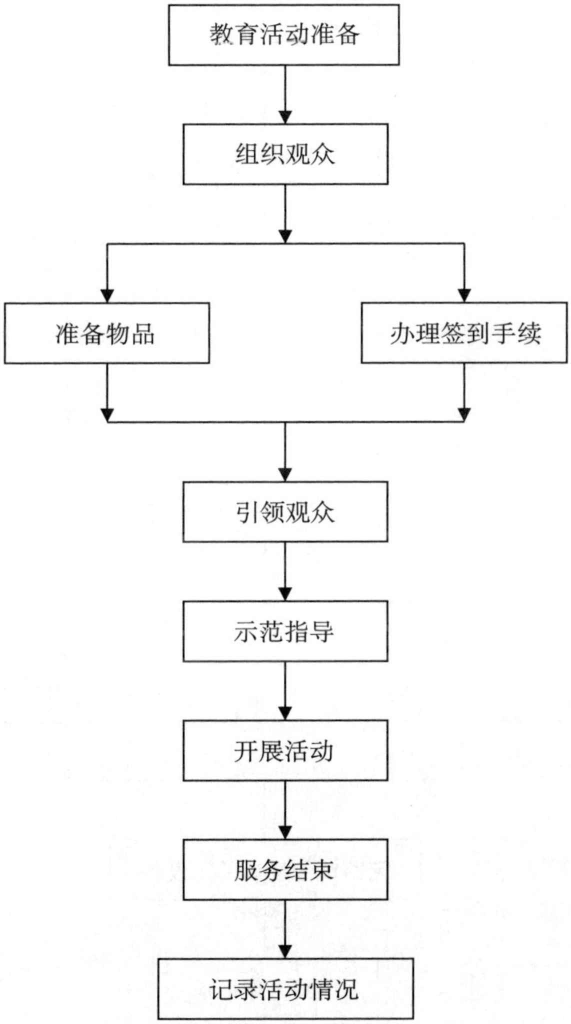

10. 展厅服务岗位工作流程图

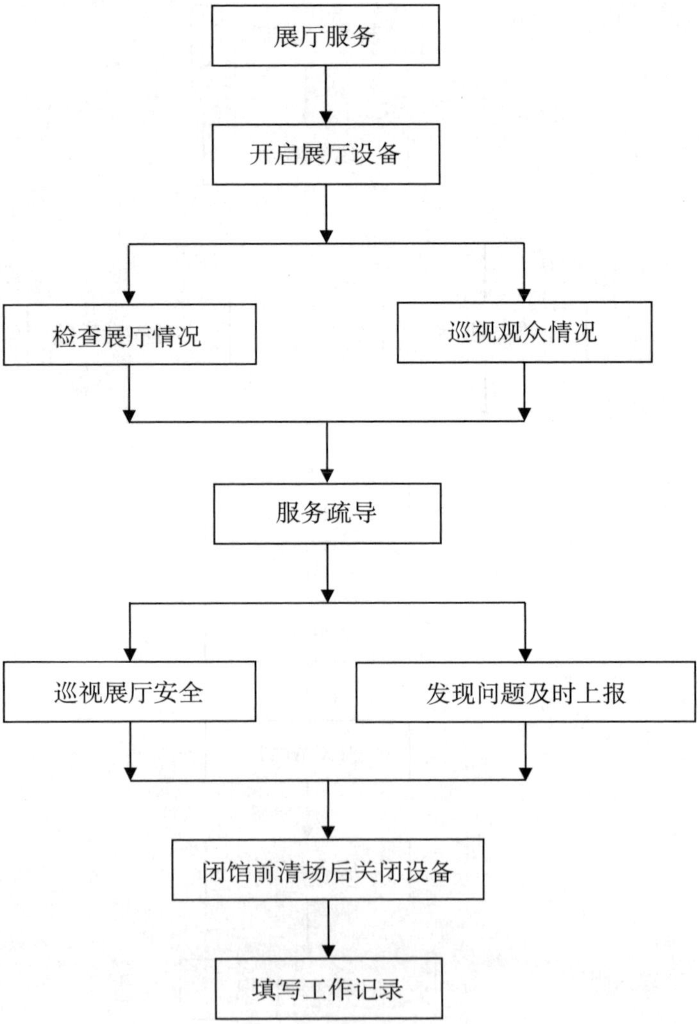

11. 影像播放岗位工作流程图

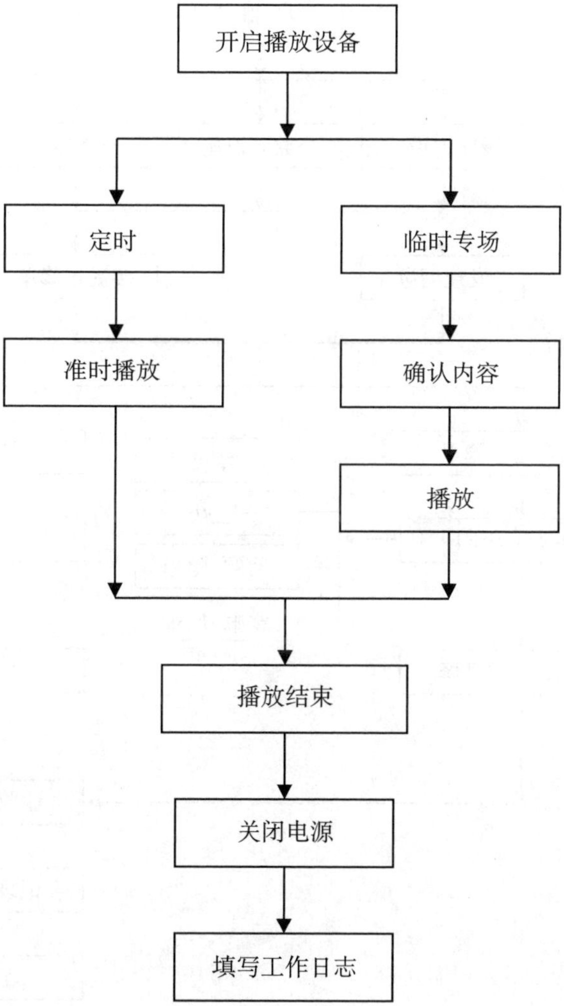

12. 设备维护岗位工作流程图

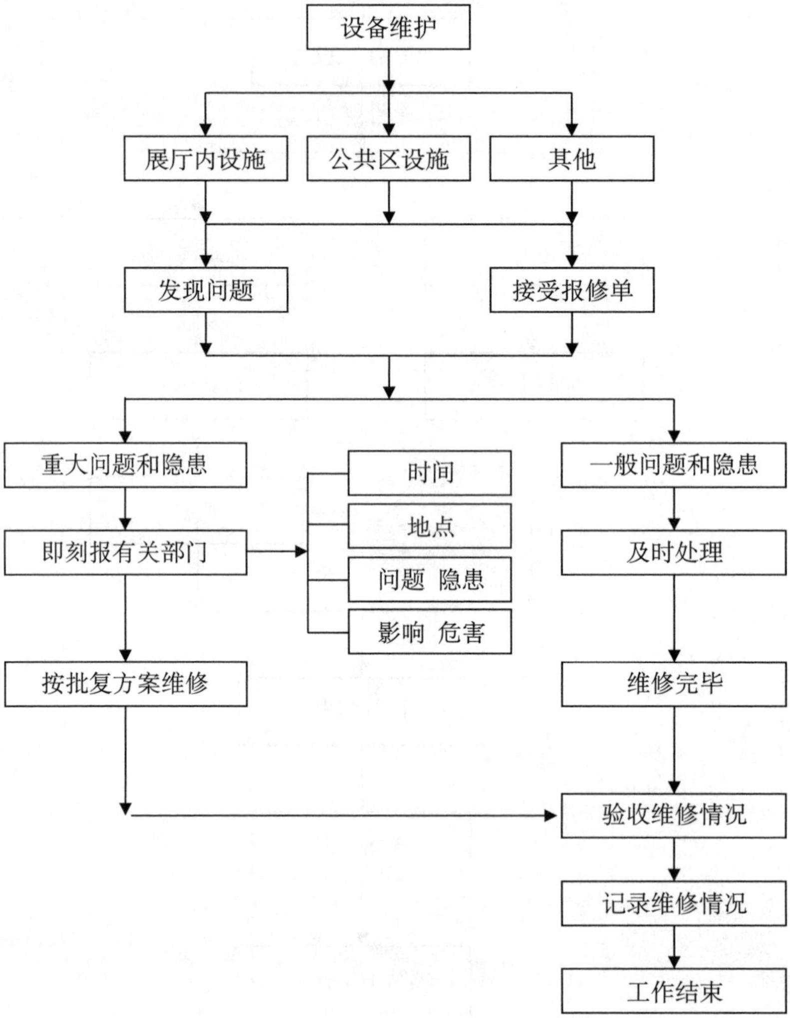

13. 车场管理岗位工作流程图

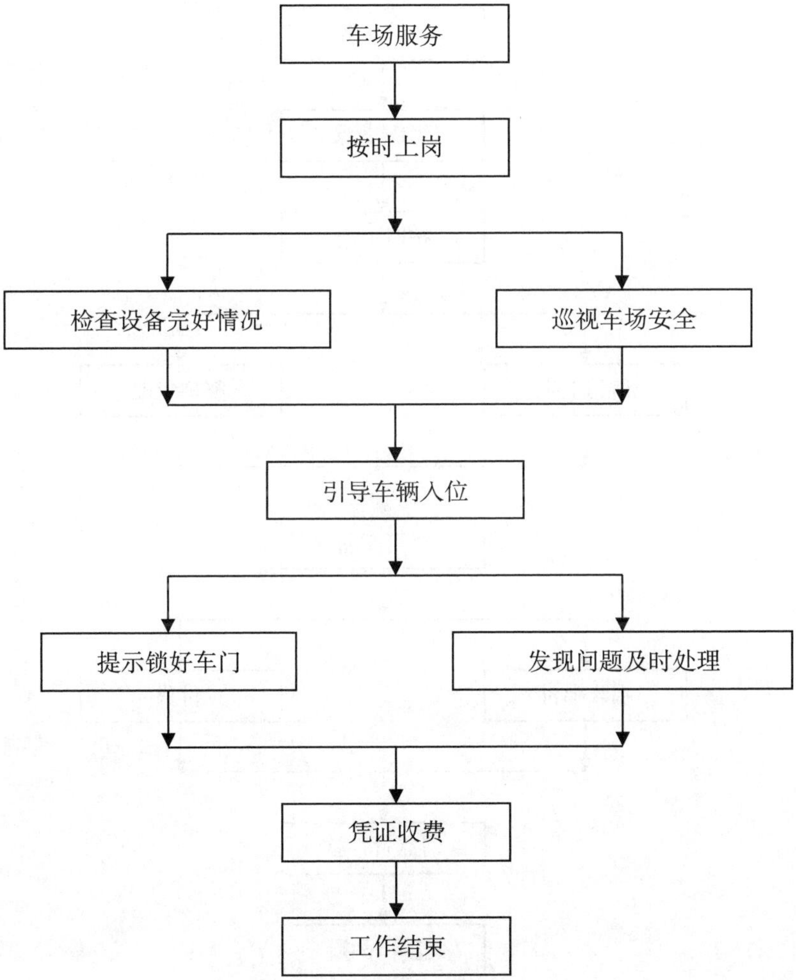

14. 营销服务岗位工作流程图

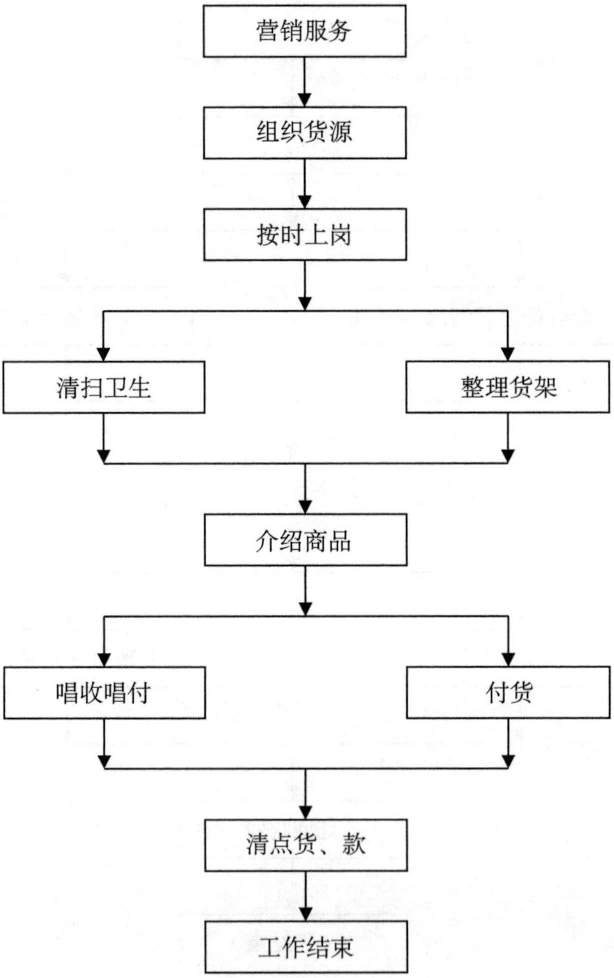

重庆市文化和旅游发展委员会关于印发《重庆市主城区公共图书馆通借通还管理办法（修订版）》的通知

渝文旅规〔2019〕3号

各区县（自治县）文化旅游委，两江新区社发局市场监管局，万盛经开区文广新局、旅发委，委属各单位：

为贯彻落实《重庆市机构改革方案》和《重庆市人民政府关于市政府机构改革涉及政府规章规定的行政机关职责调整问题的决定》（渝府发〔2018〕46号），根据《重庆市行政规范性文件管理办法》（重庆市人民政府令第290号）规定，经市文化旅游委2019年第11次主任办公会议研究决定，我委对2014年颁布实施的《重庆市主城区公共图书馆通借通还管理办法》进行了修订完善，现将《重庆市主城区公共图书馆通借通还管理办法（修订版）》印发你们，请认真抓好遵照执行。

重庆市文化和旅游发展委员会

2019年7月16日

重庆市主城区公共图书馆通借通还管理办法

（修订版）

第一条 重庆图书馆、重庆市少年儿童图书馆、渝中区图书馆、大渡口区图书馆、江北区图书馆、沙坪坝区图书馆、九龙坡区图书馆、南岸区图书馆、北碚图书馆、渝北区图书馆、巴南区图书馆共 11 个公共图书馆（以下简称成员馆）纳入主城区公共图书馆通借通还范围。

第二条 各成员馆每年应将本馆 50% 以上的新增外借中文图书入藏量纳入通借通还。

第三条 纳入通借通还的文献所有权、最终处置权不变。各成员馆共同享有通借通还文献的外借使用权。

第四条 通借通还采用统一的 LOGO 标识和名称。

第五条 通借通还的文献以开架方式向读者提供。

各成员馆可将本馆参与通借通还的图书单独存放于一个独立区域，即存放在“重庆市主城区通借通还图书馆外借图书专区”。

通借通还成员馆应将非本馆图书流通到本馆后，及时上架，供读者借阅。

第六条 通借通还读者卡统一使用通借通还的 LOGO 标志。

通借通还读者卡由各成员馆自行设计、制作。

本办法实施后，各成员馆新办读者卡，应使用通借通还读者卡。

持有各成员馆原读者卡的读者，可申请免费更换通借通还读者卡。

各成员馆办理读者卡的时间自行决定。

第七条 读者办理通借通还读者卡缴纳的押金归办卡馆保存，读者退证时须到办卡馆退取押金。

第八条 各成员馆应当达到如下统一的服务标准。

（一）通借通还借书证统一使用“重庆市公共图书馆一卡通读者卡”（以下简称读者卡）名称，分A、B、C三种证类型，向读者收取的押金分别为100元、200元、500元。借阅图书限额分别为4本、6本和10本。

（二）读者凭第二代居民身份证或其他有效证件原件，由本人办理读者卡。他人代办读者卡，需提供代办人的有效证件原件。一个居民身份证或其他有效证件只能办一张读者卡。办理读者卡不分国籍和地区。

（三）退证时本人凭读者卡、有效证件原件退取押金。他人代退读者卡的，需提供代退人的有效证件原件。读者退证时需到办证馆退取押金。

（四）第一次办理读者卡免费，补办和再办收取10元工本费。

（五）未满14周岁的读者不能进入重庆图书馆成人读者区。其余各成员馆的使用范围，由各成员馆自行决定。

（六）各成员馆纳入通借通还的文献类型为中文外借图书，其余文献暂不纳入通借通还范围。

（七）通借通还所借阅的文献借期为30天。借阅期间只可续借一次，续借期从续借当日开始计算，续借期为30天。

（八）参与通借通还图书的还书滞纳金标准为每天0.2元，但每册图书滞纳金总额不超过50元。

（九）超期文献、已预约文献、有违约及违规行为读者卡不可续借。

（十）各成员馆应开通通借通还文献预约功能，读者须自行到该文献的归还地借阅。预约文献归还后保留7天。每张读者卡预约图书上限为2册。

（十一）各成员馆可提供文献复印服务，并按公示的服务价格收费。复印服务费不包含文献保护费。

第九条 各成员馆通借通还文献的对外借阅时间，按文化部有关规定执行。

第十条 各成员馆对非本馆图书负有与本馆图书相同的保护责任。

参与通借通还的文献如出现污损、撕毁或遗失，读者须到文献所有权馆办理赔偿手续，非文献所有权馆不予受理。

污损、撕毁或遗失的文献按照文献价格的1—3倍予以赔偿。如读者提供相同的文献则只收取 3 元加工费即可。有特殊价值的文献，由各成员馆按照有关规定处理。

第十一条 各成员馆非常规原因闭馆，需及时告知读者和其余成员馆，各成员馆也应将其余馆的闭馆信息等事项及时告知读者。

第十二条 当通借通还系统发生故障时，及时界定故障原因，按照属地负责原则，各成员馆分别负责故障处理，并做好读者沟通、解释工作。

第十三条 流通至各成员馆的文献原则上每 3 个月清理一次，各成员馆自行运回本馆文献，及时更改馆藏地后上架。

第十四条 通借通还技术标准，由重庆图书馆组织其他成员馆共同制定、修订和实施。

第十五条 本办法由重庆市文化和旅游发展委员会负责解释，自 2019 年 7 月 16 日起执行，有效期 5 年。原重庆市文化委员会于 2014 年 11 月印发的《重庆市主城区公共图书馆通借通还管理办法》（渝文委规〔2014〕3 号）同时废止。

重庆市文化和旅游发展委员会关于印发《重庆市古籍重点保护单位认定办法（修订版）》的通知

渝文旅规〔2019〕4号

各区县（自治县）文化旅游委，两江新区社发局市场监管局，万盛经开区文广新局、旅发委，委属各单位：

为贯彻落实《重庆市机构改革方案》和《重庆市人民政府关于市政府机构改革涉及政府规章规定的行政机关职责调整问题的决定》（渝府发〔2018〕46号），根据《重庆市行政规范性文件管理办法》（重庆市人民政府令第290号）规定，经市文化旅游委2019年第11次主任办公会议研究决定，我委对2014年颁布实施的《重庆市古籍重点保护单位认定办法》进行了修订完善，现将《重庆市古籍重点保护单位认定办法（修订版）》印发你们，请认真抓好遵照执行。

重庆市文化和旅游发展委员会

2019年7月16日

重庆市古籍重点保护单位认定办法

（修订版）

第一条　为进一步加强对全市古籍的保护和管理，建立重庆市古籍重点保护单位认定制度，根据国家有关法律、法规规定，并参照《全国古籍重点保护单位申报评定暂行办法》，制定本办法。

第二条　认定重庆市古籍重点保护单位的目的，是加强古籍保护管理，推动古籍收藏单位改善古籍保护条件，提高古籍保护水平，促进我市古籍保护工作健康持续开展。

第三条　重庆市古籍重点保护单位认定工作由重庆市文化和旅游发展委员会（以下简称市文化旅游委）负责组织，重庆市古籍保护中心（以下简称市古籍中心）具体实施。

市文化旅游委组建重庆市古籍保护专家委员会，负责古籍保护的专家评审工作。

第四条　重庆市古籍重点保护单位的评选范围为全市范围内的各类型图书馆、博物馆及高等院校、宗教系统等古籍收藏单位。

第五条　重庆市古籍重点保护单位评选标准如下：

（一）收藏古籍数量一般在 1 万册（件）以上，或收藏古籍善本数量在 1000 册以上；

（二）有古籍专用书库，具备基本消防安保设施；

（三）有专门的古籍保护机构和工作人员，管理制度健全；

（四）有专项古籍保护经费。

第六条　申报重庆市古籍重点保护单位按照下列程序提出：

（一）各古籍收藏单位在市古籍中心网站（网址：http://www.cqlib.cn）下载重庆市古籍重点保护单位申报书。

（二）区县（自治县）所属古籍收藏单位向所属区县（自治县）文化行政部门提出申报。经所属区县（自治县）文化行政部门初审后，向市古籍中心转报。

（三）市属各古籍收藏单位报经主管部门同意后，直接向市古籍中心提出申报。

（四）中央在渝单位直接向市古籍中心提出申报。

第七条　重庆市珍贵古籍名录评定程序如下：

（一）市古籍中心对申报材料进行汇总，将合格的申报材料上报市文化旅游委。

（二）由市文化旅游委组织专家评审组，根据评审标准进行评审，提出重庆市古籍重点保护单位建议名单。

（三）市文化旅游委根据专家评审组的评审意见，确定入选的重庆市古籍重点保护单位推荐名单，并公示不少于 7 天。

（四）市文化旅游委根据公示结果，拟订重庆市古籍重点保护单位名单，报请市人民政府批准、公布，并由市文化旅游委颁发证书和标牌。

第八条　重庆市古籍重点保护单位认定工作，原则上每两年一次，具体申报时间由市文化旅游委确定并印发通知。

第九条　列入重庆市古籍重点保护单位的单位，应积极争取各类资金用于古籍保护工作。

第十条　重庆市古籍重点保护单位应在第二年 1 月 31 日前向市文化旅游委提交上一年度古籍保护情况报告。

市文化旅游委每两年组织专家对重庆市古籍重点保护单位进行评估、检查一次，对未履行保护承诺、出现不良后果的单位，可以撤销称号。

第十一条　本办法由重庆市文化和旅游发展委员会负责解释，自 2019 年 7 月 16 日起执行，有效期 5 年。原重庆市文化委员会于 2014 年 9 月印发的《重庆市古籍重点保护单位认定办法》（渝文委发〔2014〕106 号）同时废止。

重庆市文化和旅游发展委员会关于印发《重庆市珍贵古籍名录认定办法（修订版）》的通知

渝文旅规〔2019〕5号

各区县（自治县）文化旅游委，两江新区社发局市场监管局，万盛经开区文广新局、旅发委，委属各单位：

为贯彻落实《重庆市机构改革方案》和《重庆市人民政府关于市政府机构改革涉及政府规章规定的行政机关职责调整问题的决定》（渝府发〔2018〕46 号），根据《重庆市行政规范性文件管理办法》（重庆市人民政府令第 290 号）规定，经市文化旅游委 2019 年第 11 次主任办公会议研究决定，我委对 2014 年颁布实施的《重庆市珍贵古籍名录认定办法》进行了修订完善，现将《重庆市珍贵古籍名录认定办法（修订版）》印发你们，请认真抓好遵照执行。

重庆市文化和旅游发展委员会

2019 年 7 月 16 日

重庆市珍贵古籍名录认定办法

（修订版）

第一条　为加强对全市珍贵古籍的保护工作，建立重庆市珍贵古籍名录，根据国家有关法律、法规规定，并参照《国家珍贵古籍名录申报评审暂行办法》，制定本办法。

第二条　建立重庆市珍贵古籍名录的目的，是为建立完备的珍贵古籍档案，确保珍贵古籍的安全，推动古籍保护工作，提高公民的古籍保护意识，促进文化交流和合作。

第三条　重庆市珍贵古籍名录认定工作由重庆市文化和旅游发展委员会（以下简称市文化旅游委）负责组织，重庆市古籍保护中心（以下简称市古籍中心）具体实施。

市文化旅游委组建重庆市古籍保护专家委员会，负责古籍保护的专家评审工作。

第四条　重庆市珍贵古籍名录收录范围主要为重庆市行政区内所藏1912年以前书写或印刷的，以中国古典装帧形式存在，具有重要历史、思想和文化价值的珍贵古籍。少数民族文字古籍可视具体情况适当放宽。

凡重庆市入选《国家珍贵古籍名录》的古籍，自然入选《重庆市珍贵古籍名录》。

第五条　重庆市珍贵古籍的评选标准，参照文化部《古籍定级标准》（WH/T20—2006）所规定的一、二、三级古籍的评定标准执行，即重庆市珍贵古籍原则上从一、二、三级古籍内选定。

第六条　重庆市珍贵古籍名录按照如下程序申报：

（一）由古籍收藏单位和个人在市古籍中心网站（网址：http://www.cqlib.cn）下载重庆市珍贵古籍名录申报书。

（二）区县（自治县）所属古籍收藏单位和个人，向所属区县（自治县）文化行政部门提出申报。经所属区县（自治县）文化行政部门初审后，向市古籍中心转报。

（三）市属各古籍收藏单位报经主管部门同意后，直接向市古籍中心提出申报。

（四）中央在渝单位可直接向市古籍中心提出申报。

第七条　重庆市珍贵古籍名录按照如下程序认定：

（一）市古籍中心对申报材料进行汇总，将合格的申报材料上报市文化旅游委。

（二）由市文化旅游委组织专家评审组根据评审标准进行评审，形成重庆市珍贵古籍建议书目。

（三）市文化旅游委根据专家评审组的评审意见，确定入选的重庆市珍贵古籍名录推荐书目，并公示不少于 7 天。

（四）市文化旅游委根据公示结果，拟订重庆市珍贵古籍名录，报请市人民政府批准、公布，并由市文化旅游委颁发证书。

第八条　重庆市珍贵古籍名录认定工作，原则上每两年开展一次，具体申报时间由市文化旅游委确定并印发通知。

第九条　列入重庆市珍贵古籍名录的古籍，各古籍收藏单位应安排适当经费、采取有效措施予以保护，并积极争取各类资金支持保护工作。

第十条　本办法由重庆市文化和旅游发展委员会负责解释，自 2019 年 7 月 16 日起执行，有效期 5 年。原重庆市文化委员会于 2014 年 9 月印发的《重庆市珍贵古籍名录认定办法》（渝文委发〔2014〕96 号）同时废止。

重庆市文化和旅游发展委员会关于印发《重庆市文化馆服务规范（修订版）》的通知

渝文旅规〔2019〕6号

各区县（自治县）文化旅游委，两江新区社发局市场监管局，万盛经开区文广新局、旅发委，委属各单位：

为贯彻落实《重庆市机构改革方案》和《重庆市人民政府关于市政府机构改革涉及政府规章规定的行政机关职责调整问题的决定》（渝府发〔2018〕46号），根据《重庆市行政规范性文件管理办法》（重庆市人民政府令第290号）规定，经市文化旅游委2019年第11次主任办公会议研究决定，我委对2017年颁布实施的《重庆市文化馆服务规范（试行）》进行了修订完善，现将《重庆市文化馆服务规范（修订版）》印发你们，请认真抓好遵照执行。

重庆市文化和旅游发展委员会

2019年7月16日

重庆市文化馆服务规范

（修订版）

第一章 总 则

第一条　为切实履行公共文化服务职能，扎实开展好我市各级文化馆“免费开放”服务，有效提升文化馆的服务效能，依据《中华人民共和国公共文化服务保障法》《文化部办公厅关于开展第四次全国文化馆评估定级工作的通知》（办公共函〔2015〕125 号）和《关于推进全国美术馆、公共图书馆、文化馆（站）免费开放工作的意见》（文财务发〔2011〕5 号）等相关规定，结合本市实际，制定本规范。

第二条　本市行政区域内各级文化馆的管理和服务适用本规范。

第三条　文化馆是公共文化服务的重要阵地，坚持公益性、基本性、均等性、便利性原则，利用本馆设施设备为人民群众提供文艺辅导培训、群众文化活动、展览展示、群众文艺作品创作指导等健康向上的文化活动和服务。

第二章 服务设施与环境

第四条　文化馆作为公共文化服务机构，其馆舍要用于公益性文化服务，不得以拍卖、租赁等任何形式改变其场地和设施用途。

第五条　文化馆的多功能厅、展览厅（陈列厅）、宣传廊、辅导培训教室、计算机与网络教室、舞蹈（综合）排练室、独立学习室（音乐、书法、美术、曲艺等）、娱乐活动室等公共空间设施场地，应当免费向公众开放。

第六条　文化馆应当有醒目的馆名牌，门厅内有楼层设施分布图，通道有明确的指引牌；应当在馆内醒目位置上公示免费项目、开放时间、便民措施等各类服务信息，文字和标识符合规范；应当设有宣传橱窗或专栏，内容定期更新。

第七条　文化馆应当设立无障碍设施，建筑主要出入口有坡道入口，室内有无障碍楼梯、电梯，提供无障碍卫生设备，有可供无障碍服务的座位，并由专人负责接待。无障碍设施设备标识明显，符合国家规定的标准。

第八条　建立环境卫生制度，及时清除场馆内的垃圾和污垢，做到流动清扫，日产日清。公共卫生间清洁、无异味，垃圾箱数量及位置分布合理。公共区域应当设置明显的禁烟标识。

第三章 服务对象与开放时间

第九条　文化馆向全体社会公众免费开放，对未成年人、老年人、残疾人和流动人口等群体应当予以关照。

第十条　文化馆应当每天开放，每周开放时间累计不少于 56 小时，节假日期间基本文化服务项目应当正常开放。

第十一条　文化馆因故闭馆或者更改开放时间的，除遇不可抗力外，应当提前 7 日公告。

第四章 服务内容与方式

第十二条　文化馆应当免费提供全民艺术普及涉及的文化艺术辅导培训、时政法治科普教育、公益性群众文化活动、公益性展览展示等基本文化服务项目，培训基层文化队伍和业余文艺骨干，指导群众文艺创作和推广。

第十三条　文化馆应当积极组织广场、社区、企业、校园等大型文化活动，市馆每年举办活动不少于 8 次，区县（自治县）馆每年举办活动不少于 7 次。

第十四条　文化馆应当积极组织书画艺术、民俗民间文化等大型展览。市馆每年举办展览不少于 8 次，区县（自治县）馆每年举办展览不少于 6 次。

第十五条　文化馆应当积极组织群众业余文艺创作和群众业余文艺作品推广活动，组织开展创作作品特别是获奖作品面向群众进行推广活动。市馆每年不少于 4 次，区县（自治县）馆每年不少于 3 次。

第十六条　文化馆应当积极创办、组建、辅导馆办文艺团队。各级馆办文艺团队均不少于 5 个。

第十七条　文化馆应当指导和帮助本行政区域内下一级文化馆、文化站开展工作，辅导、培训基层以及社会文化工作骨干和群众性文艺团队。在本地区设立由本馆人员定期辅导并开展活动的综合性文化活动基地（示范点），市馆应当设立基地不少于 30 个，区县（自治县）馆应当设立基地不少于 15 个。

第十八条　文化馆应当积极举办面向社会的各类培训班。市馆举办社会文化艺术培训班每年不少于 70 期，区县（自治县）馆举办社会文化艺术培训班每年不少于 50 期。

第十九条　文化馆业务人员应当坚持下基层制度，业务人员每年下农村和基层培训、辅导、调研时间市馆人均不少于 36 天、区县（自治县）馆人均不少于 48 天。

第二十条　文化馆在组织群众文化活动中应当努力创立活动品牌。挖掘当地文化资源，加强音乐、舞蹈、戏剧、曲艺、美术等项目的创作、表演，增强文化产品的供给能力。

第二十一条　文化馆应当编印群众文艺辅导资料和信息资料，加强群众文化理论建设和群众文化活动指导交流。

第二十二条　文化馆应当开展数字化服务。应当建立本馆网站，提供师资情况介绍、活动报名、展览、辅导、授课等相关服务，网站内容要及时更新。有条件的地区要在文化馆内建立公共电子阅览室并免费对社会开放。

第二十三条　文化馆工作人员开展服务活动时，应当遵守下列行为规范要求。

（一）挂牌上岗，仪表端庄大方，着装规范得体，接待服务对象应当说普通话和使用文明规范用语；

（二）爱岗敬业，严格遵守工作纪律，上班时间不准闲聊或做与工作无关的事情；

（三）维持好秩序，因故离岗时须设立提示牌或由其他工作人员替岗；

（四）保洁人员、维修人员等现场作业遇到服务对象，应当主动问候和礼让。

第五章 服务管理与监督

第二十四条　建立健全安全管理制度。确保消防设施完好，消防通道畅通，标识明显。各类设备要定期检修，保证运行安全。举办各项活动要有应急预案和措施，确保安全有序。

第二十五条　建立首问责任制。首问责任人对服务对象提出的问题和要求，应当及时给予回复解答。对于不属于自己职责范围的问题，应当咨询相关工作人员或为服务对象提供解决问题的路径和方法。

第二十六条　实施公共服务报告制度。文化馆应当在每年1月31日、7月31日前向本级文化主管部门书面报告前6个月公共服务情况。

第二十七条　文化馆应当严格执行国家和本市关于事业单位人员聘用、管理、待岗、辞职、解聘的规定，并按照上述规定制定单位内部人事管理制度。

第二十八条　文化馆应当加强对工作人员的管理，健全考核制度。对工作人员的评价监督结果纳入事业单位人事年度考核，考核结果作为续聘、解聘、调整岗位以及奖惩、晋升、增资的依据。

第二十九条　建立服务投诉处理机制。文化馆应当在显著位置设立意见箱，公开监督电话，接受群众的意见建议和监督投诉。对群众的意见或投诉要认真研究、及时回复，不断改善服务，提高服务质量。

第三十条　建立科学评价机制。运用信息化手段，通过互联网评价、短信评价等方式，以大数据为基础，建立便捷的服务评价反馈渠道，对服务进行科学评价。

第三十一条　建立第三方评价机制。委托第三方机构进行服务满意度调查，就设施设备、服务内容、服务质量和员工素质等情况进行全过程跟踪监督、动态分析、督导落实，接受社会监督。

第三十二条　市、区县（自治县）文化主管部门应当建立文化馆服务投诉处理机制，积极处理和妥善解决投诉，并将投诉情况作为对文化馆服务质量评价的指标和内容。

第三十三条　市、区县（自治县）文化主管部门应当每年对文化馆的服务工作进行考核评价。

第三十四条　本规范中各项制度的建设和执行情况以及评价监督结果，纳入文化主管部门对文化馆年度目标管理考核和文化馆免费开放绩效评价指标体系。

第六章 附 则

第三十五条　本规范由重庆市文化和旅游发展委员会负责解释，自 2019 年 7 月 16 日起执行，有效期 5 年。原重庆市文化委员会于 2017 年 11 月印发的《重庆市文化馆服务规范（试行）》（渝文委规〔2017〕14 号）同时废止。

文化馆岗位工作流程图

1．咨询服务岗位工作流程图
2．投诉接待岗位工作流程图
3．数字文化体验服务岗位工作流程图
4．电子阅览服务岗位工作流程图
5．文化记忆陈列室服务岗位工作流程图
6．剧院票务岗位工作流程图
7．剧院安全检查岗位工作流程图
8．物品寄存岗位工作流程图
9．物品租借岗位工作流程图
10．音响视频播放岗位工作流程图
11．车场管理岗位工作流程图
12．参观服务岗位工作流程图
13．展厅服务岗位工作流程图
14．免费开放厅室管理服务岗位工作流程图
15．培训服务岗位工作流程图

1. 咨询服务岗位工作流程图

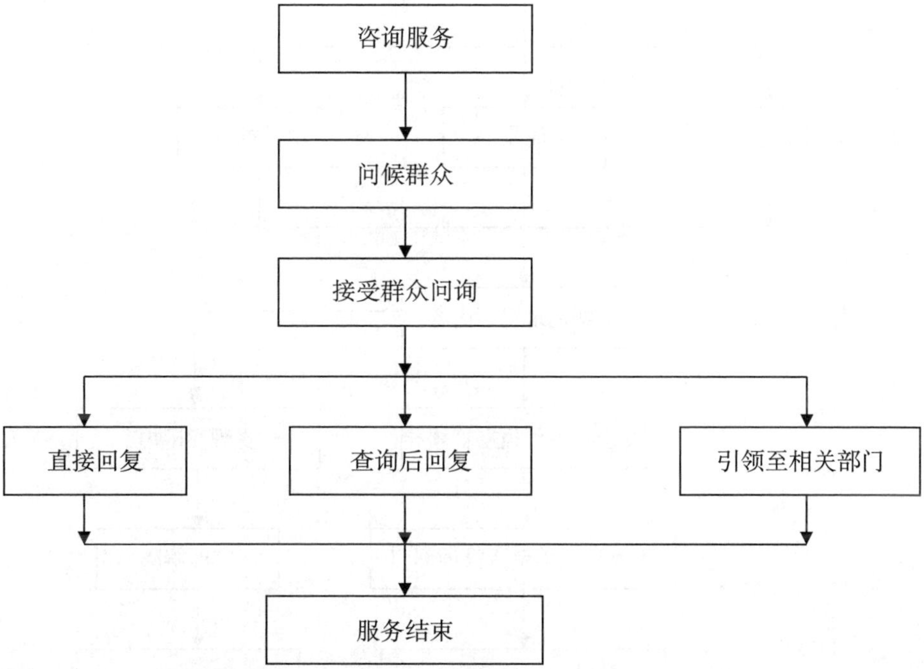

2. 投诉接待岗位工作流程图

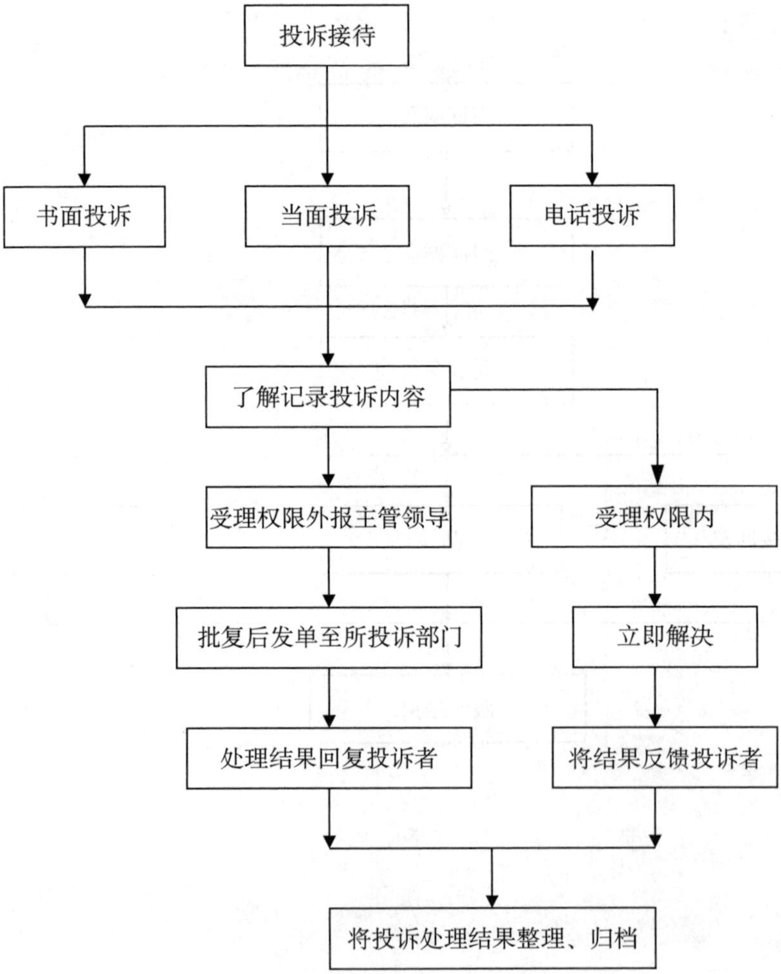

3. 数字文化体验服务岗位工作流程图

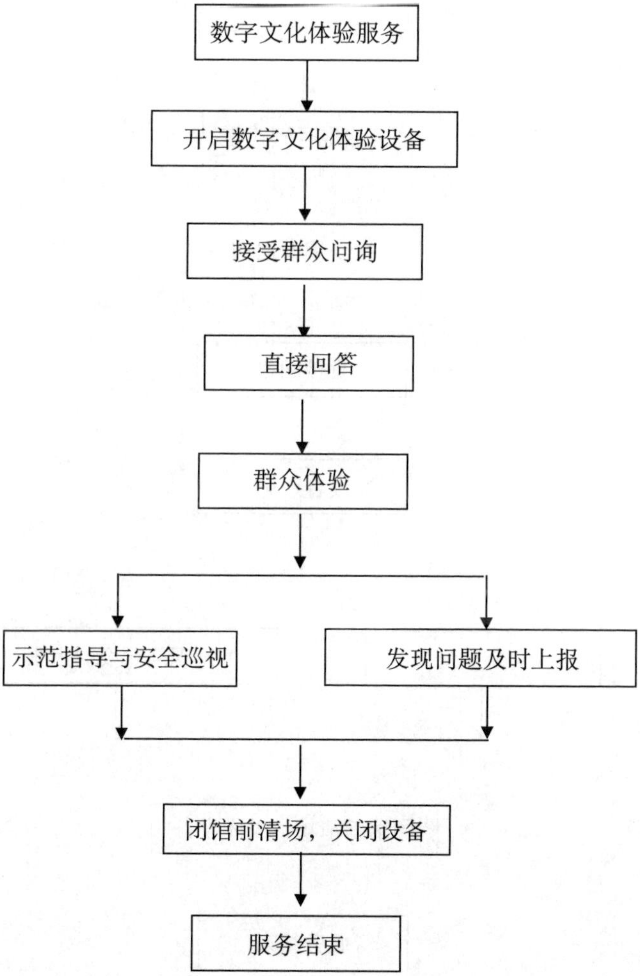

4. 电子阅览服务岗位工作流程图

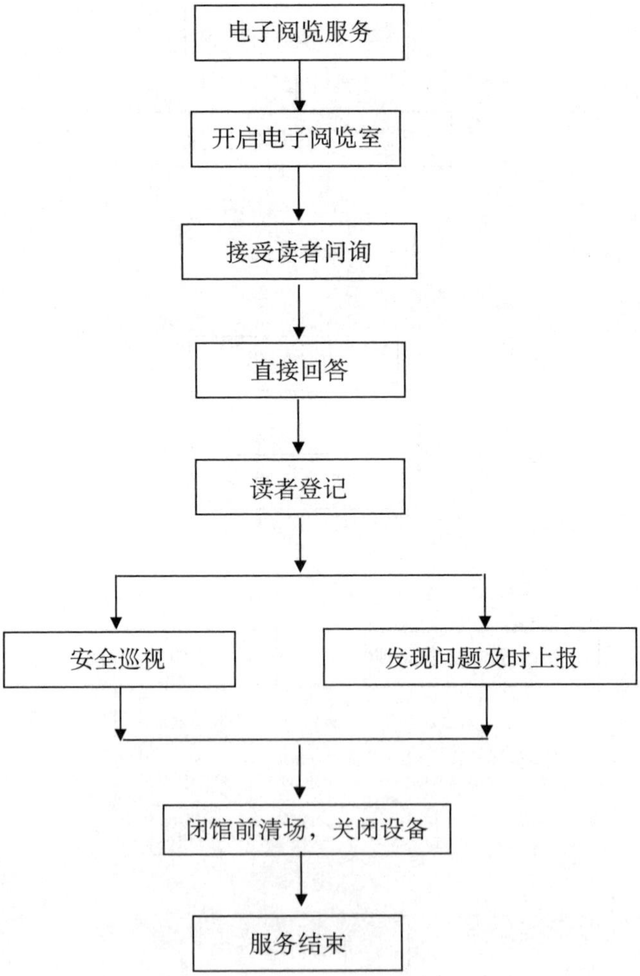

5. 文化记忆陈列室服务岗位工作流程图

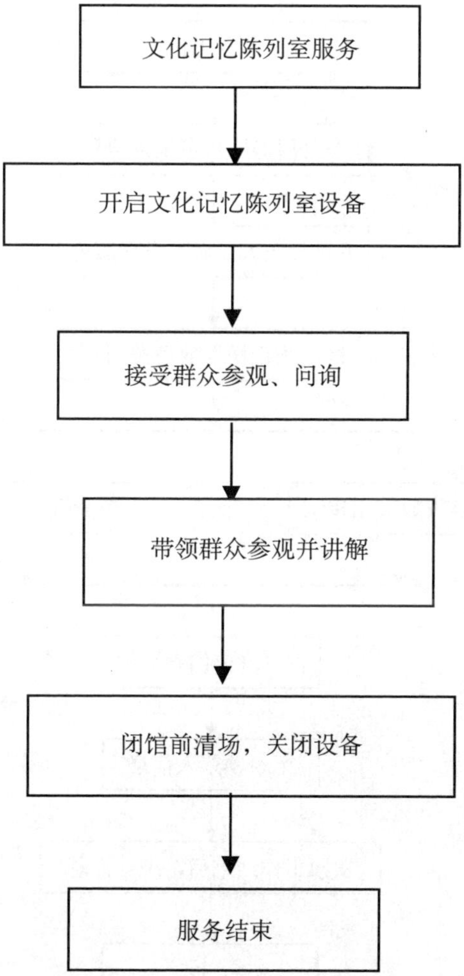

6. 剧院票务岗位工作流程图

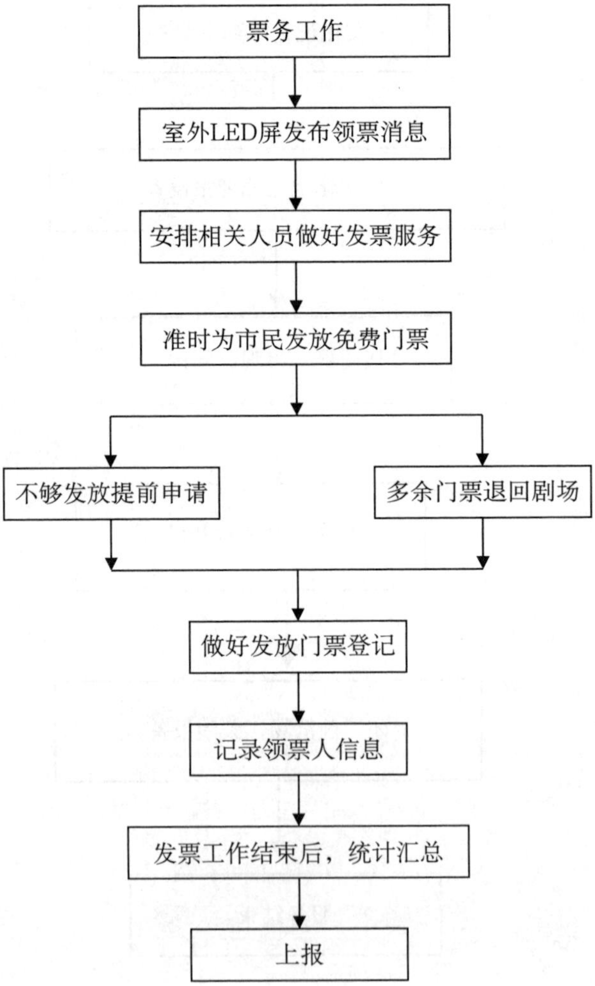

7. 剧院安全检查岗位工作流程图

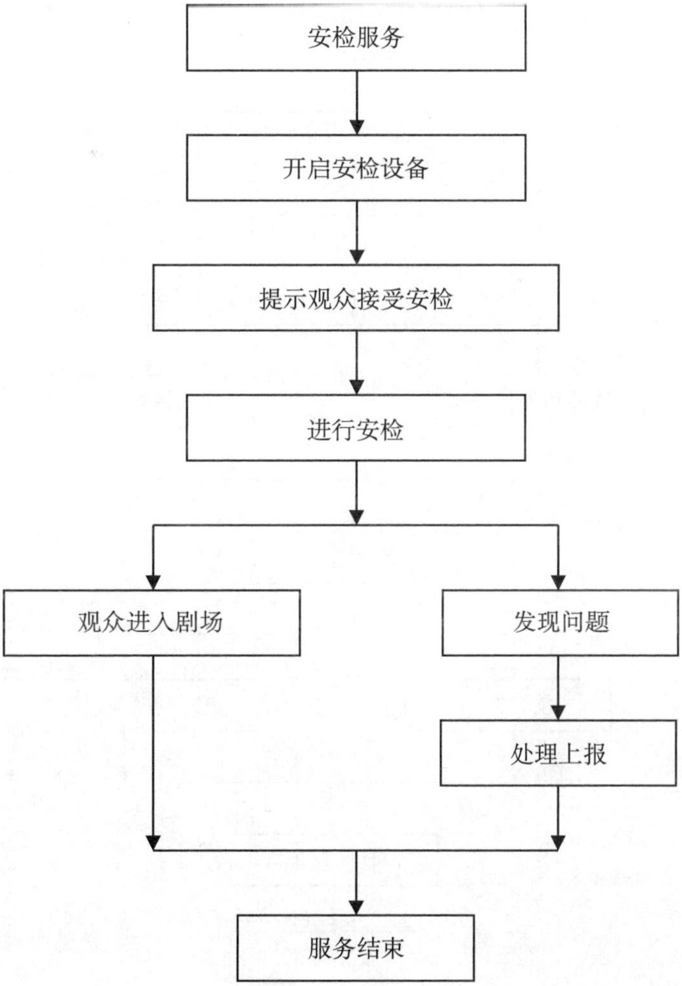

8. 物品寄存岗位工作流程图

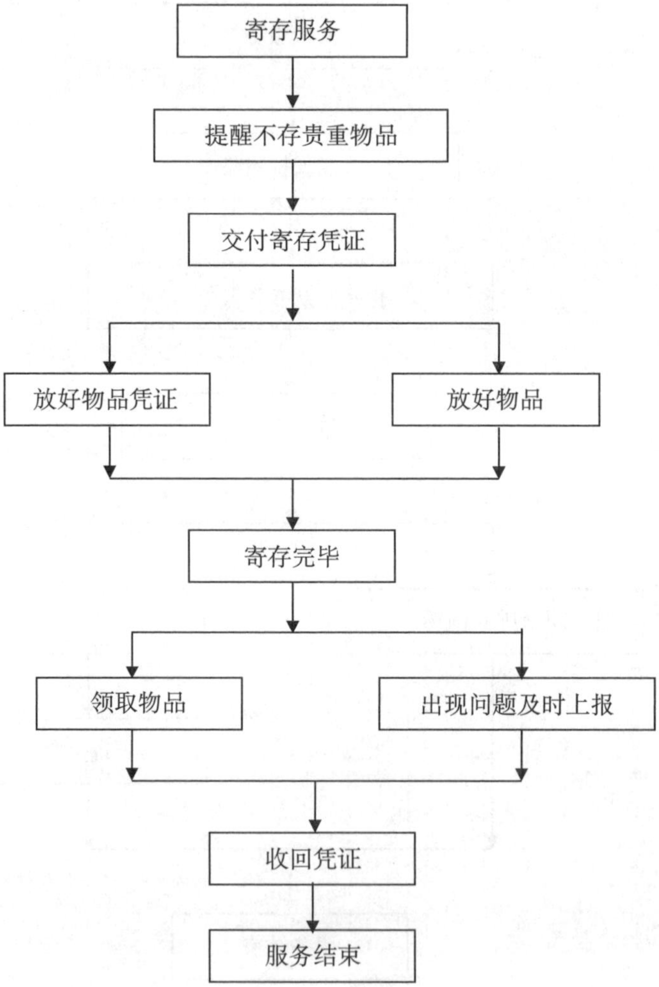

9. 物品租借岗位工作流程图

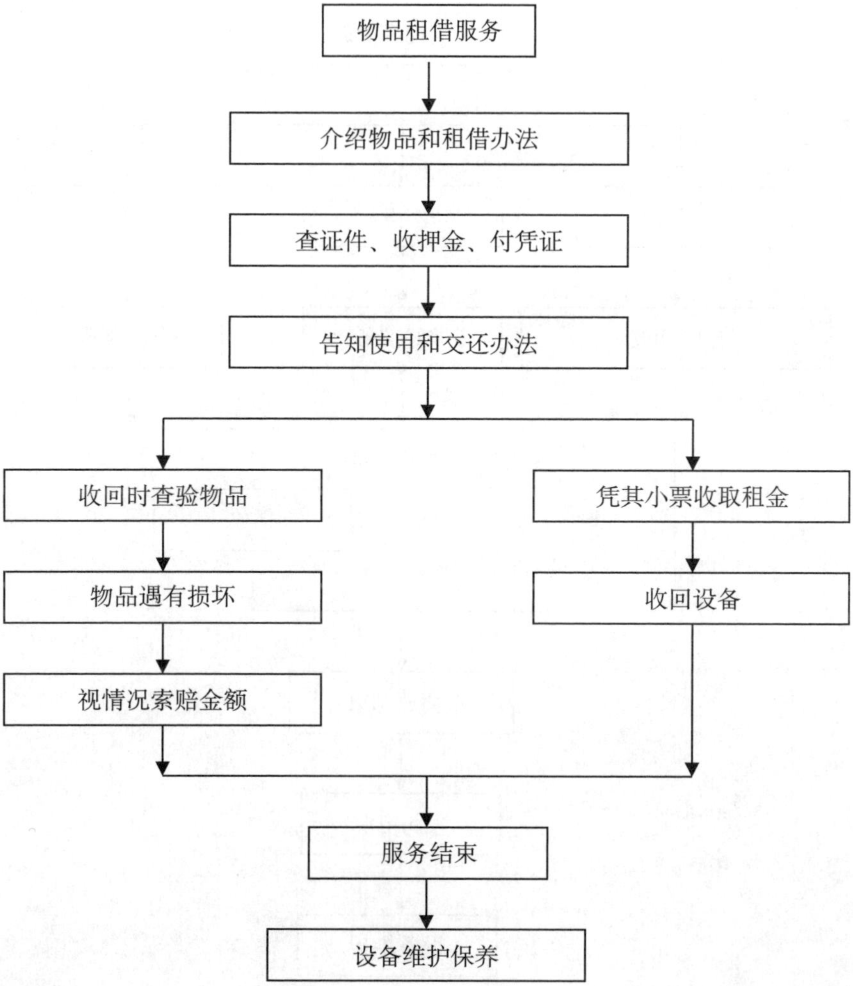

10. 音响视频播放岗位工作流程图

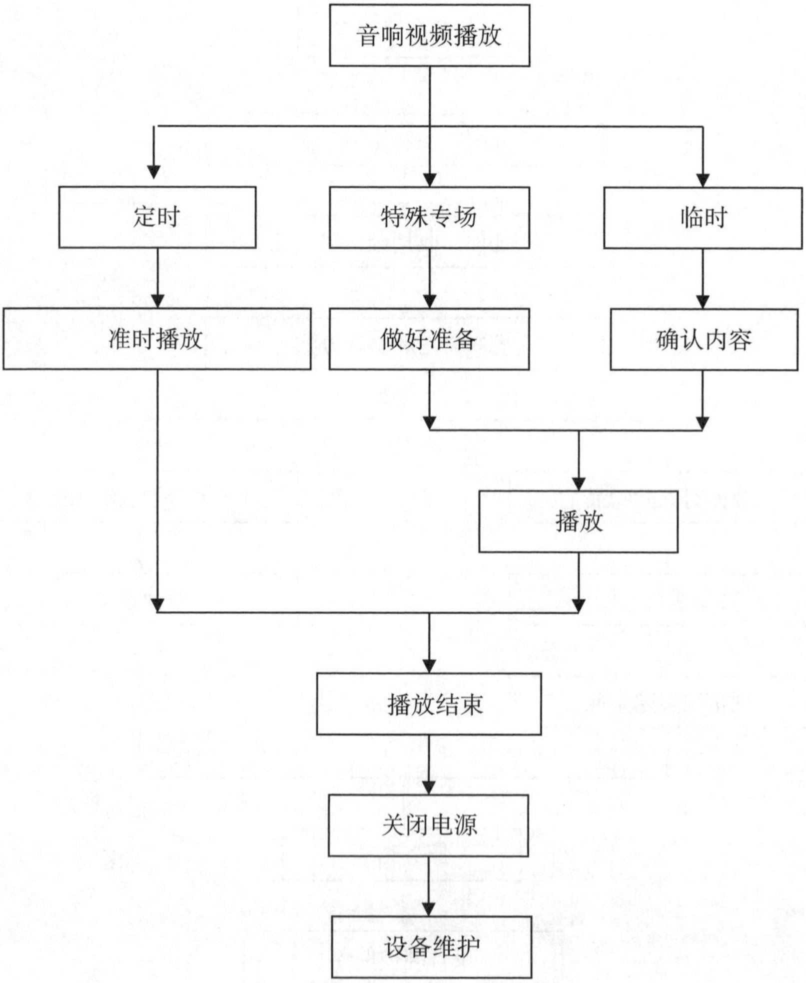

11. 车场管理岗位工作流程图

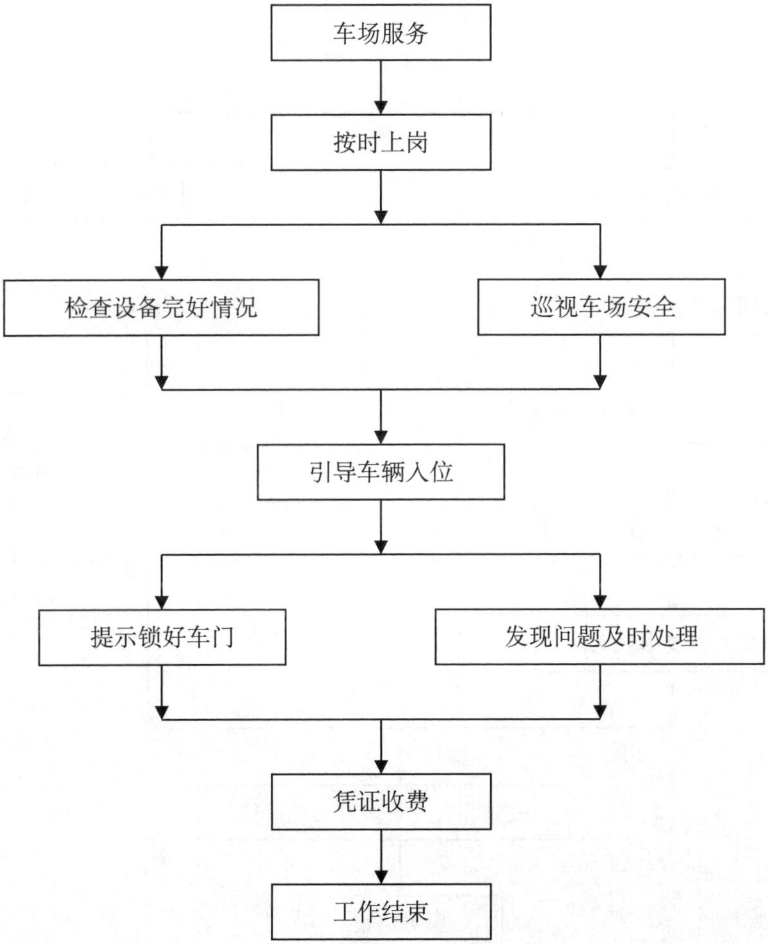

12. 参观服务岗位工作流程图

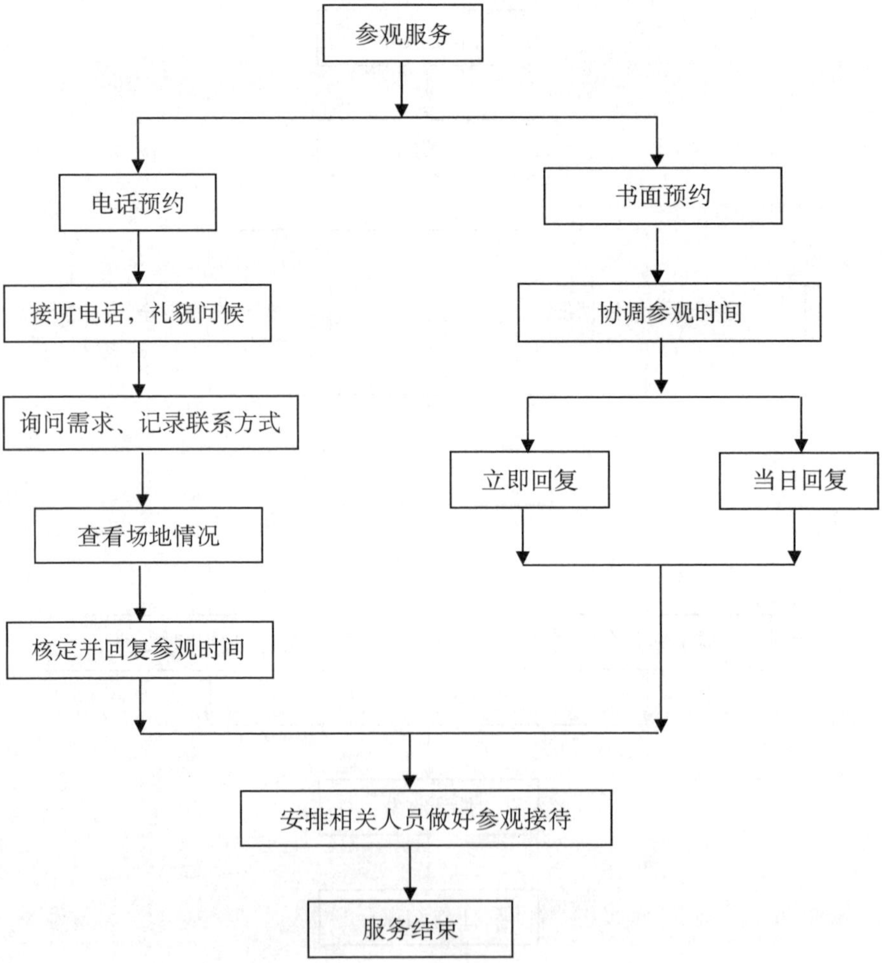

13. 展厅服务岗位工作流程图

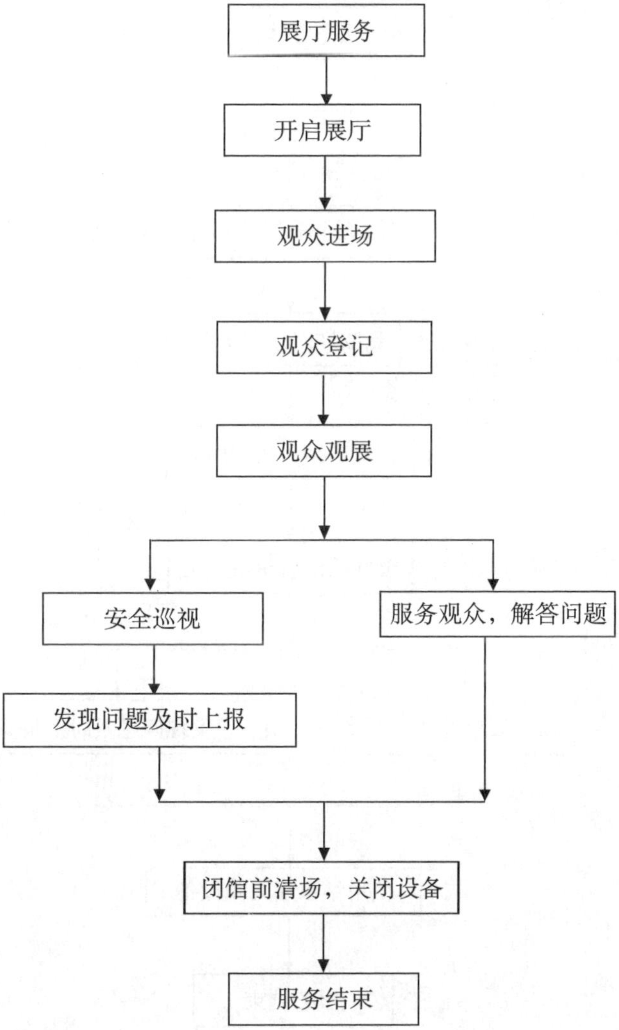

14. 免费开放厅室管理服务岗位工作流程图

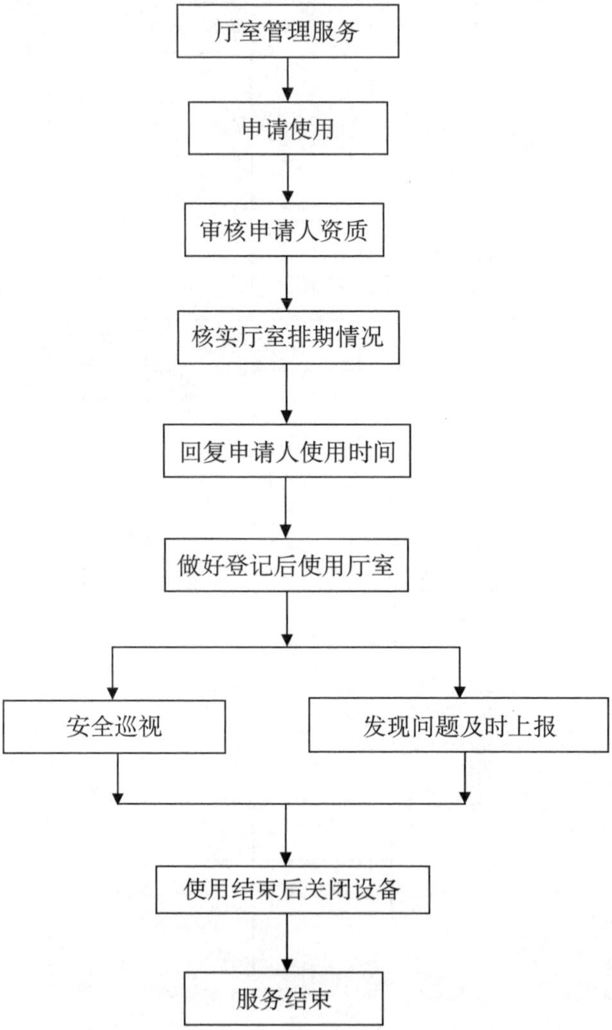

BLUE BOOK OF CHONGQING

15. 培训服务岗位工作流程图

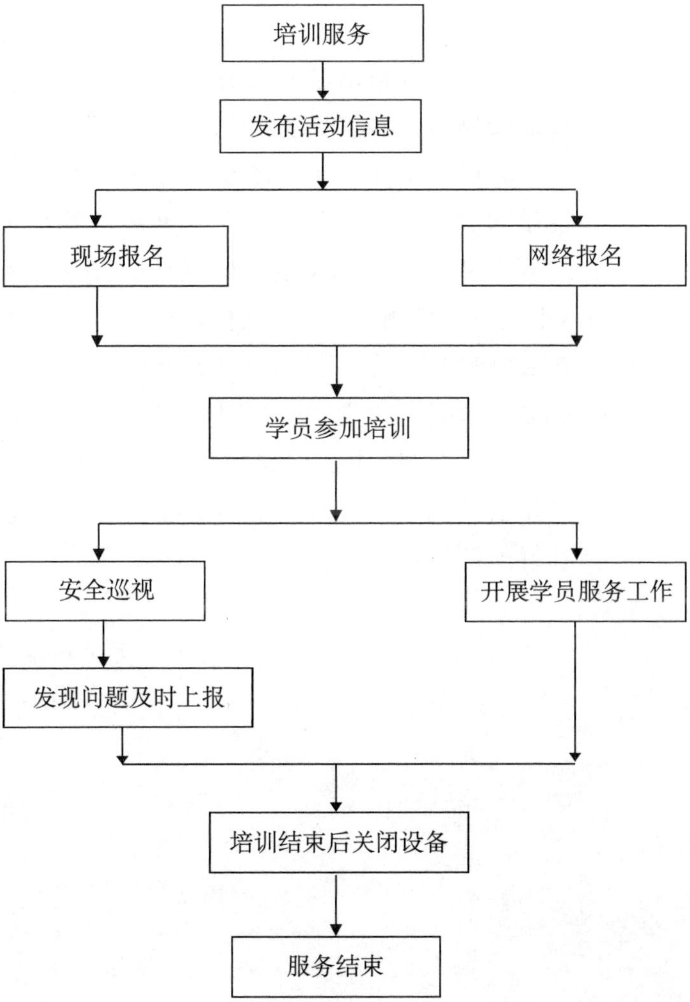

重庆市文化和旅游发展委员会关于印发《重庆市公共图书馆服务规范（修订版）》的通知

渝文旅规〔2019〕7号

各区县（自治县）文化旅游委，两江新区社发局市场监管局，万盛经开区文广新局、旅发委，委属各单位：

为贯彻落实《重庆市机构改革方案》和《重庆市人民政府关于市政府机构改革涉及政府规章规定的行政机关职责调整问题的决定》（渝府发〔2018〕46号），根据《重庆市行政规范性文件管理办法》（重庆市人民政府令第290号）规定，经市文化旅游委2019年第11次主任办公会议研究决定，我委对2017年颁布实施的《重庆市公共图书馆服务规范（试行）》进行了修订完善，现将《重庆市公共图书馆服务规范（修订版）》印发你们，请认真抓好遵照执行。

重庆市文化和旅游发展委员会

2019年7月16日

BLUE BOOK OF CHONGQING

重庆市公共图书馆服务规范

（修订版）

第一章 总 则

第一条　为促进我市公共图书馆事业的发展，保障公民基本文化权益，提高服务效能和管理效益，根据《中华人民共和国公共文化服务保障法》、《公共图书馆服务规范》（GB/T28220—2011）等相关规定，结合本市实际，制定本规范。

第二条　本市行政区域内各级公共图书馆的管理和服务适用本规范。

第三条　公共图书馆按照公益性、基本性、均等性、便利性的要求，坚持以人为本、读者至上的服务理念，利用本馆文献资源、设施设备和馆员智慧为读者提供便捷、高效、优质的图书馆服务，满足公众文献信息需求。

第二章 服务设施与环境

第四条　公共图书馆建筑功能总体布局遵循以读者服务为中心，合理设置服务功能区，做到分区明确。书刊借阅、报刊阅览、少儿借阅、多媒体阅览、残障阅览、老年阅览、讲座培训、自习室等公共空间免费向社会公众开放。

少年儿童阅览区应当与成人阅览区分开，宜设置单独的出入口。视障阅览室宜设在图书馆本体建筑与社会公共通道之间的平行层。

第五条　公共图书馆在馆外须有醒目的馆名牌，主入口大厅有楼层设施分布图，通道有明确的指引牌，服务内容、办证方法、借阅规则、收费标准、便民措施、开放时间等规章制度及各类服务信息应当在显著位置向社会公示，公示内容及时更新。

第六条　公共图书馆须设立无障碍设施，主出入口应当提供无障碍通道，室内有无障碍楼梯或电梯，提供无障碍卫生设备，有可供无障碍服务的阅览座位，并由专人负责接待。无障碍设施设备标识明显，符合国家规定的标准。

第七条　公共图书馆应当有读者存包、复印打印、饮水等读者服务配套设施，设施设备维护良好，有全面的节能减排措施。

第八条　建立环境卫生制度，及时清除场馆内的垃圾和污垢，做到流动清扫，日产日清。公共卫生间清洁、无异味，垃圾箱数量及位置分布合理。公共区域应当设置明显的禁烟标识。

第三章 服务对象与开放时间

第九条　公共图书馆服务对象包括所有公众。应当注重培养少年儿童的阅读习惯，努力满足老年人、残疾人、进城务工者、农村和偏远地区公众的特殊需求。

第十条　公共图书馆应当有固定的开放时间，在公休日应当开放，在国家法定节假日应当有开放时间。其中市级图书馆每周开放时间不少于 64 小时；区级图书馆每周开放时间不少于 60 小时；县级图书馆每周开放时间不少于 56 小时。独立建制的少年儿童图书馆每周开放时间不少于 40 小时。

独立建制的少年儿童图书馆与公共图书馆开设的少年儿童阅览室周六、周日和学生寒暑假期间每天的开放时间不得少于 8 小时。

第十一条　公共图书馆因故闭馆或者更改开放时间的，除遇不可抗力外，应当提前 7 日公告。

第四章 服务内容与方式

第十二条　公共图书馆应当按照平等、开放、共享的要求向社会公众提供服务。

公共图书馆应当免费向社会公众提供下列服务：

（一）文献信息查询、借阅；

（二）阅览室、自习室等公共空间设施场地开放；

（三）公益性讲座、阅读推广、培训、展览；

（四）国家规定的其他免费服务项目。

第十三条　公共图书馆应当拓展服务领域和服务功能，采取预约外借、流动借阅、网上借阅等多种便民服务措施，通过设置导读岗，编制推荐书目，举办书刊宣传、评展以及讲座报告等多种阅读推广活动对读者进行阅读辅导，不断提高读者的信息素养和利用图书馆的能力。

第十四条　公共图书馆应当配备一定数量的计算机，专供读者使用。读者服务区域应当免费提供无线网络连接服务。

第十五条　公共图书馆应当加强数字资源建设，配备相应的设施设备，建设图书馆网站并定期维护和更新。网站应当包括本馆概况、书目查询、信息公示、读者信箱等栏目，为社会公众提供优质服务。

第十六条　公共图书馆应当加强服务网点建设，合理布置流动图书车、流动借阅点、自助服务设施等服务网点，实现运行经常化。

第十七条　公共图书馆应当探索新媒体服务，有正式注册的微信或微博平台，做到定期推送服务信息。

第十八条　公共图书馆可以提供包括现场、电话、信件、传真、电子邮件、网上实时等多样化的参考咨询服务方式，有效缩短文献咨询的响应时间。

响应时间是以收到读者咨询提问至回复读者之间的时间计。现场、电话、网上实时咨询需在服务时间内当即回复读者，其他方式的咨询服务的响应时间不超过 2 个工作日。

第十九条　公共图书馆应当按照国家公布的标准、技术规范，提高文献加工处理效率，文献加工处理时间以文献到馆至文献上架（或上线）服务的时间间隔计。其中，报纸到馆当天上架服务，期刊到馆2个工作日内上架服务，市、区、县级馆分别在图书到馆20、15、7个工作日内上架服务。

开架图书提倡按《中国图书馆分类法》分类号顺序排列整齐，市、区、县级馆的开架图书排架正确率分别不低于96%、95%、94%。开架书库内实行馆员巡视制度，发现读者潜在需要，帮助读者解决问题。

第二十条　公共图书馆应当建立工作人员文明服务制度。遵守《中国图书馆员职业道德准则》（试行），具有良好的职业道德。

第二十一条　公共图书馆工作人员开展服务活动时，应当遵守下列行为规范要求：

（一）挂牌上岗，仪表端庄大方，着装规范得体，接待读者应当说普通话和使用文明规范用语；

（二）爱岗敬业，严格遵守工作纪律，上班时间不准闲聊或者做与工作无关的事情；

（三）维持好秩序，因故离岗时须设立提示牌或者由其他工作人员替岗；

（四）保洁人员、维修人员等现场作业遇到读者，应当主动问候和礼让。

第五章 服务管理与监督

第二十二条　建立健全安全管理制度。做好安全保卫工作，配备防火、防盗、防潮、防有害生物、防计算机病毒等必要设施。馆内实行全面禁烟，安全提示标识明显，消防通道畅通。有完善的应急预案，工作人员应当及时发现并消除火灾隐患、具备扑救初期火灾能力、组织读者疏散能力。

第二十三条　建立首问责任制。首问责任人对读者提出的问题和要求，应当及时给予回复解答。对于不属于自己职责范围的问题，应当咨询相关工作人员或为读者提供解决问题的路径和方法。

第二十四条　实施公共服务报告制度。公共图书馆应当在每年1月31日、7月31日前向本级文化主管部门书面报告前6个月公共服务情况。

第二十五条　公共图书馆应当严格执行国家和我市关于事业单位人员聘

用、管理、待岗、辞职、解聘的规定，并按照上述规定制定单位内部人事管理制度。

第二十六条　公共图书馆应当加强对工作人员的管理，健全考核制度。对工作人员的评价监督结果纳入事业单位人事年度考核，考核结果作为续聘、解聘、调整岗位以及奖惩、晋升、增资的依据。

第二十七条　建立服务投诉处理机制。公共图书馆应当在馆舍显著位置设立读者意见箱（簿），公开服务投诉电话，开设网上投诉通道，认真对待并正确处理来自读者的意见或投诉。现场读者投诉及时解决，网上或书面投诉在 5 个工作日内回复，并整改落实。

第二十八条　公共图书馆应当定期召开读者座谈会，主动听取读者对图书馆服务工作的意见建议，改进服务工作。

第二十九条　建立科学评价机制。运用信息化手段，通过互联网评价、短信评价等方式，以大数据为基础，建立便捷的服务评价反馈渠道，对服务进行科学评价。

第三十条　建立第三方评价机制。委托第三方机构进行服务满意度调查，就设施设备、服务内容、服务质量和员工素质等情况进行全过程跟踪监督、动态分析、督导落实，接受社会监督。

第三十一条　市、区县（自治县）文化主管部门应当建立公共图书馆服务投诉处理机制，积极处理和妥善解决投诉，并将投诉情况作为对公共图书馆服务质量评价的指标和内容。

第三十二条　市、区县（自治县）文化主管部门应当每年对公共图书馆服务进行考核评价。

第三十三条　本规范中各项制度的建设和执行情况以及评价监督结果，纳入文化主管部门对公共图书馆年度目标管理考核和公共图书馆免费开放绩效评价指标体系。

第六章 附 则

第三十四条　本办法由重庆市文化和旅游发展委员会负责解释，自 2019

年 7 月 16 日起执行，有效期 5 年。原重庆市文化委员会于 2017 年 11 月印发的《重庆市公共图书馆服务规范（试行）》（渝文委规〔2017〕13 号）同时废止。

BLUE BOOK OF CHONGQING

公共图书馆岗位工作流程图

1．读者证办理流程图

2．读者证变更（退证、换证、补证）办理流程图

3．读者借阅服务流程图

4．参考咨询服务流程图

5．读者投诉接待岗位工作流程

1. 读者证办理流程图

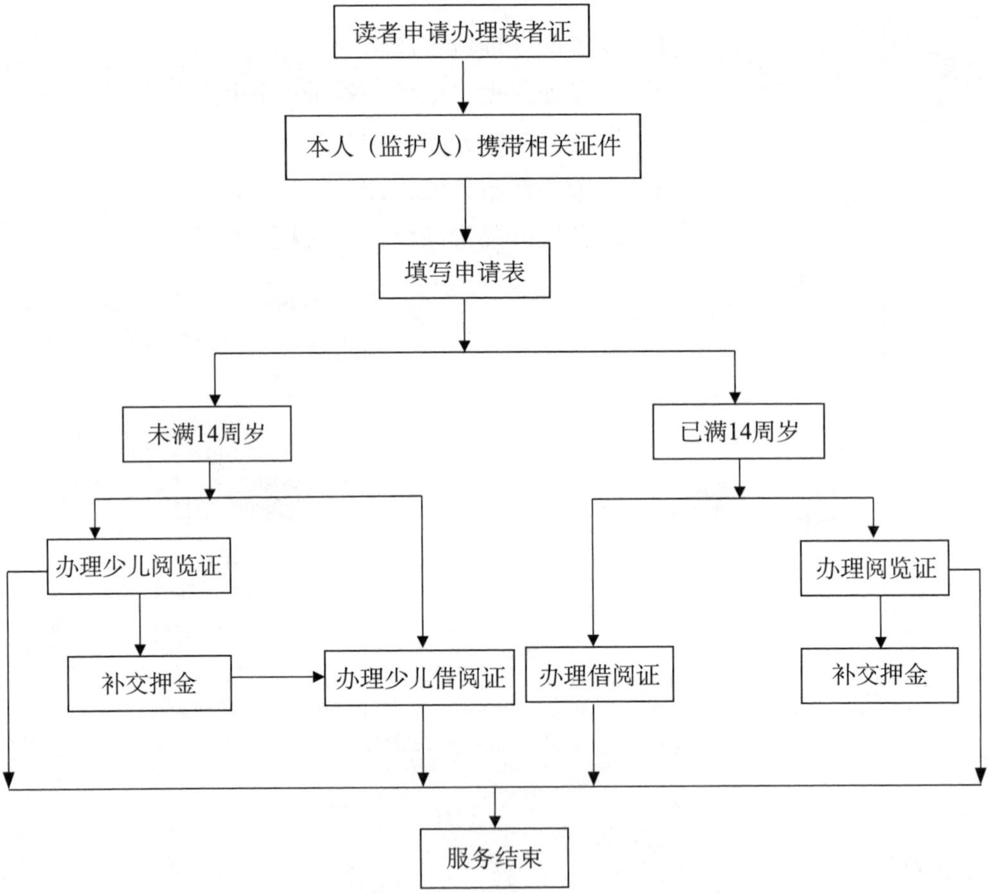
读者申请办理读者证
本人（监护人）携带相关证件
填写申请表
未满14周岁
已满14周岁
办理少儿阅览证
补交押金
办理少儿借阅证
办理借阅证
办理阅览证
补交押金
服务结束

BLUE BOOK OF CHONGQING

2. 读者证变更（退证、换证、补证）办理流程图

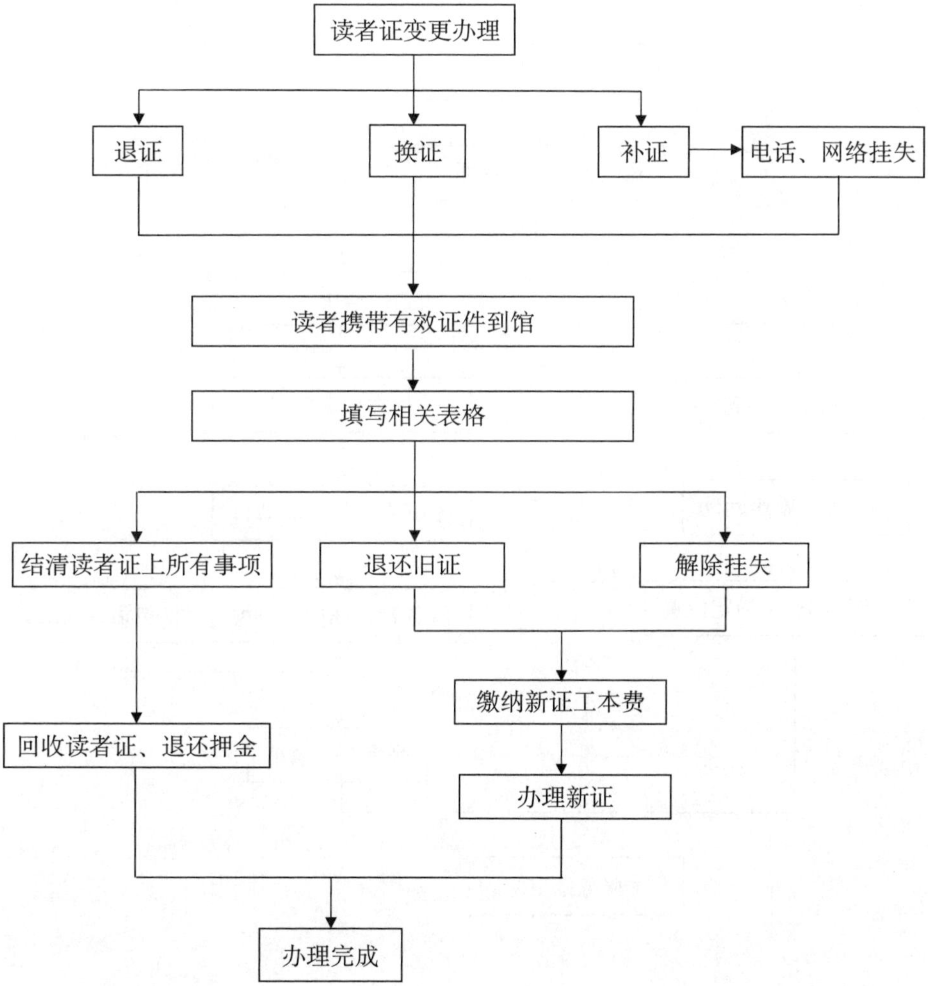

3. 读者借阅服务流程图

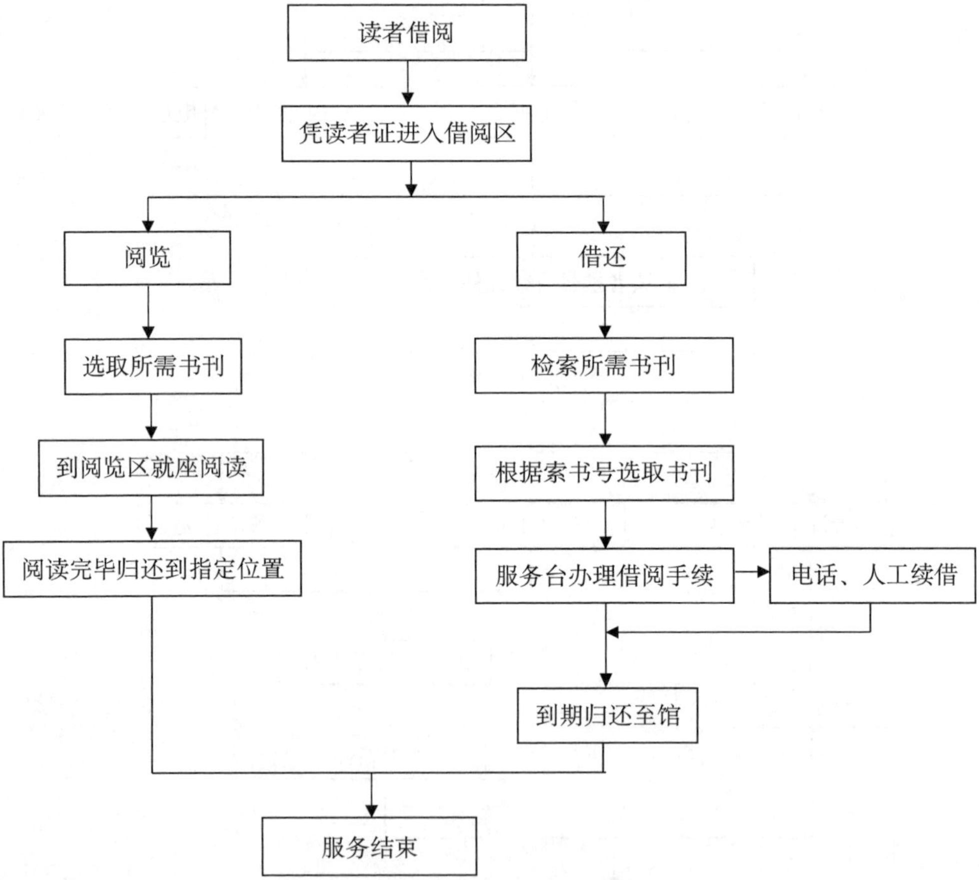
读者借阅
凭读者证进入借阅区
阅览
借还
选取所需书刊
检索所需书刊
到阅览区就座阅读
根据索书号选取书刊
阅读完毕归还到指定位置
服务台办理借阅手续
电话、人工续借
到期归还至馆
服务结束

4. 参考咨询服务流程图

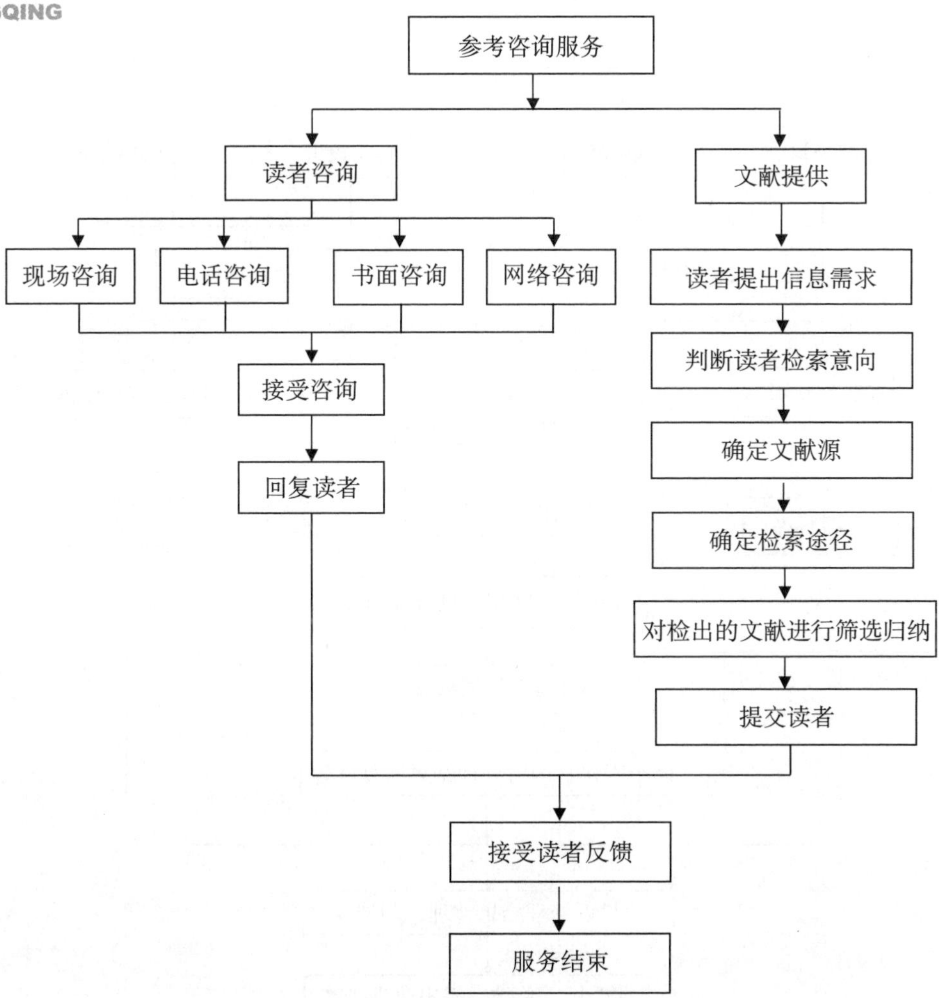
参考咨询服务
读者咨询
文献提供
现场咨询
电话咨询
书面咨询
网络咨询
接受咨询
回复读者
读者提出信息需求
判断读者检索意向
确定文献源
确定检索途径
对检出的文献进行筛选归纳
提交读者
接受读者反馈
服务结束

5. 读者投诉接待岗位工作流程

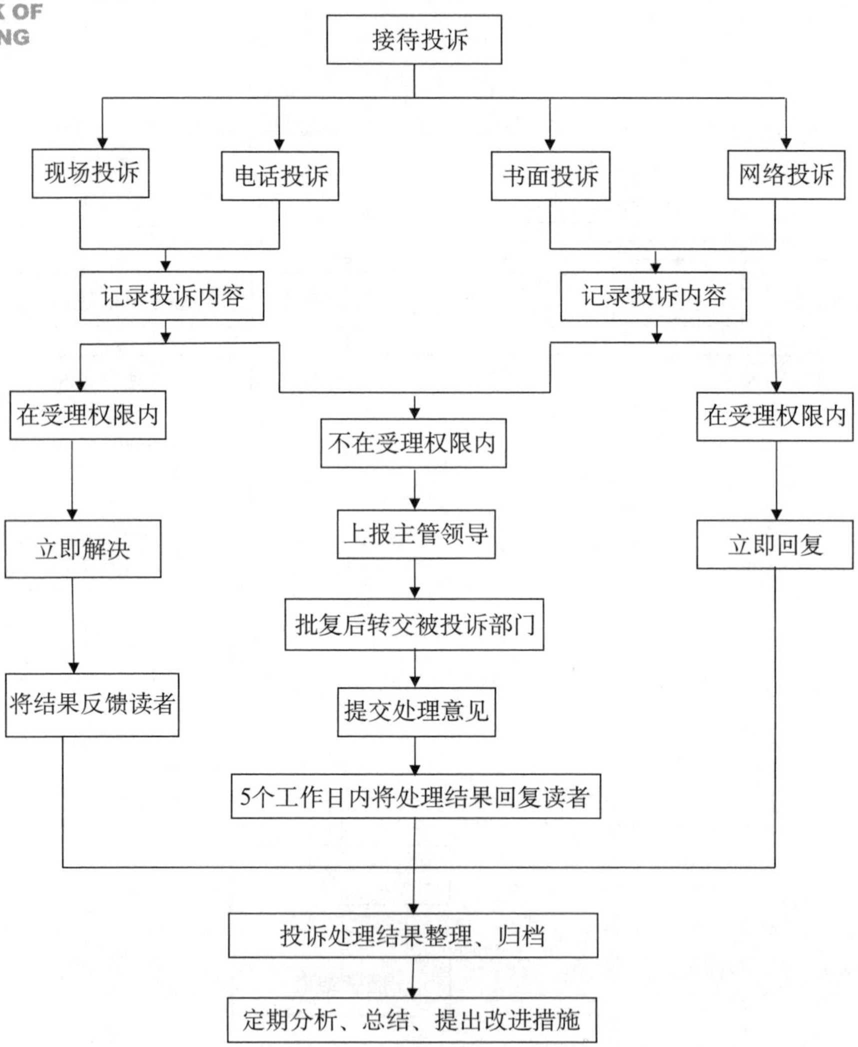

重庆市文化和旅游发展委员会关于印发《重庆市古籍保护专项经费使用管理办法（修订版）》的通知

渝文旅规〔2019〕8号

各区县（自治县）文化旅游委，两江新区社发局市场监管局，万盛经开区文广新局、旅发委，委属各单位：

为贯彻落实《重庆市机构改革方案》和《重庆市人民政府关于市政府机构改革涉及政府规章规定的行政机关职责调整问题的决定》（渝府发〔2018〕46号），根据《重庆市行政规范性文件管理办法》（重庆市人民政府令第290号）规定，经市文化旅游委2019年第11次主任办公会议研究决定，我委对2016年颁布实施的《重庆市古籍保护专项经费使用管理办法》进行了修订完善，现将《重庆市古籍保护专项经费使用管理办法（修订版）》印发你们，请认真抓好遵照执行。

重庆市文化和旅游发展委员会

2019年7月16日

重庆市古籍保护专项经费使用管理办法

（修订版）

第一章 总 则

第一条 为加强重庆市古籍保护专项经费的使用和管理，推动古籍保护工作的顺利开展，提高专项资金使用效益，根据国家法律法规和财务管理规定，制定本办法。

第二条 古籍保护专项经费是重庆市财政安排用于古籍保护工作的专项经费，由重庆市文化和旅游发展委员会按照科学管理、合理安排、注重效益、专款专用的原则进行统一管理。

第三条 古籍保护专项经费的管理和使用应当接受重庆市文化和旅游发展委员会和审计部门的监督和检查。

第二章 管理职责

第四条 重庆市文化和旅游发展委员会作为全市古籍保护工作的领导机构，负责审定古籍保护专项经费，决定古籍保护工作相关的其他事项。

第五条 重庆市文化和旅游发展委员会委托重庆市古籍保护中心负责组织古籍保护专项资金资助项目的申报、评审、监督、检查和验收；与获得古籍经费资助的申报单位和项目负责人签订协议书；检查项目执行情况和经费使用情况；对资助项目进行质量检查，组织已完成项目的验收及其他相关工作；市古籍保护中心要按照公开、公平、公正的原则开展工作。

第六条 重庆市文化和旅游发展委员会公共服务处和财务处负责对古籍保护专项经费的管理和使用进行指导、监督和检查。

第三章 经费使用范围

第七条 古籍保护专项经费的使用范围：

1．古籍文献的原生性和再生性保护。

2．重点古籍文献的开发利用。

3．古籍保护中长期规划的编制。

4．珍贵古籍文献的购买或复制。

5．为古籍保护工作而开展的文化交流外事活动和有关学术活动。

6．古籍保护的宣传推广。

7．古籍保护人才的培训。

8．古籍保护工作通信的编辑和发行。

9．古籍保护工作的顾问和专家咨询费。

10．古籍保护设备和用品的购置。

11．古籍保护场所的修缮和改造。

12．古籍保护中心日常工作经费。

第四章 资助项目申报和审批

第八条 古籍保护专项经费的申报必须具备的条件：

1．申报单位必须具有独立的法人资格，是重庆市古籍保护中心认定有古籍收藏的单位。个人和非古籍收藏单位的申报不予受理。

2．申报单位具有按计划完成工作任务的能力和条件。

3．申报单位应当按照市古籍保护中心要求，在规定时间内报送申报表和有关资料。

第九条 重庆市古籍保护中心每年 3 月份前组织一次专项经费的申报和

评审工作，聘请有关专家对申报专项经费的资助项目和资助的金额进行评审，评审结果报重庆市文化和旅游发展委员会审核批准后拨付资金。

第十条　古籍保护专项经费拨付前，市古籍保护中心必须与申报单位签订工作任务协议书，确保项目按计划完成。

第五章　财务管理

第十一条　获得古籍保护专项经费的单位财务部门应对专项经费单独核算，按照规定用途专款专用，不得挪作他用。项目完成后，获得专项经费的单位须及时提交总结报告，同时提供详细的经费决算及文字说明，报市古籍保护中心审核。

第十二条　市古籍保护中心日常工作经费支出范围主要包括项目评审费、质量检查费、办公费、会议费、差旅费，办公设备、检查和验收情况报送重庆市文化和旅游发展委员会。

第六章　监督与检查

第十三条　获得古籍保护专项经费资助的出版物，应于扉页标注“重庆市古籍保护专项经费资助项目”字样，并向市古籍保护中心报送样书 2 部(套)。

第十四条　市古籍保护中心定期对专项经费资助项目进行检查、验收。凡未通过验收的项目或发现承担单位无法达到预期要求或将经费挪作他用等情况，市古籍保护中心视情况写出书面报告，提请重庆市文化和旅游发展委员会追回部分或全部经费。

第十五条　市古籍保护中心应于每年 12 月底前将古籍保护专项经费资助项目的执行、检查和验收情况报送重庆市文化和旅游发展委员会。

第七章　附　则

第十六条　本办法适用于重庆市古籍保护专项经费资助项目的管理。

第十七条　本办法由重庆市文化和旅游发展委员会负责解释，自 2019 年 7 月 16 日起执行，有效期 5 年。原重庆市文化委员会于 2016 年 3 月印发的《重庆市古籍保护专项经费使用管理办法》（渝文委规〔2016〕8 号）同时废止。

重庆市文化和旅游发展委员会关于印发《重庆市国有美术馆服务规范（修订版）》的通知

渝文旅规〔2019〕9号

各区县（自治县）文化旅游委，两江新区社发局、市场监管局，万盛经开区文广新局、旅发委，委属各单位：

为贯彻落实《重庆市机构改革方案》和《重庆市人民政府关于市政府机构改革涉及政府规章规定的行政机关职责调整问题的决定》（渝府发〔2018〕46号），根据《重庆市行政规范性文件管理办法》（重庆市人民政府令第290号）规定，经市文化旅游委2019年第11次主任办公会议研究决定，我委对2017年颁布实施的《重庆市国有美术馆服务规范（试行）》进行了修订完善，现将《重庆市国有美术馆服务规范（修订版）》印发你们，请认真遵照执行。

重庆市文化和旅游发展委员会

2019年7月16日

重庆市国有美术馆服务规范

（修订版）

第一章 总 则

第一条　为进一步加强全市国有美术馆的规范化建设，提高公共服务能力和管理水平，提高公众艺术修养和鉴赏能力，根据《中华人民共和国公共文化服务保障法》等相关规定，结合本市实际，制定本规范。

第二条　本市行政区域内各级国有美术馆（以下简称美术馆）的管理和服务适用本规范。

第三条　美术馆应当坚持以人民为中心的工作导向，弘扬社会主义核心价值观，传播中华优秀传统文化和社会主义先进文化，不断丰富广大人民群众的精神文化生活。

第二章 服务设施与环境

第四条　美术馆作为公共文化服务场所，展厅及主要设施必须用于文化艺术作品展览展示，严禁以租赁、转让等形式改变其场地和设施用途。

第五条　有醒目的标牌标识，出入口、通道应当设有指引牌，用于引导观众进出和参观。门厅内和各楼层设有楼层功能分布图，免费项目、开放时间、便民措施、参观须知等各类服务信息应当在馆内醒目位置上公告，文字和标识符合规范。主要出入口及活动场地内应当有公共广播系统。

第六条　设置有布局合理的服务台或服务中心，为观众提供免费饮用水、免费存包、手机充电等便民服务，免费为观众提供场馆介绍、展品藏品介绍等宣传资料，接受观众的咨询、投诉受理和提供寻人、失物招领等播报服务。

第七条　美术馆应当设置无障碍设施设备，为特殊人群提供便捷服务。无障碍设施设备标识明显，符合国家规定的标准。

第八条　建立环境卫生制度，及时清除场馆内的垃圾和污垢，做到流动清扫，日产日清。公共卫生间清洁、无异味，垃圾箱数量及位置分布合理。公共区域应当设置明显的禁烟标识。

第三章 服务对象与开放时间

第九条　美术馆以所有公众为服务对象，努力满足不同年龄不同服务对象的艺术审美需求。

第十条　美术馆开放时间安排应当与公众休闲时间相协调，市级美术馆全年开放时间应当在300天以上，其他美术馆应当在240天以上。节假日期间，基本文化服务项目应当正常开放。

第十一条　美术馆因故闭馆或者更改开放时间的，除遇不可抗力外，应当提前7日公告。

第四章 服务内容与方式

第十二条　美术馆应当为公众提供规范、良好的服务，开展多种形式、文明健康的公益艺术活动。积极策划、举办倡导主旋律、反映时代风貌、内容健康、积极向上的艺术精品展览。市级美术馆全年举办展览数量不少于30个，区县级美术馆全年举办展览数量不少于12个。

第十三条　美术馆提供的美术展览及其他公共文化服务项目应当与本馆的性质、职能、职责和任务相适应，突出本馆特色、区域特点和文化优势，加强对公众艺术鉴赏等活动的引导交流，全面加强艺术普及，提高公众审美品位与能力。

第十四条　美术馆应当积极开展公共文化教育服务，每年要主动与学校、企事业单位、部队、镇街、社区等开展文化共建活动，不断扩大影响。在陈列展览、宣传讲解、学术研究等方面起示范表率作用，努力成为当地精神文明建设的重要阵地。

第十五条　美术馆应当编印馆史资料介绍和相关展陈介绍等信息资料，积极创办馆办刊物。建立本馆网站或网页等数字服务平台，数字化服务内容要及时更新。

第十六条　美术馆应当对外实行全面免费开放（特殊展览除外），其陈列展厅、多功能厅、宣传廊等公共区域应当同时向观众免费开放。公众可在免费开放时间内参观美术展览及参与美术馆提供的其他公共文化服务项目。

第十七条　美术馆应当加强志愿者队伍建设，根据免费开放工作量从基层文化指导员、文艺骨干、大学生群体中招募志愿者，为公众提供引导、讲解等服务。

第十八条　美术馆应当建立工作人员文明服务制度，切实增强员工的文明服务意识，统一服务标准，规范服务行为，不断提升服务水平。

第十九条　美术馆工作人员开展业务活动时，应当遵守下列行为规范要求：

（一）挂牌上岗，仪表端庄大方，着装规范得体，接待观众应当说普通话和使用文明规范用语；

（二）爱岗敬业，严格遵守工作纪律，上班时间不准闲聊或者做与工作无关的事情；

（三）维持好秩序，因故离岗时须设立提示牌或者由其他工作人员替岗；

（四）保洁人员、维修人员等现场作业遇到观众，应当主动问候和礼让。

第五章 服务管理与监督

第二十条　建立健全安全管理制度。确保消防设施完好，消防通道畅通，标识明显；各类设备要定期维护保养，保证运行安全；举办各项活动要有应急预案和措施，确保安全有序。

第二十一条　建立首问责任制。首问责任人对观众提出的问题或要求，应当及时给予回复解答。对不属于自己职责范围的问题，应当热心引导协助，寻找相关部门和人员予以解决。

第二十二条　实施公共服务报告制度。美术馆应当在每年 7 月 31 日、1 月 31 日前向本级文化旅游主管部门书面报告前 6 个月公共服务情况。

第二十三条　美术馆应当严格执行国家和我市关于事业单位人员聘用、管理、待岗、辞职、解聘的规定，并按照上述规定制定单位内部人事管理制度。

第二十四条　美术馆应当加强对工作人员的管理，健全考核制度。对工作人员的评价监督结果纳入事业单位人事年度考核，考核结果作为续聘、解聘、调整岗位以及奖惩、晋升、增资的依据。

第二十五条　建立服务投诉处理机制。美术馆应当在显著位置设立意见箱，公开监督电话，接受公众的意见建议和监督投诉。对公众的意见或投诉要认真研究、及时回复，不断改善服务，提高服务质量。

第二十六条　建立科学评价机制。运用信息化手段，通过互联网评价、短信评价等方式，以大数据为基础，建立便捷的服务评价反馈渠道，对服务进行科学评价。

第二十七条　建立第三方评价机制。委托第三方机构进行服务满意度调查，就设施设备、服务内容、服务质量和员工素质等情况进行全过程跟踪监督、动态分析、督导落实，接受社会监督。

第二十八条　市、区县（自治县）文化旅游主管部门应当建立美术馆服务投诉处理机制，积极处理和妥善解决投诉，并将投诉情况作为对美术馆服务质量评价的指标和内容。

第二十九条　市、区县（自治县）文化旅游主管部门应当每年对美术馆的服务工作进行考核评价。

第三十条　本规范中各项制度的建设和执行情况以及评价监督结果，纳入文化旅游主管部门对美术馆的年度目标管理考核。

第六章 附 则

第三十一条　本规范由重庆市文化和旅游发展委员会负责解释，自2019年7月16日起执行，有效期5年。原重庆市文化委员会于2017年11月印发的《重庆市国有美术馆服务规范（试行）》（渝文委规〔2017〕12号）同时废止。

美术馆岗位工作流程图

1．预约登记岗位工作流程图
2．票务岗位工作流程图
3．安全检查岗位工作流程图
4．咨询服务岗位工作流程图
5．物品寄存岗位工作流程图
6．贵宾室服务岗位工作流程图
7．投诉接待岗位工作流程图
8．物品租借岗位工作流程图
9．讲解服务岗位工作流程图
10．公共教育活动辅导岗位工作流程图
11．展厅服务岗位工作流程图
12．音像视频播放岗位工作流程图
13．设备维护岗位工作流程图
14．展览申报服务工作流程图
15．藏品借展服务工作流程图

1. 预约登记岗位工作流程图

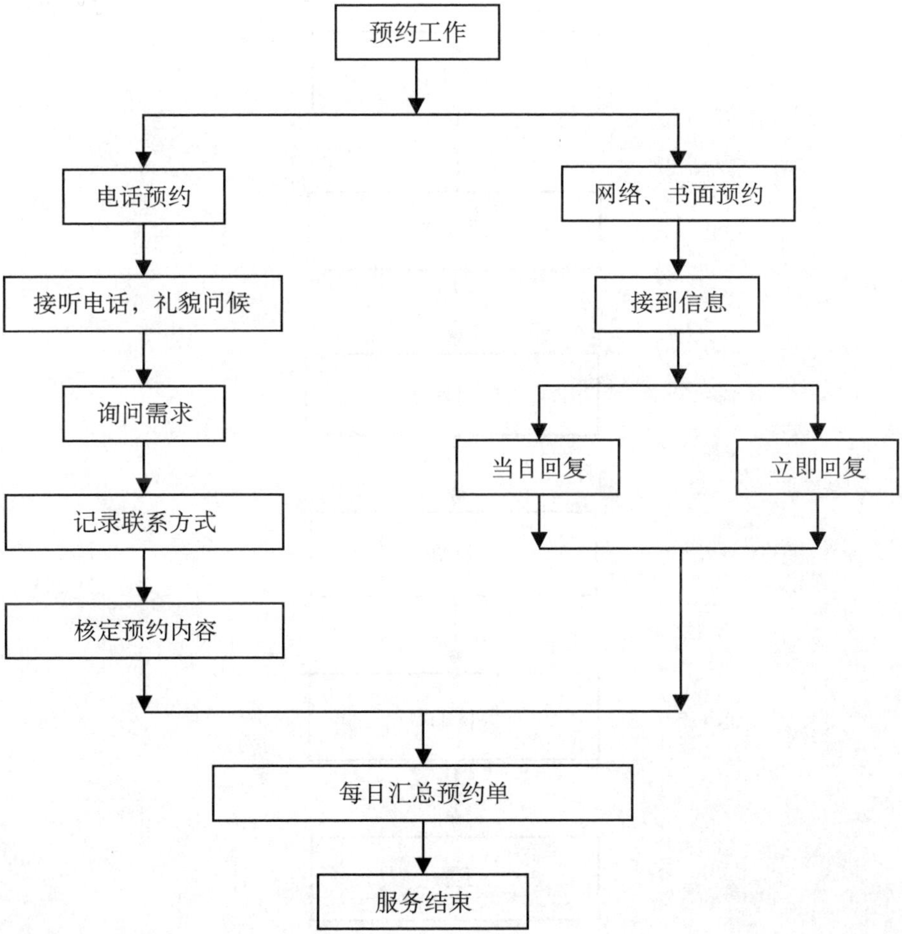

2. 票务岗位工作流程图

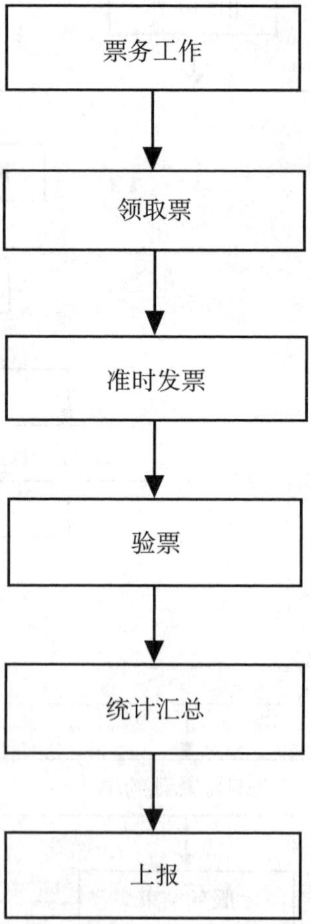

3. 安全检查岗位工作流程图

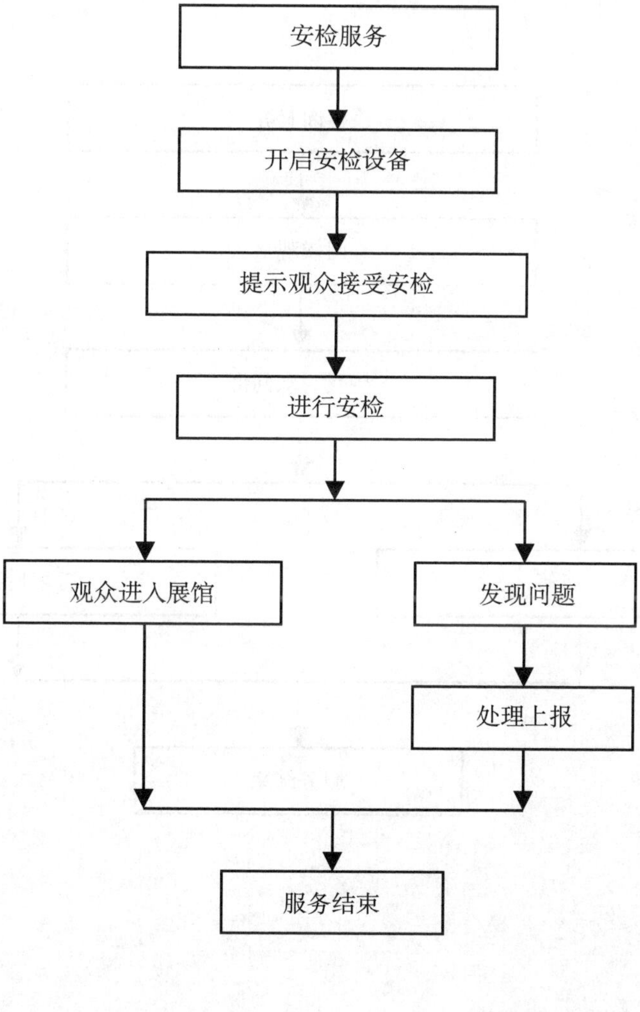

4. 咨询服务岗位工作流程图

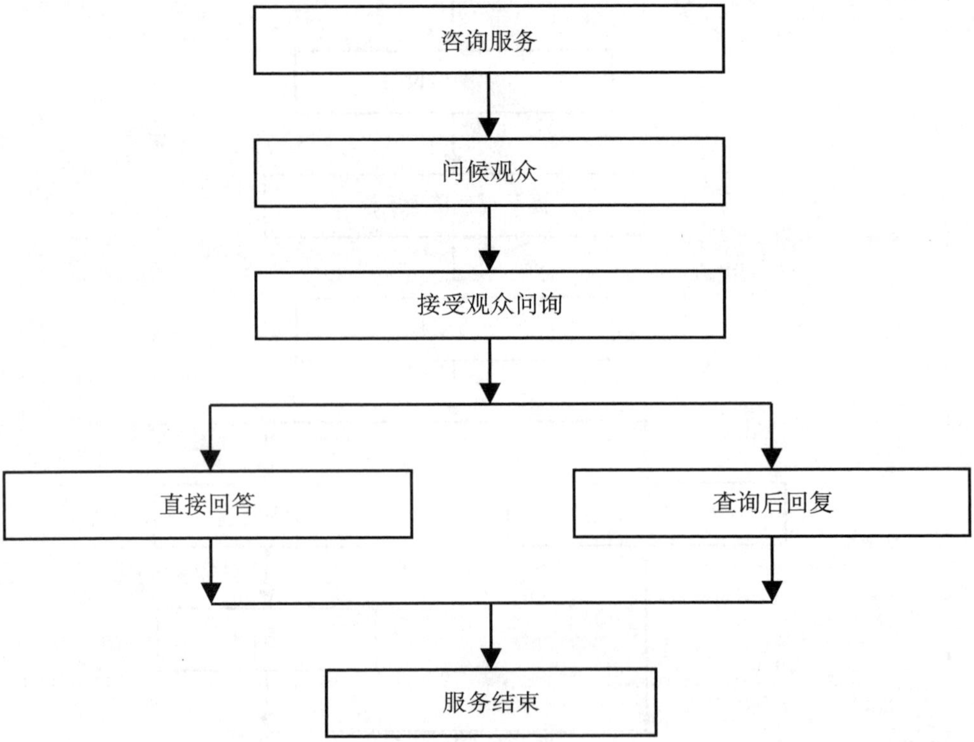

5. 物品寄存岗位工作流程图

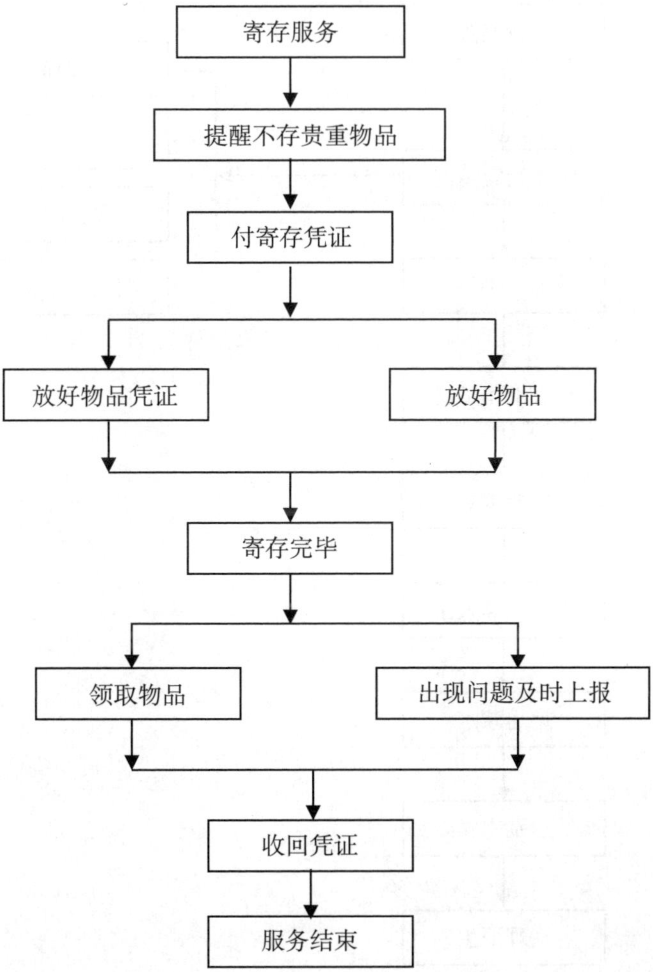

6. 贵宾室服务岗位工作流程图

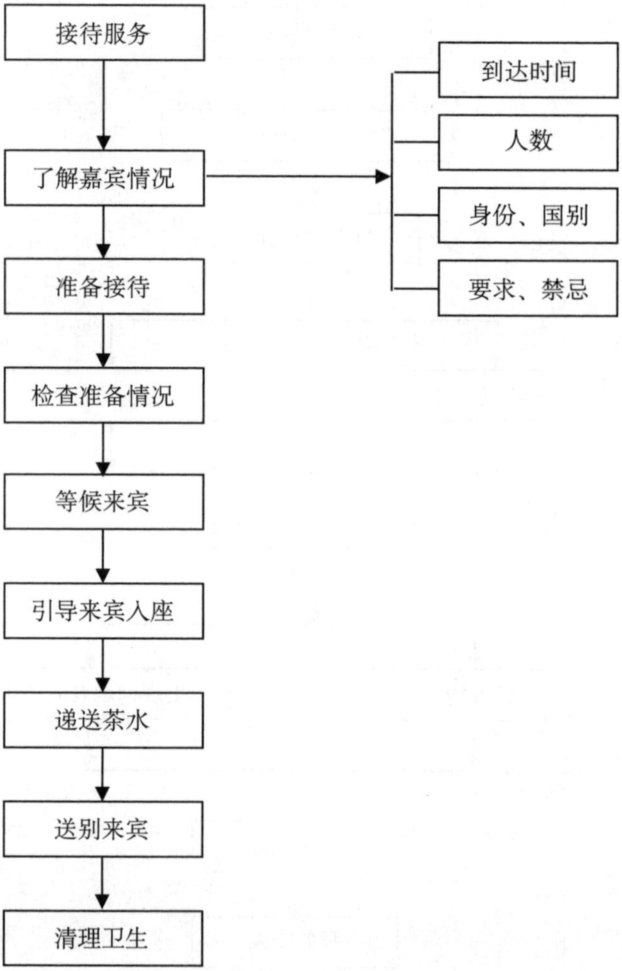

7. 投诉接待岗位工作流程图

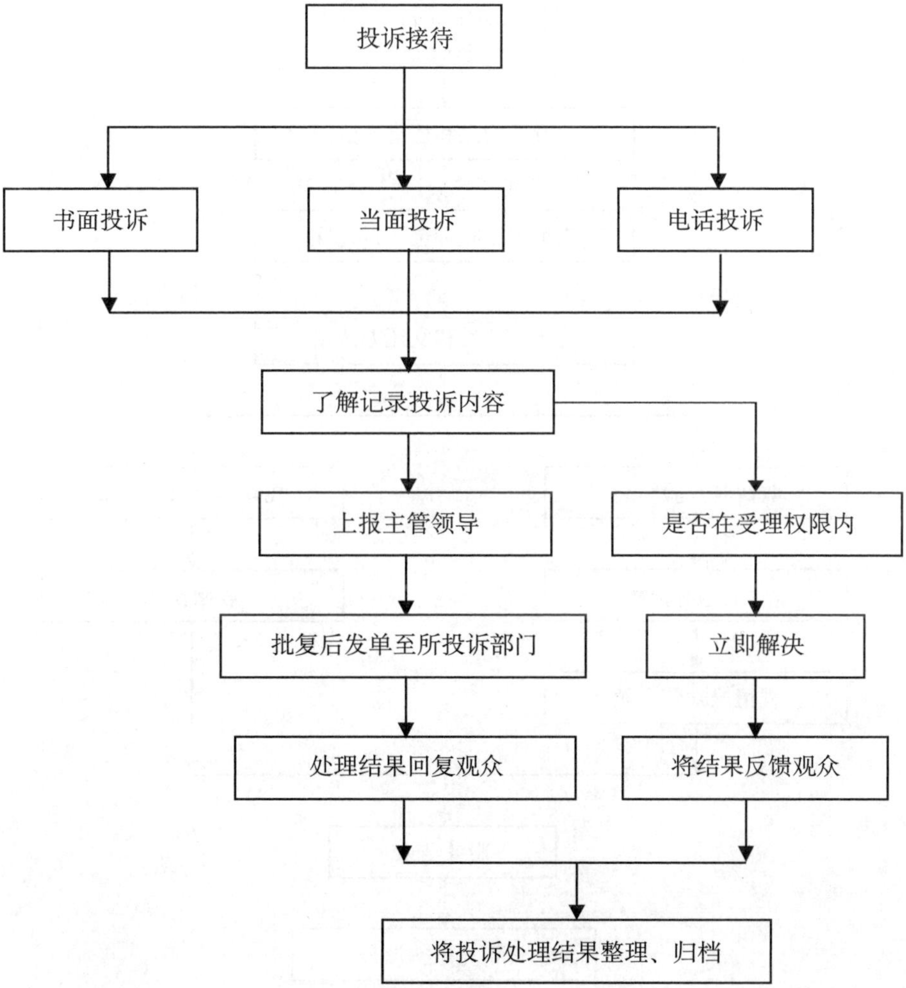

8. 物品租借岗位工作流程图

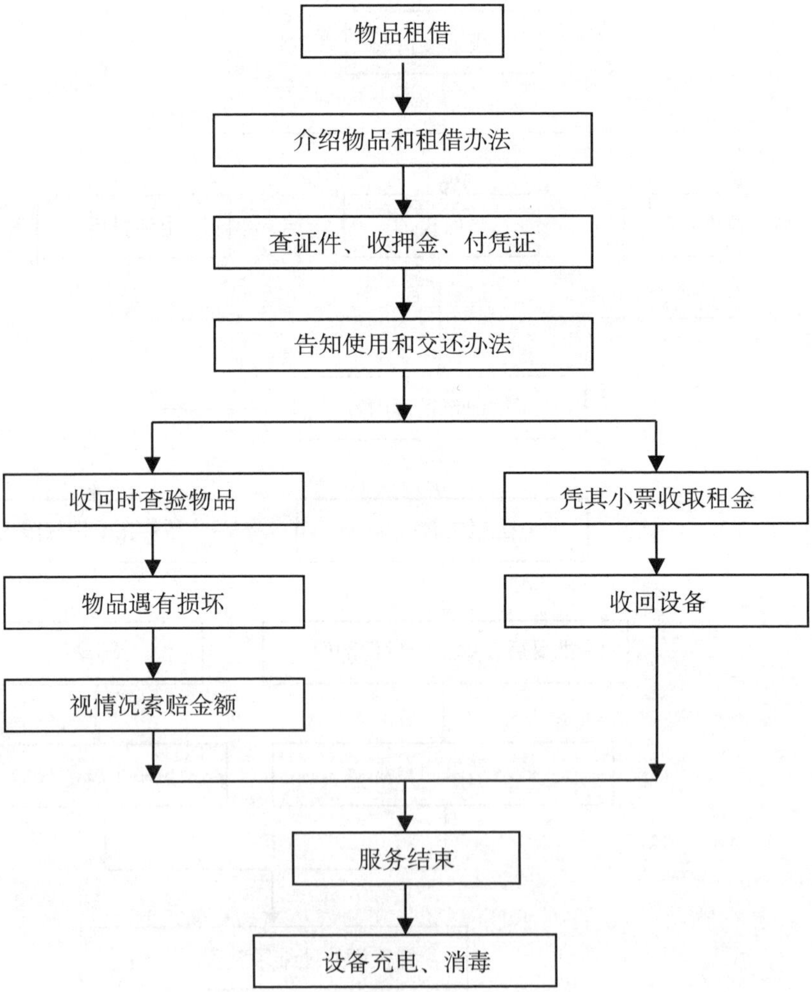

9. 讲解服务岗位工作流程图

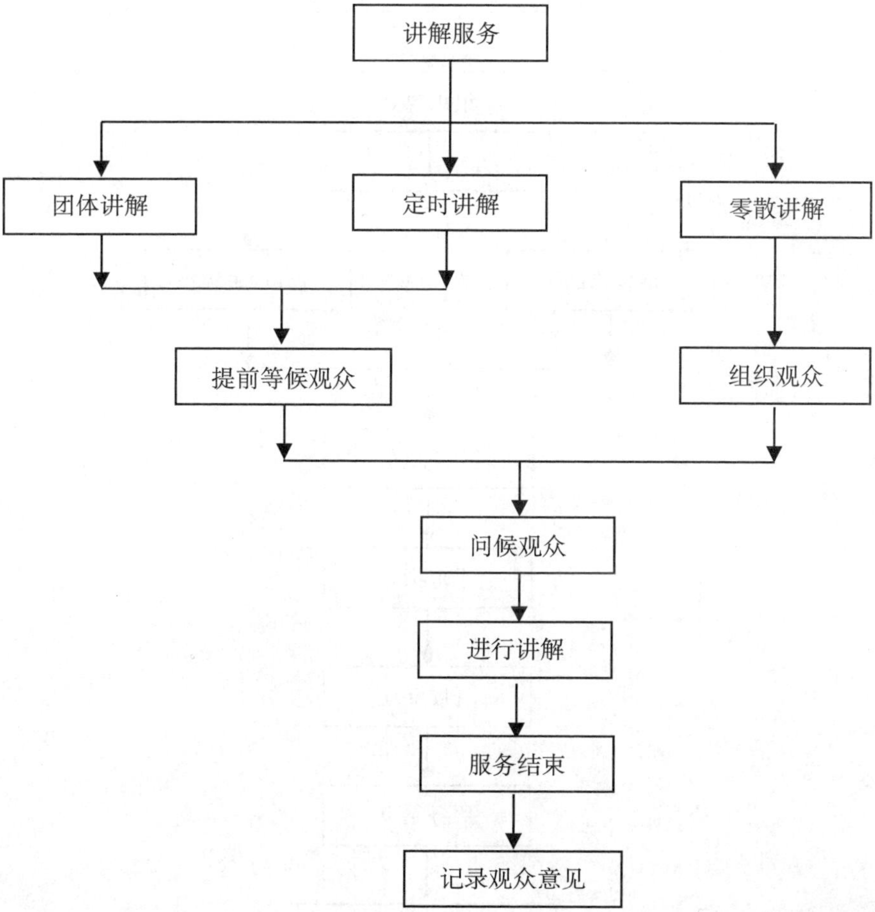

10. 公共教育活动辅导岗位工作流程图

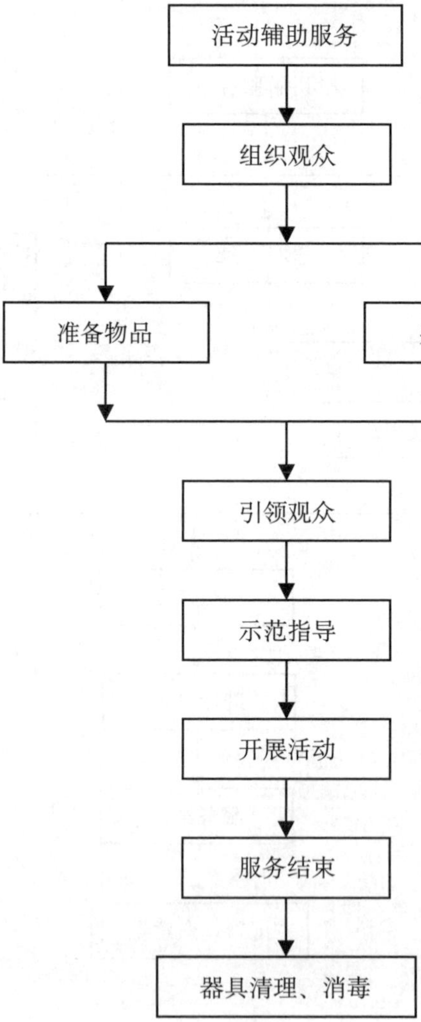

BLUE BOOK OF CHONGQING

11. 展厅服务岗位工作流程图

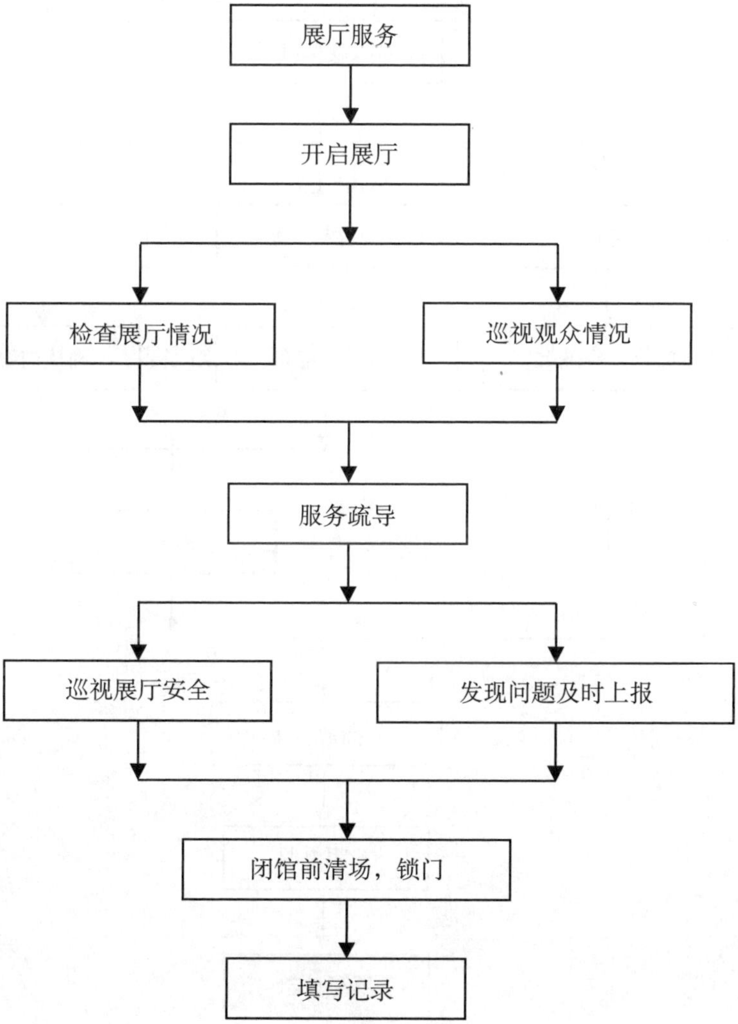

12. 音像视频播放岗位工作流程图

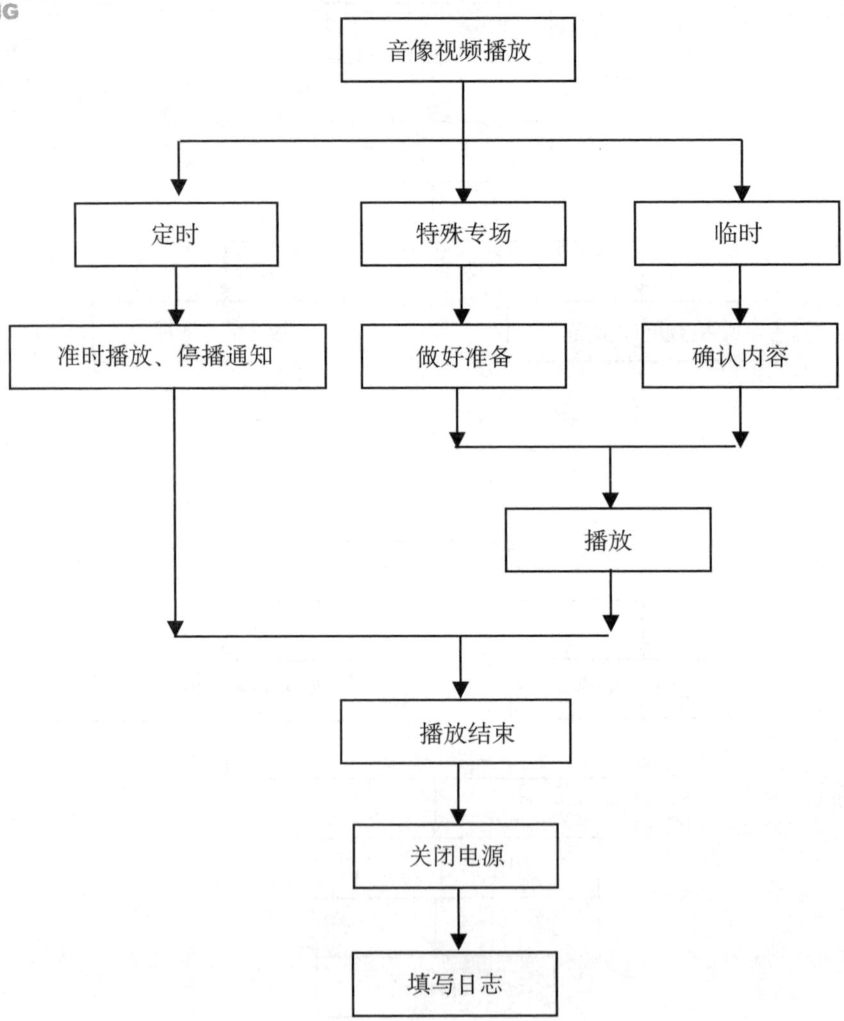

13. 设备维护岗位工作流程图

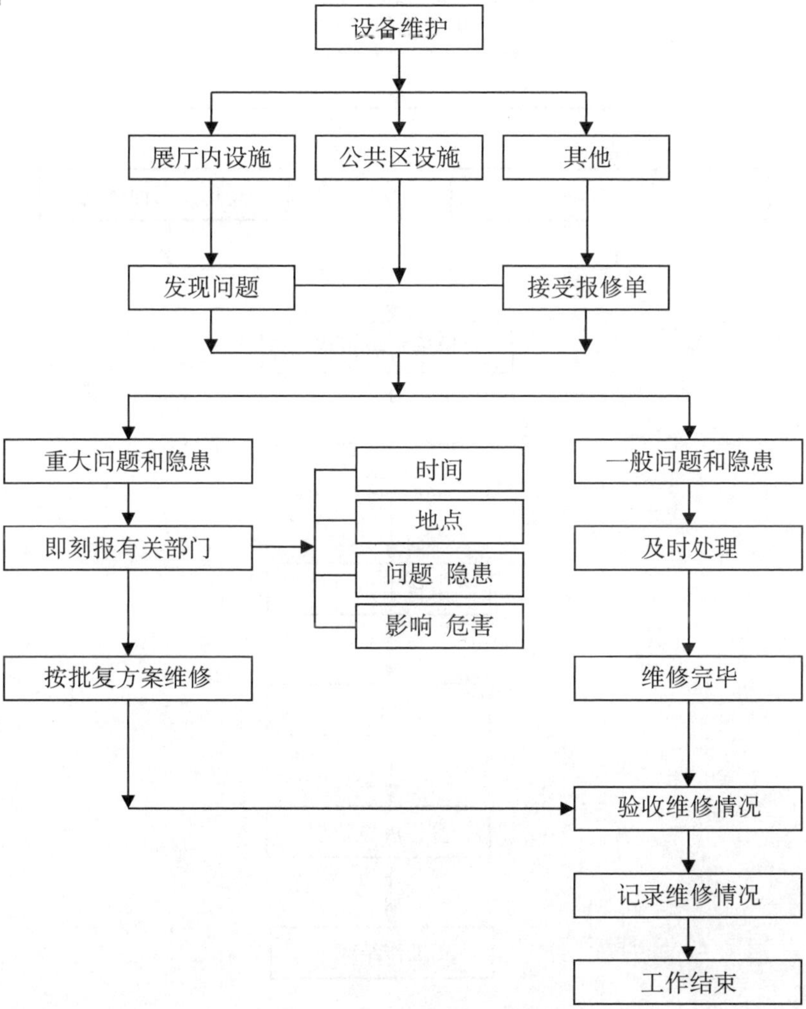

14. 展览申报服务工作流程图

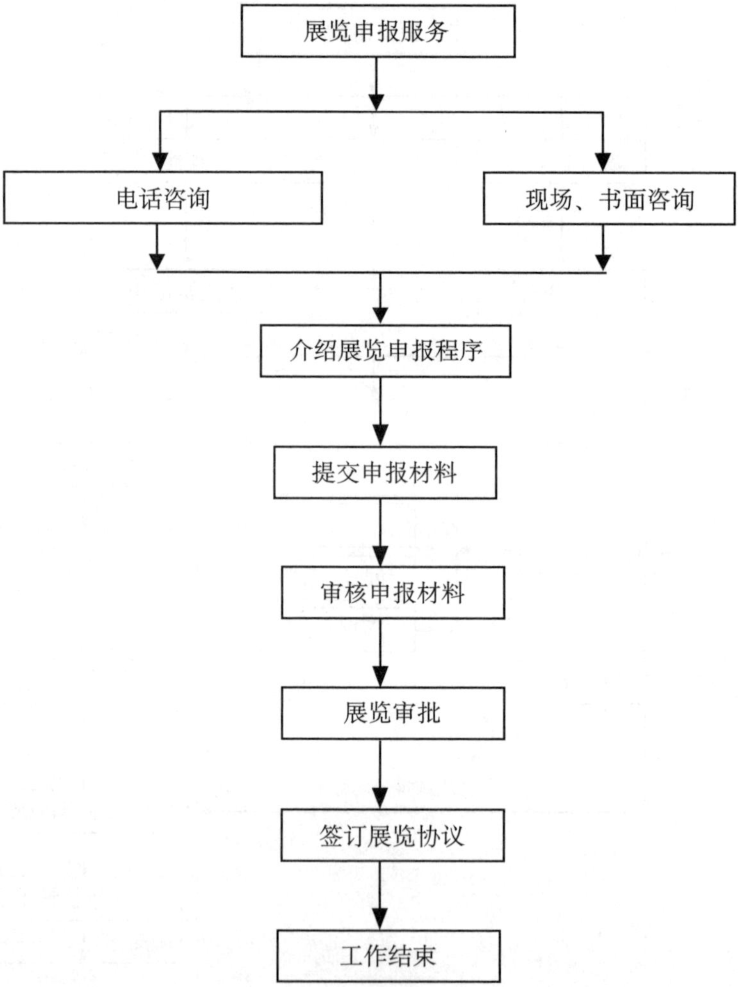

15. 藏品借展服务工作流程图

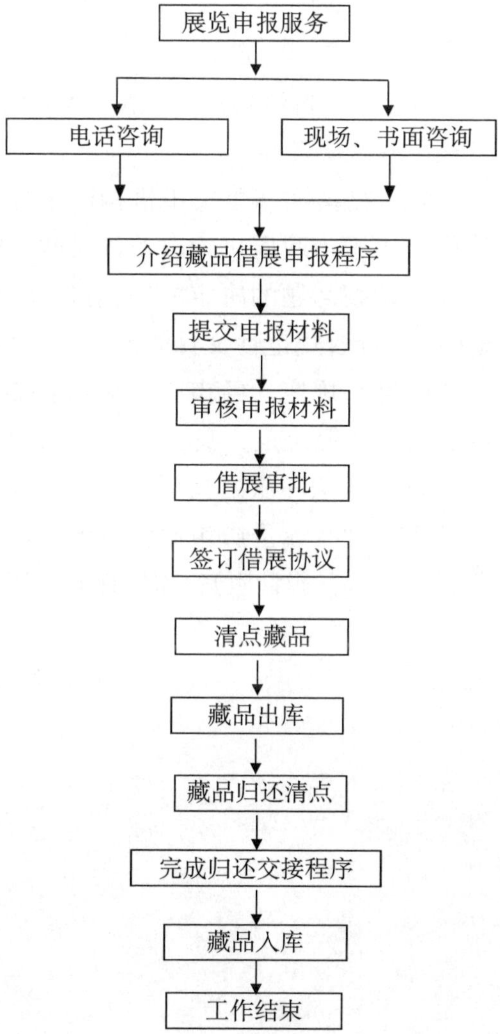

重庆市文化和旅游发展委员会关于印发《重庆市旅游行政执法和旅游投诉处理工作督办办法（修订版）》的通知

渝文旅规〔2019〕10号

各区县（自治县）文化旅游委，两江新区市场监管局、万盛经开区旅发委：

为贯彻落实《重庆市机构改革方案》和《重庆市人民政府关于市政府机构改革涉及政府规章规定的行政机关职责调整问题的决定》（渝府发〔2018〕46号），根据《重庆市行政规范性文件管理办法》（重庆市人民政府令第290号）规定，经市文化旅游委2019年第11次主任办公会议研究决定，我委对2018年颁布实施的《重庆市旅游行政执法和旅游投诉处理工作督办办法》进行了修订完善，现将《重庆市旅游行政执法和旅游投诉处理工作督办办法（修订版）》印发你们，请遵照执行。

重庆市文化和旅游发展委员会

2019年7月17日

BLUE BOOK OF CHONGQING

重庆市旅游行政执法和旅游投诉处理工作督办办法

（修订版）

第一条　为进一步提高我市旅游行政执法和旅游投诉处理工作质效，根据《旅游法》《旅行社条例》《重庆市旅游条例》《旅游行政处罚办法》《旅游投诉处理办法》等法律法规和规章，结合实际，制定本办法。

第二条　市文化旅游主管部门和市文化旅游执法机构负责对全市旅游行政执法和旅游投诉工作实行督办。

督办是市文化旅游主管部门和市文化旅游执法机构按照层级管理原则，对区县（自治县）文化旅游主管部门和文化旅游执法机构管辖权限内的重大违法案件的查办、重大投诉案件的处理、问题突出旅行社的监管等工作，以及市（区县）文化旅游主管部门和文化旅游执法机构直接对问题严重旅行社整改工作等进行督办。

第三条　督办应当遵循以下原则：

（一）实事求是，依法办理；

（二）高度重视，科学高效；

（三）属地管理，统筹协调；

（四）权责明确，问责追究。

第四条　督办范围：

（一）媒体（网络）曝光、上级督办等影响较大案件或疑难复杂案件；

（二）已造成负面影响或可能造成负面影响的群体性投诉案件；

（三）阶段性或区域性出现的较典型旅游投诉问题、安全问题等；

（四）申诉的案件；

（五）存在违法行为不处理的案件；

（六）其他需要督办的案件和重点工作。

第五条　督办内容：

（一）是否存在对上级部门转办或督办的案件未及时依法办理；

（二）是否存在事实、责任认定及法律适用等错误；

（三）是否存在违反法定程序及相关办案规定；

（四）是否存在行政不作为或滥用职权；

（五）是否存在对旅行社监管不力的问题；

（六）其他需要督办的情况。

第六条　督办可采用电话、发函、现场、挂牌督办等方式进行。

电话督办、发函督办、现场督办分别指市文化旅游主管部门或执法机构采用打电话、书面函告或直接派工作人员到现场等形式对区县文化旅游主管部门或执法机构办理的行政执法或投诉处理等进行督办。

挂牌督办是指市文化（区县）旅游主管部门或执法机构通过对投诉、安全等问题严重的旅行社下达警示督办通知书、进行挂牌整治、责令限期整改、向社会公布进行督办。

第七条　督办工作流程：

（一）督办工作由督办单位的有关处室（科室）提出督办意见，报委领导审批后办理；

（二）督办单位以电话督办、发函督办、现场督办、挂牌督办等方式向承办单位提出督办要求；

（三）承办单位应根据督办要求，认真调查处理，并于办结后整理相关材料，形成办结报告，报送督办单位；

（四）承办单位不能按时办结的，应书面说明原因，督办单位可视情况准予延期办理；

（五）承办单位逾期未提交办结报告的，督办单位向承办单位发出催报通知，要求限期上报。逾期仍未报送，通报其上级主管部门或同级人民政府。

第八条　承办单位向督办单位上报的办结报告应当包括以下内容：

（一）行政违法和投诉案件的办结报告应包括：案件的基本情况、办理过程、事实认定、责任认定以及法律适用、处理结果，重大或复杂案件应附送案件卷宗（复印件）；

（二）对问题严重旅行社监管的办结报告应包括：存在问题、原因分析、采取措施、收到效果以及下步工作打算。

第九条　督办单位要认真查阅承办单位报送的材料，对督办内容逐项核实。承办单位调查处理结果不符合督办要求的，督办单位应责成承办单位限时重新调查处理或指定其他单位调查处理。

第十条　督办人员必须严格遵守廉政纪律和行政执法监督规定，做出的督办结论应当以事实为依据，以法律为准绳。已办结的督办案件，应按照档案管理规定，及时整理归档。

第十一条　在督办过程中，如发现承办单位和承办人员在履行监督管理职责中，滥用职权、玩忽职守、徇私舞弊行为的，督办单位应及时向有关部门提出处理意见。

第十二条　督办单位应定期通报案件督办工作情况。对督办工作重视、办理及时的，予以通报表扬；对督办工作不重视、敷衍塞责、不按要求办理的，予以通报批评，并通报其上级主管部门或同级人民政府。

本办法由重庆市文化和旅游发展委员会负责解释，自 2019 年 7 月 17 日起执行，有效期 5 年。原重庆市旅游发展委员会于 2018 年 4 月 9 日印发的《重庆市旅游行政执法和旅游投诉处理工作督办办法》（渝旅〔2018〕22 号）同时废止。

重庆市文化和旅游发展委员会关于印发《重庆市旅游行政处罚裁量权基准（修订版）》的通知

渝文旅规〔2019〕11号

各区县（自治县）文化旅游委，两江新区市场监管局、万盛经开区旅发委：

为贯彻落实《重庆市机构改革方案》和《重庆市人民政府关于市政府机构改革涉及政府规章规定的行政机关职责调整问题的决定》（渝府发〔2018〕46号），根据《重庆市行政规范性文件管理办法》（重庆市人民政府令第290号）规定，经市文化旅游委2019年第11次主任办公会议研究决定，我委对2018年颁布实施的《重庆市旅游行政处罚裁量权基准》进行了修订完善，现将《重庆市旅游行政处罚裁量权基准（修订版）》印发你们，请遵照执行。

重庆市文化和旅游发展委员会

2019年7月17日

BLUE BOOK OF CHONGQING

重庆市旅游行政处罚裁量权基准

（修订版）

为了规范旅游行政处罚裁量行为，保障行政处罚相对人的合法权益，根据《中华人民共和国行政处罚法》《中华人民共和国旅游法》《中华人民共和国安全生产法》《旅行社条例》《导游人员管理条例》《中国公民出国旅游管理办法》《旅行社条例实施细则》《导游管理办法》《重庆市旅游条例》《重庆市安全生产条例》《重庆市规范行政处罚裁量权办法》等法律、法规和规章的规定，结合本市实际，制定本基准。

第一条　本基准适用于本市行政区域内文化旅游主管部门及其委托的执法机构行使旅游行政处罚裁量权的规范和监督。

第二条　本基准所称旅游行政处罚裁量权，是指文化旅游主管部门根据法律、法规和规章的规定，综合考虑当事人违法行为的事实、性质、情节以及危害后果、社会影响等因素，决定是否给予处罚以及处罚幅度界定的权限。

第三条　行使旅游行政处罚裁量权，应当遵循合法合理、程序正当、过罚相当、处罚与教育相结合的原则。

第四条　同一违法行为，违反不同法律规定的，在适用法律时，应遵循以下原则：

（一）上位法优于下位法；

（二）效力相同，有特别规定的优先适用；

（三）效力相同，无特别规定的，生效时间在后的优先适用。

第五条　法律、法规、规章规定的处罚种类可以单处或者可以并处的，可以选择适用；对规定应当并处或者应当没收违法所得，再作其他处罚的，不得选择适用。

第六条　行使旅游行政处罚裁量权，对性质相同、情节相近、危害后果和社会影响基本相当、违法主体类同的违法行为，处罚种类及处罚幅度应当基本一致。

第七条　当事人具有下列情形之一的，应当不予处罚：

（一）旅游违法行为轻微并及时纠正，没有造成危害后果的；

（二）旅游违法行为在两年内未被发现的，但法律另有规定的除外；

（三）法律、法规和规章规定不予行政处罚的其他情形。

第八条　当事人有下列情形之一的，应当依法从轻或者减轻行政处罚：

（一）主动消除或者减轻违法行为危害后果的；

（二）受他人胁迫有违法行为的；

（三）配合行政机关查处违法行为有立功表现的；

（四）其他依法从轻或者减轻行政处罚的。

第九条　当事人具有下列情形之一的，应当依法从重处罚：

（一）违法行为次数较多，或者危害较多数人利益的；

（二）危及人身健康和生命财产安全，造成严重危害后果或较大社会影响的；

（三）明知故犯，主观违法程度严重；

（四）拒不配合监督管理，阻挠、抗拒检查，或者故意隐瞒事实、伪造、变造、隐匿、销毁违法证据的；

（五）其他依法应当从重的情形。

第十条　法律、法规、规章设定处罚幅度的，依照法定权限，根据当事人违法行为的情节，可分为情节较轻、情节一般、情节较重、情节严重四个裁量阶次做出处罚。

第十一条　具有下列行为之一的，属情节较轻：

（一）初次违法且程度轻微、后果较轻的；

（二）主动消除或减轻违法行为危害后果的；

（三）其他依法属情节较轻情形的。

本条所称的初次违法是指旅游经营者或从业人员违反旅游、安全法律法规的行为，第一次被文化旅游主管部门或有关主管部门发现或查处。但有下列情形之一的，不属初次违法：

（一）曾违反旅游、安全法律法规，虽未被文化旅游主管部门或有关主管部门发现或查处，但在法定两年追究期内的；

（二）曾因违反旅游、安全法律法规，被文化旅游主管部门或有关主管部门发现，但具有不予处罚的情形而未受到处罚的。

第十二条　具有下列行为之一的，属情节一般：

（一）经文化旅游或其他主管部门责令限期改正，整改不彻底的；

（二）违法行为造成一定危害后果或社会影响的；

（三）其他属情节一般情形的。

第十三条　具有下列行为之一的，属情节较重：

（一）经文化旅游或其他主管部门责令限期改正，拒不改正的；

（二）两年内第二次违法，或者违法行为危害较多数人利益的；

（三）违法行为危及人身健康和生命财产安全的；

（四）违法行为造成较大危害后果或社会影响的；

（五）其他属情节较重情形的。

第十四条　具有下列行为之一的，属情节严重：

（一）两年内违法三次以上，或者违法行为危害较多数人利益的；

（二）违法行为危及人身健康和生命财产安全，造成严重危害后果或严重社会影响的；

（三）明知故犯，主观违法程度严重的；

（四）逃避、妨碍或暴力阻碍文化旅游或其他主管部门监督、检查的；故意隐瞒事实、伪造、变造、隐匿、销毁违法证据、阻碍调查的；

（五）其他属情节严重情形的。

第十五条　本基准仅对单位处罚款上限两万元以上、个人处罚款上限一千元以上和停业整顿、暂扣导游证等有裁量空间的行政处罚条款进行量化、细化，对于无裁量空间的条款，依照相关法律法规进行处罚。

第十六条　旅游违法行为属于本基准所列项目的，按照本基准执行，具体见《重庆市旅游行政处罚裁量权基准表》。旅游违法行为不属于本基准所列项目的，按照本基准明确的行使行政处罚裁量权应遵循的原则进行裁量。

第十七条　旅游行政处罚案件的调查报告、行政处罚建议应对适用裁量基准的情况予以说明。

第十八条　市、区（县）文化旅游主管部门应建立健全重大行政处罚集体讨论、重大行政处罚法制审核、旅游行政执法责任制等工作制度，严格规范旅游行政处罚裁量权的行使和监督。

第十九条　实施旅游行政处罚，应当依据有关法律、法规和规章的规定，并结合本基准使用。

第二十条　本基准所称“以上、以下”均含本数。

第二十一条　本基准发布后，有关法律、法规和规章有新规定的，按照新的规定实施。

本基准由重庆市文化和旅游发展委员会负责解释，自 2019 年 7 月 17 日起执行,有效期 5 年。原重庆市旅游发展委员会于 2018 年 8 月 9 日印发的《重庆市旅游行政处罚裁量权基准》（渝旅〔2018〕56 号）同时废止。

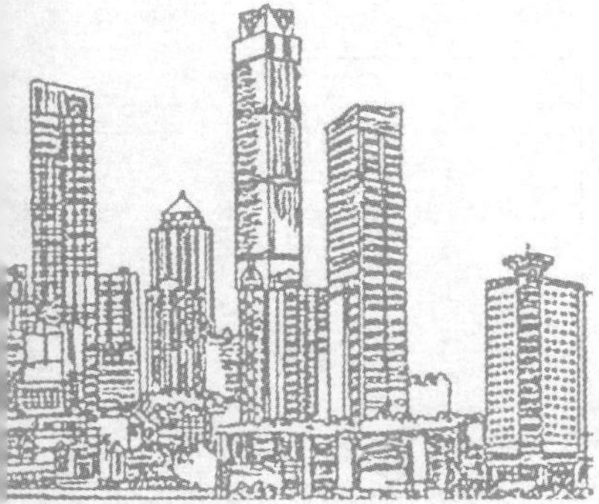

BLUE BOOK OF CHONGQING

重庆市旅游行政处罚裁量权基准表

（一）《中华人民共和国旅游法》

序号	违法行为	处罚依据	违法程度	适用情形	裁量基准
1	未经许可经营旅行社业务	《旅游法》第九十五条第一款　违反本法规定，未经许可经营旅行社业务的，由旅游主管部门或者工商行政管理部门责令改正，没收违法所得，	较轻	（一）初次违法且程度轻微、后果较轻的； （二）主动消除或减轻违法行为危害后果的； （三）其他属情节较轻情形的。	责令改正，没收违法所得，违法所得十万元以下的，并处一万元以上三万元以下罚款；对有关责任人员处二千元以上五千元以下罚款。

（续 表）

序号	违法行为	处罚依据	违法程度	适用情形	裁量基准
1		并处一万元以上十万元以下罚款；违法所得十万元以上的，并处违法所得一倍以上五倍以下罚款；对有关责任人员，处二千元以上二万元以下罚款。	一般	（一）经旅游或其他主管部门责令限期改正，整改不彻底的； （二）违法行为造成一定危害后果或社会影响的； （三）其他属情节一般情形的。	责令改正，没收违法所得，违法所得十万元以下的，并处三万元以上六万元以下罚款；违法所得十万元以上的，并处违法所得一倍以上三倍以下罚款；对有关责任人员处五千元以上一万元以下罚款。
			较重	（一）经旅游或其他主管部门责令限期改正，拒不改正的； （二）两年内第二次违法，或者违法行为危害较多数人利益的； （三）违法行为危及人身健康和生命财产安全的； （四）违法行为造成较大危害后果或社会影响的； （五）其他属情节较重情形的。	责令改正，没收违法所得，违法所得十万元以下的，并处六万元以上八万元以下罚款；违法所得十万元以上的，并处违法所得三倍以上四倍以下罚款；对有关责任人员处一万元以上一万五千元以下罚款。

（续 表）

序号	违法行为	处罚依据	违法程度	适用情形	裁量基准
1			严重	（一）两年内违法三次以上，或者违法行为危害较多数人利益的； （二）违法行为危及人身健康和生命财产安全，造成严重危害后果或严重社会影响的； （三）明知故犯，主观违法程度严重的； （四）逃避、妨碍或暴力阻碍旅游或其他主管部门监督、检查的；故意隐瞒事实、伪造、变造、隐匿、销毁违法证据、阻碍调查的； （五）其他属情节严重情形的。	责令改正，没收违法所得，违法所得在十万元以下的，并处八万元以上十万元以下罚款；违法所得十万元以上的，并处违法所得四倍以上五倍以下罚款；对有关责任人员处一万五千元以上二万元以下罚款。
2	旅行社未经许可经营出境旅游或边境旅游业务；或者出租、出借旅行社业务经营许可证，	《旅游法》第九十五条 违反本法规定，未经许可经营旅行社业务的，由旅游主管部门或者工商行政管理部门责令改正，没收违法所得，并处一万元以上十万元以下罚款；违法所得十万元以上的，并处违法所得一倍以上五倍以下罚款；对有关	较轻	（一）初次违法且程度轻微、后果较轻的； （二）主动消除或减轻违法行为危害后果的； （三）其他属情节较轻情形的。	责令改正，没收违法所得，违法所得十万元以下的，并处一万元以上四万元以下罚款，并责令停业整顿7日至10日；对有关责任人员处二千元以上五千元以下罚款。
			一般	（一）经旅游或其他主管部门责令限期改正，整改不彻底的； （二）违法行为造成一定危害后果或社会影响的； （三）其他属情节一般情形的。	责令改正，没收违法所得，违法所得十万元以下的，并处四万元以上七万元以下罚款；违法所得十万元以上的，并处违法所得一倍以上三倍以下罚款；并责令停业整顿10日至20日；对有关责任人员处五千元以上一万元以下罚款。

（续 表）

序号	违法行为	处罚依据	违法程度	适用情形	裁量基准
2	或者以其他方式非法转让旅行社业务经营许可。	责任人员，处二千元以上二万元以下罚款。旅行社违反本法规定，未经许可经营本法第二十九条第一款第二项、第三项业务，或者出租、出借旅行社业务经营许可证，或者以其他方式非法转让旅行社业务经营许可的，除依照前款规定处罚外，并责令停业整顿；情节严重的，吊销旅行社业务经营许可证；对直接负责的主管人员，处二千元以上二万元以下罚款。	较重	（一）经旅游或其他主管部门责令限期改正，拒不改正的； （二）两年内第二次违法，或者违法行为危害较多数人利益的； （三）违法行为危及人身健康和生命财产安全的； （四）违法行为造成较大危害后果或社会影响的； （五）其他属情节较重情形的。	责令改正，没收违法所得，违法所得十万元以下的，并处七万元以上十万元以下罚款；违法所得十万元以上的，并处违法所得三倍以上五倍以下罚款；并责令停业整顿20日至30日；对有关责任人员处一万元以上二万元以下罚款。
			严重	（一）两年内违法三次以上，或者违法行为危害较多数人利益的； （二）违法行为危及人身健康和生命财产安全，造成严重危害后果或严重社会影响的； （三）明知故犯，主观违法程度严重的； （四）逃避、妨碍或暴力阻碍旅游或其他主管部门监督、检查的；故意隐瞒事实、伪造、变造、隐匿、销毁违法证据、阻碍调查的； （五）其他属情节严重情形的。	吊销旅行社业务经营许可证。

（续 表）

序号	违法行为	处罚依据	违法程度	适用情形	裁量基准
3	旅行社未按照规定为出境或者入境团队旅游安排领队或者导游全程陪同；安排未取得导游证或者安排不具备领队条件的人员提供导游或者领队服务；未向临时聘用的导游支付导游服务费用；要求导游垫付或者向导游收取费用。	《旅游法》第九十六条 旅行社违反本法规定，有下列行为之一的，由旅游主管部门责令改正，没收违法所得，并处五千元以上五万元以下罚款；情节严重的，责令停业整顿或者吊销旅行社业务经营许可证；对直接负责的主管人员和其他直接责任人员，处二千元以上二万元以下罚款。 (一)未按照规定为出境或者入境团队旅游安排领队或者导游全程陪同的；(二)安排未取得导游证或者安排不具备领队条件的人员提供导游或者领队服务的；(三)未向临时聘用的导游支付导游服务费用的；	较轻	（一）初次违法且程度轻微、后果较轻的； （二）主动消除或减轻违法行为危害后果的； （三）其他属情节较轻情形的。	责令改正，没收违法所得，并处五千元以上二万元以下罚款；对直接负责的主管人员和其他直接责任人员处二千元以上五千元以下罚款。
			一般	（一）经旅游或其他主管部门责令限期改正，整改不彻底的； （二）违法行为造成一定危害后果或社会影响的； （三）其他属情节一般情形的。	责令改正，没收违法所得，并处二万元以上四万元以下罚款；对直接负责的主管人员和其他直接责任人员处五千元以上一万元以下罚款。

（续 表）

序号	违法行为	处罚依据	违法程度	适用情形	裁量基准
3		(四)要求导游垫付或者向导游收取费用的。	较重	（一）经旅游或其他主管部门责令限期改正，拒不改正的； （二）两年内第二次违法，或者违法行为危害较多数人利益的； （三）违法行为危及人身健康和生命财产安全的； （四）违法行为造成较大危害后果或社会影响的； （五）其他属情节较重情形的。	责令改正，没收违法所得，并处四万元以上五万元以下罚款；对直接负责的主管人员和其他直接责任人员处一万元以上二万元以下罚款。
			严重	（一）两年内违法三次以上，或者违法行为危害较多数人利益的； （二）违法行为危及人身健康和生命财产安全，造成严重危害后果或严重社会影响的； （三）明知故犯，主观违法程度严重的； （四）逃避、妨碍或暴力阻碍旅游或其他主管部门监督、检查的；故意隐瞒事实、伪造、变造、隐匿、销毁违法证据、阻碍调查的； （五）其他属情节严重情形的。	责令停业整顿30日至90日或者吊销旅行社业务经营许可证。

（续 表）

序号	违法行为	处罚依据	违法程度	适用情形	裁量基准
4	旅行社进行虚假宣传，误导旅游者；向不合格的供应商订购产品和服务；未按规定投保旅行社责任险。	《旅游法》第九十七条 旅行社违反本法规定，有下列行为之一的，由旅游主管部门或者有关部门责令改正，没收违法所得，并处五千元以上五万元以下罚款；违法所得五万元以上的，并处违法所得一倍以上五倍以下罚款；情节严重的，责令停业整顿或者吊销旅行社业务经营许可证；对直接负责的主管人员和其他直接责任人员，处二千元以上二万元以下罚款。(一)进行虚假宣传，误导旅游者的；(二)向不合格的供应商订购产品和服务的；（三）未按照规定投保旅行社责任保险的。	较轻	（一）初次违法且程度轻微、后果较轻的； （二）主动消除或减轻违法行为危害后果的； （三）其他属情节较轻情形的。	责令改正，没收违法所得，违法所得五万元以下的，并处五千元以上二万元以下罚款；对直接负责的主管人员和其他直接责任人员处二千元以上五千元以下罚款。
			一般	（一）经旅游或其他主管部门责令限期改正，整改不彻底的； （二）违法行为造成一定危害后果或社会影响的； （三）其他属情节一般情形的。	责令改正，没收违法所得，违法所得五万元以下的，并处二万元以上四万元以下罚款；违法所得五万元以上的，并处违法所得一倍以上三倍以下罚款；对直接负责的主管人员和其他直接责任人员处五千元以上一万元以下罚款。

（续 表）

序号	违法行为	处罚依据	违法程度	适用情形	裁量基准
4			较重	（一）经旅游或其他主管部门责令限期改正，拒不改正的； （二）两年内第二次违法，或者违法行为危害较多数人利益的； （三）违法行为危及人身健康和生命财产安全的； （四）违法行为造成较大危害后果或社会影响的； （五）其他属情节较重情形的。	责令改正，没收违法所得，违法所得五万元以下的，并处四万元以上五万元以下罚款；违法所得五万元以上的，并处违法所得三倍以上五倍以下罚款；对直接负责的主管人员和其他直接责任人员处一万元以上二万元以下罚款。
			严重	（一）两年内违法三次以上，或者违法行为危害较多数人利益的； （二）违法行为危及人身健康和生命财产安全，造成严重危害后果或严重社会影响的； （三）明知故犯，主观违法程度严重的； （四）逃避、妨碍或暴力阻碍旅游或其他主管部门监督、检查的；故意隐瞒事实、伪造、变造、隐匿、销毁违法证据、阻碍调查的； （五）其他属情节严重情形的。	责令停业整顿30日至90日或者吊销旅行社业务经营许可证。

（续 表）

序号	违法行为	处罚依据	违法程度	适用情形	裁量基准
5	旅行社以不合理低价组织旅游活动，诱骗旅游者，并通过安排购物或者另行付费项目获取回扣等不正当利益；擅自指定具体购物场所；擅自安排另行付费旅游项目。	《旅游法》第九十八条　旅行社违反本法第三十五条规定的，由旅游主管部门责令改正，没收违法所得，责令停业整顿，并处三万元以上三十万元以下罚款；违法所得三十万元以上的，并处违法所得一倍以上五倍以下罚款；情节严重的，吊销旅行社业务经营许可证；对直接负责的主管人员和其他直接责任人员，没收违法所得，处二千元以上二万元以下罚款，并暂扣或者吊销导游证。	较轻	（一）初次违法且程度轻微、后果较轻的； （二）主动消除或减轻违法行为危害后果的； （三）其他属情节较轻情形的。	责令改正，没收违法所得，责令停业整顿7日至15日，违法所得三十万元以下的，并处三万元以上十万元以下罚款；对直接负责的主管人员和其他直接责任人员，没收违法所得，并处二千元以上五千元以下罚款，并暂扣导游证1个月至2个月。
			一般	（一）经旅游或其他主管部门责令限期改正，整改不彻底的； （二）违法行为造成一定危害后果或社会影响的； （三）其他属情节一般情形的。	责令改正，没收违法所得，责令停业整顿15日至30日，违法所得三十万元以下的，并处十万元以上二十万元以下罚款；违法所得三十万元以上的，并处违法所得一倍以上三倍以下罚款；对直接负责的主管人员和其他直接责任人员，没收违法所得，并处五千元以上一万元以下罚款，并暂扣导游证2个月至4个月。

（续 表）

序号	违法行为	处罚依据	违法程度	适用情形	裁量基准
5			较重	（一）经旅游或其他主管部门责令限期改正，拒不改正的； （二）两年内第二次违法，或者违法行为危害较多数人利益的； （三）违法行为危及人身健康和生命财产安全的； （四）违法行为造成较大危害后果或社会影响的； （五）其他属情节较重情形的。	责令改正，没收违法所得，责令停业整顿30日至60日，违法所得三十万元以下的，并处二十万元以上三十万元以下罚款；违法所得三十万元以上的，并处违法所得三倍以上五倍以下罚款；对直接负责的主管人员和其他直接责任人员，没收违法所得，并处一万元以上二万元以下罚款，并暂扣导游证4个月至5个月。
			严重	（一）两年内违法三次以上，或者违法行为危害较多数人利益的； （二）违法行为危及人身健康和生命财产安全，造成严重危害后果或严重社会影响的； （三）明知故犯，主观违法程度严重的； （四）逃避、妨碍或暴力阻碍旅游或其他主管部门监督、检查的；故意隐瞒事实、伪造、变造、隐匿、销毁违法证据、阻碍调查的； （五）其他属情节严重情形的。	吊销旅行社业务经营许可证；暂扣导游证6个月或者吊销导游证。

（续 表）

序号	违法行为	处罚依据	违法程度	适用情形	裁量基准
6	旅行社组织接待出入境旅游，发现旅游者从事违法活动或者非法滞留、擅自分团脱团，未履行报告义务。	《旅游法》第九十九条　旅行社未履行本法第五十五条规定的报告义务的，由旅游主管部门处五千元以上五万元以下罚款；情节严重的，责令停业整顿或者吊销旅行社业务经营许可证；对直接负责的主管人员和其他直接责任人员，处二千元以上二万元以下罚款，并暂扣或者吊销导游证。	较轻	（一）初次违法且程度轻微、后果较轻的； （二）主动消除或减轻违法行为危害后果的； （三）其他属情节较轻情形的。	处五千元以上二万元以下罚款；对直接负责的主管人员和其他直接责任人员，处二千元以上五千元以下罚款，并暂扣导游证1个月至2个月。
			一般	（一）经旅游或其他主管部门责令限期改正，整改不彻底的； （二）违法行为造成一定危害后果或社会影响的； （三）其他属情节一般情形的。	处二万元以上四万元以下罚款；对直接负责的主管人员和其他直接责任人员，处五千元以上一万元以下罚款，并暂扣导游证2个月至4个月。
			较重	（一）经旅游或其他主管部门责令限期改正，拒不改正的； （二）两年内第二次违法，或者违法行为危害较多数人利益的； （三）违法行为危及人身健康和生命财产安全的； （四）违法行为造成较大危害后果或社会影响的； （五）其他属情节较重情形的。	处四万元以上五万元以下罚款；对直接负责的主管人员和其他直接责任人员，处一万元以上二万元以下罚款，并暂扣导游证4个月至5个月。

（续 表）

序号	违法行为	处罚依据	违法程度	适用情形	裁量基准
6			严重	（一）两年内违法三次以上，或者违法行为危害较多数人利益的； （二）违法行为危及人身健康和生命财产安全，造成严重危害后果或严重社会影响的； （三）明知故犯，主观违法程度严重的； （四）逃避、妨碍或暴力阻碍旅游或其他主管部门监督、检查的；故意隐瞒事实、伪造、变造、隐匿、销毁违法证据、阻碍调查的； （五）其他属情节严重情形的。	责令停业整顿30日至90日或者吊销旅行社业务经营许可证；暂扣导游证6个月或者吊销导游证。
7	旅行社在旅游行程中擅自变更旅游行程安排，严重损害旅游者权益；拒绝履行合同；未征	《旅游法》第一百条 旅行社违反本法规定，有下列行为之一的，由旅游主管部门责令改正，处三万元以上三十万元以下罚款，并责令停业整顿；造成旅游者滞留等严重后果的，吊销	较轻	（一）初次违法且程度轻微、后果较轻的； （二）主动消除或减轻违法行为危害后果的； （三）其他属情节较轻情形的。	责令改正，处三万元以上十万元以下罚款，并责令停业整顿7日至15日；对直接负责的主管人员和其他直接责任人员，处二千元以上五千元以下罚款，并暂扣导游证1个月至2个月。
			一般	（一）经旅游或其他主管部门责令限期改正，整改不彻底的； （二）违法行为造成一定危害后果或社会影响的； （三）其他属情节一般情形的。	责令改正，处十万元以上二十万元以下罚款，并责令停业整顿15日至30日；对直接负责的主管人员和其他直接责任人员，处五千元以上一万元以下罚款，并暂扣导游证2个月至4个月。

（续 表）

序号	违法行为	处罚依据	违法程度	适用情形	裁量基准
7	得旅游者书面同意，委托其他旅行社履行包价旅游合同。	旅行社业务经营许可证；对直接负责的主管人员和其他直接责任人员，处二千元以上二万元以下罚款，并暂扣或者吊销导游证：(一)在旅游行程中擅自变更旅游行程安排，严重损害旅游者权益的；(二)拒绝履行合同的；(三)未征得旅游者书面同意，委托其他旅行社履行包价旅游合同的。	较重	（一）经旅游或其他主管部门责令限期改正，拒不改正的； （二）两年内第二次违法，或者违法行为危害较多数人利益的； （三）违法行为危及人身健康和生命财产安全的； （四）违法行为造成较大危害后果或社会影响的； （五）其他属情节较重情形的。	责令改正，处二十万元以上三十万元以下罚款，并责令停业整顿30日至90日；对直接负责的主管人员和其他直接责任人员，处一万元以上二万元以下罚款，并暂扣导游证4个月至5个月。
			严重	（一）两年内违法三次以上，或者违法行为危害较多数人利益的； （二）违法行为危及人身健康和生命财产安全，造成严重危害后果或严重社会影响的； （三）明知故犯，主观违法程度严重的； （四）逃避、妨碍或暴力阻碍旅游或其他主管部门监督、检查的；故意隐瞒事实、伪造、变造、隐匿、销毁违法证据、阻碍调查的； （五）其他属情节严重情形的。	吊销旅行社业务经营许可证；暂扣导游证6个月或者吊销导游证。

（续 表）

序号	违法行为	处罚依据	违法程度	适用情形	裁量基准
8	旅行社安排旅游者参观或者参与违反我国法律、法规和社会公德的项目或者活动。	《旅游法》第一百零一条　旅行社违反本法规定，安排旅游者参观或者参与违反我国法律、法规和社会公德的项目或者活动的，由旅游主管部门责令改正，没收违法所得，责令停业整顿，并处二万元以上二十万元以下罚款；情节严重的，吊销旅行社业务经营许可证；对直接负责的主管人员和其他直接责任人员，处二千元以上二万元以下罚款，并暂扣或者吊销导游证。	较轻	（一）初次违法且程度轻微、后果较轻的； （二）主动消除或减轻违法行为危害后果的； （三）其他属情节较轻情形的。	责令改正，没收违法所得，责令停业整顿7日至10日，并处二万元以上五万元以下罚款；对直接负责的主管人员和其他直接责任人员，处二千元以上五千元以下罚款，并暂扣导游证1个月至2个月。
			一般	（一）经旅游或其他主管部门责令限期改正，整改不彻底的； （二）违法行为造成一定危害后果或社会影响的； （三）其他属情节一般情形的。	责令改正，没收违法所得，责令停业整顿10日至20日，并处五万元以上十万元以下罚款；对直接负责的主管人员和其他直接责任人员，处五千元以上一万元以下罚款，并暂扣导游证2个月至4个月。

（续 表）

序号	违法行为	处罚依据	违法程度	适用情形	裁量基准
8			较重	（一）经旅游或其他主管部门责令限期改正，拒不改正的； （二）两年内第二次违法，或者违法行为危害较多数人利益的； （三）违法行为危及人身健康和生命财产安全的； （四）违法行为造成较大危害后果或社会影响的； （五）其他属情节较重情形的。	责令改正，没收违法所得，责令停业整顿20日至60日，并处十万元以上二十万元以下罚款；对直接负责的主管人员和其他直接责任人员，处一万元以上二万元以下罚款，并暂扣导游证4个月至6个月。
			严重	（一）两年内违法三次以上，或者违法行为危害较多数人利益的； （二）违法行为危及人身健康和生命财产安全，造成严重危害后果或严重社会影响的； （三）明知故犯，主观违法程度严重的； （四）逃避、妨碍或暴力阻碍旅游或其他主管部门监督、检查的；故意隐瞒事实、伪造、变造、隐匿、销毁违法证据、阻碍调查的； （五）其他属情节严重情形的。	吊销旅行社业务经营许可证；暂扣导游证6个月或者吊销导游证。

（续 表）

序号	违法行为	处罚依据	违法程度	适用情形	裁量基准
9	未取得导游证或者不具备领队条件而从事导游、领队活动。	《旅游法》第一百零二条第一款 违反本法规定，未取得导游证或者不具备领队条件而从事导游、领队活动的，由旅游主管部门责令改正，没收违法所得，并处一千元以上一万元以下罚款，予以公告。	较轻	（一）初次违法且程度轻微、后果较轻的； （二）主动消除或减轻违法行为危害后果的； （三）其他属情节较轻情形的。	责令改正，没收违法所得，并处一千元以上三千元以下罚款，并予以公告。
			一般	（一）经旅游或其他主管部门责令限期改正，整改不彻底的； （二）违法行为造成一定危害后果或社会影响的； （三）其他属情节一般情形的。	责令改正，没收违法所得，并处三千元以上六千元以下罚款，并予以公告。
			较重	（一）经旅游或其他主管部门责令限期改正，拒不改正的； （二）两年内第二次违法，或者违法行为危害较多数人利益的； （三）违法行为危及人身健康和生命财产安全的； （四）违法行为造成较大危害后果或社会影响的； （五）其他属情节较重情形的。	责令改正，没收违法所得，并处六千元以上八千元以下罚款，并予以公告。

（续 表）

序号	违法行为	处罚依据	违法程度	适用情形	裁量基准
9			严重	（一）两年内违法三次以上，或者违法行为危害较多数人利益的； （二）违法行为危及人身健康和生命财产安全，造成严重危害后果或严重社会影响的； （三）明知故犯，主观违法程度严重的； （四）逃避、妨碍或暴力阻碍旅游或其他主管部门监督、检查的；故意隐瞒事实、伪造、变造、隐匿、销毁违法证据、阻碍调查的； （五）其他属情节严重情形的。	责令改正，没收违法所得，并处八千元以上一万元以下罚款，并予以公告。
10	导游和领队私自承揽业务。	《旅游法》第一百零二条第二款 导游、领队违反本法规定，私自承揽业务的，由旅游主管部门责令改正，没收违法所得，处一千元以上一万元以下罚款，并暂扣或者吊销导游证。	较轻	（一）初次违法且程度轻微、后果较轻的； （二）主动消除或减轻违法行为危害后果的； （三）其他属情节较轻情形的。	责令改正，没收违法所得，并处一千元以上三千元以下罚款，暂扣导游证1个月至2个月。
			一般	（一）经旅游或其他主管部门责令限期改正，整改不彻底的； （二）违法行为造成一定危害后果或社会影响的； （三）其他属情节一般情形的。	责令改正，没收违法所得，并处三千元以上六千元以下罚款，暂扣导游证2个月至4个月。

（续 表）

序号	违法行为	处罚依据	违法程度	适用情形	裁量基准
10			较重	（一）经旅游或其他主管部门责令限期改正，拒不改正的； （二）两年内第二次违法，或者违法行为危害较多数人利益的； （三）违法行为危及人身健康和生命财产安全的； （四）违法行为造成较大危害后果或社会影响的； （五）其他属情节较重情形的。	责令改正，没收违法所得，并处六千元以上八千元以下罚款，暂扣导游证4个月至5个月。
			严重	（一）两年内违法三次以上，或者违法行为危害较多数人利益的； （二）违法行为危及人身健康和生命财产安全，造成严重危害后果或严重社会影响的； （三）明知故犯，主观违法程度严重的； （四）逃避、妨碍或暴力阻碍旅游或其他主管部门监督、检查的；故意隐瞒事实、伪造、变造、隐匿、销毁违法证据、阻碍调查的； （五）其他属情节严重情形的。	责令改正，没收违法所得，并处八千元以上一万元以下罚款，暂扣导游证6个月或吊销导游证。

（续表）

序号	违法行为	处罚依据	违法程度	适用情形	裁量基准
11	导游、领队向旅游者索取小费。	《旅游法》第一百零二条第三款　导游、领队违反本法规定，向旅游者索取小费的，由旅游主管部门责令退还，处一千元以上一万元以下罚款；情节严重的，并暂扣或者吊销导游证。	较轻	（一）初次违法且程度轻微、后果较轻的； （二）主动消除或减轻违法行为危害后果的； （三）其他属情节较轻情形的。	责令退还，处一千元以上三千元以下罚款。
			一般	（一）经旅游或其他主管部门责令限期改正，整改不彻底的； （二）违法行为造成一定危害后果或社会影响的； （三）其他属情节一般情形的。	责令退还，处三千元以上六千元以下罚款。
			较重	（一）经旅游或其他主管部门责令限期改正，拒不改正的； （二）两年内第二次违法，或者违法行为危害较多数人利益的； （三）违法行为危及人身健康和生命财产安全的； （四）违法行为造成较大危害后果或社会影响的； （五）其他属情节较重情形的。	责令退还，处六千元以上八千元以下罚款。

（续 表）

序号	违法行为	处罚依据	违法程度	适用情形	裁量基准
11			严重	（一）两年内违法三次以上，或者违法行为危害较多数人利益的； （二）违法行为危及人身健康和生命财产安全，造成严重危害后果或严重社会影响的； （三）明知故犯，主观违法程度严重的； （四）逃避、妨碍或暴力阻碍旅游或其他主管部门监督、检查的；故意隐瞒事实、伪造、变造、隐匿、销毁违法证据、阻碍调查的； （五）其他属情节严重情形的。	责令退还，处八千元以上一万元以下罚款，暂扣导游证6个月或者吊销导游证。
12	景区不符合本法规定的开放条件而接待旅游者。	《旅游法》第一百零五条　景区不符合本法规定的开放条件而接待旅游者的，由景区主管部门责令停业整顿直至符合开放条件，并处二万元以上二十万元以下罚款。	较轻	（一）初次违法且程度轻微、后果较轻的； （二）主动消除或减轻违法行为危害后果的； （三）其他属情节较轻情形的。	责令停业整顿至符合开放条件，并处二万元以上八万元以下罚款。
			一般	（一）经旅游或其他主管部门责令限期改正，整改不彻底的； （二）违法行为造成一定危害后果或社会影响的； （三）其他属情节一般情形的。	责令停业整顿至符合开放条件，并处八万元以上十二万元以下罚款。

（续 表）

序号	违法行为	处罚依据	违法程度	适用情形	裁量基准
12			较重	（一）经旅游或其他主管部门责令限期改正，拒不改正的； （二）两年内第二次违法，或者违法行为危害较多数人利益的； （三）违法行为危及人身健康和生命财产安全的； （四）违法行为造成较大危害后果或社会影响的； （五）其他属情节较重情形的。	责令停业整顿至符合开放条件，并处十二万元以上十六万元以下罚款。
			严重	（一）两年内违法三次以上，或者违法行为危害较多数人利益的； （二）违法行为危及人身健康和生命财产安全，造成严重危害后果或严重社会影响的； （三）明知故犯，主观违法程度严重的； （四）逃避、妨碍或暴力阻碍旅游或其他主管部门监督、检查的；故意隐瞒事实、伪造、变造、隐匿、销毁违法证据、阻碍调查的； （五）其他属情节严重情形的。	责令停业整顿至符合开放条件，并处一六万元以上二十万元以下罚款。

（二）《旅行社条例》

序号	违法行为	处罚依据	违法程度	适用情形	裁量基准
13	分社超出设立分社的旅行社的经营范围经营旅游业务；旅行社服务网点从事招徕、咨询以外的旅行社业务经营活动。	《旅行社条例》第四十六条　违反本条例的规定，有下列情形之一的，由旅游行政管理部门或者工商行政管理部门责令改正，没收违法所得，违法所得十万元以上的，并处违法所得一倍以上五倍以下的罚款；违法所得不足十万元或者没有违法所得的，并处十万元以上五十万元以下的罚款：	较轻	（一）初次违法且程度轻微、后果较轻的； （二）主动消除或减轻违法行为危害后果的； （三）其他属情节较轻情形的。	责令改正、没收违法所得；违法所得不到十万元或没有违法所得的，并处十万元以上二十万元以下罚款。

（续 表）

序号	违法行为	处罚依据	违法程度	适用情形	裁量基准
13		（一）未取得相应的旅行社业务经营许可，经营国内旅游业务、入境旅游业务、出境旅游业务的； （二）分社的经营范围超出设立分社的旅行社的经营范围的； （三）旅行社服务网点从事招徕、咨询以外的活动的。	一般	（一）经旅游或其他主管部门责令限期改正，整改不彻底的； （二）违法行为造成一定危害后果或社会影响的； （三）其他属情节一般情形的。	责令改正、没收违法所得，违法所得十万元以上的，并处违法所得一倍以上三倍以下罚款；违法所得不到十万元或没有违法所得的，并处二十万元以上三十万元以下罚款。
			较重	（一）经旅游或其他主管部门责令限期改正，拒不改正的； （二）两年内第二次违法，或者违法行为危害较多数人利益的； （三）违法行为危及人身健康和生命财产安全的； （四）违法行为造成较大危害后果或社会影响的； （五）其他属情节较重情形的。	责令改正、没收违法所得，违法所得十万元以上的，并处违法所得三倍以上四倍以下罚款；违法所得不到十万元或没有违法所得的，并处三十万元以上四十万元以下罚款。

（续 表）

序号	违法行为	处罚依据	违法程度	适用情形	裁量基准
13			严重	（一）两年内违法三次以上，或者违法行为危害较多数人利益的； （二）违法行为危及人身健康和生命财产安全，造成严重危害后果或严重社会影响的； （三）明知故犯，主观违法程度严重的； （四）逃避、妨碍或暴力阻碍旅游或其他主管部门监督、检查的；故意隐瞒事实、伪造、变造、隐匿、销毁违法证据、阻碍调查的； （五）其他属情节严重情形的。	责令改正、没收违法所得，违法所得十万元以上的，并处违法所得四倍以上五倍以下的罚款；违法所得不到十万元或没有违法所得的，并处四十万元以上五十万元以下的罚款。
14	转让、出租、出借旅行社业务经营许可证；受让或者租借旅行社业务经营许可证。	《旅行社条例》第四十七条　旅行社转让、出租、出借旅行社业务经营许可证的，由旅游行政管理部门责令停业整顿1个月至3个月，并没	较轻	（一）初次违法且程度轻微、后果较轻的； （二）主动消除或减轻违法行为危害后果的； （三）其他属情节较轻情形的。	对转让、出租、出借旅行社业务经营许可证的，责令停业整顿30日，并没收违法所得；对受让或者租借旅行社业务经营许可证的，责令停止非法经营，没收违法所得，并处十万元以上二十万元以下罚款。

（续 表）

序号	违法行为	处罚依据	违法程度	适用情形	裁量基准
14		并收违法所得；情节严重的，吊销旅行社业务经营许可证。受让或者租借旅行社业务经营许可证的，由旅游行政管理部门责令停止非法经营，没收违法所得，并处十万元以上五十万元以下的罚款。（注：转让、出租、出借旅行社业务经营许可证，《旅游法》中已进行裁量，此处不再重复）	一般	（一）经旅游或其他主管部门责令限期改正，整改不彻底的； （二）违法行为造成一定危害后果或社会影响的； （三）其他属情节一般情形的。	对转让、出租、出借旅行社业务经营许可证的，责令停业整顿60日，并没收违法所得；对受让或者租借旅行社业务经营许可证的，责令停止非法经营，没收违法所得，并处二十万元以上三十万元以下罚款。
			较重	（一）经旅游或其他主管部门责令限期改正，拒不改正的； （二）两年内第二次违法，或者违法行为危害较多数人利益的； （三）违法行为危及人身健康和生命财产安全的； （四）违法行为造成较大危害后果或社会影响的； （五）其他属情节较重情形的。	对转让、出租、出借旅行社业务经营许可证的，责令停业整顿90日，并没收违法所得；对受让或者租借旅行社业务经营许可证的，责令停止非法经营，没收违法所得，并处三十万元以上四十万元以下罚款。

（续 表）

序号	违法行为	处罚依据	违法程度	适用情形	裁量基准
14			严重	（一）两年内违法三次以上，或者违法行为危害较多数人利益的； （二）违法行为危及人身健康和生命财产安全，造成严重危害后果或严重社会影响的； （三）明知故犯，主观违法程度严重的； （四）逃避、妨碍或暴力阻碍旅游或其他主管部门监督、检查的；故意隐瞒事实、伪造、变造、隐匿、销毁违法证据、阻碍调查的； （五）其他属情节严重情形的。	对转让、出租、出借旅行社业务经营许可证的，吊销旅行社业务经营许可证；对受让或者租借旅行社业务经营许可证的，责令停止非法经营，没收违法所得，并处四十万元以上五十万元以下罚款。
15	外商投资旅行社经营中国内地居民出国旅游业务以及赴香港特别行政区、澳门特	《旅行社条例》第五十一条　违反本条例的规定，外商投资旅行社经营中国内地居民出国旅游业务以及赴香港特别行政区、澳门特别行政区	较轻	（一）初次违法且程度轻微、后果较轻的； （二）主动消除或减轻违法行为危害后果的； （三）其他属情节较轻情形的。	责令改正，没收违法所得；违法所得十万元以下，或者没有违法所得的，并处十万元以上二十万元以下罚款。

（续 表）

序号	违法行为	处罚依据	违法程度	适用情形	裁量基准
15	别行政区和台湾地区旅游业务，或者经营出境旅游业务的旅行社组织旅游者到国务院旅游行政主管部门公布的中国公民出境旅游目的地之外的国家和地区旅游。	和台湾地区旅游业务，或者经营出境旅游业务的旅行社组织旅游者到国务院旅游行政主管部门公布的中国公民出境旅游目的地之外的国家和地区旅游的，由旅游行政管理部门责令改正，没收违法所得，违法所得十万元以上的，并处违法所得一倍以上五倍以下的罚款；违法所得不足十万元或者没有违法所得的，并处十万元以上五十万元以下的罚款；情节严重的，吊销旅行社业务经营许可证。	一般	（一）经旅游或其他主管部门责令限期改正，整改不彻底的； （二）违法行为造成一定危害后果或社会影响的； （三）其他属情节一般情形的。	责令改正，没收违法所得，违法所得十万元以上的，并处违法所得一倍以上三倍以下罚款；违法所得十万元以下，或者没有违法所得的，并处二十万元以上四十万元以下罚款。
			较重	（一）经旅游或其他主管部门责令限期改正，拒不改正的； （二）两年内第二次违法，或者违法行为危害较多数人利益的； （三）违法行为危及人身健康和生命财产安全的； （四）违法行为造成较大危害后果或社会影响的； （五）其他属情节较重情形的。	责令改正，没收违法所得，违法所得十万元以上的，并处违法所得三倍以上五倍以下罚款；违法所得十万元以下，或者没有违法所得的，并处四十万元以上五十万元以下罚款。

（续 表）

序号	违法行为	处罚依据	违法程度	适用情形	裁量基准
15			严重	（一）两年内违法三次以上，或者违法行为危害较多数人利益的； （二）违法行为危及人身健康和生命财产安全，造成严重危害后果或严重社会影响的； （三）明知故犯，主观违法程度严重的； （四）逃避、妨碍或暴力阻碍旅游或其他主管部门监督、检查的；故意隐瞒事实、伪造、变造、隐匿、销毁违法证据、阻碍调查的； （五）其他属情节严重情形的。	吊销旅行社业务经营许可证。
16	未经旅游者同意在旅游合同约定之外提供其他有偿服务。	《旅行社条例》第五十四条 违反本条例的规定，旅行社未经旅游者同意在旅游合同约定之外提供其他有偿服务的，由旅游行政管理部门责令	较轻	（一）初次违法且程度轻微、后果较轻的； （二）主动消除或减轻违法行为危害后果的； （三）其他属情节较轻情形的。	责令改正，处一万元以上二万元以下罚款。

（续 表）

序号	违法行为	处罚依据	违法程度	适用情形	裁量基准
16		改正，处一万元以上五万元以下的罚款。	一般	（一）经旅游或其他主管部门责令限期改正，整改不彻底的； （二）违法行为造成一定危害后果或社会影响的； （三）其他属情节一般情形的。	责令改正，处二万元以上三万元以下罚款。
			较重	（一）经旅游或其他主管部门责令限期改正，拒不改正的； （二）两年内第二次违法，或者违法行为危害较多数人利益的； （三）违法行为危及人身健康和生命财产安全的； （四）违法行为造成较大危害后果或社会影响的； （五）其他属情节较重情形的。	责令改正，处三万元以上四万元以下罚款。

（续 表）

序号	违法行为	处罚依据	违法程度	适用情形	裁量基准
16			严重	（一）两年内违法三次以上，或者违法行为危害较多数人利益的； （二）违法行为危及人身健康和生命财产安全，造成严重危害后果或严重社会影响的； （三）明知故犯，主观违法程度严重的； （四）逃避、妨碍或暴力阻碍旅游或其他主管部门监督、检查的；故意隐瞒事实、伪造、变造、隐匿、销毁违法证据、阻碍调查的； （五）其他属情节严重情形的。	责令改正，处四万元以上五万元以下罚款。
17	未与旅游者签订旅游合同；与旅游者签订的旅游合同未载明本条例二十八条规	《旅行社条例》第五十五条　违反本条例的规定，旅行社有下列情形之一的，由旅游行政管理部门责令改正，处二万元以上十万元以下的罚款；情节严重的，责	较轻	（一）初次违法且程度轻微、后果较轻的； （二）主动消除或减轻违法行为危害后果的； （三）其他属情节较轻情形的。	责令改正，处二万元以上四万元以下罚款。

（续 表）

序号	违法行为	处罚依据	违法程度	适用情形	裁量基准
17	定的事项；未取得旅游者同意，将旅游业务委托给其他旅行社；将旅游业务委托给不具有相应资质的旅行社；未与接受委托的旅行社就接待旅游者的事宜签订委托合同。	令停业整顿1个月至3个月：（一）未与旅游者签订旅游合同；（二）与旅游者签订的旅游合同未载明本条例第二十八条规定的事项；（三）未取得旅游者同意，将旅游业务委托给其他旅行社；（四）将旅游业务委托给不具有相应资质的旅行社；（五）未与接受委托的旅行社就接待旅游者的事宜签订委托合同。	一般	（一）经旅游或其他主管部门责令限期改正，整改不彻底的； （二）违法行为造成一定危害后果或社会影响的； （三）其他属情节一般情形的。	责令改正，处四万元以上七万元以下罚款。
			较重	（一）经旅游或其他主管部门责令限期改正，拒不改正的； （二）两年内第二次违法，或者违法行为危害较多数人利益的； （三）违法行为危及人身健康和生命财产安全的； （四）违法行为造成较大危害后果或社会影响的； （五）其他属情节较重情形的。	责令改正，处七万元以上10十万元以下罚款。

（续 表）

序号	违法行为	处罚依据	违法程度	适用情形	裁量基准
17			严重	（一）两年内违法三次以上，或者违法行为危害较多数人利益的； （二）违法行为危及人身健康和生命财产安全，造成严重危害后果或严重社会影响的； （三）明知故犯，主观违法程度严重的； （四）逃避、妨碍或暴力阻碍旅游或其他主管部门监督、检查的；故意隐瞒事实、伪造、变造、隐匿、销毁违法证据、阻碍调查的； （五）其他属情节严重情形的。	责令停业整顿30日至90日。
18	旅行社拒不履行旅游合同约定的义务；欺骗、胁迫旅游者购物或参加另付费游览项目。	《旅行社条例》第五十九条　违反本条例的规定，属于欺骗、胁迫旅游者购物或者参加需要另行付费的游览项目的情形的，对旅行社，由旅	较轻	（一）初次违法且程度轻微、后果较轻的； （二）主动消除或减轻违法行为危害后果的； （三）其他属情节较轻情形的。	对旅行社责令改正，处十万元以上二十万元以下罚款；对导游人员、领队人员责令改正，处一万元以上二万元以下罚款。

（续 表）

序号	违法行为	处罚依据	违法程度	适用情形	裁量基准
18		游行政管理部门或者工商行政管理部门责令改正，处十万元以上五十万元以下的罚款；对导游人员、领队人员，由旅游行政管理部门责令改正，处一万元以上五万元以下的罚款；情节严重的，吊销旅行社业务经营许可证、导游证。	一般	（一）经旅游或其他主管部门责令限期改正，整改不彻底的； （二）违法行为造成一定危害后果或社会影响的； （三）其他属情节一般情形的。	对旅行社责令改正，处二十万元以上四十万元以下罚款；对导游人员、领队人员责令改正，处二万元以上四万元以下罚款。
			较重	（一）经旅游或其他主管部门责令限期改正，拒不改正的； （二）两年内第二次违法，或者违法行为危害较多数人利益的； （三）违法行为危及人身健康和生命财产安全的； （四）违法行为造成较大危害后果或社会影响的； （五）其他属情节较重情形的。	对旅行社责令改正，处四十万元以上五十万元以下的罚款；对导游人员、领队人员责令改正，处四万元以上五万元以下罚款。

（续 表）

序号	违法行为	处罚依据	违法程度	适用情形	裁量基准
18			严重	（一）两年内违法三次以上，或者违法行为危害较多数人利益的； （二）违法行为危及人身健康和生命财产安全，造成严重危害后果或严重社会影响的； （三）明知故犯，主观违法程度严重的； （四）逃避、妨碍或暴力阻碍旅游或其他主管部门监督、检查的；故意隐瞒事实、伪造、变造、隐匿、销毁违法证据、阻碍调查的； （五）其他属情节严重情形的。	吊销旅行社业务经营许可证；吊销导游证。
19	旅行社要求导游人员和领队人员接待不支付接待和服务费	《旅行社条例》第六十条　违反本条例的规定，旅行社要求导游人员和领队人员接待不支付接待和服务费用、支付的费用	较轻	（一）初次违法且程度轻微、后果较轻的； （二）主动消除或减轻违法行为危害后果的； （三）其他属情节较轻情形的。	责令改正，处二万元以上四万元以下罚款。

（续 表）

序号	违法行为	处罚依据	违法程度	适用情形	裁量基准
19	用、支付的费用低于接待和服务成本的旅游团队，或者要求导游人员和领队人员承担接待旅游团队的相关费用。	低于接待和服务成本的旅游团队，或者要求导游人员和领队人员承担接待旅游团队的相关费用的，由旅游行政管理部门责令改正，处二万元以上十万元以下的罚款。	一般	（一）经旅游或其他主管部门责令限期改正，整改不彻底的； （二）违法行为造成一定危害后果或社会影响的； （三）其他属情节一般情形的。	责令改正，处四万元以上六万元以下罚款。
			较重	（一）经旅游或其他主管部门责令限期改正，拒不改正的； （二）两年内第二次违法，或者违法行为危害较多数人利益的； （三）违法行为危及人身健康和生命财产安全的； （四）违法行为造成较大危害后果或社会影响的； （五）其他属情节较重情形的。	责令改正，处六万元以上八万元以下罚款。

（续 表）

序号	违法行为	处罚依据	违法程度	适用情形	裁量基准
19			严重	（一）两年内违法三次以上，或者违法行为危害较多数人利益的； （二）违法行为危及人身健康和生命财产安全，造成严重危害后果或严重社会影响的； （三）明知故犯，主观违法程度严重的； （四）逃避、妨碍或暴力阻碍旅游或其他主管部门监督、检查的；故意隐瞒事实、伪造、变造、隐匿、销毁违法证据、阻碍调查的； （五）其他属情节严重情形的。	责令改正，处八万元以上十万元以下罚款。
20	违约造成旅游者合法权益受到损害，不采取补救措施。	《旅行社条例》第六十一条　旅行社违反旅游合同约定，造成旅游者合法权益受到损害，不采取必要	较轻	（一）初次违法且程度轻微、后果较轻的； （二）主动消除或减轻违法行为危害后果的； （三）其他属情节较轻情形的。	责令改正，处一万元以上二万元以下罚款。

（续 表）

序号	违法行为	处罚依据	违法程度	适用情形	裁量基准
20		的补救措施的，由旅游行政管理部门或者工商行政管理部门责令改正，处一万元以上五万元以下的罚款；情节严重的，由旅游行政管理部门吊销旅行社业务经营许可证。	一般	（一）经旅游或其他主管部门责令限期改正，整改不彻底的； （二）违法行为造成一定危害后果或社会影响的； （三）其他属情节一般情形的。	责令改正，处二万元以上四万元以下罚款。
			较重	（一）经旅游或其他主管部门责令限期改正，拒不改正的； （二）两年内第二次违法，或者违法行为危害较多数人利益的； （三）违法行为危及人身健康和生命财产安全的； （四）违法行为造成较大危害后果或社会影响的； （五）其他属情节较重情形的。	责令改正，处四万元以上五万元以下罚款。

（续 表）

序号	违法行为	处罚依据	违法程度	适用情形	裁量基准
20			严重	（一）两年内违法三次以上，或者违法行为危害较多数人利益的； （二）违法行为危及人身健康和生命财产安全，造成严重危害后果或严重社会影响的； （三）明知故犯，主观违法程度严重的； （四）逃避、妨碍或暴力阻碍旅游或其他主管部门监督、检查的；故意隐瞒事实、伪造、变造、隐匿、销毁违法证据、阻碍调查的； （五）其他属情节严重情形的。	吊销旅行社业务经营许可证。
21	发生危及旅游者人身安全的情形，旅行社及其委派的导游、领队人	《旅行社条例》第六十三条 违反本条例的规定，旅行社及其委派的导游人员、领队人员有下列情形之一的，由旅游行政管理部门责令改正，	较轻	（一）初次违法且程度轻微、后果较轻的； （二）主动消除或减轻违法行为危害后果的； （三）其他属情节较轻情形的。	责令改正，对旅行社处二万元以上四万元以下的罚款；对导游人员、领队人员处四千元以上一万元以下罚款。

（续 表）

序号	违法行为	处罚依据	违法程度	适用情形	裁量基准
21	员未采取必要的处置措施并及时报告；旅行社组织出境旅游的旅游者非法滞留境外，旅行社未及时报告并协助提供非法滞留者信息；旅行社接待入境旅游的旅游者非法滞留境内，旅行社未及时报告并协助提供非法滞留者信息的。	对旅行社处二万元以上十万元以下的罚款；对导游人员、领队人员处四千元以上二万元以下的罚款；情节严重的，责令旅行社停业整顿1个月至3个月，或者吊销旅行社业务经营许可证、导游证。	一般	（一）经旅游或其他主管部门责令限期改正，整改不彻底的； （二）违法行为造成一定危害后果或社会影响的； （三）其他属情节一般情形的。	责令改正，对旅行社处四万元以上七万元以下的罚款；对导游人员、领队人员处一万元以上一万五千元以下罚款。
			较重	（一）经旅游或其他主管部门责令限期改正，拒不改正的； （二）两年内第二次违法，或者违法行为危害较多数人利益的； （三）违法行为危及人身健康和生命财产安全的； （四）违法行为造成较大危害后果或社会影响的； （五）其他属情节较重情形的。	责令改正，对旅行社处七万元以上十万元以下的罚款；对导游人员、领队人员处一万五千元以上二万元以下罚款。

（续 表）

序号	违法行为	处罚依据	违法程度	适用情形	裁量基准
21			严重	（一）两年内违法三次以上，或者违法行为危害较多数人利益的； （二）违法行为危及人身健康和生命财产安全，造成严重危害后果或严重社会影响的； （三）明知故犯，主观违法程度严重的； （四）逃避、妨碍或暴力阻碍旅游或其他主管部门监督、检查的；故意隐瞒事实、伪造、变造、隐匿、销毁违法证据、阻碍调查的； （五）其他属情节严重情形的。	责令停业整顿30日至90日或者吊销旅行社业务经营许可证；吊销导游证。

（三）《导游人员管理条例》

序号	违法行为	处罚依据	违法程度	适用情形	裁量基准
22	进行导游活动，向旅游者兜售物品或者购买旅游者的物品，或者以明示或者暗示的方式向旅游者索要小费。	《导游人员管理条例》第二十三条 导游人员进行导游活动，向旅游者兜售物品或者购买旅游者的物品的，或者以明示或者暗示的方式向旅游者索要小费的，由旅游行政部门责令改正，处一千元以上三万元以下的罚款；有违法所得的，并处没收违法所得；情节严重的，由省、自治区、直辖市人民政府旅游行政部门吊销导游证并予以公告；对委派该导游人员的旅行社给予警告直至责令停业整顿。	较轻	（一）初次违法且程度轻微、后果较轻的； （二）主动消除或减轻违法行为危害后果的； （三）其他属情节较轻情形的。	责令改正，对导游人员处一千元以上一万元以下罚款，有违法所得的，并处没收违法所得；对委派该导游人员的旅行社给予警告。
			一般	（一）经旅游或其他主管部门责令限期改正，整改不彻底的； （二）违法行为造成一定危害后果或社会影响的； （三）其他属情节一般情形的。	责令改正，对导游人员处一万元以上二万元以下罚款；有违法所得的，并处没收违法所得；对委派该导游人员的旅行社社责令停业整顿5日至10日。

（续 表）

序号	违法行为	处罚依据	违法程度	适用情形	裁量基准
22			较重	（一）经旅游或其他主管部门责令限期改正，拒不改正的； （二）两年内第二次违法，或者违法行为危害较多数人利益的； （三）违法行为危及人身健康和生命财产安全的； （四）违法行为造成较大危害后果或社会影响的； （五）其他属情节较重情形的。	责令改正，对导游人员处二万元以上三万元以下罚款；有违法所得的，并处没收违法所得；对委派该导游人员的旅行社责令停业整顿10日至15日。
			严重	（一）两年内违法三次以上，或者违法行为危害较多数人利益的； （二）违法行为危及人身健康和生命财产安全，造成严重危害后果或严重社会影响的； （三）明知故犯，主观违法程度严重的； （四）逃避、妨碍或暴力阻碍旅游或其他主管部门监督、检查的；故意隐瞒事实、伪造、变造、隐匿、销毁违法证据、阻碍调查的； （五）其他属情节严重情形的。	吊销导游证并予以公告；对委派该导游人员的旅行社责令停业整顿15日至30日。

（续 表）

序号	违法行为	处罚依据	违法程度	适用情形	裁量基准
23	欺骗、胁迫旅游者消费或者与经营者串通欺骗、胁迫旅游者消费。	《导游人员管理条例》第二十四条 导游人员进行导游活动，欺骗、胁迫旅游者消费或者与经营者串通欺骗、胁迫旅游者消费的，由旅游行政部门责令改正，处一千元以上三万元以下的罚款；有违法所得的，并处没收违法所得；情节严重的，由省、自治区、直辖市人民政府旅游行政部门吊销导游证并予以公告；对委派该导游人员的旅行社给予警告直至责令停业整顿；构成犯罪的，依法追究刑事责任。	较轻	（一）初次违法且程度轻微、后果较轻的； （二）主动消除或减轻违法行为危害后果的； （三）其他属情节较轻情形的。	责令改正，对导游人员处一千元以上一万元以下罚款，有违法所得的，并处没收违法所得：对委派该导游人员的旅行社给予警告。
			一般	（一）经旅游或其他主管部门责令限期改正，整改不彻底的； （二）违法行为造成一定危害后果或社会影响的； （三）其他属情节一般情形的。	责令改正，对导游人员处一万元以上二万元以下罚款；有违法所得的，并处没收违法所得；对委派该导游人员的旅行社责令停业整顿5日至15日。

（续 表）

序号	违法行为	处罚依据	违法程度	适用情形	裁量基准
23			较重	（一）经旅游或其他主管部门责令限期改正，拒不改正的； （二）两年内第二次违法，或者违法行为危害较多数人利益的； （三）违法行为危及人身健康和生命财产安全的； （四）违法行为造成较大危害后果或社会影响的； （五）其他属情节较重情形的。	对导游人员，处二万元以上三万元以下罚款；有违法所得的，并处没收违法所得；对委派该导游人员的旅行社责令停业整顿15日至30日。
			严重	（一）两年内违法三次以上，或者违法行为危害较多数人利益的； （二）违法行为危及人身健康和生命财产安全，造成严重危害后果或严重社会影响的； （三）明知故犯，主观违法程度严重的； （四）逃避、妨碍或暴力阻碍旅游或其他主管部门监督、检查的；故意隐瞒事实、伪造、变造、隐匿、销毁违法证据、阻碍调查的； （五）其他属情节严重情形的。	吊销导游证并予以公告；对委派该导游人员的旅行社责令停业整顿30日至90日。

（四）《中国公民出国旅游管理办法》

序号	违法行为	处罚依据	违法程度	适用情形	裁量基准
24	未经批准擅自经营或者以商务、考察、培训等方式变相经营出国旅游业务。	《中国公民出国旅游管理办法》第二十六条　任何单位和个人违反本办法第四条的规定，未经批准擅自经营或者以商务、考察、培训等方式变相经营出国旅游业务的，由旅游行政部门责令停止非法经营，没收违法所得，并处违法所得二倍以上五倍以下的罚款。	较轻	（一）初次违法且程度轻微、后果较轻的； （二）主动消除或减轻违法行为危害后果的； （三）其他属情节较轻情形的。	责令停止非法经营，没收违法所得，对单位和个人并处违法所得二倍的罚款。
			一般	（一）经旅游或其他主管部门责令限期改正，整改不彻底的； （二）违法行为造成一定危害后果或社会影响的； （三）其他属情节一般情形的。	责令停止非法经营，没收违法所得，对单位和个人并处违法所得二倍以上三倍以下罚款。

（续 表）

序号	违法行为	处罚依据	违法程度	适用情形	裁量基准
24			较重	（一）经旅游或其他主管部门责令限期改正，拒不改正的； （二）两年内第二次违法，或者违法行为危害较多数人利益的； （三）违法行为危及人身健康和生命财产安全的； （四）违法行为造成较大危害后果或社会影响的； （五）其他属情节较重情形的。	责令停止非法经营，没收违法所得，对单位和个人并处违法所得三倍以上四倍以下罚款。
			严重	（一）两年内违法三次以上，或者违法行为危害较多数人利益的； （二）违法行为危及人身健康和生命财产安全，造成严重危害后果或严重社会影响的； （三）明知故犯，主观违法程度严重的； （四）逃避、妨碍或暴力阻碍旅游或其他主管部门监督、检查的；故意隐瞒事实、伪造、变造、隐匿、销毁违法证据、阻碍调查的； （五）其他属情节严重情形的。	责令停止非法经营，没收违法所得，对单位和个人并处违法所得四倍以上五倍以下罚款。

（续 表）

序号	违法行为	处罚依据	违法程度	适用情形	裁量基准
25	未要求境外接待社不得组织旅游者参与涉及色情、赌博、毒品内容的活动或者危险性活动，未要求其不得擅自改变行程、减少旅游项目、强迫或者变相强迫旅游者参加额外付费项目，或者在境外接待社违反前述要求时未制止。	《中国公民出国旅游管理办法》第三十条 组团社或者旅游团队领队违反本办法第十六条的规定，未要求境外接待社不得组织旅游者参与涉及色情、赌博、毒品内容的活动或者危险性活动，未要求其不得擅自改变行程、减少旅游项目、强迫或者变相强迫旅游者参加额外付费项目，或者在境外接待社违反前述要求时未制止的，由旅游行政部门对组团社处组织该旅游团队所收取费用二倍以上	较轻	（一）初次违法且程度轻微、后果较轻的； （二）主动消除或减轻违法行为危害后果的； （三）其他属情节较轻情形的。	对旅行社处旅行社组织该旅游团队所收取费用二倍罚款，并暂停旅行社出国旅游业务经营资格30日；对领队暂扣导游证1个月。
			一般	（一）经旅游或其他主管部门责令限期改正，整改不彻底的； （二）违法行为造成一定危害后果或社会影响的； （三）其他属情节一般情形的。	对旅行社处旅行社组织该旅游团队所收取费用二倍以上四倍以下罚款，并暂停出国旅游业务经营资格60日；对领队暂扣导游证2个月。

（续 表）

序号	违法行为	处罚依据	违法程度	适用情形	裁量基准
25		五倍以下的罚款，并暂停其出国旅游业务经营资格，对旅游团队领队暂扣其导游证；造成恶劣影响的，对组团社取消其出国旅游业务经营资格，对旅游团队领队吊销其导游证。	较重	（一）经旅游或其他主管部门责令限期改正，拒不改正的； （二）两年内第二次违法，或者违法行为危害较多数人利益的； （三）违法行为危及人身健康和生命财产安全的； （四）违法行为造成较大危害后果或社会影响的； （五）其他属情节较重情形的。	对旅行社处旅行社组织该旅游团队所收取费用四倍以上五倍以下罚款，并暂停旅行社出国旅游业务经营资格90日；对领队暂扣导游证3个月。
			严重	（一）两年内违法三次以上，或者违法行为危害较多数人利益的； （二）违法行为危及人身健康和生命财产安全，造成严重危害后果或严重社会影响的； （三）明知故犯，主观违法程度严重的； （四）逃避、妨碍或暴力阻碍旅游或其他主管部门监督、检查的；故意隐瞒事实、伪造、变造、隐匿、销毁违法证据、阻碍调查的； （五）其他属情节严重情形的。	对组团社取消其出国旅游业务经营资格；对旅游团队领队吊销其导游证。

（续 表）

序号	违法行为	处罚依据	违法程度	适用情形	裁量基准
26	旅游团队领队与境外接待社、导游及为旅游者提供商品或者服务的其他经营者串通欺骗、胁迫旅游者消费或者向境外接待社、导游和其他为旅游者提供商品或者服务的经营者索要回扣、提成或者收受其财物。	《中国公民出国旅游管理办法》第三十一条 旅游团队领队违反本办法第二十条的规定，与境外接待社、导游及为旅游者提供商品或者服务的其他经营者串通欺骗、胁迫旅游者消费或者向境外接待社、导游和其他为旅游者提供商品或者服务的经营者索要回扣、提成或者收受其财物的，由旅游行政部门责令改正，没收索要的回扣、提成或者收受的财物，并处索要的回扣、提成或者收受的财物价值二倍以上五倍以下的罚款；情节严重的，并吊销其导游证。	较轻	（一）初次违法且程度轻微、后果较轻的； （二）主动消除或减轻违法行为危害后果的； （三）其他属情节较轻情形的。	责令改正，没收索要的回扣、提成或者收受的财物，并处索要的回扣、提成或者收受的财物价值二倍以上三倍以下罚款。
			一般	（一）经旅游或其他主管部门责令限期改正，整改不彻底的； （二）违法行为造成一定危害后果或社会影响的； （三）其他属情节一般情形的。	责令改正，没收索要的回扣、提成或者收受的财物，并处索要的回扣、提成或者收受的财物价值三倍以上四倍以下罚款。

（续 表）

序号	违法行为	处罚依据	违法程度	适用情形	裁量基准
26			较重	（一）经旅游或其他主管部门责令限期改正，拒不改正的； （二）两年内第二次违法，或者违法行为危害较多数人利益的； （三）违法行为危及人身健康和生命财产安全的； （四）违法行为造成较大危害后果或社会影响的； （五）其他属情节较重情形的。	责令改正，没收索要的回扣、提成或者收受的财物，并处索要的回扣、提成或者收受的财物价值四倍以上五倍以下罚款。
			严重	（一）两年内违法三次以上，或者违法行为危害较多数人利益的； （二）违法行为危及人身健康和生命财产安全，造成严重危害后果或严重社会影响的； （三）明知故犯，主观违法程度严重的； （四）逃避、妨碍或暴力阻碍旅游或其他主管部门监督、检查的；故意隐瞒事实、伪造、变造、隐匿、销毁违法证据、阻碍调查的； （五）其他属情节严重情形的。	吊销导游证。

（五）《旅行社条例实施细则》

序号	违法行为	处罚依据	违法程度	适用情形	裁量基准
27	未妥善保存各类旅游合同及相关文件、资料，保存期不够两年，或者泄露旅游者个人信息	《旅行社条例实施细则》第六十五条　违反本实施细则第五十条的规定，未妥善保存各类旅游合同及相关文件、资料，保存期不够两年，或者泄露旅游者个人信息的，由县级以上旅游行政管理部门责令改正，没收违法所得，处违法所得三倍以下但最高不超过三万元的罚款；没有违法所得的，处一万元以下的罚款。	较轻	（一）初次违法且程度轻微、后果较轻的； （二）主动消除或减轻违法行为危害后果的； （三）其他属情节较轻情形的。	有违法所得的，责令改正，没收违法所得，处违法所得一倍以上1.5倍以下，但最高不超过一万五千元的罚款；没有违法所得的，处一千元以上三千元以下罚款。
			一般	（一）经旅游或其他主管部门责令限期改正，整改不彻底的； （二）违法行为造成一定危害后果或社会影响的； （三）其他属情节一般情形的。	责令改正，没收违法所得，处违法所得1.5倍以上1.8倍以下，但最高不超过一万八千元的罚款；没有违法所得的，处三千元以上六千元以下罚款。

（续 表）

序号	违法行为	处罚依据	违法程度	适用情形	裁量基准
27			较重	（一）经旅游或其他主管部门责令限期改正，拒不改正的； （二）两年内第二次违法，或者违法行为危害较多数人利益的； （三）违法行为危及人身健康和生命财产安全的； （四）违法行为造成较大危害后果或社会影响的； （五）其他属情节较重情形的。	责令改正，没收违法所得，处违法所得1.8倍以上2.4倍以下，但最高不超过二万四千元的罚款；没有违法所得的，处六千元以上八千元以下罚款。
			严重	（一）两年内违法三次以上，或者违法行为危害较多数人利益的； （二）违法行为危及人身健康和生命财产安全，造成严重危害后果或严重社会影响的； （三）明知故犯，主观违法程度严重的； （四）逃避、妨碍或暴力阻碍旅游或其他主管部门监督、检查的；故意隐瞒事实、伪造、变造、隐匿、销毁违法证据、阻碍调查的； （五）其他属情节严重情形的。	责令改正，没收违法所得，处违法所得2.4倍以上三倍以下，但最高不超过三万元的罚款；没有违法所得的，处八千元以上一万元以下罚款。

（六）《导游管理办法》

序号	违法行为	处罚依据	违法程度	适用情形	裁量基准
28	未按期报告信息变更情况；未申请变更导游证信息；未更换导游身份标识；不依照本办法第二十四条规定采取相应措施；未按规定参加旅游主管部门组织的培训的；向负责监督检查的旅游主管部门隐瞒有关情况、提供	《导游管理办法》第三十三条 违反本办法规定，导游有下列行为的，由县级以上旅游主管部门责令改正，并可以处一千元以下罚款；情节严重的，可以处一千元以上五千元以下罚款：（一）未按期报告信息变更情况的；（二）未申请变更导游证信息的；（三）未更换导游身份标识的；（四）不依照本办法第二十四条规定采取相应措施的；（五）未按规定参加旅游主管部门组织的培训的；	较轻	（一）初次违法且程度轻微、后果较轻的； （二）主动消除或减轻违法行为危害后果的； （三）其他属情节较轻情形的。	责令改正，并可以处一千元以上二千元以下罚款。
			一般	（一）经旅游或其他主管部门责令限期改正，整改不彻底的； （二）违法行为造成一定危害后果或社会影响的； （三）其他属情节一般情形的。	责令改正，并可以处二千元以上三千元以下罚款。

（续 表）

序号	违法行为	处罚依据	违法程度	适用情形	裁量基准
28	虚假材料或者拒绝提供反映其活动情况的真实材料的；在导游服务星级评价中提供虚假材料的。	（六）向负责监督检查的旅游主管部门隐瞒有关情况、提供虚假材料或者拒绝提供反映其活动情况的真实材料的； （七）在导游服务星级评价中提供虚假材料的。	较重	（一）经旅游或其他主管部门责令限期改正，拒不改正的； （二）两年内第二次违法，或者违法行为危害较多数人利益的； （三）违法行为危及人身健康和生命财产安全的； （四）违法行为造成较大危害后果或社会影响的； （五）其他属情节较重情形的。	责令改正，并可以处三千元以上四千元以下罚款。
			严重	（一）两年内违法三次以上，或者违法行为危害较多数人利益的； （二）违法行为危及人身健康和生命财产安全，造成严重危害后果或严重社会影响的； （三）明知故犯，主观违法程度严重的； （四）逃避、妨碍或暴力阻碍旅游或其他主管部门监督、检查的；故意隐瞒事实、伪造、变造、隐匿、销毁违法证据、阻碍调查的； （五）其他属情节严重情形的。	责令改正，并可以处四千元以上五千元以下罚款。

（续 表）

序号	违法行为	处罚依据	违法程度	适用情形	裁量基准
29	以欺骗、贿赂等不正当手段取得导游人员资格证、导游证的。	《导游管理办法》第三十四条　导游执业许可申请人隐瞒有关情况或者提供虚假材料申请取得导游人员资格证、导游证的，县级以上旅游主管部门不予受理或者不予许可，并给予警告；申请人在一年内不得再次申请该导游执业许可。导游以欺骗、贿赂等不正当手段取得导游人员资格证、导游证的，除依法撤销相关证件外，可以由所在地旅游主管部门处一千元以上五千元以下罚款；申请人在三年内不得再次申请导游执业许可。	较轻	（一）初次违法且程度轻微、后果较轻的； （二）主动消除或减轻违法行为危害后果的； （三）其他属情节较轻情形的。	依法撤销相关证件，可以处一千元以上二千元以下罚款。
			一般	（一）经旅游或其他主管部门责令限期改正，整改不彻底的； （二）违法行为造成一定危害后果或社会影响的； （三）其他属情节一般情形的。	依法撤销相关证件，可以处二千元以上三千元以下罚款。

（续 表）

序号	违法行为	处罚依据	违法程度	适用情形	裁量基准
29			较重	（一）经旅游或其他主管部门责令限期改正，拒不改正的； （二）两年内第二次违法，或者违法行为危害较多数人利益的； （三）违法行为危及人身健康和生命财产安全的； （四）违法行为造成较大危害后果或社会影响的； （五）其他属情节较重情形的。	依法撤销相关证件，可以处三千元以上四千元以下罚款。
			严重	（一）两年内违法三次以上，或者违法行为危害较多数人利益的； （二）违法行为危及人身健康和生命财产安全，造成严重危害后果或严重社会影响的； （三）明知故犯，主观违法程度严重的； （四）逃避、妨碍或暴力阻碍旅游或其他主管部门监督、检查的；故意隐瞒事实、伪造、变造、隐匿、销毁违法证据、阻碍调查的； （五）其他属情节严重情形的。	依法撤销相关证件，可以处四千元以上五千元以下罚款。

（续表）

序号	违法行为	处罚依据	违法程度	适用情形	裁量基准
30	导游涂改、倒卖、出租、出借导游人员资格证、导游证，以其他形式非法转让导游执业许可，或者擅自委托他人代为提供导游服务。	《导游管理办法》第三十五条 导游涂改、倒卖、出租、出借导游人员资格证、导游证，以其他形式非法转让导游执业许可，或者擅自委托他人代为提供导游服务的，由县级以上旅游主管部门责令改正，并可以处二千元以上一万元以下罚款。	较轻	（一）初次违法且程度轻微、后果较轻的； （二）主动消除或减轻违法行为危害后果的； （三）其他属情节较轻情形的。	责令改正，并可以处二千元以上四千元以下罚款。
			一般	（一）经旅游或其他主管部门责令限期改正，整改不彻底的； （二）违法行为造成一定危害后果或社会影响的； （三）其他属情节一般情形的。	责令改正，并可以处四千元以上六千元以下罚款。

（续 表）

序号	违法行为	处罚依据	违法程度	适用情形	裁量基准
30			较重	（一）经旅游或其他主管部门责令限期改正，拒不改正的； （二）两年内第二次违法，或者违法行为危害较多数人利益的； （三）违法行为危及人身健康和生命财产安全的； （四）违法行为造成较大危害后果或社会影响的； （五）其他属情节较重情形的。	责令改正，并可以处六千元以上八千元以下罚款。
			严重	（一）两年内违法三次以上，或者违法行为危害较多数人利益的； （二）违法行为危及人身健康和生命财产安全，造成严重危害后果或严重社会影响的； （三）明知故犯，主观违法程度严重的； （四）逃避、妨碍或暴力阻碍旅游或其他主管部门监督、检查的；故意隐瞒事实、伪造、变造、隐匿、销毁违法证据、阻碍调查的； （五）其他属情节严重情形的。	责令改正，并可以处八千元以上一万元以下罚款。

（七）《重庆市旅游条例》

序号	违法行为	处罚依据	违法程度	适用情形	裁量基准
31	强买强卖或者销售假冒伪劣的旅游商品；使用未取得的旅游服务品质等级称谓或者标志进行经营活动。	《重庆市旅游条例》第六十八条旅游经营者有下列行为之一的，由旅游主管部门或者有关部门责令改正，没收违法所得，并处五千元以上五万元以下的罚款；违法所得五万元以上的，并处违法所得一倍以上五倍以下罚款；情节严重的，责令停业整顿或者吊销旅行社业务经营许可证；对直接负责的主管人	较轻	（一）初次违法且程度轻微、后果较轻的； （二）主动消除或减轻违法行为危害后果的； （三）其他属情节较轻情形的。	责令改正，没收违法所得，违法所得五万元以下的，并处五千元以上二万元以下罚款；对直接负责的主管人员和其他直接责任人员处二千元以上五千元以下罚款。
			一般	（一）经旅游或其他主管部门责令限期改正，整改不彻底的； （二）违法行为造成一定危害后果或社会影响的； （三）其他属情节一般情形的。	责令改正，没收违法所得，违法所得五万元以下的，并处二万元以上四万元以下罚款；违法所得五万元以上的，并处违法所得一倍以上三倍以下罚款；对直接负责的主管人员和其他直接责任人员处五千元以上一万元以下罚款。

（续 表）

序号	违法行为	处罚依据	违法程度	适用情形	裁量基准
31		员和其他直接责任人员，处两千元以上两万元以下罚款： （一）对旅游服务信息、服务范围、产品内容和标准等做虚假宣传的； （二）强买强卖或者销售假冒伪劣的旅游商品的； （三）使用未取得的旅游服务品质等级称谓或者标志进行经营活动的。	较重	（一）经旅游或其他主管部门责令限期改正，拒不改正的； （二）两年内第二次违法，或者违法行为危害较多数人利益的； （三）违法行为危及人身健康和生命财产安全的； （四）违法行为造成较大危害后果或社会影响的； （五）其他属情节较重情形的。	责令改正，没收违法所得，违法所得五万元以下的，并处四万元以上五万元以下罚款；违法所得五万元以上的，并处违法所得三倍以上五倍以下罚款；对直接负责的主管人员和其他直接责任人员处一万元以上二万元以下罚款。
			严重	（一）两年内违法三次以上，或者违法行为危害较多数人利益的； （二）违法行为危及人身健康和生命财产安全，造成严重危害后果或严重社会影响的； （三）明知故犯，主观违法程度严重的； （四）逃避、妨碍或暴力阻碍旅游或其他主管部门监督、检查的；故意隐瞒事实、伪造、变造、隐匿、销毁违法证据、阻碍调查的； （五）其他属情节严重情形的。	责令停业整顿30日至90日或者吊销旅行社业务经营许可证。

（续 表）

序号	违法行为	处罚依据	违法程度	适用情形	裁量基准
32	租用未取得客运经营许可的交通工具。	《重庆市旅游条例》第六十九条 旅游经营者租用未取得客运经营许可的交通工具的，由旅游主管部门责令改正，没收违法所得，并处五千元以上五万元以下的罚款；违法所得五万元以上的，并处违法所得一倍以上五倍以下罚款；情节严重的，责令停业整顿或者吊销旅行社业务经营许可证；对直接负责的主管人员和其他直接责任人员，处两千元以上两万元以下罚款。	较轻	（一）初次违法且程度轻微、后果较轻的； （二）主动消除或减轻违法行为危害后果的； （三）其他属情节较轻情形的。	责令改正，没收违法所得，违法所得在五万元以下的，并处五千元以上二万元以下罚款；对直接负责的主管人员和其他直接责任人员处二千元以上五千元以下罚款。
			一般	（一）经旅游或其他主管部门责令限期改正，整改不彻底的； （二）违法行为造成一定危害后果或社会影响的； （三）其他属情节一般情形的。	责令改正，没收违法所得，违法所得五万元以下的，并处二万元以上四万元以下罚款；违法所得五万元以上的，并处违法所得一倍以上三倍以下罚款；对直接负责的主管人员和其他直接责任人员处五千元以上一万元以下罚款。

（续 表）

序号	违法行为	处罚依据	违法程度	适用情形	裁量基准
32			较重	（一）经旅游或其他主管部门责令限期改正，拒不改正的； （二）两年内第二次违法，或者违法行为危害较多数人利益的； （三）违法行为危及人身健康和生命财产安全的； （四）违法行为造成较大危害后果或社会影响的； （五）其他属情节较重情形的。	责令改正，没收违法所得，违法所得五万元以下的，并处四万元以上五万元以下罚款；违法所得五万元以上的，并处违法所得三倍以上五倍以下罚款；对直接负责的主管人员和其他直接责任人员处一万元以上二万元以下罚款。
			严重	（一）两年内违法三次以上，或者违法行为危害较多数人利益的； （二）违法行为危及人身健康和生命财产安全，造成严重危害后果或严重社会影响的； （三）明知故犯，主观违法程度严重的； （四）逃避、妨碍或暴力阻碍旅游或其他主管部门监督、检查的；故意隐瞒事实、伪造、变造、隐匿、销毁违法证据、阻碍调查的； （五）其他属情节严重情形的。	责令停业整顿30日至90日或者吊销旅行社业务经营许可证。

（续 表）

序号	违法行为	处罚依据	违法程度	适用情形	裁量基准
33	旅行社以挂靠等形式设立分社和服务网点。	《重庆市旅游条例》第七十一条 违反本条例第四十三条规定的，由有关部门处五千元以上五万元以下的罚款。	较轻	（一）初次违法且程度轻微、后果较轻的； （二）主动消除或减轻违法行为危害后果的； （三）其他属情节较轻情形的。	处五千元以上二万元以下罚款。
			一般	（一）经旅游或其他主管部门责令限期改正，整改不彻底的； （二）违法行为造成一定危害后果或社会影响的； （三）其他属情节一般情形的。	处二万元以上三万元以下罚款。

（续 表）

序号	违法行为	处罚依据	违法程度	适用情形	裁量基准
33			较重	（一）经旅游或其他主管部门责令限期改正，拒不改正的； （二）两年内第二次违法，或者违法行为危害较多数人利益的； （三）违法行为危及人身健康和生命财产安全的； （四）违法行为造成较大危害后果或社会影响的； （五）其他属情节较重情形的。	处三万元以上四万元以下罚款。
			严重	（一）两年内违法三次以上，或者违法行为危害较多数人利益的； （二）违法行为危及人身健康和生命财产安全，造成严重危害后果或严重社会影响的； （三）明知故犯，主观违法程度严重的； （四）逃避、妨碍或暴力阻碍旅游或其他主管部门监督、检查的；故意隐瞒事实、伪造、变造、隐匿、销毁违法证据、阻碍调查的； （五）其他属情节严重情形的。	处四万元以上五万元以下罚款。

（续 表）

序号	违法行为	处罚依据	违法程度	适用情形	裁量基准
34	旅行社、住宿、旅游交通以及高风险项目等经营者未依法投保责任保险	《重庆市旅游条例》第七十四条 违反本条例第六十三条第一款规定的，由旅游主管部门责令改正，处一万元以上五万元以下罚款；拒不改正的，由旅游主管部门或者有关部门吊销业务经营许可证。	较轻	（一）初次违法且程度轻微、后果较轻的； （二）主动消除或减轻违法行为危害后果的； （三）其他属情节较轻情形的。	处一万元以上二万元以下罚款。
			一般	（一）经旅游或其他主管部门责令限期改正，整改不彻底的； （二）违法行为造成一定危害后果或社会影响的； （三）其他属情节一般情形的。	处二万元以上四万元以下罚款。

（续 表）

序号	违法行为	处罚依据	违法程度	适用情形	裁量基准
34			较重	（一）经旅游或其他主管部门责令限期改正，拒不改正的； （二）两年内第二次违法，或者违法行为危害较多数人利益的； （三）违法行为危及人身健康和生命财产安全的； （四）违法行为造成较大危害后果或社会影响的； （五）其他属情节较重情形的。	处四万元以上五万元以下罚款。
			严重	（一）两年内违法三次以上，或者违法行为危害较多数人利益的； （二）违法行为危及人身健康和生命财产安全，造成严重危害后果或严重社会影响的； （三）明知故犯，主观违法程度严重的； （四）逃避、妨碍或暴力阻碍旅游或其他主管部门监督、检查的；故意隐瞒事实、伪造、变造、隐匿、销毁违法证据、阻碍调查的； （五）其他属情节严重情形的。	拒不改正的，吊销业务经营许可证。

（八）《中华人民共和国安全生产法》

序号	违法行为	处罚依据	违法程度	适用情形	裁量基准
35	未按照规定设置安全生产管理机构或者配备安全生产管理人员的；危险物品的生产、经营、储存单位以及矿山、金属冶炼、建筑施工、道路运输单位的主要负责人和安全生产管理人员未按照规定经考核合格的；未按照规定对从业人员、被派遣劳动者、实习学生进行安全生产教育和培训，或者未按照规定如实告知有关的安全生产事项的；未如实记录安全生产教育和培训情况的；未将事故隐患排查治理情况如实记录或者未向从业人员通报的；未按照规定制定生产安全事故应急救	《中华人民共和国安全生产法》第九十四条　生产经营单位有下列行为之一的，责令限期改正，可以处五万元以下的罚款；逾期未改正的，责令停产停业整顿，并处五万元以上十万元以下的罚款，对其直接负责的主管人员和其他直接责任人员处一万元以上二万元以下的罚款。	较轻	（一）初次违法且程度轻微、后果较轻的； （二）主动消除或减轻违法行为危害后果的； （三）其他属情节较轻情形的。	责令限期改正，可以处二万五千元以下的罚款。
			一般	（一）经旅游或其他主管部门责令限期改正，整改不彻底的； （二）违法行为造成一定危害后果或社会影响的； （三）其他属情节一般情形的。	责令限期改正，可以处二万五千元以上五万元以下的罚款。

（续 表）

序号	违法行为	处罚依据	违法程度	适用情形	裁量基准
35	援预案或者未定期组织演练的；特种作业人员未按照规定经专门的安全作业培训并取得相应资格，上岗作业的。		较重	（一）经旅游或其他主管部门责令限期改正，拒不改正的； （二）两年内第二次违法，或者违法行为危害较多数人利益的； （三）违法行为危及人身健康和生命财产安全的； （四）违法行为造成较大危害后果或社会影响的； （五）其他属情节较重情形的。	责令停产停业整顿（停业停产天数根据实际情况定），并处五万元以上八万元以下的罚款，对其直接负责的主管人员和其他直接责任人员处一万以上一万五千元以下的罚款。
			严重	（一）两年内违法三次以上，或者违法行为危害较多数人利益的； （二）违法行为危及人身健康和生命财产安全，造成严重危害后果或严重社会影响的； （三）明知故犯，主观违法程度严重的； （四）逃避、妨碍或暴力阻碍旅游或其他主管部门监督、检查的；故意隐瞒事实、伪造、变造、隐匿、销毁违法证据、阻碍调查的； （五）其他属情节严重情形的。	责令停产停业整顿（停业停产天数根据实际情况定），并处八万元以上十万元以下的罚款，对其直接负责的主管人员和其他直接责任人员处一万五千以上二万元以下的罚款。

（续 表）

序号	违法行为	处罚依据	违法程度	适用情形	裁量基准
36	未在有较大危险因素的生产经营场所和有关设施、设备上设置明显的安全警示标志的；安全设备的安装、使用、检测、改造和报废不符合国家标准或者行业标准的；未对安全设备进行经常性维护、保养和定期检测的；未为从业人员提供符合国家标准或者行业标准的劳动防护用品的；危险物品的容器、运输工具，以及涉及人身安全、危险性较大的海洋石油开采特种设备和矿山井下特种设备未经具有专业资质的机构检测、检验合格，取得安全使用证或者安全标志，投入使用的；使用应当淘汰的危及生产安全的工艺、设备的。	《中华人民共和国安全生产法》第九十六条　生产经营单位有下列行为之一的，责令限期改正，可以处五万元以下的罚款；逾期未改正的，处五万元以上二十万元以下的罚款，对其直接负责的主管人员和其他直接责任人员处一万元以上二万元以下的罚款；情节严重的，责令停产停业整顿；构成犯罪的，依照刑法有关规定追究刑事责任。	较轻	（一）初次违法且程度轻微、后果较轻的； （二）主动消除或减轻违法行为危害后果的； （三）其他属情节较轻情形的。	责令限期改正，可以处五万元以下的罚款。
			一般	（一）经旅游或其他主管部门责令限期改正，整改不彻底的； （二）违法行为造成一定危害后果或社会影响的； （三）其他属情节一般情形的。	责令改正，处五万元以上十万元以下的罚款，对其直接负责的主管人员和其他直接责任人员处一万元以上一万五千元以下的罚款。

（续 表）

序号	违法行为	处罚依据	违法程度	适用情形	裁量基准
36			较重	（一）经旅游或其他主管部门责令限期改正，拒不改正的； （二）两年内第二次违法，或者违法行为危害较多数人利益的； （三）违法行为危及人身健康和生命财产安全的； （四）违法行为造成较大危害后果或社会影响的； （五）其他属情节较重情形的。	责令改正，处十万元以上二十万元以下的罚款，对其直接负责的主管人员和其他直接责任人员处一万五千元以上二万元以下的罚款。
			严重	（一）两年内违法三次以上，或者违法行为危害较多数人利益的； （二）违法行为危及人身健康和生命财产安全，造成严重危害后果或严重社会影响的； （三）明知故犯，主观违法程度严重的； （四）逃避、妨碍或暴力阻碍旅游或其他主管部门监督、检查的；故意隐瞒事实、伪造、变造、隐匿、销毁违法证据、阻碍调查的； （五）其他属情节严重情形的。	责令停产停业整顿（停业停产天数根据实际情况定）。

（九）《重庆市安全生产条例》

序号	违法行为	处罚依据	违法程度	适用情形	裁量基准
37	违反本条例第二十五条规定，车站、码头、机场、歌舞厅、影剧院、体育场（馆）、宾馆、饭店、商（市）场、旅游景区、游乐场所、网吧、酒吧等公众聚集的经营场所不符合要求的。	《重庆市安全生产条例》第五十六条　违反本条例第二十五条规定，车站、码头、机场、歌舞厅、影剧院、体育场（馆）、宾馆、饭店、商（市）场、旅游景区、游乐场所、网吧、酒吧等公众聚集的经营场所不符合要求的，责令限期改正，可以处一万元以上五万元以下的罚款，对其直接负责的主管人员和其他直接责任人员可以处一万元以上二万元以下的罚款；逾期未改正的，责令停产停业整顿；构成犯罪的，依法追究刑事责任。	较轻	（一）初次违法且程度轻微、后果较轻的； （二）主动消除或减轻违法行为危害后果的； （三）其他属情节较轻情形的。	责令限期改正，可以处一万元以上三万元以下的罚款，对其直接负责的主管人员和其他直接责任人员可以处一万元以上一万五千元以下的罚款。
			一般	（一）经旅游或其他主管部门责令限期改正，整改不彻底的； （二）违法行为造成一定危害后果或社会影响的； （三）其他属情节一般情形的。	责令限期改正，可以处三万元以上五万元以下的罚款，对其直接负责的主管人员和其他直接责任人员可以处一万五千元以上二万元以下的罚款。

（续 表）

序号	违法行为	处罚依据	违法程度	适用情形	裁量基准
37			较重	（一）经旅游或其他主管部门责令限期改正，拒不改正的； （二）两年内第二次违法，或者违法行为危害较多数人利益的； （三）违法行为危及人身健康和生命财产安全的； （四）违法行为造成较大危害后果或社会影响的； （五）其他属情节较重情形的。	责令停产停业整顿（停业停产天数根据实际情况定）。
			严重	（一）两年内违法三次以上，或者违法行为危害较多数人利益的； （二）违法行为危及人身健康和生命财产安全，造成严重危害后果或严重社会影响的； （三）明知故犯，主观违法程度严重的； （四）逃避、妨碍或暴力阻碍旅游或其他主管部门监督、检查的；故意隐瞒事实、伪造、变造、隐匿、销毁违法证据、阻碍调查的； （五）其他属情节严重情形的。	责令停产停业整顿（停业停产天数根据实际情况定）。

重庆市文化和旅游发展委员会关于印发《关于支持特色文化产业加快发展实施意见》的通知

渝文旅规〔2019〕12号

各区县（自治县）文化旅游委，两江新区社发局、万盛经开区文广新局，委属各单位：

为贯彻落实《重庆市机构改革方案》和《重庆市人民政府关于市政府机构改革涉及政府规章规定的行政机关职责调整问题的决定》（渝府发〔2018〕46号），根据《重庆市行政规范性文件管理办法》（重庆市人民政府令第290号）规定，经市文化旅游委2019年第11次主任办公会议研究决定，我委对2014年颁布实施的《关于支持特色文化产业加快发展实施意见》进行了修订完善，现将《关于支持特色文化产业加快发展实施意见》印发你们，请认真抓好遵照执行。

重庆市文化和旅游发展委员会

2019年7月25日

关于支持
特色文化产业加快发展的实施意见

为贯彻党的十八届三中全会精神，落实原文化部《关于贯彻落实〈国务院关于推进文化创意和设计服务与相关产业融合发展的若干意见〉的实施意见》，引导全市各地合理开发利用地域文化、传统文化和民族文化资源，通过创意转化、科技提升和市场运作打造特色文化产业，特提出如下意见。

一、指导思想

以科学发展观为指导，以社会主义核心价值体系为引领，充分发挥市场机制在资源配置中的决定性作用，坚持规划引导、政策扶持、项目支撑、要素保障的基本思路，鼓励以特色文化为基础的创新创造，促进特色文化资源的有效保护、合理利用、科学开发，逐步形成我市区县有品牌、镇（乡）街有特色，文化产业竞相发展的良好局面。

二、主要任务

（一）发展特色文化内容生产

重点打造《印象武隆》《天上黄水》《巫山神女》《烽烟三国》《梦幻桃园》《钓鱼城》《朝天门》等成为具有全国影响力的特色文化演出品牌，支持各类市场主体创作具有重庆地方特色的歌舞、戏剧、杂技、图书音像、动漫游戏、电影电视、纪录片等，开发具有地域文化特色、健康向上的原创娱乐产品和新兴娱乐方式。

（二）活跃特色艺术品创作交易

依托四川美术学院当代艺术创作的优势和影响，做大做强雕塑、绘画、摄影等有当代艺术特色的艺术品创作和交易，鼓励原创新媒体艺术发展，促进艺术创作与市场需求对接、与生活结合，鼓励有实力的艺术家积极开拓境外市场。推动画廊业健康发展，引导、培育和建设一批专业艺术品市场。鼓励开发艺术衍生品和艺术授权产品，培育艺术品市场新增长点。发展艺术教育，加强对优秀青年艺术家的培育、宣传、推广和服务。

（三）做强特色工艺美术品产业

深入实施“一区（县）一品”战略，突出地域特色，传承传统技艺，推动传统工艺美术品融入现当代生活。支持开发新技术、新工艺、新产品，增加艺术含量和科技含量，提高产品附加值。强化品牌意识，将荣昌夏布、梁平竹帘、山神漆器、綦江版画、秀山花灯、苗家刺绣等培育成为有较高知名度的工艺美术品牌。

（四）打造特色文化节会

提升重庆文化产业博览会、万石博览会、西部动漫节、重庆演出季、重庆国际马拉松、武隆国际山地户外运动公开赛等重大节会的文化内涵和特色，鼓励各区县以市场化运作方式打造特色文化节会品牌。

（五）发展特色文化旅游

丰富景区景点文化内涵，重点发展主城历史文化旅游圈、长江三峡特色文化旅游带和渝东南“三民”特色文化旅游带，支持建设富有文化特色的休闲街区、特色村镇、旅游度假区，依托巴渝文化、抗战文化、民俗文化、温泉文化、宗教文化、石刻文化、工业文化等特色资源创新开发多类型、多层次、多业态的文化旅游精品。拓展旅游开发视野，将有特色的工艺美术品生产、现代高科技展示运用、影视拍摄生产基地、影响广泛的专业市场、新兴服务模式、集群化珠宝生产基地、艺术品生产交易市场等纳入旅游景区景点规划、建设和推广。

（六）丰富特色文化服务

将特色文化融入婚庆礼仪、艺术培训、摄影摄像、鉴定拍卖、广告策展、舞美特效、活动策划、导游导览等文化服务中，推进服务流程标准化，宣传推广复制品牌化，探索个性化定制服务，提升档次，促进文化消费。

（七）做大特色文化用品生产

充分利用重庆工业发展优势，加强招商引资，促进特色文化用品制造及相关配套产业发展创新。重点发展乐器、文具、玩具制造，特种印刷及印刷设备制造，发展广播影视设施设备生产制造，发展文化信息传输、前端、终端、存储设备制造，发展摄制器材、视听设备、舞美灯光、游艺设备生产制造，形成一批有重庆特色的文化用品生产基地。

（八）培育特色鲜明的时尚文化

重点建设川美创谷、解放碑时尚文化城、九龙坡皇庭珠宝城等时尚文化产业聚集地，举办时尚文化创意集市，引导和扶持具有重庆地方特点和民族特色的时尚品牌创立、发展，提升珠宝饰品、渝派服装、化妆美容、花卉园艺等时尚文化的地域特色，塑造“时尚重庆”。

（九）促进特色文化与相关产业融合发展

拓展特色文化资源开发路径，推进特色文化与建筑、园林、农业、体育、餐饮、服装、工业制造、日常生活等领域深度融合。促进特色文化标识、元素、形象、品牌等与创意设计、科技创新有机结合，与现代生产生活和消费需求紧密对接，从而推动制造业转型升级，提升人居环境质量，提高相关产品文化附加值，拓展大众消费市场，助推重庆建设“设计之都”。

三、发展措施

（十）建立特色文化产业发展工作机制

组建由相关部门、协会、学者、艺术家及企业骨干组成的特色文化产业专家顾问团，负责各种特色文化项目和产品的审核评选，开展特色文化产业资源调查和课题研究，为政府和企业提供发展咨询。制定切实可行的特色文化产业发展规划，并在《重庆市“十三五”文化产业规划》中增设“特色文化产业发展”篇章。适时调整对区县党委政府文化产业实绩考核细则，明确“特色文化产业发展”考核所占权重。

（十一）壮大特色文化市场主体

落实文化体制改革和扶持文化企业创业发展的各项优惠政策，积极引导国有大型文化企业集团经营开发特色文化产业，鼓励和引导社会资本以多种形式投资特色文化产业，参与重大特色文化产业项目实施和特色文化产业园区、基地建设。选择、引进一批主业突出、有竞争实力和发展潜力的特色文化企业进行重点培育，在投资准入、银行贷款、土地使用、税收优惠、上市融资、债券发行、对外贸易和申请专项资金等方面给予支持。进一步降低门槛，鼓励“非遗”传承人、民间艺人、文化能人、创意人才以多种形式兴办“专、精、特、新”的特色文化工作室、工艺作坊、小微企业和个体工商户等。

（十二）促进特色文化产业集约化发展

鼓励和扶持校企合作、科技孵化、虚拟产业园等多种形式的园区、基地及小微企业发展，优先推荐以特色文化产业为主业的园区、基地申报国家和市级文化产业园区、基地。继续组织开展“重庆市特色文化新产品推选”活动，引导特色文化产业围绕资源要素集聚，探索创建特色文化街区、社区（村）、乡镇，增强集群发展的凝聚力和影响力。

（十三）推动特色文化产品开发创新

提升特色文化产品的创意含量，依托猪八戒网实施“特色文化产品创意提升计划”，适时举办特色文化产品创意设计大赛，活跃文化产权交易和设计服务交易。鼓励文化与科技深度融合，对接落实与高新技术企业相关的各项优惠政策，支持企业将声光电新技术、数字媒体的技术、移动互联网等高科技手段融入各种特色文化产品开发中，增强表现力和吸引力。通过政府购买、消费补贴等途径，引导和支持特色文化产品和服务开发创新，将“川剧、四川清音”等特色文化演艺纳入“周周演”，鼓励在特色文化商业演出中安排低价场次或门票，鼓励出版适应群众购买能力的特色文化图书音像，鼓励有条件的实体书店创新开展特色经营。

（十四）推进特色文化产业品牌建设

每年推荐一定数量的特色文化产品参加深博会、京博会、西博会、海峡两岸文创展等重要展会。在万石博览会、重庆文博会中专门开辟特色文化产品展区，加快建设并有效利用保税港文化产品交易区、非物质文化遗产博览园、《中华手工》、“漫淘网”等品牌营销平台。支持特色文化产业优势品牌“走出去”，参加国际知名展会和文化交流活动。对国家重点鼓励的文化产品出口实行增值税零税率，对国家重点鼓励的文化服务出口实行营业税、增值税零税率或免税的政策，对按照绿色印刷标准生产的专为少年儿童出版发行的中小学教材、教辅、报纸、期刊、图书等5类出版物实施专项补贴。

（十五）建立特色文化产业项目扶持管理体系

依托文化部“国家特色文化产业重点项目”申报评选，指导项目策划，积极争取进入“国家特色文化产业重点项目库”。优先推荐进入“国家特色文化产业重点项目库”的项目申报中央文化产业发展专项资金。建立“市级特色文化产业重点项目库”，按照规划、在建、建成进行分类动态管理，优先支持“重庆市特色文化重点项目”申报市级文化产业发展专项资金。鼓励区县建立特色文化产业项目库。

（十六）畅通特色文化产业项目融资渠道

深化“政银合作”机制，为市内外金融机构分类提供“市级特色文化产业重点项目”，适时召开特色文化产业项目融资推介会、招商会，促进特色文化企业与金融机构的沟通协调。优先推荐获评“重庆市特色文化新产品”的企业和国家、市级特色文化产业重点项目与文化股权投资引导基金洽谈融资。积极协调金融机构，探索知识产权、文化品牌等无形资产的评估、质押、登记、托管、投资、流转和变现等办法，开发知识产权质押融资、供应链融资、并购融资、订单融资等贷款业务，鼓励各类担保机构对特色文化企业提供融资担保，加大对文化企业的有效信贷投入。鼓励符合条件的特色文化企业通过发行企业债券、公司债券、非金融企业债务融资工具等方式扩大融资，鼓励开发文化消费信贷产品，鼓励金融机构积极开展金融产品和服务方式创新。

（十七）培养特色文化产业专业人才

发挥高校院所、文化企业、园区基地、创业创意孵化器等各自优势，创新产学研用合作培养人才模式。优化专业设置，鼓励重庆文化艺术职业学院加强专业（学科）建设和理论研究，鼓励将非物质文化遗产传承人才培养纳入职业教育体系，发挥职业教育在文化传承创新中的重要作用，重点建设一批民族文化传承创新专业点。优先推荐安排特色文化产业从业骨干参加重庆文化产业高级人才研修班、中国西部文化产业经营管理人才培训班等，开展全市特色文化产业人才专项培训。落实引进高层次文化人才各项优惠政策，引进、培养、评选一批特色文化产业的艺术大师、领军人物。鼓励依托工作室、文化名人、艺术大师，培养有较强创意创新能力和经营管理能力的复合型人才。

（十八）加强特色文化产业区域合作

按照地域相近、文脉相承、内涵相关的原则，加强市内各区县之间，各区县与邻近的川、陕、鄂、湘、黔各地在特色文化产业领域的交流合作，打造特色文化产业集群，建立相关产业联盟，推进文化与生态、旅游的融合发展。抓住机遇，学习各地先进经验，策划规模化、集群化发展的跨区域特色文化产业带，争取国家政策支持。

（十九）强化特色文化资源保护

特色文化产业发展严格遵守《文物保护法》《非物质文化遗产保护法》《知识产权法》等相关法律法规，强化对文物保护单位、知识产权、专利商标、非遗传承人等特色文化资源的保护，加大特色文化市场监管力度，严厉打击侵犯知识产权行为。

（二十）本实施意见由重庆市文化和旅游发展委员会负责解释，自 2019 年 7 月 25 日起执行，有效期 5 年

原重庆市文化委员会《关于印发关于支持特色文化产业加快发展实施意见的通知》渝文委发〔2014〕133 号同时废止。

重庆市文化和旅游发展委员会关于印发《重庆市特色文化产业项目认定管理办法》的通知

渝文旅规〔2019〕13号

各区县（自治县）文化旅游委，两江新区社发局、万盛经开区文广新局，委属各单位：

为贯彻落实《重庆市机构改革方案》和《重庆市人民政府关于市政府机构改革涉及政府规章规定的行政机关职责调整问题的决定》（渝府发〔2018〕46号），根据《重庆市行政规范性文件管理办法》（重庆市人民政府令第290号）规定，经市文化旅游委2019年第11次主任办公会议研究决定，我委对2014年颁布实施的《重庆市特色文化产业项目认定管理办法（试行）》进行了修订完善，现将《重庆市特色文化产业项目认定管理办法（修订版）》印发你们，请认真抓好遵照执行。

重庆市文化和旅游发展委员会

2019年7月25日

BLUE BOOK OF CHONGQING

重庆市
特色文化产业项目认定管理办法

（修订版）

第一条　为促进特色文化产业发展，推动文化强市建设，制定本办法。

第二条　本办法所称特色文化产业项目是指依托本市独特的文化资源，通过创意转化、科技提升提供具有鲜明文化特点和地域特色的，并能形成一定生产规模的文化产业项目。

第三条　市文化旅游委负责重庆市特色文化产业项目评审、认定和管理工作。区县（自治县）文化旅游委负责本地区重庆市特色文化产业项目申报的初审和认定后的属地管理工作。

第四条　申报特色文化产业项目应符合以下基本条件：

（一）在重庆市内依法设立，具有独立法人资格，财务管理制度健全，会计信用和纳税信用良好，具有一定规模实力，成长性好的文化企业。企业上年度净资产不低于300万元人民币。

（二）项目符合国家法律、法规，体现国家文化产业发展及相关政策导向，具有鲜明的地方和民族文化特色，对文化产业发展具有显著的引导促进作用。

（三）项目内容原创性显著，文化内容充实，创意新颖，知识产权明晰，非文化类建设资金不超过项目总金额的30%。

（四）项目能产生较好的经济效益和社会效益，能够有效拉动就业，较大幅度提升区域影响力和品牌知名度。

（五）项目应是申报当年新建项目或续建项目。新建项目要求项目主体、资金落实，可行性报告科学完整，投资许可、规划选址、土地预审（或土地审批）、环境评价、节能审查、社会安全评估等主要环节审批手续基本完成，开工进度计划安排明确。续建项目要求前期实施（开工）已经取得较好进展，项目续建理由充分，手续齐全，资金到位。

第五条 申报特色文化产业项目应当符合下列范围之一：

（一）体现地域特色、民族特色的工艺美术品、文化产品、文化用品、文化专用设备的创意设计及衍生品开发项目；

（二）具有鲜明地域特色和民族风情的文化旅游项目；

（三）文化创意和设计服务与相关产业（建筑、园林、农业、体育、餐饮、服装、生活日用品等）融合发展的特色项目；

（四）特色文化街区（乡镇、村落）建设及特色文化旅游景点（线路）推广项目；

（五）具有民族特色的节庆活动；

（六）特色文化产品营销渠道拓展和营销模式创新项目；

（七）特色文化产业公共服务平台建设项目；

（八）其他具有地域特色、民族特色的文化产业项目。

第六条 有下列情况之一的，不得申报为重庆市特色文化产业项目：

（一）违反国家有关政策法规，不符合社会主义核心价值观和社会主义先进文化前进方向的；

（二）在项目建设中存在大拆大建、拆真建假、毁坏古迹和历史记忆现象，对当地文化资源、自然生态和乡村原始风貌造成破坏或潜在危害的；

（三）滥用、歪曲文化遗产，造成文化遗产庸俗化、功利化，产生不良影响的；

（四）项目内容严重不实的；

（五）项目存在重大法律纠纷的；

（六）项目建设引起较大社会争议的；

（七）以文化产业名义立项，但实际或主要从事房地产或者其他商业开发的；

（八）项目投资额度较大，但预期社会效益和经济效益不明朗的；

（九）项目占地面积较大，但预期社会效益和经济效益不明朗的。

第七条　市级文化企业向市文化旅游委申报；各区县文化企业向本地文化旅游委申报。

第八条　申报单位需提交以下材料（一式三份）：

（一）特色文化产业项目申报表；

（二）企业营业执照副本或法人证书复印件；

（三）企业组织机构代码证、税务登记证复印件；

（四）资质证书，以及获得的各项荣誉证书复印件；

（五）近3年（成立不足3年的自成立之日起）经会计师事务所审计的财务报表；

（六）开户银行开具的有关企业信用状况的资信证明；

（七）税务部门提供的完税证明；

（八）项目可行性报告和项目预期收益分析报告；

（九）申报企业认为应提交的其他相关材料。

第九条 申报材料必须实事求是，如发现有弄虚作假行为，将取消申报资格。

第十条 重庆市特色文化产业项目评审应当坚持公开、公平、公正的原则。

市文化旅游委应当组织有关专家对申报的项目进行论证。

第十一条　市文化旅游委对获得认定的项目应当颁发认定证书，并对社会公布。

市文化旅游委将对特色文化产业项目在政策、信息服务和市场开拓等方面给予重点扶持，优先推荐符合条件的项目申报中央文化产业专项资金。

第十二条　重庆市特色文化产业项目原则上每年评选一次。

第十三条　重庆市特色文化产业项目实行动态管理，并适时开展项目发展情况评估检查。

第十四条　本办法由重庆市文化和旅游发展委员会负责解释，自2019年7月25日起执行，有效期5年。原重庆市文化委员会《关于印发重庆市特色文化产业项目认定管理办法（试行）的通知》渝文委发〔2014〕132号同时废止。

重庆市文化和旅游发展委员会关于印发《重庆市乡村文化乐园评选管理办法》的通知

渝文旅规〔2019〕14号

各区县（自治县）文化旅游委，两江新区社发局、万盛经开区文广新局，委属各单位：

为贯彻落实《重庆市机构改革方案》和《重庆市人民政府关于市政府机构改革涉及政府规章规定的行政机关职责调整问题的决定》（渝府发〔2018〕46号），根据《重庆市行政规范性文件管理办法》（重庆市人民政府令第290号）规定，经市文化旅游委2019年第11次主任办公会议研究决定，我委对2017年颁布实施的《重庆市乡村文化乐园评选管理办法》进行了修订完善，现将《重庆市乡村文化乐园评选管理办法（修订版）》印发你们，请认真抓好遵照执行。

重庆市文化和旅游发展委员会

2019年7月25日

重庆市乡村文化乐园评选管理办法

（修订版）

第一章 总 则

第一条 为进一步繁荣社会主义文化建设，推动我市乡村文化产业又好又快发展，加强乡村文化基础设施建设，规范农村文化市场，突出乡村文化特色，弘扬中华优秀传统文化，以社会主义先进文化引领农村新风尚，根据中共中央、国务院《关于深入推进农业供给侧结构性改革加快培育农业农村发展新动能的若干意见》有关精神，结合我市实际，制定本办法。

第二条 在重庆市行政区域内经工商管理部门登记注册并依法取得营业执照，从事以乡村文化、旅游产业项目开发经营为主的企业，可以依照本办法的规定参加重庆市乡村文化乐园评选。

第三条 重庆市乡村文化乐园的评选遵循自愿、公开、公平、公正等原则。对命名的重庆市乡村文化乐园在政策扶持、投融资服务、信息咨询和市场开拓等方面给予重点支持。

第四条 成立重庆市文化和旅游发展委员会乡村文化乐园评审领导小组（以下简称“评审领导小组”）。负责重庆市乡村文化乐园的申报、评选、考核及相关管理工作。领导小组办公室设在市文化旅游委产业处，具体负责申报材料的收集、审核和评审的组织工作。

第五条 重庆市乡村文化乐园原则上每两年评选命名一次，采取自愿申报的方式进行。实行动态管理，每两年复审一次，对不符合条件的撤销命名。

第六条　各区县（自治县）文化旅游委按照属地管理原则对辖区内申报单位的申报材料进行汇总并给出初审推荐意见，协助评审领导小组对本行政区域内的农村文化乐园进行监督管理。

第二章 评选条件

第七条　重庆市乡村文化乐园评选条件：

（一）企业发展符合社会主义先进文化前进方向，符合国家有关法律法规和产业政策的规定，符合国家及我市文化产业规划要求；

（二）传播、弘扬中华民族优秀传统文化，形成一定的特色和产业规模；

（三）无涉黄涉毒、封建迷信，无违法、违规行为；

（四）年营业额 300 万以上，乐园各类硬件及相关配套设施应符合景区标准，核心区域面积不低于 50 亩，每年消费接待不少于 5 万人次；

（五）每年组织有一定规模（参与人数 50 人以上）的各类主题文化、创意休闲体验等活动 4 次以上；

（六）提供彰显文化特色，蕴涵文化内容、契合生活方式多种业态的消费和服务。

第三章 申报程序

第八条　我市范围内符合本办法第二章有关评选条件的企业均可申报。

第九条　申报单位需认真填写《重庆市乡村文化乐园评选申请表》，并提供下列材料：

（一）企业营业执照副本；

（二）企业组织机构代码证、税务登记证；

（三）企业资质证书及近三年获得的各项荣誉证书；

（四）申报乡村文化乐园的基本情况；

（五）乡村文化乐园的发展规划和发展战略；

（六）企业近两年的财务报表；

（七）开户银行提供的资信证明；

（八）《重庆市乡村文化乐园评选申请表》中所填报的各种数据的有效证明材料；

（九）申报单位认为需要提供的其他材料。

第十条　申报材料必须实事求是，真实无误，如果发现有弄虚作假行为，将取消申报资格。

第十一条　申报单位通过重庆市文化旅游委门户网站（http://whlyw.cq.gov.cn/）下载并填写相关申请表，并将申请表加盖公章连同其他书面材料一式三份报所在区县（自治县）文化旅游委。各区县（自治县）文化旅游委按本办法的评选条件进行初审，对符合条件的，签署初审推荐意见后将材料报送评审领导小组办公室。必要时评审领导小组将组织对申报单位的现场考察。

第十二条　评审领导小组组织专家进行评审，根据本办法相关规定及考察结果对申报单位进行评审，并提出评审意见。

第十三条　评审领导小组根据专家意见对申报单位及材料进行审核，评选出重庆市乡村文化乐园。评审结果在市文化旅游委门户网站进行公示，公示期 5 天。公示无异议后，申报单位由评选领导小组授予“重庆市乡村文化乐园”称号，并颁发证书和牌匾。

第四章　管理和考核

第十四条　各区县（自治县）文化旅游委对本行政区域内的重庆市乡村文化乐园进行监督管理。

第十五条　评审领导小组对重庆市乡村文化乐园实行动态管理，不定期地进行巡检。

第十六条　评审领导小组负责组织重庆市乡村文化乐园交流经验、观摩学习和培训。

第十七条　评审领导小组负责邀请和组织有关领导和专家指导重庆市各

乡村文化乐园建设。

第十八条　评审领导小组对重庆市乡村文化乐园进行考核，原则上每年1次。每年3月底前，业主单位将上年度自查报告通过区县（自治县）文化旅游委初审后报评审领导小组办公室。评审领导小组办公室组织对重庆市乡村文化乐园建设、管理和运营情况进行考核。

第十九条　被认定的重庆市乡村文化乐园有下列情况之一的，由评审领导小组认定为考核不合格，提出警告并要求整改。

（一）宣传虚假文化产品信息，损害消费者利益的；

（二）运营保障不足，不能提供相关配套服务的；

（三）不按规定时限上报企业发展情况的；

（四）后续建设未按计划组织实施的；

（五）不服从市、区县（自治县）文化和旅游主管部门依法管理的。

第二十条　被认定的重庆市乡村文化乐园有下列行为之一的，由评审领导小组撤销其重庆市乡村文化乐园称号，收回认定证书，予以摘牌，并5年内不再受理其申请。

（一）申报时提供虚假材料或采取其他手段骗取资格的；

（二）经营管理不善，不能达到评选条件；

（三）乐园的行为对社会造成严重不良影响；

（四）连续两年考核不合格；

（五）背离了传播、弘扬中华文化主旋律的方向；

（六）重庆市乡村文化乐园被投诉多次且查证属实，或者出现了严重违纪违法的情况。

第二十一条　经认定的重庆市乡村文化乐园若发生以下重大变更行为之一，应在变更后15个工作日内将变更情况报评审领导小组办公室。如变更后不符合乡村文化乐园评选条件，评审领导小组将撤销其重庆市乡村文化乐园称号，收回认定证书，予以摘牌。

（一）乐园的功能业态发生变更；

（二）乐园的管理单位发生变更；

（三）乐园的公共服务平台或基础设施发生变更；

（四）影响乐园经营的其他变更。

第五章 附 则

第二十二条 本办法由重庆市文化和旅游发展委员会负责解释，自2019年7月25日起执行，有效期5年。原重庆市文化委员会《关于印发重庆市乡村文化乐园评选管理办法的通知》渝文委规〔2017〕10号同时废止。

重庆市文物保护工程勘察设计丙级、施工三级、监理丙级资质标准

（修订版）

第一条　为加强文物保护工程资质管理，根据《文物保护工程管理办法》及国家文物局有关规定，结合本市实际，制定本资质标准。

第二条　文物保护工程勘察设计丙级资质标准：

（一）经主管机关核准登记的法人单位。

（二）法定代表人与主要设计人员均熟悉文物保护法律法规，具有较强的文物保护意识，遵循文物保护的基本原则、科学理念、行业准则和职业操守。

（三）同时符合以下条件的主要设计人员不少于 3 名（其中应聘并固定在该单位的退休人员比例不超过 20%）：

1．全国性文物保护行业协会认定的文物保护工程责任设计师（国家未全面开展文物保护工程责任设计师认定前，经重庆市文物保护工程从业人员职业资格培训合格，视同为具有相应资格）；

2．主持完成不少于两项、工程等级为三级，并已通过相应文物主管部门审批的文物保护工程勘察设计项目；

3．具有文博、建筑、规划等相关专业高级专业技术职务任职资格；

4．已连续受聘于该单位 6 个月以上；

5．近三年内主持完成的文物保护工程勘察设计，没有发生因勘察设计质量问题对文物造成损坏或人员伤亡等重大责任事故。

第三条　文物保护工程施工三级资质标准：

（一）经主管机关核准登记的法人单位。

（二）法定代表人与专业人员均熟悉文物保护法律法规，具有较强的文物保护意识，遵循文物保护的基本原则、科学理念、行业准则和职业操守。

（三）申报单位专职的各专业施工工种的技术人员、资料员、安全员等齐全，总数不少于10人，具备申报业务范围的文物保护工程责任工程师人员不少于2名、施工技术人员不少于3名。

（四）具有文物保护工程施工所需的专业技术装备。

（五）同时符合以下条件的文物保护工程专业技术人员不少于3名：

1．全国性文物保护行业协会认定的文物保护工程施工技术人员（国家未全面开展文物保护工程施工技术人员认定前，经重庆市文物保护工程从业人员职业资格培训合格，视同为具有相应资格）；

2．参与建设工程相关专业技术工作2年以上；

3．已连续受聘于该单位6个月以上。

（六）文物保护工程各专业工种技术人员、资料员、安全员等配置齐全。

第四条　文物保护工程监理丙级资质标准：

（一）经主管机关核准登记的法人单位。

（二）法定代表人与专业人员均熟悉文物保护法律法规，具有较强的文物保护意识，遵循文物保护的基本原则、科学理念、行业准则和职业操守。

（三）单位中专职固定的监理人员总数不少于8人，同时符合以下条件的文物保护工程监理人员不少于3名：

1．全国性文物保护行业协会认定的文物保护工程责任监理师或文物保护工程监理员（国家未全面开展文物保护工程责任监理师、文物保护工程监理员认定前，经重庆市文物保护工程从业人员职业资格培训合格，视同为具有相应资格）；

2．参与建设工程监理工作2年以上；

3．已连续受聘于该单位6个月以上；

4．近三年内主持完成监理的文物保护工程中，没有发生文物损坏或者人员伤亡等重大责任事故。

（四）各专业工种监理人员、资料员、检测员等配置齐全。

（五）业务范围根据文物保护工程责任监理师的从业范围或监理人员的

从业经历确定。

第五条　本办法由重庆市文化和旅游发展委员会负责解释，自 2019 年 7 月 22 日起执行，有效期 5 年。原重庆市文化委员会于 2015 年 11 月印发的《重庆市文物保护工程勘察设计丙级、施工三级、监理丙级资质标准》（渝文委规〔2015〕6 号）同时废止。

重庆市文化和旅游发展委员会重庆市规划和自然资源局关于公布八路军重庆办事处旧址等91处文物保护单位保护范围和建设控制地带的通知

渝文旅规〔2019〕16号

有关区县（自治县）政府，有关部门：

根据《中华人民共和国文物保护法》《中华人民共和国文物保护实施条例》的规定，经市政府同意，公布八路军重庆办事处旧址等91处文物保护单位的保护范围和建设控制地带，请各区县（自治县）政府、有关部门严格按照文物保护相关法律法规，做好文物的保护与管理工作。

特此通知

附件：八路军重庆办事处旧址等91处文物保护单位保护范围和建设控制地带图册

重庆市文化和旅游发展委员会

重庆市规划和自然资源局

2019年7月29日

八路军重庆办事处旧址等91处文物保护单位保护范围和建设控制地带图册

一、八路军重庆办事处旧址

（一）保护范围

1．红岩村13号：东至宪兵楼，沿红岩村13号围墙至重庆市工业学校北侧，经“八办”招待所南侧至红岩村13号围墙；南至机枪阵地南侧红岩村13号围墙；西至红岩樱花园西侧红岩村13号围墙、国民政府外事处院落北侧围墙；北至宪兵楼北侧外墙。

2．宋子文公馆：东至主楼东围墙与警卫楼东外墙连线外扩5米；南至警卫楼南外墙外扩5米；西至警卫楼西外墙与主楼西外墙连线外扩5米；北至主楼北外墙外扩5米。

3．曾家岩50号：东至国民政府警察局旧址东侧外墙外扩7米；南至曾家岩50号围墙外扩14米；西至曾家岩50号围墙外扩5米；北至曾家岩50号围墙外扩20米、国民政府警察局旧址北侧外墙外扩28米。

4．中共代表团驻地旧址大楼：东至旧址大楼坪坝围墙外扩7米；南至旧址大楼外墙外扩12米；西至旧址大楼西侧外墙外扩12米；北至旧址大楼外墙外扩15米。

5．《新华日报》营业部旧址：东至旧址东侧10层建筑西侧外墙；南至民生巷道路分隔带边沿；西至民生巷道路西侧边沿；北至民生巷道路北侧边沿。

（二）建设控制地带

1．红岩村13号和宋子文公馆：东至坡底原重庆市师范学院围墙，现天地人和街小学大门临富华路西侧人行道；南至坡底工业学校护坡和山顶总部城地块建设边沿北界；西至协信云栖谷建设地块东侧界及宋子文公馆西侧山脊；北沿瑞天路路缘石及高边坡，至原渝中区消防支队大门。

2．曾家岩50号：东至保护范围东界外扩22米；南至保护范围南界外扩50米；西至戴笠公馆西界外扩40米；北至曾家岩50号保护范围北界与戴笠公馆保护范围线北界连线外扩25米。

3．中共代表团驻地旧址：东至中山三路人行道东沿；南至保护范围南界外扩15米；西至保护范围西界外扩15米；北至机电大楼南侧外墙。

4．《新华日报》营业部旧址：东至5层建筑东侧外墙、民生路206号西侧外墙；南至民生路公交分隔带北侧边沿；西至C34–7地块建筑后退边沿；北至民生巷17号南侧外墙、5层建筑北侧外墙。

二、北山摩崖造像

（一）保护范围

1．北山摩崖造像

（1）佛湾和多宝塔（含北塔寺及附属石刻造像）：东面以电视差转台东南刘家坳口起，向南直下至岩坎下姜家湾（湾下有一堰塘），经皂桷岩下沿岩绕至教委前公路为界；南面以教委前公路末端为界；西面以教委前公路末端西面石板路外沿岩边，经谭家湾直上一碗水大路交北塔西面干田湾为界；北面以干田湾经金龙土岩下绕至白塔坡北面岩下，再绕至懒田千子堰塘北岩经赖家坡南面坡脚至糯谷湾，再从糯谷湾绕寨子坡、覃家坳口北面沿岩边交至刘家坳口为界。

（2）营盘坡摩崖造像：东南面临上游村二社陈善祥住房外20米为界；西南面临上游村二社（石刻岩上）肖钦碧土外20米为界；西北面临上游村二社岩石包外20米为界；东北面临上游村二社陈善祥土边外20米岩边为界。

（3）观音坡摩崖造像：东面临龙岗村四社贺元建土外20米为界；南面

临龙岗村四社贺元建土外20米为界；西面临龙岗村四社黎华正土外20米为界；北面临龙岗村四社周有建土外20米为界。

（4）佛耳岩摩崖造像：东面临北禅村三社土边外20米为界；南面临北禅村三社土边外20米为界；西面临北禅村一社土边外20米为界；北面临北禅村三社土边外20米为界。

2．南山摩崖造像：东面以红星社区与翠屏社区的大、小插旗山山坳岩坎下，经殷家湾至狮子嘴为界；南面经狮子嘴西行往刘家岩、高屋基绕至刘家沟交大邮公路回头线（城南段）的沿山横行小路为界；西面经大邮公路回头线（城南段）起，经银子坳至果园大邮公路回头路沿公路为界；北面以果园大邮公路回头线东行经果园枇杷湾，米筛田湾至果园一队沿岩缘直上大小插旗山山坳为界。

3．石篆山摩崖造像

（1）石篆山摩崖造像（子母殿）：东面以西门湾三角处外缘线外延30米为界；南面以岩脚与荣昌区交界为界；西面以子母殿右侧小路外缘线外延30米为界；北面以陈章金住房后土埂（竹林）外缘线外延20米为界。

（2）佛会寺：东面以东寨门向南至岩洞坡沿岩经大岩洞上岩缘至高观音开田，再经高观音塔、古埂、老虎石包至大沙田背干外缘线外延30米为界；南面以大沙田背干向西经柑子树土、黄恩福、黄远金竹林边路至牛滚凼水池外缘线外延30米为界；西面以牛滚凼向北经小山门巷子至哨楼堰塘，经哨楼脚到单池（庙子坝前水池）再经古缘干到寨墙子田背干外缘线外延30米为界；北面以寨墙子田背干向东经墨盘石绕北寨门、经大岩洞前下岩缘至东寨门岩边外缘线外延30米为界。

（二）建设控制地带

1．北山摩崖造像：东面以棺山坡、皂桷岩沿岩下至教委前公路末端为界；南面以教委前公路末端与石梯交界处为界；西面以石板大路经桐子湾岩边下沿大路至周家湾绕至佛耳岩沿岩下，又从佛耳岩山脊直上经谭家湾绕至观音坡为界；北面由观音坡东行沿苏家沟岩下缘绕至营盘坡，再由营盘坡南行沿岩下绕至棺山坡止。

2．南山摩崖造像：东面以小插旗山的鹅项颈经谭家院子、殷家沟至大插旗山的狮子嘴沿坡脚为界；南面以大插旗山狮子坡嘴往西经刘家岩，高屋基沿坡脚小公路及大邮公路回头线（城南段）为界；西面以大邮公路回头线（城南段），往北至果园回头线沿公路为界；北面以果园回头线向东经枇杷湾、米筛田湾、至小插旗山鹅项颈沿坡坡脚为界。

3．石篆山摩崖造像：东面以螺丝坡（李美军房前）为界；南面往南过公路下垮寨子坡坡脚，经草房儿坡坡脚，南至南门坡为界；西面往西经子母殿坡坡脚、张家湾口，西至张成全住房为界；北面往北经长河堰五官碑，北至龙神菩萨为田界，往东经双凤石、肖洞湾、东至螺丝坡为止。

三、宝顶山摩崖造像

（一）保护范围

1．宝顶山摩崖造像：东面由宝顶原老街场口（文成华）住房旁起，上岩绕至塔湾堰塘以北至坟咀，经倒塔湾（北塔湾）沿岩至大坡北面经杨孝尧院子东面20米处至周家湾，沿周家湾沿岩缘至幽咀坡东南角岩缘（原粮站坡）；南面由幽咀坡东南角沿龙家岩口经斑鸠咀、罗家坡（仰天窝）沿岩缘至母猪洞经北岩脚、和尚坡、二岩、大石坝岩缘至山王庙桥头；西面经山王庙桥头下至山王庙沟、沿沟底再下至龙潭沟西沟头；北面由龙潭沟西沟头沿沟底经文家坡至宝顶场大路至佛湾沟沟口，再由佛湾沟沟口绕至岩湾沟底上至宝顶原老街场口（文成华）住房旁止。

2．石门山摩崖造像：东面以底岩人行大道经郭经贵住房上至新胜中心小学为界；南面以指路碑（三岔口）为界；西面以底岩人行大道内为界；北面以六角丘为界（杨聪彬包产田旁）。

（二）建设控制地带

1．宝顶山摩崖造像：东面龙头山起，经龙家湾往西南至山王庙交高观音为界；南面高观音起，向西沿公路经印心坡绕至菩萨堡至大佛寺坡脚为界；西面大佛寺坡脚起，经佛祖寺至庙子湾往北到文家坡绕至观音庙为界；北面观音庙起，经对面佛往东绕至龙头山止。

2．石门山摩崖造像：东面以岩底人行大道经郭经贵住房上至新胜中心小学为界；南面以指路碑（三岔口）为界；西面以岩底人行大道外为界；北面以公路为界。

四、“中美合作所”集中营旧址

（一）保护范围

东至童歌路交叉口向南，汽车发动机厂区老围墙至狼犬室后至厂区新大门，经打罗堡（原军鸽房）山顶、原阅兵场城墙至大营门外扩 20 米；南至“中美合作所”大营门外 20 米，沿西南政法大学围墙至大校门，向南垂直延伸 80 米，沿西侧烈士墓中轴线平行延伸，并连接烈士墓西南角围墙，再转向西直线连接四川外国语大学新建围墙，延其围墙北面，经西南政法大学水池围墙、红炉厂、高家堡山腰，折向西上至蒋家院子后山顶；西至蒋家院子后山顶向北，沿六个小山连到凉亭变电站山顶；北至凉亭变电站山顶向东，原三五一库围墙，经渣滓洞到杨家山之童家桥公路交叉口。

（二）建设控制地带

保护范围边界外扩 500 米。

五、白鹤梁题刻

（一）保护范围

以重庆独立坐标系 X=3288834.749、Y=20875.347 为白鹤梁题刻保护范围和建设控制地带基点。东至基点向东延伸 84.06 米；南至基点向南延伸 28.05 米；西至基点向西延伸 190.33 米；北至基点向北延伸 241.22 米。

（二）建设控制地带

东至基点向东延伸 262.8 米；南至基点向南延伸 28.05 米；西至基点向西延伸 262.8 米至老五中；北至基点向北延伸 408.62 米至长江河道中心。

六、龙骨坡遗址

（一）保护范围

东至龙坪村东界；南至900米等高线；西至龙洞洞口向西外扩50米；处北至大河沟南侧边界。

（二）建设控制地带

北至新华桥以北20米，由庙红公路向东北外扩20米，沿至由尖山子顶（956.4标高），至沿陡梯子、横槽处山顶（1130.2标高）、张家包处山顶（1140.8标高）、1075.6标高山顶、963.7标高山顶、七孔洞山顶（846.2标高），沿大石坡坡底为界。

七、钓鱼城遗址

（一）保护范围

钓鱼城内全部区域，以及沿钓鱼山山脚下的区域，并与南水军码头、南一字城墙、北一字城墙外扩40米范围和沿脑顶坪山脚下的区域连通起来的全部区域。

（二）建设控制地带

东至钓鱼城东侧天然沟壑以东沿南北走向的山梁山脊；南至嘉陵江南岸向南外扩500米；西至钓鱼山西面突出部外扩20米处；北至嘉陵江北岸向北外扩500米。

八、高家镇遗址

（一）保护范围

东至丰高公路西侧边沿；南至三江物产公司南侧围墙；西至175米等高线；北至高家镇计生办西侧人行道。

（二）**建设控制地带**

东至丰高公路以东 20 米；南至高家镇政府北侧围墙；西至 165 米等高线；北至万寿宫北侧围墙。

九、张桓侯庙

（一）**保护范围**

东至重庆独立坐标系 X=3421463、Y=567134 与 X=3421211、Y=567128 的连线；南至 290 米等高线；西至肩膀墩山脊梁；北至山体边界线。

（二）**建设控制地带**

东至庙外联结路与盘九公路交界处；南至 320 米等高线；西至肩膀墩山脊梁；北至长江 175 米水位线。

十、石宝寨

（一）**保护范围**

东至索桥两侧边沿外扩 30 米；南、西、北三侧均至石宝寨围堰外缘外扩 50 米。

（二）**建设控制地带**

东至石宝寨大桥东侧边沿、石宝路西侧民居以西绿地及护坡边沿；南至石宝寨保护范围南界外扩 50 米；西至江山头缸塘湾、尖山子、熊家坝石宝路；北至石宝寨大桥南沿。

十一、丁房阙—无铭阙

（一）**保护范围**

东至白公祠围墙内太保祠以东 15 米；南至临江长廊以南 22 米；西至关帝庙以西 6 米；北至老官庙以北 19 米。

（二）**建设控制地带**

东至白公祠围墙以东 23 米；南至白公祠围墙外向南至公路内坎；西至白公祠围墙以西 53 米；北至白公祠围墙以北 80 米。

十二、桂园

（一）**保护范围**

东、南、西三侧均至桂园院落围墙，距建筑本体外墙 9 米；北至桂园北侧围墙，距桂园建筑本体 2 米。

（二）**建设控制地带**

东至中山四路西侧路缘石；南至 4 层、5 层砖房南侧外墙，距保护范围线 25 米；西至 1 层房屋西侧围墙，距保护范围 39 米；北至桂园北侧围墙外扩 13 米。

十三、赵世炎故居

（一）**保护范围**

东至朝门外扩 30 米，及围墙外墙；南至南侧围墙外扩 24.5 米；西至西侧外墙；北至北侧外墙。

（二）**建设控制地带**

东至保护范围东界外扩 40 米；南至保护范围东界外扩 100 米；西至保护范围东界外扩 83 米；北至保护范围东界外扩 80 米。

十四、白帝城

（一）**保护范围**

东、南、西三侧均至白帝山 145 米等高线；北至下关城。

（二）**建设控制地带**

东至擂鼓台东侧溪沟、赤甲山溪沟和山间小路；南至白盐山乌云顶山脊和山脊路；西至夔门大桥及南、北岸山脊和山脊路；北至草堂河北侧 G42 沪蓉高速公路桥、鸡公山山间小路、梅溪大桥、莲花池建设控制地带外围山脊和山脊小路。

十五、湖广会馆

（一）保护范围

东至长江滨江路西面人行道（含整段城墙）；南至石灰仓（含 23 号客栈）；西至解放东路第一小学和陕西路幼儿园围墙（含胡子昂旧居）；北至海客瀛洲居住小区于东水门城墙间巷道。

（二）建设控制地带

东至保护范围东界外扩 18 米；南至望龙门缆车道西侧围墙；西至解放东路东侧人行道及朝东路规划道路边沿；北至海客瀛洲高层建筑外墙。

十六、潼南大佛寺摩崖造像

（一）保护范围

1．东岩区域：东至石蹬琴声边沿东扩 173 米；南至景区南门东侧岩体以南 20 米，与大佛殿后檐南扩 39 米处道路相接，再与东岩东端碑记题刻南扩 18 米处相连；西至玉皇殿屋檐外西 188 米大佛路东沿；北至大佛殿屋檐北扩 294 米。

2．西岩区域：东至西岩区摩崖造像东侧山脊线；南至读书台摩崖题刻南侧 20 米，沿仙女洞摩崖造像南侧断崖与西岩摩崖造像西侧山脊相连；西至读书台摩崖题刻西侧断崖；北至摩崖题刻外缘外扩 10 米为界。

3．千佛寺摩崖造像：东至千佛寺摩崖造像岩体外扩 35 米；南至千佛寺摩崖造像前陡坎坡底；西至千佛寺摩崖造像岩体外扩 35 米；北至过岩壁坡顶至打石塘凹坑外壁 40 米。

（二）建设控制地带

1．东岩区域：东至石蹬琴声东扩 216 米；南至大佛殿后檐外 68 米；西至玉皇殿屋檐外扩 208 米、东岩东端石刻题记外扩 40 米；北至大佛殿屋檐外扩 313 米。

2．西岩区域：

（1）千佛岩：东至千佛岩石刻本体东扩 48 米；西至千佛岩石刻本体西扩 87 米；南至千佛岩石刻本体南扩 43 米；北至千佛岩石刻本体北扩 74 米。

（2）仙女洞：东至仙女洞石刻本体东扩 46 米；南至仙女洞石刻本体南扩 64 米；西至仙女洞石刻本体西扩 43 米；北至仙女洞石刻本体北扩 92 米。

（3）读书台：东至读书台石刻本体东扩 47 米；南至读书台石刻本体南扩 57 米；西至读书台石刻本体西扩 42 米；北至读书台石刻本体北扩 51 米。

（4）西岩区域整体：东至千佛岩石刻本体向东 48 米；西至读书台石刻本体向西南 57 米；南至千佛岩南沿、仙女洞南沿、读书台东南角与西南角连线；西至读书台西北、西南连接线；北至千佛岩北沿、仙女洞北沿与读书台东北角相连。

3．千佛寺摩崖造像：东至文物本体东扩 95 米，与东南侧山脊线相连；南至现状道路南侧边沿外扩约 70 米；西至西侧道路西侧边沿；北至北侧山脊线。

十七、涞滩二佛寺摩崖造像

（一）保护范围

1．二佛寺上下寺及和尚墓区保护范围：东以现状城墙外 10 米为界；南以现状围墙外 10 米、“大佛禅林”牌坊以外 15 米线及现状“涞园”入口处道路连线为界；西以现状“涞园”内园区道路及铺地边界为界；北以现状新建城墙为界。

2.西门瓮城保护范围：以清代瓮城及城墙的文物外围线外 10 米为界；东、西均至瓮城及城墙内外文物外围线外 10 米；南北至自然山岩下 10 米。

3．文昌宫保护范围：以文昌宫建筑文物外围线外 10 米为界，东、南均至文昌宫所处南门外及自然山岩下 10 米；西、北至文昌宫围墙外 10 米周边民房为界。

（二）**建设控制地带**

东以现状城墙及堡坎以东 60 米线为界；南以现状城墙及陡崖以南 60 米线为界；西至涞滩镇卫生院西侧院墙；北以现状新建城墙以北 60 米线为界。

十八、杨氏民宅

（一）**保护范围**

东至猴溪南岸；南至杨氏民宅围墙外 6 ～ 12 米；西至杨氏民宅堡坎外小路路缘石；北至连江路路南侧缘石。

（二）**建设控制地带**

东至猴溪北岸外扩 50 米；南至潼南区双江中心卫生院南侧院墙；西至杨氏民宅堡坎外扩 50 米；北至连江路外扩 15 米，沿临街建筑后围墙。

十九、中国西部科学院旧址

（一）**保护范围**

东至水厂与旧址之间围墙；南至文星湾路边沿；西至旧址与面粉厂间围墙；北至旧址北侧围墙。

（二）**建设控制地带**

东至水厂东侧围墙；西、南均至新文星湾路边沿；北至马鞍溪河岸线。

二十、育才学校旧址

（一）**保护范围**

东至古圣寺凤凰山后陡崖；南至古圣村入口南界；西至盐草路边沿；北至古圣寺北侧道路边沿。

（二）**建设控制地带**

东至古圣村东侧陡崖；南至草街拓展区道路边沿；西至保护区西侧道路以西 100 米；北至古圣寺北侧凤凰山北侧山谷。

二十一、天生城遗址

（一）保护范围

东至东岩根部向东外扩 40 米；南至南岩根部向南外扩 80 米；南至西岩根部向西外扩 40 ～ 80 米；北至鹅公颈山脚北侧外扩 40 米。

（二）建设控制地带

东至天城大道；南至天龙路；西至保护范围外扩 50 ～ 130 米；北至福建大街。

二十二、老鼓楼衙署遗址

（一）保护范围

东至解放碑地下环道西侧边沿；南至解放东路北侧边沿，解放东路南侧址区边沿南扩 5 米；西至文化街东侧边沿；北至文化街中学围墙内侧、国民政府外交部旧址南院墙外侧（与外交部旧址保护范围相接）。

（二）建设控制地带

东至解放碑地下环道东侧边沿；南至解放东路南侧路边沿外扩 60 米；西至规划路西侧边沿及文化街西侧边沿；北至人民公园北侧围墙。

二十三、重庆冶锌遗址群

（一）保护范围

1．丰都九道拐冶锌遗址：东至三峡库区消落区 156 米水位线；南至原镇江中学围墙；西至三峡库区消落区 185 米等高线；北至长江与朗溪交汇处。

2．丰都木屑溪遗址：东至三峡库区消落区 175 米水位线；南至木屑溪；西至三峡库区消落区海拔 150 米水位线；北至沙担沟。

3．丰都铺子河遗址：东至胡豆坪下长江边平台外扩 140 米；南至胡豆坪下长江边平台外扩 50 米；西至胡豆坪下长江边平台外扩 140 米；北至胡豆坪下长江边平台外扩 75 米。

4．丰都沙嘴溪遗址：东至沙溪嘴长江边平台外扩 50 米；南至沙溪嘴长江边平台外扩 15 米；西至沙溪嘴长江边平台外扩 50 米；北至沙溪嘴长江边平台外扩 15 米。

5．丰都秦家院子遗址：东至原秦家院子屋基坝子外扩 175 米；南至原秦家院子屋基坝子外扩 140 米；西至原秦家院子屋基坝子外扩 175 米；北至原秦家院子屋基坝子外扩 140 米。

6．丰都赤溪遗址：东至原农花乡菜厂屋基向东外扩 15 米；南至原农花乡菜厂屋基向南外扩 50 米；西至原农花乡菜厂屋基向西外扩 15 米；北至原农花乡菜厂屋基向北外扩 50 米。

7．丰都清泉遗址：东至面粉包、鸡公石中间溪沟外扩 40 米；南至面粉包、鸡公石中间溪沟外扩 50 米；西至面粉包、鸡公石中间溪沟外扩 10 米；北至面粉包、鸡公石中间溪沟外扩 50 米。

8．丰都河嘴上遗址：东、西两侧均至黄金坡碎石厂下长江边外扩 30 米；南、北两侧均至黄金坡碎石厂下长江边外扩 25 米。

9．丰都糖房遗址：东、西两侧均至糖房遗址边界外扩 10 米；南、北两侧均至糖房遗址边界外扩 25 米。

10．丰都刀留子遗址：东、西两侧均至白院子下空坝子外扩 25 米；南、北两侧均至白院子下空坝子外扩 10 米。

11．石柱老窑厂遗址：东、南、西、北四侧均至老窑厂遗址边界外扩 50 米。

12．石柱龙洞湾遗址：东、南、西、北四侧均至龙洞湾遗址边界外扩 50 米。

（二）**建设控制地带**

1．丰都九道拐冶锌遗址：东、南、西、北均至保护范围边界外扩 200 米。

2．丰都木屑溪遗址：东至丰高公路西侧路缘石；南至木屑溪；西至三峡库区消落区 175 米水位线；北至沙担沟。

3．丰都铺子河遗址：东至下河嘴溪沟；南至保护范围南界外扩 160 米；西至失院子下跳墩河；北至保护范围北界外扩 80 米。

4．丰都沙嘴溪遗址：东至重庆江都建材有限公司左侧溪沟；南至堰塘子；西至关山窑子；北至长江 150 米水位线外扩 80 米。

5．丰都秦家院子遗址：东至范家河遗址冲沟；南至秦家院子墓群前土坎；西至乡镇码头；北至长江 155 米水位线外扩 80 米。

6．丰都赤溪遗址：东至保护范围东界外扩 80 米；南至溜沙坡下溪沟；西至赤溪河；北至挖断山。

7．丰都清泉遗址：东、南均至保护范围边界外扩 80 米；西至陈世银地坝坎；北至谭万银、代恩泽地坝坎。

8．丰都河嘴上遗址：东至保护范围东界外扩 80 米；南至玉家溪沟；西至黄金坡碎石厂下土坎；北至普子河溪沟。

9．丰都糖房遗址：东至长江西岸；南至普子河溪沟；西至湾里（任昌安住房前河沟）；北至鲤鱼坨。

10．丰都刀留子遗址：东至水井沟溪沟；南至白院子屋基坝子堡坎；西至倒离子；北至长江 150 米水位线外扩 80 米。

11．石柱老窑厂遗址：东、南、西、北四侧均至老窑厂遗址边界外扩 50 米。

12．石柱龙洞湾遗址：东、南、西、北四侧均至龙洞湾遗址保护范围边界外扩 50 米。

二十四、荆竹坝岩棺群

（一）保护范围

东至汉风神谷沿东溪河向东外扩 200 米；南至棺木岩南侧流水沟；西至棺木岩檐后 100 米（沿 550 米等高线）；北至棺木岩北檐后 100 米。

（二）建设控制地带

东至保护范围东界外扩 200 米；南至保护范围南界外扩 100 米；西至棺木岩檐后 100 米（沿 580 米等高线），北至保护范围北界外扩 100 米。

二十五、汇南墓群

（一）保护范围

东至江景宾馆左侧住宿楼前消防通道边沿；南至南园酒店后壁；西至开

心超市右侧食品公司综合楼前消防通道；北至原汇南汉墓博物馆正面后壁。

（二）**建设控制地带**

东至江景宾馆左住宿楼前消防通道；南至南园酒店后墙壁；西至开心超市右侧食品公司综合楼前消防通道；北至原汇南汉墓博物馆前滨江公路。

二十六、独柏寺正殿

（一）**保护范围**

东至独柏寺正殿屋檐滴水外扩 30 米；南至独柏寺正殿屋檐滴水外扩 50 米；西至独柏寺正殿屋檐滴水外扩 30 米；北至独柏寺正殿屋檐滴水外扩 40 米。

（二）**建设控制地带**

东至独柏寺正殿前屋檐外扩 65 米；南为独柏寺正殿前屋檐外扩 100 米(即过上和至合川太和公路的下面河滩)；西至独柏寺正殿前屋檐外扩 65 米；北为独柏寺正殿前屋檐外扩 80 米。

二十七、重庆古城墙

（一）**保护范围**

1．重庆古城墙—通远门：东北至城墙东侧边界外扩 5 米；南至城墙公园边界和妇幼保健院围墙；西至城墙西侧边界外扩 5 ～ 10 米；北至城墙北侧边界外扩 5 ～ 10 米。

2．重庆古城墙—东水门：东至长江滨江路西面人行道（含整段城墙）；南至石灰仓（含 23 号客栈）；西至解放东路第一小学和陕西路幼儿园围墙（含胡子昂旧居）；北至海客瀛洲居住小区与东水门城墙间巷道。

（二）**建设控制地带**

1．重庆古城墙—通远门：东至城墙公园东侧人行道路缘石；南至区幼儿园、妇幼保健院建筑外墙；西至金汤街人行道路缘石；北至兴隆街人行道路缘石、中山一路道路中心线。

2．重庆古城墙—东水门：东至保护范围东界向东外扩 15 米；南至望龙门缆车道西侧围墙；西至解放东路东面人行道及朝东路边沿；北至海客瀛洲高层建筑外墙。

二十八、彭氏宗祠

（一）保护范围

东至彭氏宗祠大门标志碑向东外扩 30 米（至古谷丘）；南至城至丫角丘；西至后槽沟；北至操场坝沟。

（二）建设控制地带

东至保护范围东界外扩 50 米；南至保护范围南界外扩 50 米；西至保护范围西界外扩 50 米；北至保护范围北界外扩 50 米。

二十九、双桂堂

（一）保护范围

东至 308 米等高线，南、西、北三侧均至双桂堂围墙外扩 9 米。

（二）建设控制地带

东至 322 米等高线；南至双桂堂保护范围南界外扩 15 米；西至内郭路道路边沿；北至保护范围北界外扩 180 米。

三十、石门大佛寺摩崖造像

（一）保护范围

东至摩崖造像边界外扩 38 米，南、西、北三侧均至距摩崖造像边界外扩 30 米。

（二）建设控制地带

东至保护范围东界外扩 47 米；南至保护范围南界外扩 78 米；西至保护范围西界外扩 60 米；北至保护范围北界外扩 15 ～ 31 米。

三十一、瞿塘峡摩崖石刻

（一）**保护范围**

东至石刻展示区东侧道路边沿外扩 50 米；南至崖壁顶端边界外扩 50 米；西至石刻淹没区西侧边界外扩 50 米；北至长江 160 米水位线外扩 50 米。

（二）**建设控制地带**

东至石刻展示区东侧道路边沿外扩 50 米；南至崖壁顶端边界外扩 50 米；西至石刻淹没区西侧边界外扩 50 米；北至长江 160 米水位线外扩 50 米。

三十二、弹子石摩崖造像

（一）**保护范围**

东至五佛殿建筑边界外扩 11 ～ 23 米；南至大佛像岩体外扩 15 米；西至大佛像岩体外扩 16 米；北至五佛殿建筑北界外扩 18 米、大佛像岩体外扩 24 米。

（二）**建设控制地带**

东至保护范围东界外扩 35 米；南至保护范围南界外扩 35 米；西至保护范围西界外扩 15 米；北至保护范围北界外扩 58 ～ 77 米。

三十三、刘伯承故居

（一）**保护范围**

东至蚌壳石以东 170 米；南至小华山顶以南 120 米；西至周都村小学以西 380 米；北至浦里河北岸用地边界南侧边沿。

（二）**建设控制地带**

东、南两侧均至保护范围边界外扩 50 米为界；西至保护范围西界外扩 50 米；北至浦里河北岸用地边界南侧边沿。

三十四、聂荣臻故居

（一）保护范围

东至聂荣臻故居东界外扩 70 米；南至聂荣臻故居南界外扩 50 米；西至聂荣臻故居西界外扩 53 米；北至聂荣臻故居北界外扩 30 米。

（二）建设控制地带

东至保护范围东界外扩 90 米；南至保护范围南界外扩 90 米；西至保护范围西界外扩 85 米；北至保护范围北界外扩 30 米。

三十五、嘉陵江三峡乡村建设旧址群

（一）保护范围

1．峡防局旧址：东至旧址东侧外墙外扩 7.23 米；南至旧址南侧外墙外扩 17.6 米；西至旧址西侧外墙外扩 18.42 米；北至旧址北侧外墙外扩 30.79 米。

2．北碚红楼：东至红楼东侧围墙外扩 24.53 米；南至北碚图书馆东北侧外墙；西至步行梯道西侧外扩 7 米、北碚图书馆东侧外墙；北至红楼南侧围墙外扩 14.78 米。

3．清凉亭：东至清凉亭东侧外墙外扩 14.82 米，沿 210 米等高线；南至清凉亭南侧外墙外扩 33.24 米；西至九道拐梯步西侧边沿；北至 209 米等高线。

4．农庄：东至农庄东侧外墙外扩 9 米；南至农庄南侧外墙外扩 9 米；西至农庄西侧外墙外扩 9 米；北至农庄北侧外墙外扩 9 米。

5．磬室：东至磬室东侧外墙外扩 9.01 米；南至磬室南侧外墙外扩 9 米；西至磬室西侧外墙外扩 9.06 米；北至磬室北侧外墙外扩 9 米。

6．竹楼旧址：东至竹楼东侧外墙外扩 9.03 米；南至竹楼南侧外墙外扩 9 米；西至竹楼西侧外墙外扩 9 米；北至竹楼北侧外墙外扩 9 米。

7．柏林楼：东至柏林楼东侧外墙外扩 9 米；南至柏林楼南侧外墙外扩 2.52 米；西至柏林楼西侧外墙外扩 9.11 米；北至柏林楼北侧外墙外扩 9.18 米。

8．数帆楼：东至数帆东侧外墙外扩 9.02 米；南至数帆南侧外墙外扩 9.03 米；西至数帆西侧外墙外扩 9.02 米；北至数帆北侧外墙外扩 9.12 米。

9．晏阳初旧居：东至旧址东侧外墙外扩 12.15 米；南至旧址南侧外墙外扩 15.8 米；西至旧址西侧外墙外扩 11.16 米；北至旧址北侧外墙外扩 11.35 米。

10．梁漱溟旧居：东至旧居东侧外墙外扩 7.48 米；南至旧居南侧外墙外扩 9.43 米；西至旧居西侧外墙外扩 11.24 米；北至旧居北侧外墙外扩 9.05 米。

（二）**建设控制地带**

1．峡防局旧址：东至旧址东侧外墙外扩 30.4 米；南至旧址南侧外墙外扩 54.5 米；西至旧址西侧外墙外扩 73.66 米；北至旧址北侧外墙外扩 52.43 米。

2．北碚红楼：东至北碚公园东侧边沿；南至北碚公园南侧边沿；西至北碚图书馆西侧边沿；北至红楼南侧围墙外扩 14.78 米。

3．清凉亭：东、西、南、北四侧均至北碚公园用地边沿。

4．农庄：东至数帆楼外墙外扩 100.21 米，沿嘉陵江 178 米水位线；南至支路道路；西至竹楼外墙外扩 116.74 米；北至支路道路。

5．磬室：东至数帆楼外墙外扩 100.21 米，沿嘉陵江 178 米水位线；南至支路道路；西至竹楼外墙外扩 116.74 米；北至支路道路。

6．竹楼旧址：东至数帆楼外墙外扩 100.21 米，沿嘉陵江 178 米水位线；南至支路道路；西至竹楼外墙外扩 116.74 米；北至支路道路。

7．柏林楼：东至数帆楼外墙外扩 100.21 米，沿嘉陵江 178 米水位线；南至支路道路；西至竹楼外墙外扩 116.74 米；北至支路道路。

8．数帆楼：东至数帆楼外墙外扩 100.21 米，沿嘉陵江 178 米水位线；南至支路道路；西至竹楼外墙外扩 116.74 米；北至支路道路。

9．晏阳初旧居：东至旧址东侧外墙外扩 36.69 米；南至旧址南侧外墙外扩 38.16 米；西至旧址西侧外墙外扩 23.98 米；北至旧址北侧外墙外扩 34.02 米。

10．梁漱溟旧居：东至旧居东侧外墙外扩 36.27 米；南至旧居南侧外墙外扩 38.09 米；西至旧居西侧外墙外扩 40.41 米；北至旧居北侧外墙外扩 39.35 米。

三十六、特园

（一）保护范围

东至中国民主党派历史陈列馆西侧外墙；南至控规用地边界；西至特园西侧外墙外扩 6 米；北至特园西侧外墙外扩 8 米。

（二）建设控制地带

东至中国民主党派历史陈列馆外墙；南至嘉陵桥路人行道；西至保护范围西界外扩 16 米；北至支路道路边沿。

三十七、世界佛学苑汉藏教理院旧址

（一）保护范围

东至缙云寺外墙外扩 16 ～ 75 米；南至洛阳桥公路边沿；西至双柏精舍西侧公路边沿；北至闻慧楼北 33 米。

太虚台保护范围狮子峰：太虚台中心为原点外扩 30 米。

（二）建设控制地带

东至缙云寺东侧外墙外扩 36 ～ 90 米；南至缙云寺石照壁向南外扩 26 米；西至缙云寺西侧外墙外扩 50 ～ 90 米、缙云宾馆西侧；北至缙云寺北侧外墙外扩 28 米。

三十八、南腰界红三军司令部旧址

（一）保护范围

东至重庆独立坐标系 X=314299.334、Y=56330.537 ；南至红二、六军团会师遗址及民房；西至红军街；北至重庆独立坐标系 X=31428.627、Y=56324.394。

（二）**建设控制地带**

东至保护范围东界外扩 60 米；南至保护范围南界外扩 50 米；西至保护范围西界外扩 45 米；北至保护范围北界外扩 60 米。

三十九、国民政府立法院、司法院及蒙藏委员会旧址

（一）**保护范围**

东至周边建筑外墙面；南至文物本体南侧道路路缘石；西至相邻道路路缘石；北至旧址北侧外墙外扩 6 米。

（二）**建设控制地带**

东至周边建筑外墙；南至相邻道路路缘石；西至周边建筑外墙；北至周边建筑外墙。

四十、国民政府军事委员会政治部旧址

（一）**保护范围**

东至旧址东侧围墙线外扩 12.1 米；南至旧址南侧外墙线外扩 9 米；西至旧址西侧围墙线外扩 9 米；北至旧址北侧围墙外扩 17.1 米。

（二）**建设控制地带**

东至东侧围墙线外扩 70．3 米；南至保护范围南界外扩 20 米；西至西侧围墙线外扩 29.7 米；北至土主镇三圣宫村街道道路边沿。

四十一、国民政府外交部旧址

（一）**保护范围**

东至旧址东侧院墙；南至旧址南侧院墙；西至旧址西侧院墙；北至旧址北道路边沿。

（二）**建设控制地带**

东至解放碑地下环道东侧边沿；南至解放东路南侧路边沿外扩 60 米；

西至左营街边沿及文化街西侧边沿；北至人民公园北侧围墙。

四十二、重庆抗战金融机构旧址群

（一）保护范围

1. 中央银行旧址：东至旧址东侧道路路缘石；南至旧址南侧外墙外扩4米；北至道门口88号外墙；西至道门口6号外墙。

2. 中国银行旧址：东至旧址东侧外墙面外扩6～10米；南至旧址南侧外墙面外扩7米；西至旧址西侧道路路缘石；北至旧址北侧巷道。

3. 交通银行旧址：东至旧址东侧外墙面外扩6～10米；南至旧址南侧外墙面外扩7米；西至旧址西侧道路路缘石；北至旧址北侧巷道。

4. 美丰银行旧址：东至美丰银行旧址东侧外墙外扩9米；南至美丰银行旧址南侧外墙外扩9米；西至美丰银行旧址西侧外墙外扩3米（沿西侧巷道）；北至美丰银行旧址北侧外墙外扩4米（沿周边建筑外墙）。

5. 聚兴诚银行旧址：东至解放东路道路西侧路缘石；南至聚兴诚银行旧址南侧外墙外扩6～16.8米；西至聚兴诚银行旧址西侧外墙外扩12.6米；北至聚兴诚银行旧址北侧外墙外扩8.9米。

6. 川康平民商业银行旧址：东至旧址东侧外墙外扩11米；南至旧址南侧外墙外扩33米；西至旧址西侧外墙外扩8米；北至旧址北侧外墙外扩13米。

（二）建设控制地带

1. 中央银行旧址：东至金禾丽都旁道路路缘石；南至道门口89号外墙；西至道门口88号外墙；北至道门口6号外墙。

2. 中国银行旧址：东至保护范围东界外扩30米；南至旧址南侧外墙面外扩7米；西至旧址西侧规划道路路缘石；北至保护范围北界外扩4米。

3. 交通银行旧址：东至保护范围东界外扩69米；南至保护范围南界外扩10米；西至保护范围西界外扩45米；北至保护范围北界外扩18米。

4. 美丰银行旧址：东至保护范围东界外扩17米；南至新华路路缘石线；西至保护范围东界外扩15米；北至保护范围东界外扩17米。

5．聚兴诚银行旧址：东至解放东路道路西侧路缘石；南至聚兴诚银行旧址南侧外墙外扩 6 ～ 16.8 米；西至聚兴诚银行旧址西侧外墙外扩 12.6 米；北至聚兴诚银行旧址北侧外墙外扩 8.9 米。

6．川康平民商业银行旧址：东至保护范围东界外扩 69 米；南至保护范围南界外扩 10 米；西至保护范围西界外扩 45 米；北至保护范围北界外扩 18 米。

四十三、国民参政会旧址

（一）保护范围

东至旧址东侧外墙外扩 4 米；南至旧址南侧外墙外扩 6 米；西至旧址西侧外墙外扩 11 ～ 16 米；北至旧址北侧外墙外扩 2 ～ 4 米。

（二）建设控制地带

东至保护范围东界外扩 13 米；南至保护范围南界外扩 11 米；西至保护范围西界外扩 4 米；北至保护范围北界外扩 4 米。

四十四、林园

（一）保护范围

1．蒋介石住宅、美龄楼、马歇尔公馆：东、南、西、北均至文物本体外扩 30 米。

2．小礼堂、林森公馆、林森墓：东、南、西、北均至文物本体外扩 30 米。

（二）建设控制地带

1．蒋介石住宅、美龄楼、马歇尔公馆：东、南、西、北均至文物本体外扩 60 米。

2．小礼堂、林森公馆、林森墓：东、南、西、北均至文物本体外扩 60 米。

四十五、国民政府军事委员会政治部第三厅暨文化工作委员会旧址

（一）保护范围

1．郭沫若旧居：东至郭沫若旧居外墙外扩 13 米；南至郭沫若旧居外墙外扩 10 米；西至郭沫若旧居外墙外扩 5 ～ 8 米；郭沫若旧居外墙外扩 11 米。

2．全家院子旧址：东至西科大道道路边沿；南至微电园消防队用地边沿；西至隆鑫花漾里小区用地边沿；北至西科三路道路边沿。

（二）建设控制地带

1．郭沫若旧居：东至周边巷道围墙及规划道路路缘石；南至保护范围南界外扩 19 米；西至保护范围南界外扩 3 ～ 16 米；北至保护范围北界外扩 15 米。

2．全家院子旧址：东至西科大道东侧道路边沿；南至微电园消防队建筑南界；西至隆鑫花漾里小区内小高层建筑边界；北至西科三路北侧的道路边沿外扩 30 米。

四十六、重庆黄山抗战旧址群

（一）保护范围

东至旧址东侧 525 米等高线及博物馆东侧村道；南至旧址博物馆南门，及 525 米等高线；西至柔旧居、草亭以西 20 米，望江亭姬小路外扩 5 米，炮台山及路外扩 5 米；北至炮台山以北 20 米，沿孔园东侧及北侧山脊线。

（二）建设控制地带

东至五马村东部现代民居以东 10 ～ 50 米，沿 515 米等高线；南至博物馆南门以南 50 米，沿南山脊线；西至保护范围东侧边缘；北至孔园北侧 80 米向西以西，沿五马村北部现代民居及台地沿线。

四十七、同盟国驻渝外交机构旧址群

（一）**保护范围**

1．苏联大使馆旧址：东、南、西均至旧址外墙外扩 5 米；北至周边建筑外墙及防空洞。

2．南山苏联大使馆旧址：东至旧址建筑东侧外墙外扩 21.2 米；南至南侧院墙，距文物建筑外缘 13 ～ 16 米；西至旧址建筑西侧外墙面外扩 11 米；北至旧址北侧 570 米等高线。

3．苏联大使馆武官处旧址：东、南、西、北均至旧址外墙外扩 6 米。

4．美国大使馆海军武官处旧址：东至旧址东侧外墙外扩 10.9 米；南至旧址南侧外墙外扩 10.9 米；西至旧址西侧外墙外扩 14.4 米；北至旧址西侧外墙外扩 12 米。

5．美军招待所旧址：东、西、北三侧均至文物建筑外墙外扩 9 米；南至旧址所在场地南侧边界。

6．英国大使馆旧址：东至旧址东侧外墙外扩 11.6 ～ 18.7 米；南至旧址南侧外墙外扩 14.3 ～ 27.1 米；西至旧址西侧外墙外扩 14.3 ～ 20.6 米；北至旧址北侧外墙外扩 20.4 ～ 27.7 米。

7．中英联络处旧址：东至旧址建筑东侧外扩 8.2 米；南至旧址建筑外廊外扩 10 米；西至旧址西侧外墙外扩 6 米；北至旧址北侧外墙外扩 11.6 米。

8．法国领事馆旧址：东至旧址东侧外墙外扩 13 ～ 15.8 米；南至旧址南侧外墙外扩 4.23 米；西至旧址西侧外墙外扩 7.5 米；北至旧址北侧外墙外扩 3.5 ～ 5.7 米。

9．法国大使馆旧址：东至旧址东侧外墙外扩 31 ～ 34 米；南至旧址南侧外墙南侧山脊线和 590 米等高线；西至旧址西侧外墙外扩 11 米；北至 570 米等高线。

10．印度专员公署旧址：东至旧址东侧外墙外扩 21 米；南至旧址南侧外墙外扩 16 米；西至旧址西侧外墙外扩 13 米；北至旧址北侧 570 米等高线。

11．澳大利亚公使馆旧址：东、南、西、北均至旧址院落围墙。

12．土耳其公使馆旧址：东、南、西、北均至旧址院落围墙。

（二）建设控制地带

1．苏联大使馆旧址：东至保护范围东界外扩 7.2 米；南至保护范围东界外扩 22.1 米；西至住院部大楼东侧外墙；北至保护范围北界外扩 7.5 米。

2．南山苏联大使馆旧址：东至 564 米等高线；南至公园大门及堡坎边界；西、北两侧均至院墙。

3．苏联大使馆武官处旧址：东至旧址东侧外墙外扩 7.5 米；南至保护范围南界外扩 8 ～ 14 米；西至旧址西侧外墙外扩 8 米；北至保护范围北界外扩 18.5 米。

4．美国大使馆海军武官处旧址：东至保护范围东界外扩 10.9 米；南至保护范围南界外扩 13 米；西至保护范围西界外扩 7.6 米；北至 233 米等高线。

5．美军招待所旧址：东至保护范围东界外扩 15 ～ 20 米；南至保护范围南界外扩 20 米；西至保护范围西界外扩 15 米；北至保护范围北界外扩 15 米。

6．英国大使馆旧址：东至控规防护绿地边界；南至保护范围南界外扩 15 米；西、北两侧均至防护绿地边界。

7．中英联络处旧址：东至保护范围东界外扩 5.6 米；南至保护范围南界外扩 6.7 米；西至保护范围西界外扩 14.9 米；北至保护范围北界外扩 9.1 米。

8．法国领事馆旧址：东至保护范围东界外扩 27 米；南至保护范围南界外扩 21 米；西至保护范围西界外扩 19.72 米；北至保护范围北界外扩 28 米。

9．法国大使馆旧址：东至 564 米等高线为界；南至公园大门及堡坎边界；西、北两侧均至院墙。

10．印度专员公署旧址：东至 564 米等高线；南至公园大门及堡坎边界；西、北两侧均至院墙。

11．澳大利亚公使馆旧址：东至保护范围东界外扩 16 米；南至保护范围南界外扩 8 ～ 15 米；西至保护范围西界外扩 15 米；北至保护范围北界外扩 15 米。

12．土耳其公使馆旧址：东至保护范围东界外扩 16 米；南至保护范围南界外扩 8 ～ 15 米；西至保护范围西界外扩 15 米；保护范围北界外扩 15 米。

四十八、南泉抗战旧址群

（一）保护范围

1．林森别墅旧址（听泉楼）：东至旧址主体建筑东侧外墙外扩 9 米；南至旧址主体建筑南侧外墙外扩 6 米；西至旧址主体建筑西侧外墙外扩 7 米；北至旧址主体建筑北侧外墙外扩 32 米。

2．孔祥熙官邸旧址：东、南两侧均至旧址外墙外扩 9 米；西至旧址外墙外扩 11 米；北至旧址外墙外扩 14 米。

3．校长官邸：东、南、西侧均至旧址外墙外扩 9 米；北至旧址北侧外墙外扩 12 米。

4．竹林别墅：东、南、西、北均至竹林别墅外墙外扩 9 米。

5．中央政治学校研究部旧址：东至运动场西侧边沿；南至软件学校北侧边界、旧址南侧 3 层建筑院坝；西至旧址西侧外墙外扩 9 米；北至旧址北侧外墙外扩 9 米。

（二）建设控制地带

1．林森别墅旧址（听泉楼）：东至保护范围东界外扩 11 米；南至保护范围南界 8 米；西至保护范围西界外扩 19 米；北至南界路。

2．孔祥熙官邸旧址：东至保护范围东界外扩 55 米；南至保护范围南界外扩 28 米；西至保护范围西界外扩 44 米；北至保护范围北界外扩 70 米。

3．校长官邸：东至保护范围东界外扩 12 米；南至保护范围南界外扩 8 米；西至保护范围西界外扩 23 米；北至保护范围北界外扩 22 米。

4．林园别墅：东至保护范围东界外扩 16 米；南至保护范围南界外扩 3 米；西至保护范围西界外扩 6 米；北至保护范围北界外扩 8 米。

5．中央政治学校研究部旧址：东至运动场东侧边沿；南至软件学校校舍建筑北侧边界；西至保护范围西界外扩 70 米；北至市政管线界线南侧边沿、软件学校北侧边界。

四十九、国民政府行政院旧址

（一）保护范围

东至旧址东侧市委大院围墙、制冷车间墙体外沿；南至市委大院围墙；西至中山四路市委一侧人行道路缘石；北至中山四路市委一侧人行道路缘石。

（二）建设控制地带

东至市委所在地块边界；南至保护范围南界外扩 12 ～ 55 米；西至中山四路市委一侧人行道路缘石；北至中山四路市委一侧人行道路缘石及市委大院围墙。

五十、重庆抗战兵器工业旧址群

（一）保护范围

1．兵工署二十五兵工厂旧址：东至旧址东侧边界外扩 16 米；南至旧址南侧边界外扩 25 米；西至旧址西侧边界外扩 18 米；北至旧址北侧边界外扩 18 米。

2．兵工署第二十四兵工厂旧址：东、西、北三侧均至文物本体外扩 9 米；南至市政道路中心线。

3．第五十兵工厂：南、西、北均至兵工厂旧址本体西侧边沿外扩 9 米；东至 308 米等高线。

4．第十兵工厂：东、南、西、北均至防空洞本体范围线外扩 2 米。

5．钢铁厂迁建委员会生产车间旧址：东至主电室附跨南端结合处，大型车间加热炉烟囱、棒材车间加热炉烟囱、中型车间加热炉烟囱均以本体边沿外扩 5 米；南至厂房（原隶属钢迁会第四制造所）西侧青砖外墙边沿外扩 7 米；西至大型车间主轧跨厂房北侧外墙；北至青砖外墙外扩 34.7 米。

6．航空委员会第二飞机制造厂生产车间旧址：东、南两侧均至旧址边界外扩 30 米；西至旧址西侧边界外扩 15 米；北至旧址北侧边界外扩 20 米。

7．兵工署第一兵工厂旧址：以抗战生产车间防空洞整个洞体（从洞口到洞底）为准划定边沿。

（二）**建设控制地带**

1．兵工署二十五兵工厂旧址：东至旧址东侧边沿外扩 47 至 70 米；南至保护范围南界外扩 31.8 米；西至保护范围西界外扩 18.4 ～ 48 米；北至保护范围北界外扩 40.2 米。

2．兵工署第二十四兵工厂旧址：东、西两侧均至市政道路边线；南、北两侧均至保护范围线外扩 40 米。

3．第五十兵工厂：东至 322 米等高线；南至保护范围南界外扩 15 米；西至内郭路道路边沿；北至地块 A15/02 边线。

4．第十兵工厂：东、南、西、北均至护范围边界外扩 15 米。

5．钢铁厂迁建委员会生产车间旧址：东至铁路建设控制线以西围墙；南至 L28 地块建设用地边沿内侧；西至 L28 地块建设用地边沿内侧；北至储气罐四周与 L28 地块建设用地边沿相接处。

6．航空委员会第二飞机制造厂生产车间旧址：东至旧址东侧边界外扩 65 米；南至旧址南侧边界外扩 80 米；西至旧址西侧边界外扩 55 米；北至旧址北侧边界外扩 25 米。

7．兵工署第一兵工厂旧址：东、南、西、北均至保护范围边界外扩 30 米。

五十一、同盟国中国战区统帅部参谋长官邸旧址

（一）**保护范围**

东至旧址东侧外墙外扩 37 米；南至旧址南侧外墙外扩 7 米；西至旧址西侧外墙外扩 12 米；北至旧址北侧外墙外扩 12 米。

（二）**建设控制地带**

东至保护范围东界外扩 15 米；南至保护范围南界外扩 7 米；西至保护范围西界外扩 2 米；北至保护范围北界外扩 11 米。

五十二、保卫中国同盟总部旧址

（一）保护范围

东、南、西、北均至旧址本体院墙。

（二）建设控制地带

东至旧址东侧 6 层建筑外墙；南至旧址南侧庆园大厦外墙；西至旧址西侧规划道路边沿；北至旧址北侧黄浦大厦外墙。

五十三、重庆谈判旧址群

（一）保护范围

1．蒋介石官邸：东至国民政府行政院旧址东侧市委大院围墙、制冷车间墙体外沿；南至市委大院南侧围墙；西、北两侧均至中山四路市委一侧人行道路缘石。

2．国民政府军事委员会委员长侍从室一：东至国民政府行政院旧址东侧市委大院围墙、制冷车间墙体外缘；南至市委大院南侧围墙；西至中山四路市委一侧人行道路缘石；北至中山四路市委一侧人行道路缘石。

3．国民政府军事委员会委员长侍从室二：东至国民政府行政院旧址东侧市委大院围墙、制冷车间墙体外缘；南至市委大院南侧围墙；西至中山四路市委一侧人行道路缘石；北至中山四路市委一侧人行道路缘石。

4．怡园（宋子文官邸）：东至官邸东侧外墙外扩 1 ～ 6 米；南至官邸南侧外墙外扩 10 米；西至官邸西侧外墙外扩 3 米；北至官邸北侧外墙外扩 13 米。

5．吴铁城官邸旧址：东至文物建筑外墙外扩 15 米；南至轻轨北侧堡坎；西至文物建筑外墙外扩 15 米；北至嘉陵新路路缘石。

（二）建设控制地带

1．蒋介石官邸：东至市委所在规划地块边界；南至保护范围南界外扩 12 ～ 55 米；西至中山四路市委一侧人行道路缘石；北至中山四路市委一侧人行道路缘石及市委大院围墙。

2．国民政府军事委员会委员长侍从室一：东至市委所在规划地块边界；南至保护范围南界外扩 12 ～ 55 米；西至中山四路市委一侧人行道路沿石；北至中山四路市委一侧人行道路缘石及市委大院围墙。

3．国民政府军事委员会委员长侍从室二：东至市委所在规划地块边界；南至保护范围南界外扩 12 ～ 55 米；西至中山四路市委一侧人行道路缘石；北至中山四路市委一侧人行道路缘石及市委大院围墙。

4．怡园（宋子文官邸）：东至嘉德大厦外墙线；南至四新路道路边沿；西至渝澳大桥辅道人行道；北至重庆市路灯管理处围墙。

5．吴铁城官邸旧址：东至保护范围东界外扩 15 米；南至轻轨南侧堡坎；西至保护范围西界外扩 15 米；北至李子坝正解路缘石线。

五十四、抗战胜利纪功碑暨人民解放纪念碑

（一）保护范围

东、南、西、北均至纪念碑本体外缘外扩 11 米。

（二）建设控制地带

东至保护范围东界外扩 27 米；南至保护范围南界外扩 26 米；西至保护范围西界外扩 23 米；北至保护范围北界外扩 24 米。

五十五、重庆市人民大礼堂

（一）保护范围

东至大礼堂本体东侧边界外扩 3 米；南至大礼堂本体南侧边界外扩 16 ～ 54 米；西至大礼堂本体侧边界外扩 7 米；北至嘉陵新路路缘石。

（二）建设控制地带

东至保护范围线东界外扩 8 米；南至沈钧儒旧居建设控制地带东侧及南侧边界；西至大礼堂广场边沿；北至保护范围线北界外扩 12 米。

五十六、龟陵城

（一）保护范围

东至重庆独立坐标系 X=3288.978，Y=510.182；南至重庆独立坐标系 X=3288.422、Y=509.071；西至重庆独立坐标系 X=3288.481、Y=508.927；北至重庆独立坐标系 X=3289.118、Y=509.860。

（二）建设控制地带

东至重庆独立坐标系 X–3289.065、Y=510.208；南至重庆独立坐标系 X=3288.329、Y=509.017；西至重庆独立坐标系 X=3288.496、Y=508.734；北至重庆独立坐标系 X=3289.156、Y=509.858。

五十七、江津石佛寺遗址

（一）保护范围

东、南、西、北均至古道路边沿外扩 30 米。

（二）建设控制地带

东、南、北均至遗址所处山谷两侧山脊线及高家坪寨前断崖；西至长江边。

五十八、龙崖城遗址

（一）保护范围

东、南、西、北均至龙崖城城门、城墙、南宋抗元战事记功碑等文物本体边界外扩 100 米。

（二）建设控制地带

东至流水沟岩碥；南至接引壶；西至马咀墙崖脚；北至风吹岭。

五十九、瓷窑里遗址

（一）**保护范围**

东、南、西、北均至遗址外侧边沿外扩 50 米。

（二）**建设控制地带**

东、南、西、北均至遗址外侧边沿外扩 500 米。

六十、白帝城遗址

（一）**保护范围**

1．白帝城—子阳城：东、北、东南均至城墙外围线外扩 30 米，西侧至教场坝西侧道路和马道子山脊；西南至 135 米水位线外扩 30 米。

2．擂鼓台遗存：东、南、西、北均至遗边沿外扩 30 米。

3．瞿塘关烽火台：东至瞿塘峡奉节、巫山界，以及 135 米水位线；南至瞿塘峡古栈道；西至 175 米水位线；北至 220 米等高线。

（二）**建设控制地带**

1．白帝城—子阳城：东、南、西、北均至保护范围边界外扩 60 ～ 160 米。

2．擂鼓台遗存：东、南、西、北均至保护范围边界外扩 60 ～ 160 米。

3．瞿塘关烽火台：东至瞿塘峡悬棺葬东侧白盐山溪沟；南至瞿塘峡摩崖石刻上部山间道路及 175 米水位线；西至孟良梯栈道西侧山脊；北至赤甲山一侧 175 米水位线。

六十一、兴隆洞遗址

（一）**保护范围**

东至遗址中心重庆独立坐标系 X=3390.408、Y=607.550 外扩 50 米；南至遗址中心重庆独立坐标系 X=3390.408、Y=607.550 外扩 50 米；西至遗址西侧边沿外扩 35 米；北至遗址中心 X=3390.408、Y=607.550 外扩 50 米。

（二）**建设控制地带**

东至遗址东侧山脊线；南至遗址保护范围南界外扩 100 米；西至遗址西侧边沿外扩 35 米；北至遗址保护范围北界外扩 100 米。

六十二、玉米洞古遗址

（一）**保护范围**

东至洞口外扩 59 米；南至洞口外扩 31.9 米；西至洞口外扩 25.9 米；北至洞口外扩 38.1 米。

（二）**建设控制地带**

东至重庆独立坐标系 X=14745.000、Y=69564.999；南至重庆独立坐标系 X=14680.000、Y=69492.000；西至重庆独立坐标系 X=14745.000、Y=69420.000；北至重庆独立坐标系 X=14810.000、Y=69492.000。

六十三、宁厂古镇盐业遗址

（一）**保护范围**

东至三车间遗址卤水池牛儿涧山沟；南至二车间遗址后山坡 50 米；西至龙君庙自然盐井往西侧外扩 100 米；北至龙君庙自流井后侧外扩 100 米。

（二）**建设控制地带**

东至三车间遗址以东 300 米；南至昊王庙寨子沟、后溪河南岸 300 米；西至龙君庙以西 400 米；北至宝源山南侧山梁后溪河北岸 300 米。

六十四、中井坝遗址

（一）**保护范围**

东至重庆独立坐标系 X=3269943.654、Y=542754.634；南至重庆独立坐标系 X=3269961.395、Y=542694.767；西至重庆独立坐标系 X=3269933.762、Y=542723.749；北至重庆独立坐标系 X=3269963.153、

Y=542727.894。

（二）**建设控制地带**

东至重庆独立坐标系 X=3269936.197、Y=542768.603；南至重庆独立坐标系 X=3269933.762、Y=542723.749；西至重庆独立坐标系 X=3269937.241、Y=542711.254；北重庆独立坐标系 X=3269970.141、Y=542731.271。

六十五、秦良玉墓园

（一）**保护范围**

东至回龙山东侧南朝园；南至洞洞沟；西至青杠坎堰塘；北至鱼鳞堡。

（二）**建设控制地带**

东、南、西、北四侧均至保护范围外扩 300 米。

六十六、普泽寺大雄宝殿

（一）**保护范围**

东至正殿东侧外扩 30 米；南至正殿南侧外扩 85 米；西至正殿西侧外扩 25 米；北至正殿北侧外扩 40 米。

（二）**建设控制地带**

东、南、西、北四侧均至保护范围外扩 30 米。

六十七、梁平文峰塔

（一）**保护范围**

东至县城至安胜公路边界；南至蟠龙桥南岸；西至蟠龙桥西岸；北至县城至安胜公路边界。

（二）**建设控制地带**

东、南、西、北四侧均至安胜公路左侧外扩 300 米。

六十八、小官山古建筑群

（一）保护范围

东至名山街道小官山；南至名山居委会双桂组居民点；西至名山街道政府广场；北至名山居委双桂组国教坡。

（二）建设控制地带

东、南、西、北四侧均至保护范围外扩 60 米。

六十九、白公祠古建筑群

（一）保护范围

东至太保祠东侧外扩 15 米；南至关帝庙西侧外扩 6 米；西至临江长廊西侧外扩 22 米；北至老官庙北侧外扩 19 米。

（二）建设控制地带

东至围墙东侧外扩 23 米；南至围墙南侧至公路内坎；西至围墙西侧外扩 53 米；北至围墙北侧外扩 80 米。

七十、青龙古建筑群

（一）保护范围

东至建筑群主体构筑物东界外扩 30 米；南至建筑群主体构筑物南界外扩 30 米；西至建筑群主体构筑物西界外扩 30 米；北至磐石城山岩根部。

（二）建设控制地带

东至建筑群主体构筑物东界外扩 80 米；南至建筑群主体构筑物南界外扩 80 米；西至万步梯西侧；北至磐石城山岩根部。

七十一、湾底谭氏民居

（一）保护范围

东、南、西、北四侧均至距民居基础外墙外围外扩 20 米。

（二）建设控制地带

东、南、西、北四侧均至保护范围边界外扩 30 米。

七十二、银杏堂

（一）保护范围

东至康家沟；南至官渡河；西至吞口；北至碑垭口。

（二）建设控制地带

东至王凤沟、纸厂沟；南至罗家岭、枝枝坪、木鱼堡、寨岭；西至吞口；北至长沟、碑垭口、主梁顶、陡匾。

七十三、平茶土司城

（一）保护范围

东至土司城围墙东侧外扩 15 米；南至土司城围墙南侧外扩 15 米；西至土司城围墙西侧外扩 12 米；北至土司城围墙北侧外扩 5.5 米。

（二）建设控制地带

东至保护范围东界外扩 33 米；南至保护范围南界外扩 25 米；西至保护范围西界外扩 15 米；北至保护范围北界外扩 29 米。

七十四、飞来峰来熏阁

（一）保护范围

东、南、西、北均至建筑围墙外围侧外扩 9 米。

（二）**建设控制地带**

东、南、西、北均至建筑围墙外围外扩 27 米。

七十五、永和寺

（一）**保护范围**

东、南、西、北四侧均至建筑围墙外围外扩 9 米。

（二）**建设控制地带**

东、南、西、北四侧均至建筑围墙外围外扩 27 米。

七十六、龙多山摩崖造像及题刻

（一）**保护范围**

1．东岩—田湾摩崖造像及题刻：东至龙多山 533 米等高线；西至田湾摩崖造像及题刻主体边沿外扩 20 米；南至崖体顶端；北至龙多山 600 米等高线，以及东岩上摩崖造像及题刻主体边沿外扩 80 米。

2．西岩摩崖造像及题刻：东至龙多山 583 米等高线与西部山脊；西至龙多山 549 米等高线；南至龙多山 545 米等高线；北至西岩摩崖造像及题刻主体边沿外扩 20 米。

3．北岩摩崖造像及题刻：东至龙多山 563 米等高线；西至北岩摩崖造像及题刻主体边界外扩 20 米；南至北岩摩崖造像及题刻主体边沿外扩 20 米；北至龙多山 565 米等高线。

4．南岩北段摩崖造像及题刻：东至西岩北段摩崖造像及题刻主体边沿外扩 20 米；西至龙多山 580 米等高线；南至西岩北段摩崖造像及题刻主体边沿外扩 20 米；北至龙多山 580 米等高线。

5．南岩南段摩崖造像及题刻：东至龙多山 566 米等高线；西至龙多山 562 米等高线；南至西岩南段摩崖造像及题刻主体边沿外扩 20 米；北至西岩南段摩崖造像及题刻边沿外扩 20 米。

6．赤水县城遗址：北至黄岭坳山脚蜿蜒至梅子湾；南至赤水村村道；

西至王家湾；东至耳场湾。

（二）**建设控制地带**

东至龙多山东侧山脚线；南至胡家棺山山脊；西至棺山湾—胡家棺山—黄岭坳山脊线、龙多山西侧山脚线；北至龙多山北侧山脚线。

七十七、渡电厂

（一）**保护范围**

东至厂区东侧岩壁及渡槽、明渠以东外扩 50 米；南至鲸鱼口厂房以南外扩 100 米；西至瀼渡河西岸；北至要坝子拦水坝以北外扩 100 米。

（二）**建设控制地带**

东至保护范围东界外扩 50 ～ 150 米；南至保护范围南界外扩 100 米；西至保护范围西界外扩 50 ～ 150 米；北至保护范围北界外扩 100 米。

七十八、库里申科烈士墓园

（一）**保护范围**

东至墓园东侧边沿外扩 6.5 米；南至墓园南侧边沿外扩 62 米；西至墓园西侧边沿外扩 15 米；北至墓园北侧边沿外扩 12 米。

（二）**建设控制地带**

东、南、西、北四侧均至所在地块边界。

七十九、西山钟楼

（一）**保护范围**

东至东侧道路边界；南至建筑南侧外墙外扩 20 米；西至建筑西侧外墙外扩 13 米；北至建筑北侧外墙外扩 17 米。

（二）**建设控制地带**

东、南、西、北四侧均至以所在地块边界。

八十、李蔚如旧居

（一）保护范围

1．李蔚如旧居：东至建筑本体东侧外扩 30 米；南至建筑本体南侧水泥道路南沿；西至建筑本体西侧水泥道路西沿；北至建筑本体北侧外扩 30 米。

2．李蔚如陵园：东至大顺场半边街石阶梯东扩 30 米；南至陈氏庄园；西至陵园绿化地边沿外扩 30 米；北至明家至大顺场公路。

3．李家祠堂：东至院坝东侧空地边沿；南至院坝南侧空地边沿；西至建筑本体西侧外扩 20 米；北至建筑本体北侧水泥道路北沿。

（二）建设控制地带

1．李蔚如旧居：东至建筑本体东侧外扩 90 米；南至建筑本体南侧水泥道路南沿；西至建筑本体西侧水泥道路西沿；北至建筑本体北侧外扩 90 米。

2．李蔚如陵园：东至大顺场半边街石阶梯东扩 90 米；南至陈氏庄园；西至陵园绿化地边沿外扩 90 米；北至明家至大顺场公路。

3．李家祠堂：东至保护范围东界外扩 30 米；南至保护范围南界外扩 30 米；西至保护范围西界外扩 30 米；北至保护范围北界外扩 30 米。

八十一、红星渡槽

（一）保护范围

东、南、西、北四侧均至渡槽主体建筑边沿外扩 60 米。

（二）建设控制地带

东、南、西、北四侧均至渡槽主体边沿线外扩 90 米。

八十二、罗斯福图书馆暨中央图书馆旧址

（一）保护范围

东至文物本体建筑外墙东扩 28 米；南至 4 层建筑外墙；西至文物本体

建筑外墙西扩16米；北至文物本体建筑外墙北扩9～14米。

（二）**建设控制地带**

东至保护范围东界外扩17米；南至保护范围南界外扩17米；西至保护范围西界外扩23米；北至保护范围北界外扩21米。

八十三、长江索道

（一）**保护范围**

东至（渝中区）索道本体东侧外扩9米，（南岸区）距索道车站11米；南至(渝中区)索道车站墙面外扩7米,(南岸区)索道车站墙面外扩12～20米；西至（渝中区）索道车站墙面外扩10米,(南岸区）索道车站墙面外扩12米；北至（渝中区）索道车站墙面外扩10米,(南岸区）索道车站墙面外扩7米。

（二）**建设控制地带**

东至保护范围东界外扩15米；南至（渝中区）第二十五中围墙，（南岸区）望龙门缆车道西侧围墙；西至第二十五中围墙，解放东路东侧人行道、朝东路规划道路边沿；北至海客瀛洲高层建筑外墙、索道车站北侧巷道北侧围墙。

八十四、重庆长江大桥春夏秋冬雕塑

（一）**保护范围**

东、南、西、北均至各雕塑基座边沿外扩6米。

（二）**建设控制地带**

东、南、西、北均至雕塑所在架空平台边沿。

八十五、重庆冯玉祥旧居

（一）**保护范围**

东、南、西、北均至冯玉祥纪念馆东侧围墙。

（二）**建设控制地带**

东至旧居保护范围东界外扩 31 米；南至旧居保护范围南界外扩 25 米；西至旧居保护范围西界外扩 190 米；北至旧居保护范围北界外扩 39 米。

八十六、重庆大学近代建筑群

（一）**保护范围**

1．理学院：东至经营与工商管理学院道路西侧边沿；南至校园现有车道边沿；西至道路边沿为界；北至重庆大学临江路。

2．工学院：东至工学院现车道边沿；南至机械学院实验室道路边沿；西至工学院现车道边沿；北至工学院现车道边沿。

3．文字斋：东至工商管理学院道路西侧边沿；南至校园现有车道边沿；西至校园公园绿化与道路边沿；北至重庆大学临江路。

4．寅初亭：东、南、西、北均至校园公园绿化与道路边沿。

5．中央大学“七七抗战”礼堂旧址：东至礼堂东侧花坛边沿；南至建筑本体南侧外檐外扩 3.52 米；西至建筑本体西侧外檐外扩 5.2 米；北至建筑本体北侧外檐外扩 11.34 米。

（二）**建设控制地带**

1．理学院：东至经管与工商管理学院西侧道路中心线；南至理学院入口广场及校园公园绿化边界；西至机械学院建筑边界；北至校园北侧滨江道路中心线。

2．工学院：东、南、西、北均至现有车行道中心线。

3．文字斋：东至经管与工商管理学院西侧道路中心线；南至理学院入口广场及校园公园绿化边界；西至机械学院建筑边界；北至校园北侧滨江道路中心线。

4．寅初亭：东、西、北均至校园现有车行道中心线；南至五教学楼入口绿化堡坎边界。

5．中央大学“七七抗战”礼堂旧址：东至礼堂保护范围东界外扩 36.27 米；南至礼堂保护范围南界外扩 44.05 米；西至明珠机电厂西侧围墙；北至礼堂保护范围北界外扩 18.82 米。

八十七、安达森洋行旧址

（一）保护范围

东至文物建筑东侧边界 5 米；西至旧址建筑南侧边界外扩 5 米；南至慈云寺东侧围墙；北至院落围墙。

（二）建设控制地带

东至保护范围东侧边缘外扩 18 米；西至保护范围南侧边缘外扩 20 米；南至保护范围东侧边缘；北至院落围墙。

八十八、川东行署

（一）保护范围

东、南、西均至建筑外墙外扩 5 米；文物建筑北侧道路南侧边沿。

（二）建设控制地带

东、南、西均至保护范围线 25 米；北至保护范围北界。

八十九、杨尚昆旧居及墓

（一）保护范围

1. 杨尚昆旧居：东至四知堂大院滴水外扩 129 米；南至四知堂大院南侧围墙外扩 30 米；西至四知堂大院西侧围墙外扩 30 米；北至四知堂大院北侧围墙外扩 35 米。

2. 杨尚昆墓：东、南、西三侧均至陵园外围墙和陵道边沿外扩 50 米；北至陵园外围墙和陵道边沿 14 米。

（二）建设控制地带

1. 杨尚昆旧居：东至建筑东侧滴水檐外扩 157 米；南至四知堂大院南侧围墙外扩 80 米；西至四知堂大院西侧围墙外扩 144 米；北至四知堂大院

北侧围墙外扩 100 米。

2．杨尚昆墓：东、南、西三侧均至陵园外围墙和陵道边沿外扩 100 米为界；北至陵园后围墙外扩 370 米为界。

九十、红三十三军指挥部旧址

（一）**保护范围**

1．红三十三军指挥部旧址：东、南、西、北均至建筑本体四周外扩 20 米范围。

2．城万红军指挥所旧址：东、南、西、北均至建筑本体四周向外扩 20 米范围。

3．古佛洞红军生活旧址：以建筑本体四周向外延伸 20 米范围为保护范围。

4．红三十三军庙坝指挥部旧址：东至旧址建筑本体东墙；南至 911 洪灾纪念广场北侧边沿；西至旧址西侧场镇公路西沿；北至旧址建筑本体北侧至平坝公路南沿。

5．红三十三军 297 团医务所旧址：东、南、西、北均至建筑本体外墙。

6．红三十三军 297 团政治处旧址：东、南、西、北均至建筑本体四周向外延伸 20 米。

7．红三十三军 295 团医务所旧址：东、南、西、北均至建筑本体四周向外延伸 20 米。

（二）**建设控制地带**

1．红三十三军指挥部旧址：东、南、西、北均至保护范围外扩 30 米。

2．城万红军指挥所旧址：东、南、西、北均至保护范围外扩 50 米。

3．古佛洞红军生活旧址：东、南、西、北均至保护范围外扩 30 米。

4．红三十三军庙坝指挥部旧址：东、南、西、北均至保护范围外扩 30 米。

5．红三十三军 297 团医务所旧址：东、南、西、北均至保护范围外扩 50 米。

6．红三十三军 297 团政治处旧址：东、南、西、北均至保护范围外扩

30 米。

7．红三十三军 295 团医务所旧址：东、南、西、北均至保护范围外扩 30 米。

九十一、南腰界红三军红军革命旧址

（一）**保护范围**

1．红三军大坝祠堂战斗遗址：东、南、西、北均至主体建筑围墙外扩 9 米。

2．红军医院旧址：东、南、西、北均至主体建筑围墙外扩 9 米。

3．苏维埃成立处旧址：东、南、西、北均至主体建筑围墙外扩 9 米。

4．红三军政治处旧址：东、南、西、北均至主体建筑围墙外扩 9 米。

5．贺龙同志办公处旧址：东、南、西、北均至主体建筑围墙外扩 9 米。

6．贺龙同志召开积极分子会议会址：东、南、西、北均至主体建筑围墙外扩 9 米。

7．十大政纲题刻：东、南、西、北均至主体建筑围墙外扩 9 米。

8．红三军宣传队：东、南、西、北均至主体建筑围墙外扩 9 米。

（二）**建设控制地带**

1．红三军大坝祠堂战斗遗址：东、南、西、北均至主体建筑围墙外扩 27 米。

2．红军医院旧址：东、南、西、北均至主体建筑围墙外扩 27 米。

3．苏维埃成立处旧址：东、南、西、北均至主体建筑围墙外扩 27 米。

4．红三军政治处旧址：东、南、西、北均至主体建筑围墙外扩 27 米。

5．贺龙同志办公处旧址：东、南、西、北均至主体建筑围墙外扩 27 米。

6．贺龙同志召开积极分子会议会址：东、南、西、北均至主体建筑围墙外扩 27 米。

7．十大政纲题刻：东、南、西、北均至主体建筑围墙外扩 27 米。

8．红三军宣传队：东、南、西、北均至主体建筑围墙外扩 27 米。

重庆市文化和旅游发展委员会关于印发《重庆文化旅游境外推广中心管理办法》的通知

渝文旅规〔2019〕18号

各重庆文化旅游境外推广中心：

为进一步推进重庆旅游整体形象宣传推广，加强与各重庆文化旅游境外推广中心的合作共赢，现将《重庆文化旅游境外推广中心管理办法》印发你们，请遵照执行。联系人：周钧翔；电话：63235096。

重庆市文化和旅游发展委员会

2019年10月31日

重庆文化
旅游境外推广中心管理办法

为促进重庆市年度入境旅游营销计划顺利开展和实施，充分发挥重庆文化旅游境外推广中心营销推广作用，依据《旅游法》《国务院办公厅关于促进全域旅游发展的指导意见》《重庆市建设世界知名旅游目的地“十三五”规划》等法律及文件精神，结合本市入境旅游境外宣传推广工作实际，特制定本办法。

第一章 总 则

第一条 重庆文化旅游境外推广中心（后简称“推广中心”）指，依托市场化方式开设，经重庆市文化和旅游发展委员会审核，由重庆市内外有影响力、有渠道的旅游企业或企业联合体，以及境外涉旅机构或企业在境外（含港澳台地区）我市主要入境旅游目标客源地自主设立的重庆文化旅游宣传推广类机构。

第二条 本办法所称市内外旅游企业或企业联合体、境外涉旅机构或企业，是指从事招徕、组织、接待旅游者等活动，为旅游者提供相关旅游服务，且与我国利益和现行法律以及对外政策言行相抵触的，并取得所在国（地）合法经营手续的涉旅机构或企业及联合体。

第三条 推广中心的主要功能为重庆旅游在境外长期、稳定的营销推广和对外交流窗口，主要为重庆旅游提供境外驻点式、常态式宣传推广。

第二章 设立推广中心条件

第四条 设立推广中心的企业必须为具有合法经营手续、依法经营、经营业绩及信誉度良好的大型旅游企业或由符合条件的企业组成的联合体，拥护“一个中国”原则，对华友好，愿促进所在地区与中国重庆的友好文化交流及旅游往来。

第五条 设立企业须在营销目的地拥有当地的媒体、旅行社、航线经营等旅游市场资源渠道，具有较强的促销、招徕活动能力，并有掌握所在国语言和法律的外联推销人员。

第六条 需有 2 名以上专职人员负责推广中心工作并担任联络员，能熟练使用中文和当地官方语言，熟悉重庆文化旅游资源和当地推广资源。

第三章 境外推广中心职责

第七条 积极开展重庆文化旅游宣传推广。设立或依托自主网站等平台推广重庆文化旅游，与重庆文化旅游外语网站和该区域主流网站链接（重庆文化旅游外语网站域名：https://www.ichongqing.info/），着力开展重庆旅游在境外各类媒体的广告投放。相关推广网站发布的重庆文化和旅游资讯根据重庆市外语网站相关内容按当地语言实时更新。定期向该区域业界同行推广重庆文化旅游相关政策、旅游资讯等；每年向旅游业界同行及媒体集中推广重庆文化旅游不低于 2 次，面向公众推介或开展主题推广活动不低于 2 次。

第八条 着力组织境外游客入境旅游。积极宣传营销重庆入境旅游产品，每年组织当地旅行商及媒体来渝考察踩线，并及时在推广中心设立地进行相关媒体发布。负责在目标市场开展广泛对外联络，拓展重庆旅游营销网络。

第九条 主动做好各类旅游营销活动执行。承办重庆旅游各类落地营销活动，主要包括协助该地区官方邀请函的落实；协助邀请当地官方文化或旅游部门等政府领导出席；协助邀请当地涉旅协会、企业、航空公司及相关媒体等参加旅游营销活动。受委托代表重庆市文化和旅游发展委员会参加当地举办的旅游展会及推广活动。配合完成其他重庆文化旅游推广定制任务。

第十条 保质高效完成市场分析及公共服务工作。负责在当地开展旅游客源市场信息收集、数据分析，按季度反馈当地旅游市场情况报告。

第四章 监督管理

第十一条 每个推广中心约定服务时限为 3 年。

第十二条 推广中心应在每年 11 月提交当年度工作报告，原则上所负责区域的入渝游客年增长率达到 10% 以上。

第十三条 推广中心每年 11 月提出该目标市场的第二年度境外营销方案建议，包括营销活动方案和媒体投放方案。

第十四条 重庆市文化和旅游发展委员会每年底结合各推广中心年度工作开展情况，决定是否取消“重庆文化旅游境外推广中心”资格。

第十五条 推广中心未经重庆市文化和旅游发展委员会审核，所开展的涉及重庆的宣传营销活动，所产生的影响和后果均由推广中心设立单位自行承担。如若出现不良后果，重庆市文化和旅游发展委员会有权即时终止与设立单位的合作关系，并保留持续追究法律责任的权利。

第五章 经费及运营

第十六条 推广中心的初期设立及后期运营经费由设立企业自行承担。

第十七条 推广中心与其他旅行社同等享受《重庆市“十三五”旅游营销奖励办法》之各类奖励奖项。

第六章 附 则

第十八条 该办法自发布之日起施行，有效期五年，由重庆市文化和旅游发展委员会负责解释。

BLUE BOOK OF CHONGQING

2019 年专报摘编

1. 大足区以人为本探寻非遗保护传承新路径。一是培养传承人。先后新增“大足剪纸”庞书麟、“大足石雕”蒋根华和“大足冬菜”龙廷国为市级非遗代表性传承人，目前累计培育市级、区级非遗传承人 69 人。二是吸引观看人。推荐剪纸、竹雕、石雕 3 个非遗项目参展第二届“巴渝工匠”绝技绝活交流，助推传统技艺“大足石雕”、民间绝活“龙水小五金锻打技艺”、传统舞蹈“中敖火龙”等非遗项目登上央视《魅力中国城》大舞台，实现网络关注度增长 211%。三是熏陶青少年。连续举办三届大足剪纸巡回展，优选 400 余幅剪纸及绘画作品在 20 多所中小学校巡回展览，促进校园书画剪纸创作氛围持续提升；新增米粮小学、中敖中学等传承教育基地 5 个，以课外活动、校外课堂等方式年均教育青少年 10 万人次。（大足区文化旅游委）

2. 潼南区文化旅游委扎实推进乡村文化振兴。一是加强乡村文化引领。扎实推进农村公共文化服务体系建设、挖掘传承创新优秀乡土文化、优化升级乡村文化供给，依托舞台、农家书屋、惠民电影等开展送文化、送科技、送法律、送信息等服务，用正能量抢占农村文化阵地。二是推出乡村文旅品牌。大力发展乡村旅游，推进农旅、文旅深度融合，突出“人文牌”“乡村牌”，高质量高品质打造“花漾潼南”“水韵潼南”“田园潼南”“乡愁潼南”4个系列节会活动，大力推进“赏花游”“古镇游”“红色游”“礼佛游”“养生游”，唱响“周末游潼南”文旅品牌，让乡村旅游成为乡村振兴的有力抓手。三是发展乡村文旅产业。坚持“一村一品”“一户一业态”的差异化发展策略，培育“乡里乡亲”“泰安农庄”等农家小屋和乡村民宿，建设香水百荷等田园综合体，打造柠檬小镇等融旅游、人文、休闲、度假、居住为一体的特色小镇，使乡村文旅产业特色化、精品化。（潼南区文化旅游委）

3. 三峡博物馆坚持以精品奉献人民。一是举办高质量展览，为观众奉献优秀文化作品。推出原创性展览“建国的生活——重庆市庆祝新中国成立70周年生活变迁物证展”，以“票证时代、商标广告记忆、山水之城”三个专题来展示重庆人的70年生活变迁。二是加强科学研究，为坚定文化自信和咨政育人提供学术支撑。出版《近代重庆史料系列翻译丛书》《白鹤梁题刻丛书》《巴渝藏珍：重庆市第一次全国可移动文普普查文物精品图录》，推进《巴渝文库》编纂工作，出版选题4种。三是搞好社会教育和文创开发，为增强优秀传统文化的传播力、辐射力、影响力提供阵地支撑。与中小学建立博物馆学堂，开展传统节日主题活动、巡展等，推出母城研学、三峡研学、贵州红色基地研学等活动；抓好全国首批文创试点单位工作，策划设计和生产一批具有巴渝特色、质感好、环保、便于携带、种类齐全的文创产品，让“文物活起来”。（三峡博物馆）

4. 重庆“两江游”扩容提质推动都市旅游发展。一是提升游船颜值。联合招商局长航集团打造推出新一代两江游轮“长航朝天皓月”，组织3家“两江游”经营主体，实施8艘游船环境美化整治。二是提升线路品质。推动首批开发的两江游“金三角”精品游线路面世，在传统经典线路上，延伸向长嘉汇、朝天门大桥方向航行，航程13千米，航行时间1个小时，涵盖两江沿岸精致景点。三是注重服务优质。坚持文旅融合，将川剧变脸、书法茶艺

等文化表演项目植入游船服务。与联通、华为合作，首创5G科技智能化实船应用，增强了船岸互动和游客体验。（办公室）

5. 北碚区以花为媒做大做强“花经济”。一是走好“规划之路”。编制《北碚区全域旅游规划》，将“旅游＋农业”产业发展纳入规划，规划布局现代农业、体验农业、乡村旅游、特色民宿等新兴业态，锁定桃花、蜡梅、李花为主导产业，并根据规划蓝图完善基础设施，久久为功，做大做强北碚“花经济”。二是走好“节会之路”。依托自然资源，“以花为媒”举办各类花会，推进赏花游精品线路。目前，已成功举办十六届蜡梅文化节、六届西山坪赏花节、四届北碚赏花登山季、三届澄江李花节，北碚春季旅游的人气、形象、知名度、美誉度不断提升，累计吸引游客100万人次。三是走好“融合之路”。围绕着已经形成规模的花会特色产业进行深度开发，在花卉文化、花卉生产体验、花卉工艺制作、花卉科普教育、花卉饮食购物、花卉保健疗养旅游等方面做大文章。目前，蜡梅深加工企业菩璞公司，先后开发出蜡梅香水、面膜、洁面皂等20多个品种，先后在淘宝、苏宁易购等电商平台上开设40多家店铺，年销售额超过600万元。西山坪苳茏苑已建成集赏花、住宿、餐饮、研学为一体的民俗体验园，被评为AAAA级风景区。（北碚区文化旅游委）

6. 艺员管理中心“五个三”抓好离退休人员服务工作。一是落实“三个精准”，及时兑现老同志经济待遇。精准维护工资统发信息，精准待遇兑现时间，精准政策解释到人。二是搭好“三个平台”，丰富老同志娱乐活动。搭建文娱活动平台，年累计近6000人次参加活动；搭建体育比赛平台，常态化开展棋牌、钓鱼等比赛活动；搭建分享改革发展成果平台，定期组织主旋律电影和剧目观看。三是关照“三类群体”，工作覆盖无死角。重点关照老、弱、病、残、孤寡群体，患有重大疾病群体和长期旅居市外、国外群体。四是抓好“三项工程”，做好文化传承保护。健全高级职称离退休人员大数据平台，开展口述历史记录，广泛收集艺术资料，整理珍贵艺术资料100余份，号召离退休干部撰写回忆录16篇。五是抓住“三个关键”，全面做好老同志队伍稳定工作。把握好重点人物的思想动态，强化互信、增强认同、获取支持；

把握好关键节点，在重大政策变动之前，均组织召开离退休支部书记通气会，做好政策解释；把握好工作方式方法，建立信访稳定工作联席制度，维护和谐稳定局面。（艺员管理中心）

7. 市文化旅游委采取四项举措贯彻落实全国艺术创作工作会议精神。一是强力推进一批重点作品创作。紧紧围绕庆祝中华人民共和国成立70周年等重要时间节点，推动杂技剧《大禹》、交响乐《重庆组曲》、民族管弦乐《思君不见下渝州》、京剧《双枪老太婆》等新作品的创排工作；深度打磨一批优秀原创作品，推出1—2台在全国有影响力的精品力作；抓好市级专业文艺院团驻场旅游演艺工作。二是积极备战全国性重要节会展演活动。组织舞剧《杜甫》，美术、书法、篆刻、摄影作品和文创产品参加第十二届中国艺术节展演展览活动；组织歌剧《尘埃落定》参加2019年全国舞台艺术优秀剧目暨优秀民族歌剧展演；配合市级相关部门和单位做好第十三届全国美术作品展览分展场的筹办工作。三是精心筹办好全市性重要艺术赛事展演活动。举办第八届重庆演出季和第六届重庆市舞蹈比赛；组织开展"放歌新时代——重庆市2019年送演出进基层"、戏曲进校园活动，进一步丰富广大市民和校园的文化生活。四是着力抓好艺术人才队伍建设。加大本土艺术人才的培养和引进力度，逐步配齐、配强市级专业文艺院团的编剧、导演、舞美、作曲、营销等方面的专业人才。（艺术处）

8. 市文化旅游委扎实推进广播电视扶贫工作。争取中央资金4890万元，完成14个国家贫困区县广播电视台制播能力升级建设和3座国家贫困区县无线发射台站改造，推进酉阳、彭水、巫溪等3个县级应急广播体系建设。投入820万元实施直播卫星户户通扶贫工程，为全市18个深度贫困乡镇1.33万户建卡贫困户和5个国家贫困区县3.77万户群众配送安装直播卫星接收设备。（传输保障处）

9. 南岸区"五化"推动"南书房"24小时自助书吧建设。一是图书借阅智能化。运用"人工智能+"的方式，建设集借书、还书、捐书功能于一体的“南书房”24 小时免费自助书吧，通过共享式借阅体验＋开放式阅读环境产生海量的数据，让每个读书人既是图书借阅者又是图书的保管者，让图书借阅和漂流达到有效延伸。二是图书流转可控化。规范“南书房”24 小时标准化运营，配备 10 名专业人员，建立书柜日常维护组、预约图书配送组、线下活动运营组和 24 小时客服组，搭建大数据可视化平台，为借阅者进行精准化、个性化配送。三是设计理念前卫化。设计具备趣味漂流、图书预约、爱心捐赠等功能，增加图书热度榜、图书漂流榜、读书达人榜、阅读区域热度榜、积分兑换、借阅记录、书评分享等特色服务，增强交流体验。同时，推动书吧进社区、进学校、进商圈、进企业，打造以阅读为主体的“15 分钟高端文化圈”。四是阅读交流全民化。依托自助书吧组建遇见“南书房”书友会，针对不同年龄层居民，分类开展阅读辅导活动，做到全面覆盖，带动全民阅读。五是公益先行带动化。倡导公益先导的图书流转方式，鼓励市民捐赠图书，定期组织管理员收集整理，并编码上柜，实现捐赠图书可视化。（公共服务处、南岸区文化旅游委）

10. 潼南区着眼“数据赋能”推进智慧旅游建设。一是用心打造以人为本的全域智慧旅游新体验。构建游前、游中、游后智慧化服务体系，更新升级门禁系统，优化售检票流程，建成集展厅展室、形象宣传、信息咨询等为一体的多功能游客服务中心；以触控展柜、投影、数码桌、触摸屏等多媒体手段改进展陈，让馆藏文物“活”起来；建设景区微信小程序，配备无线语音导览系统，提供人性化的电子导游和讲解服务；引进专业人才，提升旅游服务品质，培养打造景区旅游产业升级版和服务标准化的高技能人才队伍；全区 AAA 级及以上旅游景区已建 Wi-Fi AP 数 16 个；星级酒店已建 Wi-Fi AP 数 34 个，杨闇公故里景区安装监控摄像头 150 余个，布置监控室 5 处，布设 5 个无线设备。二是逐步形成全方位多层次宽领域的全域营销新格局。强化旅游潼南官网运营，及时更新栏目内容，为游客全方位提供旅游信息动态、景点介绍、食住行简介等服务；利用政务新媒体及时发布政务信息及当季活动等，整合利用涉文涉旅部门及企业的大数据，建立起“大脑中枢”系统，达到交互、协同的效果；与电信公司合作，开展游客过境短信、手机座机彩铃宣传，为游客提供重点时段和节假日旅游信息、旅游安全及气象服务保障；倡导区内30余家电商企业在淘宝、天猫、京东等知名平台上架黄桃罐头、桂花蒜、桑葚制品、玫瑰制品、柠檬等旅游产品，游客可直接网上订购，送货到家；实现景区门票、酒店等旅游产品的网上统一展示预定和支付，使在线营销成为旅游营销的重要手段。三是加快构建多级一体的全域智慧管理体系。建立智慧旅游云初级分平台，完成杨闇公故里景区、大佛寺景区两家AAAA级景区的全市旅游云平台接入；升级智慧旅游产业运行监测平台，统一监管实时视频监控系统、信息发布系统、门禁票务等；开发全方位智慧旅游服务平台，与重庆银联商务公司合作，将旅游企业、特色商品、门票、住宿等接入全市“山城通”APP平台；投用智慧政务平台，通过大数据的收集、筛选、分析，及时监控区域旅游运营状况、预警客流，实现市内各大景区信息的在线实时比对，探知挖掘游客潜在需求，及时监管恶性服务事件、掌握同业动态等。（潼南区文化旅游委）

11. 三峡博物馆坚持“三措并举”促进优秀传统文化传承发展。一是坚持为人民奉献精品。提供基本陈列11个，年均推出临时展览25—30个。今年还将推出“建国的生活——庆祝新中国成立70周年生活变迁物证展”，“张大千抗战时期绘画作品展”等高质量的展览，丰富市民的精神文化生活。二是深化传统文化研究。围绕弘扬传承“巴渝文化、三峡文化、抗战文化、移民文化、城市文化”开展课题研究，深入挖掘馆藏文物资源内涵。今年计划出版《近代重庆史料系列翻译丛书》《白鹤梁题刻丛书》《巴渝藏珍：重庆市第一次全国可移动文普普查文物精品图录》。三是增强优秀传统文化的传播力、辐射力、影响力。年均接待观众210万人次，开展社教活动700余场次，与中小学共建“重博学堂”，以传统节日主题活动、巡展等方式，推出母城研学、三峡研学、红色革命文化研学等活动，不断扩大优秀传统文化传播的覆盖面与参与度。（三峡博物馆）

12. 市少年儿童图书馆“红色主题连环画电子阅览室”上线。“红色主题连环画电子阅览室”以“弘扬红色主旋律”为主题，围绕中国共产党建党90

多年来 12 个历史阶段，结合全国 31 个省、自治区、直辖市及香港、澳门、台湾等，书写党的历史上的光辉人物与重大党史事件及其纪念地故事。通过数字化与网络化的手段，区分《中国共产党党史》《新中国建设》《中国革命历史》《开国元勋》《中国抗日暨世界反法西斯战争》《中国民主党派》《中国梦主题》《少数民族》《中外影视》9 个专题阅览室，共计 6000 册连环画，对建党 90 多年的历史进行了详细的回顾，是对青少年进行党史学习教育的生动数字读本。（市少儿图书馆）

13. 市文化旅游委实施入境旅游提质增效三年行动计划助推国际消费中心建设。一是构建融合推广新机制。拟制出台《文旅融合宣传推广标准化模板》；每年举办 20 场次以上专项文旅推介活动，邀请 10 批次以上境外机构来渝踩线考察；增设 8 个境外推广中心和 9 家境外宣传形象店，打造“重庆文化旅游国际会客厅”。二是搭建国际合作新平台。持续开展“百城、百媒、百景”推广工程，引进有影响力的国际性会议 3 个以上；设立“友城日”，强化与国际友城交流互动；依托重庆旅游国际传播中心，搭建“1+N+X”旅游外宣平台。三是塑造国际品牌新形象。围绕“山水之城 · 美丽之地”核心品牌，打造“轻舟览胜、壮美三峡”“立体山水、魔幻都市”“武陵仙居、梦幻山水”“温泉之都、养生养心”等 4 个子品牌，瞄准“亚洲、欧洲、美洲、澳洲非洲、中国港澳台”5 大入境旅游客源市场实施精准推广拓展，实现 2019 年至 2021 年，全市入境过夜游客量年均增长 20% 以上。（办公室、国际交流合作处）

14. 市文化旅游委五举措推进旅游景区高质量发展。一是抓标准。制定《全市旅游景区景点提档升级与开发建设计划（2019—2022 年）》，实施精品景区提档升级与开发建设工程。严格执行《旅游景区质量等级的划分与评定》《旅游景区质量等级管理办法》，强化经营管理和创建评定。二是抓品牌。立足地域文化特色的传统民俗节庆、表演、技艺以及遗址遗迹等文化资源，打造文化旅游景区品牌，鼓励和引导旅游景区特色化、品牌化发展。三是抓营销。推进旅游景区与旅游企业合作，整合各方资源，实现优势互补，增强宣传效果，扩大宣传影响。四是抓监管。实施全链条监督管理，建立 A 级旅游景区智慧评价体系，督促旅游景区不断提升旅游管理和服务质量。五是抓安全。全面开展旅游安全综合治理，严格落实日常巡查制度、关停制度和最大承载量管控规定，突出抓好重点时段、敏感时段、重点地段的人流管控和交通疏导，确保景区安全平稳运行。（资源开发处）

15. 市文化旅游委扎实推进革命文物保护利用。一是加强革命文物整体保护。出台重庆革命文物保护利用总体规划，建立全市革命文物名录以及重点项目库，制定革命文物保护五年行动计划，开展川陕革命根据地、湘鄂川黔革命根据地革命文物集中连片保护利用。二是推进红岩革命文物保护传承工程。制定《红岩革命文物保护传承工程实施方案》，推进红岩革命纪念馆改扩建、歌乐山烈士陵园游客接待中心等重大项目建设，推动红岩精神纳入中国共产党革命精神谱系，大力传承弘扬红岩精神。三是大力发展红色旅游。推进邱少云烈士纪念馆、万州革命烈士陵园等 6 个全国红色旅游经典景区建设，推出一批红色研学旅游精品线路。四是提升展示传播水平。实施以革命先辈故居旧居、重庆谈判及统一战线和重庆大轰炸为主题的革命文物展示项目，创作一批革命历史题材文艺精品力作，推进中国红村网云数据平台、“互联网 + 红岩精神”知识阵地建设。（革命文物处）

16. 潼南区创新融合方式助推媒体焕发新活力。潼南区纳入全国首批融媒体试点后，大胆创新，锐意改革，媒体融合焕发新活力。2018 年，实现广播电视、报刊、移动端“三个百万级”用户全覆盖，《手机机器人将成潼南工业新名片》24 小时阅读量达 102 万人次，在中央、市级主流媒体上稿 200 余次，全年经营收入比 2017 年增长 8 倍。一是创新管理体制。整合潼南报社、潼南电视台和潼南网等媒体资源，组建潼南融媒体中心，作为区委直属正处级事业单位，成立中共重庆市潼南区融媒体中心委员会，归口区委宣传部领导，保留潼南日报、潼南广播电视台呼号。潼南报社、区广播电视台职责、编制及人员（体制内）整体划转至区融媒体中心。同时，成立潼南传媒集团，归口区国资委管理。区融媒体中心实行事业单位企业化管理，对外以传媒集团作为运营机构。根据媒体运行性质和任务设置内部运营机构，打破旧有的管理模式，建立党委领导、董事会决策高效运行的管理体系。深化人事财政管理体制改革，区财政按在编在岗事业人员经费据实核算，实行动态管理，其余补助经费以区报社、广播电视台2017年公用经费及专项经费决算数（剔除一次性因数）作为基数纳入传媒集团年度预算。区融媒体中心干部职工按事业单位干部职工管理和调资晋级。传媒集团中层干部报区国资委备案，按企业职工职位管理办法调资晋级。二是建立激励机制。区融媒体中心实行事业单位企业化管理，突破了现行事业单位工资总量调控限制，允许媒体服务收入部分用于人员工资、稿酬和绩效奖励。改革用人制度，采取“招录＋聘用”方式多渠道招才引智，有效优化人才队伍结构。推进薪酬制度改革，融媒体中心和传媒集团建立统一绩效考核体系，逐步从身份管理变成岗位管理，建立岗位薪酬、绩效考核与传播效能、工作业绩挂钩的激励考核管理体系，事业编制人员基本工资按岗位核定，企业人员基本工资由集团核定，所有人员绩效工资按A、B、C、D四类纳入集团统一管理，实现同岗同酬，优稿优酬、多劳多得的分配激励机制，充分调动员工的积极性、主动性和创造性。三是重构媒体流程。潼南区在全市率先启动融媒体中心建设，为适应融媒体发展新要求，不断优化传统媒体与新兴媒体之间策采编发各环节，重构媒体生产流程：一是一次采集。变选“稿”为选“题”，组建指挥调度中心，做到事前策划，事中沟通协调，事后追踪分析总结。不断加大培训力度，多方位培养能写会拍善讲的全媒体记者，充实基层一线力量，力争声音、图像、文字一次采集完成，上传媒资统一管理，有效节省时间和人力物力。二是多种生存。为确保多元化传播与多终端适配，根据电视、广播、报刊、网站及各种新媒体的不同特点和需要生产不同形态的媒体产品，将“为普遍听众生产”转变为“瞄准特定受众生产”。三是多渠道传播。整合广播、报纸、电视、网站、微博、微信、客户端等多种媒体资源，实行全媒体传播渠道融通共享、集中管理，构建集“报台网微端”为一体的现代传播体系。四是拓展服务半径。立足融媒体，打造“媒体＋”产业链，逐步形成多元化经营、多业务支撑的传媒运营新格局。采取“集团＋学院＋企业”模式，先后与重庆大学、四川美术学院和50余家企业达成文创项目合作协议；采取“媒体＋培训”模式，创办潼南传媒艺术培训中心，开展语言、主持、表演、美术等培训，打造“潼星梦工厂”；采取“媒体＋节会”，邀请中央、市级主流新闻媒体参与采访，通过“直播＋新媒体矩阵推送＋传统新闻报道”，承办全市林业现场会和国际柠檬节等大型节会10余场次；采取“媒体＋电商”模式，充分发挥主流媒体公信力优势，依托粉丝群，引导读者变消费者，开启特色农产品精准溯源功能，打造潼南特色农产品电商平台。2018年，全区农产品电商交易额突破10亿元。（潼南区文化旅游委）

17. 开州区大力推进文化旅游融合发展显成效。一是整合资源。开展文旅资源普查，已收集整理文旅资源100余个，挖掘山歌民谣近70首，编辑出版《开州对联集成》，编制完成《开州区全域旅游发展总体规划》，做好文旅资源规划管控。二是培育精品。精选开县春橙、南门红糖、紫水豆干、冰薄月饼等优质商品纳入“山水重庆·乡村好礼”推介名录和电商销售；推进乡村旅游基础设施建设，完成村规划138个，其中乡村振兴区级示范村27个。三是做大产业。开展文化旅游消费活动100余场次，吸引消费者超过120万人次，拉动我区文化旅游消费7.5亿元；“古今庭·开州汉绣台灯”参加第11届中国国际旅游商品博览会暨2019中国旅游商品大赛荣获银奖。截至目前，全区文化产业增加值已突破6亿元。（开州区文化旅游委）

18. 荣昌区突出“三抓”加强优秀传统文化保护传承。一是保护为先抓基础。先后开展三批区级非物质文化遗产名录命名工作，共计命名区级名录125项、区级代表性传承人357名。目前，全区拥有国家级名录3项、市级名录14项，国家级代表性传承人5名，市级代表性传承人22名。先后投入近30亿元，打造夏布创业基地、安陶小镇、夏布小镇等项目。二是传承为主抓生产。先后举办非遗培训班、传承人技能大赛等活动50余次，培养和选拔了200余名非遗优秀人才。成功打造国家级文化产业示范基地、市级文化产业示范园区等生产性保护平台33处。与北京服装学院合作建成全市首个“北京服装学院驻重庆荣昌传统工艺工作站”。三是创新为要抓研发。注重文化创意人才引进，先后吸引国家级、省市级大师设立工作室15个。加大文化创意产品开发力度，新开发文化旅游商品50余种。目前全区“三大国家级非遗”及相关产业产值约百亿元。其中，陶瓷企业实现产值47.4亿元，夏布14.7亿元，其他如折扇、卤白鹅、粉条、白酒等各类非遗产值30余亿元。（荣昌区文化旅游委）

19. 我市乡村文化遗产资源凸显三大亮点。一是资源众多。经调查，我市乡村文化遗产总数为 22322 处，其中物质文化遗产19578 处，占比87.71%；非物质文化遗产 2744 处，占比 12.29%。包括全国重点文物保护单位8处，中国历史文化名镇16个、名村1个、传统村落74个、少数民族村寨22个，国家级非物质文化遗产36 项。二是类型丰富。我市乡村文化遗产涵盖乡村聚落类遗产、建筑类遗产、农业生产景观、历史文化名镇名村等物质文化遗产17类，其中以建筑类、聚落类遗产居多，分别为19068处、286 处，占物质文化遗产总量的98.9%。另外，还包括民间音乐、传统音乐、曲艺等非物质文化遗产14类。三是分布广泛。我市乡村文化遗产分布广泛，又因其类型不同，呈现出相对集中的特点。其中建筑类乡村文化遗产分布较散，其中渝西片区7910处，渝东北片区6814处，渝东南片区4344处；聚落类乡村文化遗产主要分布在渝东南片区，共计达191处，占聚落类乡村文化遗产总数的63.6%。（文物保护与考古处）

20. 红岩联线强化阵地建设，服务主题教育。自主题教育开展以来，认真贯彻落实习近平总书记视察重庆重要讲话精神，紧紧围绕“不忘初心、牢记使命”主题教育，以大力弘扬红岩精神为主线，挖掘提升红色资源，建好用好红岩革命历史博物馆这一重要阵地，服务广大党员干部群众开展党性教育、爱国主义教育和革命传统教育。截至2019年上半年，红岩革命历史博物馆接待各级党性教育班114个、党员干部群众213608人次，其中接待“不忘初心、牢记使命”主题教育学习班65个、学员3350人次，取得了良好效果、赢得了良好评价。（办公室、博物馆处、红岩联线管理中心）

21. 市群众艺术馆探索组建“区域文化馆联盟”。“区域文化馆联盟”由全市40个区县文化馆按照地域就近的原则组建，现有主城片区、渝东北片区、渝东南片区、渝西片区四个文化馆联盟，并在此基础上构建起了全市的文化馆“大联盟”。“区域文化馆联盟”自运行以来，开展文艺演出3280场次，专题研讨128场次，文艺展览1520场次，培训交流600场次。通过文艺演出、艺术展览、文艺讲座、文艺培训等活动，促进群众文艺创作生产，补齐文化服务短板，促进了区域联动发展，实现文化旅游的深度融合，开启文化馆“开放、融合、互补”的发展之路。(市群众艺术馆)

22. 中国民主党派历史陈列馆举办“大道同心 薪火永传”全国推介主题宣传活动。活动历时两个月，先后走进福州、南京、济南、兰州、西宁、石家庄、武汉、哈尔滨、沈阳、郑州、合肥等11个城市，以专题片播放和精品展览相结合的形式，向当地广大干部群众、统战成员介绍重庆特有的统战历史文化旧址集群，集中展现中国共产党领导的多党合作和政治协商制度创立、形成、发展所走过的光辉历程，充分展示了重庆在党的统一战线历史上的特殊地位和重要作用。活动期间，共计为9000余名统战干部和成员提供讲解170余场，吸引8万余名观众前往参观，福州日报、河北新闻网、济南日报、新浪安徽、武汉电视台、长江日报、沈阳日报等50余家媒体进行了报道。(红岩联线管理中心)

23. 巫山县“点、线、面、块”培强旅游产业。一是点上树形象。启动小三峡·小小三峡景区提档升级，推进神女景区、当阳大峡谷瀑布群和大昌古城业态培育，提速巫山红叶博览园、“三峡记忆·南陵古道”、楚王行宫、175文创园等示范项目建设。二是线上建矩阵。借助人民日报、中国旅游报、携程、驴妈妈、抖音等多元化媒介，打造巫山旅游宣传媒体矩阵，打好三峡牌、神女牌、红叶牌、云雨牌、脆李牌五张名牌，唱响“神女恋城·红叶巫山”旅游总品牌。1—6月，游客量和旅游综合收入均同比增长20%以上。三是面上拓市场。紧盯重庆、武汉、宜昌、成都、广州、烟台等交通通达城市，筹备建设6个旅游宣传营销办事处，着力拓展陆路客源市场。参加2019

年广州国际旅游展览会，精心策划第二届长江三峡（巫山）李花节等节会活动，巩固提升既有客源区域。四是块上育基地。启动文化旅游产业园项目基础资料收集、策划团队引进，规划一批高水平文化旅游项目，打造巫山文旅融合产业集群。启动双龙场镇、黄岩、大昌古城文化旅游商品聚集地建设。（巫山县文化旅游委）

24. 江北区多点发力激活革命文物生命力。一是强化阵地建设。全力推进革命文物修缮工程项目开展，投资 1.2 亿元，启动“三三一”惨案死难志士葬墓基地暨江北烈士纪念堂保护性改建工程，当前已完成概念性方案设计、控规及立项报建等手续，预计下半年开工。二是强化教育滴灌。以“研学 + 革命英雄”形式发挥教育引领作用，在各中小学校对黄位贤、刘仁等人的革命事迹及精神进行宣扬，提升学生的爱国主义意识。截至目前，共开展红色文化进校园活动 13 场，师生参加人数达 9000 人次。三是强化宣传引领。积极融通媒体资源，以“互联网 + 文物”模式加大对革命文化宣传报道。举办“传承 · 2019 清明祭英烈”祭奠等活动 8 场，被重庆晨报、华龙网、网易新闻等重要新闻媒体撰稿报道。（江北区文化旅游委）

25. 北碚区“三步走”提升公共文化服务水平。一是完善 1 个平台。升级北碚区公共数字文化“碚壳”微信公众平台，对接国家公共文化云和重庆市公共数字文化平台，完善“活动中心、场馆预约、活动投票、文化产业、文化动态、志愿服务、文化地图”等服务功能，新增电子图书、电子期刊、网上听书、网上教学等数字资源。二是研发 2 个系统。创新研发基层数字文化站业务管理系统、文化资源库推送系统，创建发布“党的十九大”“同读一本书”“文化政策库”“乡村振兴”等面向分馆的公共资源包 4 个，为基层学习教育、文化活动策划和开展提供便利。三是抓好 3 个试点。完成天生街道、北温泉街道、童家溪镇数字文化站试点建设，配置迎宾机器人、少儿桌式一体机、远程实时培训终端等深受群众喜爱的数字体验设备，推动基层数字文化站全覆盖。（北碚区文化旅游委）

26. 全市驻渝外国机构旧址资源丰富。全市现存驻渝外国机构旧址共 26 处，涉及 12 个国家，全国重点文物保护单位 17 处，市级文物保护单位 4 处，区级文物保护单位 3 处，一般不可移动文物 2 处。总体呈现出数量较多、保护等级较高、区域分布相对集中、单体资源点状分布、产权以国有为主等特点。目前，已对外开放 13 处、办公场所 4 处、个人使用 1 处、闲置 8 处。（革命文物处）

27. 市文化旅游委多措并举推动全市广播电视工作高质量发展。一是抓舆论阵地建设。加强重大主题宣传创作，唱响时代主旋律，相继推出习近平总书记视察重庆等 7 档大型主题报道和专题专栏，受到中宣部和国家新闻出版广电总局的通报表扬。二是抓文艺精品打造。坚持以人民为中心的创作导向，电视剧《重庆谈判》入选国家百部重点电视剧选题，11 部电视剧、24 部微视频作品获国家新闻出版广电总局表彰，名列西部第一、全国第四位。三是抓“广电 + 文旅”融合发展。以“第 1 眼”APP 为龙头的移动传播矩阵基本建成。完成 20 个区县媒体融合发展试点项目，5 个区县融媒体中心投入运营。《双晒》系列节目、新媒体短视频营造强大宣传阵势。四是抓广电惠民共享。投入资金 7914 万元，完成贫困区县广播电视播出机构制播能力和应急广播建设以及 25 个无线发射台站基础设施改造，全市直播卫星用户达 188 万户。重庆有线数字电视累计实现 5883 个行政村光缆通达。（传媒机构管理处、办公室）

28. 北碚区“四管齐下”助推文化创意产业高质量发展。一是强投入。将文化创意产业发展纳入区政府产业引导母基金、喜凌创客种子投资基金、民营企业风险补偿资金池等政策共持范围，累计安排 1500 万元专项扶持资金。二是搭平台。在重庆自贸区蔡家区域挂牌成立国际文化艺术交流中心，注册文化企业 200 家。深化与西南大学合作，以文化创意为重点发展方向，打造科技创新创业生态园、创新创业街区。连续举办三届塔云文创市集、两届文化惠民消费季活动，撬动社会资本 400 万元，拉动文化消费 1000 万元。三是引项目。完成 101 公顷文旅用地规划修编，签约引进 4 个文创产业园区和 64 个“文化 +”项目，签约项目金额 500 亿元。四是促开发。支持重庆自然博物馆等国有文博单位开展文创产品开发试点，引导辖区非遗文创企业进行创意开发，累计开发文创产品 150 余类，销售总额达 2000 万元。（北碚区文化旅游委）

29. 合川区全力筑牢文物安全防线。一是层层压实责任。与相关事宜单位、30 个镇街、3 个博物馆和 71 处各级文物保护单位逐一签订《文物安全目标责任书》。二是逐级开展巡查。出动检查人员 560 余人次，开展春季文物消防安全大检查和联合执法，巡查文物点 685 处，提交巡查记录 996 条，对违规情况进行现场处理。三是配齐设施设备。育才学校旧址消防系统工程基本完工，钓鱼城安防技防系统建成投用；投入 10 万余元为各文物点新添置消防箱 10 个，灭火器 80 组、充消防水带 15 条、消防水枪 8 个等消防设施。四是强化安全培训。组织召开全区博物馆和文物单位消防安全约谈会和文物安全消防演练；组织学习了《文物建筑消防安全管理十项规定》等相关政策文件。（合川区文化旅游委）

30. 北碚区加强抗战文献保护利用。一是加强原生性保护。新建民国文献库，购买装具、书柜等设备，改善抗战文献保存环境。清理统计各类抗战文献 3.3 万余册，建立革命历史资料、抗战版文献学术专藏。二是加强再生性保护。编辑出版《复旦大学在北碚》、影印出版《北碚月刊》等书籍，数字化处理《嘉陵江日报》。启动包含抗战文献在内的民国文献数字化、联合编目著录工作，为自建数据库奠定基础。三是加强开发利用。建设开放顾毓琇纪念亭，拍摄制作《重庆抗战史迹北碚篇》，建成抗战史迹北碚篇视频资源库、北碚区历史文化专题数据库。举办“北碚在抗战——纪念抗战胜利七十周年”等系列图片展，生动展示北碚波澜壮阔的抗战史。（北碚区文化旅游委）

31. 潼南区着眼用活红色文旅资源强化革命文物保护。一是筑牢红色文化阵地。成功申报国民政府陆军机械化学校旧址为市级文物保护单位；完成杨闇公故居等12处地形图测绘和保护范围的划定；专项申报杨氏民宅保护维修工程及禹王宫、杨氏民宅、双江古镇小品布展工程。二是加强环境设施整治。完成杨闇公烈士陵园堡坎整治项目；启动杨氏民宅、闇公陵园、尚昆旧居、闇公旧居安防工程及源泰和大院修缮工程；加快推进“四知堂”消防系统工程；对照国家AAAAA级景区创建标准，进一步完善景区标识标牌和闇公旧居游客中心服务配套设施，配备闇公陵园音响系统，助推双江古镇保护建设和旅游业态有序发展。三是创新推动红色教育。组织开展“不忘初心·牢记使命”主题教育、重温入党誓词、革命先辈家风专题现场教学等20000余场；巩固推进自创红色教育品牌活动，连续开展十一届“闇公杯”全民阅读系列活动，常态化开展红色电影展播、朗诵大赛、讲故事大赛、征文比赛和图片展览。（潼南区文化旅游委）

32. 巫山县“四化”推动旅游发展见成效。一是基础设施“智能化”。建成全域智慧旅游中心及VR体验馆1个，景区、乡村旅游点等实现免费Wi-Fi全覆盖。开发巫山APP，餐饮、停车、旅游厕所等实现手机“一键查找”。二是产业发展“多元化”。培育红叶景观林15万亩，建设3000亩精品红叶博览园，举办“三峡李花节”和“脆李采摘季”，打造休闲李庄、橙庄120个，吸纳1.5万名群众吃上“旅游饭”。三是宣传营销“品牌化”。挖掘三峡文化、神女文化、巫文化内涵，丰富各类节庆活动，举办当阳大峡谷户外挑战赛，唱响“神女恋城·红叶巫山”品牌。四是旅游服务“标准化”。建立完善标识、导览和信息推送等系统，培训从业人员20余次2500余人次，编制更新导游词，提升旅游综合服务质量。1—7月，全县接待游客937.26万人次，创综合收入39.3亿元，分别同比增长14.18%、20.97%。（巫山县文化旅游委）

33. 市文化旅游委聚焦文旅融合助推乡村振兴。一是升级文化阵地。截至目前，建成435个乡镇（街道）、3681个村（社区）综合文化服务中心，完成37.87万户直播卫星户户通工程，为14个贫困区县、695个村配齐文化设备，提档升级45个乡镇综合文化服务中心的公共数字文化设施。二是挖掘利用乡土文化。完成全市乡村文化遗产调查，形成23类22322处文化遗产谱系。建成 18 个非遗扶贫工坊，实施酉阳 25 处革命文物整体打造、综合利用。推出三峡移民文化节、武陵山民族文化节、诗城文化节等品牌活动，乡村旅游文化内涵明显增强。三是推动乡村旅游提质增效。实施乡村旅游“百镇千村万企工程”，打造“巴渝人家”乡村旅游品牌体系。编制推出 80 余条乡村旅游自助旅游精品线路，开通 2 批次旅游扶贫专列。打造网上村庄，开创“乡村旅游 + 农产品”模式创收增收。（综合协调处）

34. 市文化旅游委深化农家书屋改革发展提升服务效能。一是深化“建采服”。全市建成并有效运行农村书屋 400 余个，采取自购与“区镇村户”四级片区定期交换相结合的形式，丰富图书资源；开展快递到家“一卡通”服务，按需定制实用农技书籍，促进农村产业发展。二是推动“试运行”。以南岸、江津、长寿三区为重点，开展农家书屋纳入区县公共图书馆总分馆制试点，统一书屋硬件设施、图文资源和运行机制，推进数字农家书屋建设，实现与农村文化阵地相结合，增强“扶志扶智”功能。三是持续“抓保障”。协调争取补助资金 5 万元 / 个，建立配套专项经费，鼓励社会资本参与；以政府购买公益服务岗位的形式，配备书屋专职管理员；将建设情况纳入绩效考核加分内容，强化责任落实。（公共服务处）

35. 追寻城门记忆 镌刻城市精神——纪录片《城门几丈高》播出后反响热烈。9 月 2 日至 6 日，反映重庆开埠历史的纪录片《城门几丈高》登陆 CCTV-9 和重庆卫视播出。该片由重庆广播电视集团（总台）和中央广播电视总台央视纪录频道联合出品，以重庆历史上九开八闭十七门的变迁入题，用珍贵的影像、系统的解说和地域特色鲜明的配乐，全景讲述重庆的开埠历史和城市更迭，使人在城门的时空变幻中追索重庆文脉，在城门的集体回忆里感受巴渝乡愁，特点鲜明。一是以城门兴衰为眼，觑见重庆开埠历史。《城门几丈高》将“城门”作为全片的“眼”，借由城门的兴建、开合、废弃与拆除，完整地还原了山城重庆的开埠和发展历程，折射出重庆这一川江要塞从封闭走向开放的时代命运。二是以人物故事为线，彰显重庆城市精神。“只有人的故事才有永恒的、跨越文化的魅力。”该片用诗性的叙述为世人刻画了历史上实业救国的“重庆群英谱”，通过他们心怀家国、奋勇弄潮的故事彰显了重庆人自强、忠勇、刚烈、坚韧的性格特质和精神品格。三是以穿越剪辑为镜，照见纵横叙事空间。该片大量运用“穿越”式的剪辑和表现手法，通过大量的历史老照片与现代彩色影像交错出现，或展现同一地标建筑，或反映同一生活场景，在《立德乐日记》等文献资料的引述下，使百年前的重庆与当下的重庆形成一种历史的对望与关照，营造出时空穿越之感。《城门几丈高》开播后，引起了市内外观众的广泛热议，众多观众和文史专家对这部迄今最为完整地记录重庆开埠历史的电视纪录片给予了一致好评。（广电节目处）

36. 市文化旅游委着力引导纪录片创作生产。一是建成西部地区首个纪录片产业基地。计划打造纪录片生产链集群平台，建成完整覆盖纪录片创意、投资、生产、交易、播出全过程闭合产业生态圈，并通过基地创作出更多有影响力的“重庆造”纪录片。二是通过重庆市文艺创作资助项目对纪录片给予扶持。自 2015 年开展扶持以来，四年共扶持 42 个纪录片项目 788 万元，引导我市纪录片制作机构围绕新中国成立 70 周年等重要节点打造精品力作。三是推荐重庆优秀纪录片参与国家新闻出版广电总局季度推优、年度优秀纪录片及创作人才评选，我市优秀纪录片《大后方》《豆豆和小语》《最后的棒棒》《大山深处的“紫禁城”》《守望》《记住乡愁（第三季）》《巴盐》《破晓》等陆续入选，凸显了重庆纪录片的深厚创作实力。四是推动重庆纪录片走出去。推动重庆纪录片在海内外扩大影响力，并通过纪录片这一载体宣传推介重庆厚重的历史文化旅游资源。纪录片《最后的棒棒》获得首届金树国际纪录片节最佳短纪录片奖。（广电节目处）

37. 我市 2019 年国庆节假日文化和旅游市场持续向好。节日期间，全市共接待境内外游客 3859.61 万人次，同比增长 10.6%；实现旅游总收入 187.62 亿元，同比增长 32.8%。重点景区接待火爆，洪崖洞、观音桥、弹子石分别接待游客 88.9 万人次、50.2 万人次、40.17 万人次，同比分别增长 11.5%、13.11%、6.66%。乡村游、古镇游增速明显，接待量均超 10%，全市 20 处红色旅游经典景区、景点共接待游客 85.63 万人次。各文博场馆举办庆祝新中国成立70周年专题展览29个，深受游客和市民欢迎。全市群众文化活动开展638场次，500余名市级非遗代表性传承人参与各地非遗展演、宣传活动390场次，服务游客、市民230万人次。全市各持证网站、IPTV用户终端、重庆有线用户终端均在首屏首页开设“我们的70年”“庆祝中华人民共和国成立70周年”等专栏，并上传相关视听节目，内容丰富，形式多样，营造了祝福祖国的浓厚氛围。（综合）

38. 北碚区四举措提升图书馆综合服务效能。一是提高服务意识。年均开展线上线下读者咨询解答300余次、图书馆服务信息推送150余次、《新书榜单》发布12期、读者培训15场次，并通过问卷调查、读者荐书活动，结合“你读书我买单”以及书刊外借情况的大数据分析，根据读者阅读偏好和需求采购新书，在主动服务、主动了解中不断掌握读者需求，为广大读者提供优质服务。二是提升服务水平。年均采购90万元新书、接待读者60万人次、外借书刊20万册。年均开展“碚城同读一本书”“全民读书月”“缙云文化大讲堂”“梧桐书语文化沙龙”等各类线上线下阅读推广活动百余场次。同步开展“特别的爱给特别的你”系列活动，举办“音你而生”视障读者文艺沙龙、“梦想心愿·夏乡之泉”“大手拉小手”“常青e路幸福夕阳”等活动，保障特殊群体基本文化权益。三是延伸服务触角。建成17个镇街分馆、2个社会分馆、32个图书流通点、1个24小时自助图书馆、1个城市街区自助借还机、2个有声图书馆，年均开展基层群众辅导培训60余场次、流动服务50余场次，城乡一体、互联互通的图书馆服务体系基本建成。依托门户网站和微信公众号，为全区市民提供60余万册电子图书、300余份电子报在线阅读和下载服务，数字资源超过4.6TB。（北碚区文化旅游委）

39. 市文化遗产研究院多措并举推动宋蒙战争山城保护利用。一是摸清底数。持续开展合川钓鱼城范家堰（四期）、渝中重庆城老鼓楼衙署遗址南区主动性考古发掘，奉节白帝城、万州天生城（三期）等三峡后续大遗址保护项目，启动南川龙崖城、梁平赤牛城考古调查勘探。二是制定方案。围绕文旅融合，按照“一体化保护”理念，组织编制合川钓鱼城始关门、古地道、内城墙和九口锅保护方案，万州天生城大遗址公园设计方案。三是创新思路。为活化利用宋蒙战争山城遗址群，提出“1+N”即“钓鱼城 + 川渝地区 7—10 座山城”联合申报世界文化遗产的新思路，得到国内专家的支持与认可。四是组建队伍。筹建世界文化遗产保护研究办公室，拓展职能、开阔视野，进行同类山城遗产的突出普遍价值和真实性、完整性比较研究。（市文化遗产研究院）

40. 市文化旅游系统举办系列活动庆祝新中国成立 70 周年。三峡博物馆举办了大型原创性展览“国强”的生活——庆祝新中国成立 70 周年重庆生活变迁物证展。重庆演艺集团完成了重庆市庆祝中华人民共和国成立 70 周年招待会文艺演出活动。市群众艺术馆举办了“我和我的祖国”庆祝新中国成立 70 周年系列展演活动之专场音乐会和“我和我的祖国”——光辉七十年 · 祖国新面貌 2019 年全市文化馆系统微视频比赛。市女性人才研究会举办的以“祝福祖国 · 祝福重庆”为主题的重庆女性影像展在重庆美术馆和渝中区山城巷同时开展。重庆广电集团组织了“心之声——圆梦中国”《我和我的祖国》朗诵会，重庆广播电视近 30 名主持人用自己的“金嗓子”“金话筒”表达深厚的爱国情怀。重庆网络广播电视台与高德地图合作推出《我爱祖国、我爱重庆》H5 地图产品，策划制作《重庆 12 小时》短视频作品，推出《桥都重庆》互动游戏产品。重庆少儿频道打造少儿职业体验类节目《小小见闻家——青春梦想巡礼季》、标榜“新时代好少年”的《童趣欢乐送》特别节目和九所小学献诵祖国——《我的祖国》宣传片。委机关创新举办了“金秋桑榆祖国情”离退休干部首届文艺演出活动，抒发了老同志们浓郁的爱国情怀，表达了对新中国成立 70 周年的祝福。（综合）

41. 市文化旅游委扎实开展红色旅游活动。一是打造红色旅游经典线路。推出 4 条红色旅游经典线路、1 条抗战文化旅游经典线路、1 条革命保护利用片区线路。开展《重庆市红色旅游指南》修订再版工作，收录重庆 112 个红色旅游景区景点。二是开展红色旅游教育活动。依托红岩景区开展“小萝卜头”进校园、红岩故事宣讲、“保护革命文物、传承红色基因”等主题活动。

指导区县深挖地方红色资源，举办革命专题展览，推出“追寻先烈的足迹”“一人、一物、一故事”等红色革命故事全媒体宣传。三是创排红色旅游文艺精品。出版《信仰的力量》《红岩档案解密》等系列图书，制作《生命作证》《千秋红岩》纪录片。组织川剧《江姐》赴市内外巡演 30 场，开展话剧《幸存者》《红岩魂》全国巡演 18 场，引起社会强烈反响。（革命文物处）

42. 北碚区以科技融合促文化繁荣发展。一是文艺 + 科技。成立两江艺术团数字化技术部，借力高科技数字技术提升舞蹈编排、音乐创作、舞美设计综合实力，包含了机器人、平衡车、激光舞等前沿科技的舞蹈《技创未来》荣登 2019 年“一带一路”国际技能大赛开幕式。二是文博 + 科技。推动文、图、博、美四馆数字化升级，建成有声图书馆，完善总馆远程培训系统、专题发布推送系统和街镇分馆运行管理系统，建立 4 个试点基层公共数字文化站，免费提供海量数字文化资源。三是文旅 + 科技。推动图书自助借还进景区、进酒店、进民宿，完成全区 A 级旅游景区 Wi–Fi 全覆盖，升级门禁和视频监测系统，强化客流数据对接，有效提升景区智慧化水平。四是文体 + 科技。在区运会开、闭幕式中结合无人机、LED 高清地屏呈现体育舞蹈，展示“巴山夜雨”“缙云嘉陵”等代表性文化符号。（北碚区文化旅游委）

43. 我市深入推进旅游资源开发助力脱贫攻坚。一是 A 级景区创建成效明显。加强贫困区县旅游景区创建指导，巫山博物馆、奉节夔州博物馆、奉节龙桥河景区成功创建为国家 AAAA 级旅游景区。彭水阿依河 AAAA 级景区投入 600 万元建设扶贫服务区，现正接受国家 AAAAA 级景区创建现场检查。二是大力推进全域旅游发展。武隆区、巫山县被认定为首批国家全域旅游示范区。黔江、酉阳、彭水 3 个区县，秀山洪安镇等 6 个镇和秀山县丰联村等 9 个村已列入我市第一批市级全域旅游示范创建单位。三是全力实施旅游度假区建设。大力实施“三个一批”（命名授牌、提升创建、规划新建）旅游度假区工程，武隆仙女山、石柱黄水、巫溪红池坝、酉阳桃花源、丰都南天湖、奉节九天龙凤等 6 个贫困区县景区被评为市级旅游度假区，今年以来，实现旅游收入 39.88 亿元，带动就业近 9 万人。（综合协调处、资源开发处）

44. 北碚区文旅委发挥农家书屋作用助推脱贫攻坚。一是扶贫。吸纳当地致富带头人、文化能人、文化爱好者作为书屋管理员，在文化建设经费中落实每人每月 100 元工作补贴。二是扶弱。提供困难群体关爱服务，“心连心”活动为留守儿童搭建与远方家人交流平台，“微笑图书室”让不识字的妇女老人也能“读书看报”。三是扶志。重点添置党建知识类、历史人文类、农村技能类书籍，依托农家书屋开展征文演讲、展览演出、文明评比，使农家书屋成为宣传党的政策、倡导文明新风的前沿阵地。四是扶智。每年开展农业、服务业、电脑技术培训 200 余场，定期发布致富信息和招聘动态，惠及村民 2 万余人。（北碚区文化旅游委）

45. 市旅游监察执法总队严格落实案件法制审核制度。健全完善“四个层面”的案件审核审批程序：一是总队内部落实从办案人员到科长、总队分管负责人、总队负责人的行政逐级审核制度。二是专门聘请西南政法大学行政法学教授作为总队法律顾问，对每个案件材料审核把关；邀请行政法学教授、人民法院行政审判庭庭长等法律顾问参加复杂案件案审会。三是由委机关市场管理处和政策法规处等业务处室分别对每个案件进行审核。四是委领导审批，对重要案件提交委主任办公委集体研究决定，确保把每一件案子都办成铁案。（市旅游监察执法总队）

46. 市文化旅游委扎实推动公共文化服务提档升级。今年以来，建成 29 个 24 小时城市书房，“巴渝文旅云”改版上线，平台访问量达到 220 万次。公共文化物联网升级为群众文化云，完成配送 92128 场次，服务 2175.09 万人次。全市博物馆开展社教活动 2000 场次以上，受众超 2000 万人次，开展流动博物馆送展览和教育活动到深度贫困乡镇 105 场次。举办“我爱你中国”“欢跃四季 · 舞动巴渝”2019 重庆市广场舞展演，2274 支队伍 5 万多名广场舞爱好者参与，线上线下观看群众超过 1000 万人次。采取线上线下互动结合，664 件作品入展第十九届美术书法摄影联展，打造永不落幕的展览。（政策法规处、公共服务处）

47. 荣昌区文化旅游委打造“四大品牌”深入推进新时代文明实践。一是打造“书香荣昌”。成立多个读书协会，创建网上听书平台，涵盖了16个种类阅读作品；策划实施“4.23世界读书日”系列活动，在4个会场开展15场各具特色的阅读推广活动，常态开展“妈咪宝贝”“行走的图书”等全民阅读活动。二是打造“印象荣昌”。开展传统文化、非遗展览等活动，传承传播文化遗产，承办第四届重庆市非遗博览会，全市230多个项目参展，吸引游客近20万人次；策划光影艺术活动，让全区群众感悟家乡变化；开展送文化下乡活动，增强文化自豪感。三是打造“欢乐荣昌”。以“广场故事会”“周末文艺荟”为代表的一批群众文化活动受到市民喜爱；开展文化暖心活动，为基层1.8万余亩群众送去文化节目，举办第六届“海棠香国”美术作品展，参观人数达到2.5万余人次；组织文化艺术培训，参与服务的志愿者达5000余人，惠及群众3.2万余人。四是打造“运动荣昌”。广泛成立体育协会及分会，组织各类活动赛事；开展“测体质、开处方、促健康”身体素质提升行动；实施“全民健身月”，参与群众达2.8万余人次，承办7次国家级、市级的品牌赛事活动等。（荣昌区文化旅游委）

48. 北碚区深化“放管服”改革释放文旅市场活力。一是推进审批制度改革，打通提速堵点。全面推行“证照分离”，将2项工程建设批项目审批时限压缩至50%，纳入“一次办”清单，对“歌舞、游艺场所设立审批”等7个审批事项推行告知承诺制和优化准入服务。开展减证便民行动，全面清理“奇葩”证明，200余项依法申请的行政权力和办理类公共服务实现网上运行，审批服务实行“一窗”受理，经办模式实现“受审分离”。二是深化监管机制改革，破解监管难点。“宽进”与“严管”并重，建立以“互联网+监管”、信用监管为核心，教育引导与惩戒相结合的监管体系。超过90%的行政检查事项被纳入“双随机一公开”范畴，建立文旅市场“红黑名单”，在“信用北碚”平台上报审批执法存量信息400余条。现已与重庆乐鱼国际旅行社有限责任公司、重庆祉汇旅行社有限责任公司签订《诚信经营协议书》，营造法治化、诚信化营商环境。三是探索服务机制改革，聚焦反映热点。全面走访文旅企业，针对性宣传对企政策，助力企业端“法无禁止即可为”；

坚持执法检查与指导帮扶相结合，引入“云充吧”和农行“e 融通”支付平台，积极对接网吧行业协会和保险公司，公众责任险覆盖率持续上升，帮助企业降费增效。利用抖音、今日头条等媒体平台发布出行提示和旅游建议，内容涵盖吃、住、行、游、购、娱等方面，在各景区景点设置“志愿服务岗”和游客意见簿，免费提供志愿讲解服务，有效提升游客体验。（北碚区文化旅游委）

49. 市文化旅游委加强过境 144 小时免签境外游客在渝旅游安全工作。 一是修编《市文化旅游委涉旅应急预案》，健全涉外旅游安全信息共享和应急联动机制建设，加强对市、区县文化旅游涉外节庆活动安保预案应急演练的统筹协调力度，建立境外游客在渝突发涉旅安全事故 40 分钟内直报制度。二是组织翻印英文版《旅游安全实务手册》，落实外文旅游安全警示、提示信息推送，在微博、官网发布境外游客在渝旅游安全注意事项，加强地接旅行社外语导游安全规范培训力度。三是健全境外游客星级饭店在渝过夜、长江三峡星级游船入住登记信息共享工作机制，加强在渝过境免签境外游客涉国家安全违法犯罪活动的防范与联动协作，探索建立境外游客在渝旅游统一投保旅游安全事故保险及理赔工作。（安全应急处）

50. 市文化旅游委多措并举抓好历史文化遗存保护。 一是加强规划编制。对全市历史文化资源按照“三层七类”体系进行梳理和保护，即空间上的历史文化名城名镇、历史地段和历史文化资源点等“点、线、面”三层，历史文化街区和传统风貌区、历史文化村镇、文物保护单位、优秀历史建筑和保护建筑、风景名胜、非物质文化遗产、世界文化（自然）遗产和主题遗产等 7 种资源。二是加强评审划定。深入挖掘建筑和村落的历史文化内涵，从艺术价值、科学价值和历史文化及社会价值等多个维度进行评估，评选出三批共 387 处历史建筑、两批共 45 个市级历史文化名村。三是加强重点文物保护。出台《重庆市历史文化名城名镇名村保护条例》。完成渝中区罗斯福图书馆旧址等 11 处第八批全国重点文物保护单位报批。文物调查勘探提前介入市区轨道交通、大型园区、高速公路等重点项目规划设计建设中，充分考虑文物保护。四是加强宣传推介。联合腾讯、字节跳动等新媒体，通过“晒文化 · 晒风景”活动充分展示古迹风貌。拍摄讲述重庆古城门和历史的纪录片《城门几丈高》，在央视和网络平台播出。依托重庆电影拍摄一站式服务平台，吸引影视剧组来渝并指导取景拍摄，将历史文化遗存通过大银幕展示。（市文化遗产研究院）

51. 开州区锁定“四大重点”深度融入长江三峡国际黄金旅游带。一是以“七彩汉丰”为核心打造“生态之城”。每年投入近十亿元财政资金，建成汉丰湖环湖景点风雨廊桥、开州举子园、城南故津、军神广场等，建成环湖步道30千米、生态滨湖公园200万平方米。汉丰湖被国家旅游局批准为国家（AAAA）级风景名胜区，跻身全国23个国家重点湿地公园；二是以“水上运动”为核心打造“运动之城”。常年开展汉丰湖半程马拉松赛、国际摩托艇公开赛、汉丰湖龙舟邀请赛、汉丰湖水上欢乐季等重大文体旅品牌赛事，催生成立游泳协会、龙舟协会、自行车协会等21个单项体育协会和5个俱乐部；三是以“开州故城”为核心打造“休闲之城”。结合开州特色移民文化、军神文化、举子文化，策划推出以刘伯承同志纪念馆（故居）为代表的红色文化产品，展示中国的科举文化和儒家文化的开州举子园等举子文化产品，汉丰湖游船观光、夜宴夜游、私人订制、水上游乐等休闲产品，打造“诗吃美食街”特色街区。2019年，开州汉绣台灯荣获中国旅游商品大赛银奖，醉再醉余开州牛肉干获得“重庆好礼”旅游商品金奖。四是以“印象雪宝”为核心打造“康养之城”。改善汉丰湖至雪宝山沿线交通条件及交通环境，实施旅游道路外联内畅工程，年均建设旅游道路130余千米，完善景区标识系统，实施景区Wi-Fi全覆盖，建设旅游厕所208座。目前，已基本形成环汉丰湖生态休闲旅游和南山、铁峰山、雪宝山避暑养生旅游“一环三山”的发展格局。（开州区文化旅游委）

52. 我市温泉旅游创意系列活动精彩纷呈。自2019年9月至11月以来，重庆市文化旅游委联合北碚区人民政府、广电集团（总台）等单位联合推出2019年世界温泉之都温泉创意活动。开展2019“世界温泉之都”微视频故事大赛，邀请全市、全国影视制作专业机构来渝实地采访，拍摄制作重庆温泉微电影、短视频，吸引103家机构报名参赛，15部优秀作品在IPTV电视、视界网、重庆手机台及今日头条、抖音等媒体同步展播11天，网络点击量达2800万次。以“幸福童年，快乐温泉”为主题，开展“寻找温泉小天使”重庆少儿才艺大赛活动，吸引全市487组家庭报名参与，10名优秀选手荣获“温泉小天使”称号，影响辐射超过50万个家庭。本次研讨会上，为2019“世界温泉之都”微视频大赛和“寻找温泉小天使”活动的获奖者举行了颁发仪式。同时，会上，中国旅游协会温泉分会秘书长还为重庆市北碚区颁发了“中国十佳温泉旅游目的地”奖牌，希望重庆及北碚区继续推进打好“温泉牌”部署，发展集旅游、休闲、度假、养生、健康于一体的复合型温泉旅游业态，满足人民群众高品质健康需求。会议期间还推出“温泉惠民”消费季活动，推出温泉惠民优惠20余项，吸引广大市民参与，全面提升重庆世界温泉之都品牌影响力。（综合）

53. 市文化旅游委推动实施“大三峡”文化旅游核心产品提升打造工程。一是提升水上旅游精品。发展“水上巴士”观光快船，积极培育游船、轮渡、游艇、快艇等多元化水上旅游产品，策划打造一批水主题旅游项目。二是培育精品旅游景区。支持奉节白帝城、巫山神女、丰都名山等创建国家AAAAA级景区，推进云阳龙缸景区、忠县三峡橘乡田园综合体、奉节关门山大峡谷等腹地景区深度开发，形成高密度精品景区集群。三是建设精品旅游度假区。打造一批中高端全产业链气候康养度假项目集群，推动万州滨江环湖、梁平百里竹海、丰都南天湖、开州汉丰湖举子园等旅游度假区建设。四是实施重点旅游项目。积极开发建设一批城镇旅游综合体、城市休闲公园（街区），推进云阳恐龙化石群、夔门古城项目、巫山摩天岭森林小镇等重大旅游项目建设，策划开发“沿江低空旅游走廊”、环三峡旅游公铁路、山地旅游轨道交通、旅游索道等特色项目。（资源开发处）

54. 渝中区持续深化公共文化服务体系助推人文品质提升。一是以人为本，结合老旧社区整治改善文化服务环境。在大力实施老旧社区整治改造的过程中，注重将基层公共文化服务场所的提升改造作为重要内容纳入其中统筹规划，切实做到生活环境和文化服务“双提升”。二是旧物新颜，推进文物活化利用创造全民阅读空间。结合文物保护利用工作进一步探索，与坐落于国保级文物“通远门”老城墙上的“星临书局”合作，新建渝中图书漂流站，打造免费公共阅读空间，让老文物焕发新活力。三是文旅融合，依托公共旅游服务设施打造书香旅途。充分把握文旅融合发展机遇，推进现有公共旅游服务场地“+ 公共文化服务”内容，促进文旅公共服务融合发展。渝中区图书馆主动对接菜园坝旅游集散中心，依托菜园坝旅游集散中心平台，通过捐赠重庆历史、母城文化等特色图书及以设立图书漂流站等多种方式为等候旅客打造专属休闲阅读空间。四是共建共享，探索政社合作构建文化服务新格局。积极吸引社会力量参与，面向全区社会单位招募公共文化服务合作伙伴，吸引了解放碑锦囊青年酒店、白象街巴渝文化博物馆、枇杷山后街影视基地等多家社会单位回应，将采取图书馆负责图书设备等软硬件配置、社会机构负责运营管理的模式，打造社会多点位、轻便型公共阅读站点。（渝中区文化旅游委）

55. 市文物局扎实抓好大足石刻保护利用发展。一是守正创新，贯彻“保护为主，抢救第一，合理利用，加强管理”方针。采取多领域科研单位、多学科专家联合攻关，借助现代信息技术、3D 激光扫描、3D 打印、近景摄影、X 光探伤、红外热成像扫描等科技，实施以宝顶山千手观音造像为重点的系列抢救性保护工程。借助动态设计、信息化施工等手段解决石窟渗水病害治理这一国际性难题，实施大足石刻宝顶山卧佛水害治理工程，实施文物防风化、危岩加固、数字化保存等重点文物保护项目 23 项，石刻病害得到有效遏制，保护条件得到极大改善，为国内南方石窟寺及石刻保护提供了“大足样本”。在全国先期建成世界文化遗产监测预警平台，建立安全技术防范中心、文物科技保护中心，实现世界遗产变化可监测、风险可预报、险情可预控、保护可提前的目标，保障文物本体及周边环境安全，促进文化遗产资源可持续发展。二是深耕细作，深入挖掘历史遗存蕴含的哲学思想、人文精神、价值理念、道德规范和中华民族的文化精神、文化胸怀、文化自信。着力研究传播大足石刻蕴含的文化精髓和当代价值，创建以大足石刻为核心、涵盖川渝石窟和历史文化研究的大足学，成立“中国大足学研究与文化产业发展协同创新中心”，设立“大足石刻研究院博士后工作站”，在大足石刻遗产价值研究方面，形成了《大足石刻雕塑全集》《大足石刻研究文库》《大足学系列丛书》等系列成果。历时16年，完成国家“十二五”重点图书出版项目——《大足石刻全集》考古报告，以11卷19册、1200余万字的鸿篇巨制，续写了大足石刻研究新的篇章，将大足石刻研究推向新的高度。三是强化遗产合理利用完善遗产标识展示系统，改善文物周边开放环境，建成集文物收藏、保护、研究、展示为一体的大足石刻博物馆，全方位提升大足石刻历史文化价值的展示和阐释功能。推动大足石刻数字展示与智慧旅游服务系统国家示范项目建设，推进大足石刻游客集散中心、数字博物馆、4D影院、智慧化景区建设，成功创建全国首批国家级旅游服务业标准化示范项目。大足石刻已成为国家AAAAA级旅游景区、重庆十大文化符号、廉政教育基地、研学游基地等，2019年游客达100万人。四是交流互鉴，文化交流唱响中国声音。服务国家“一带一路”倡议，在“一带一路”沿线国家和国内选择100座城市，开展以百场展览、百场讲座、百馆赠书、百集微视频展播为主要内容的大足石刻“四百工程”推广活动，与意大利威尼斯联合开展的“中意大足石刻舒成岩保护修复”项目，在英国、加拿大、日本等国家和地区举办大足石刻巡回展等，让世界认识大足石刻的历史文化和艺术魅力。

BLUE BOOK OF CHONGQING

2019年大事记

1月30日，我市新增5个中国历史文化名镇。住房和城乡建设部、国家文物局联合公布第七批中国历史文化名镇名村名单，万州区罗田镇，涪陵区青羊镇，江津区吴滩镇、石蟆镇和酉阳县龚滩镇上榜。至此，重庆市共有中国历史文化名镇23个，占全国总量(312个)的7%，位居全国第四。

2月2日，中国剧协副主席、重庆市文联主席、重庆市川剧院院长、梅花大奖获得者沈铁梅携传统川剧《凤仪亭》亮相荷兰鹿特丹国际电影节闭幕式。

2月4—10日，春节假日期间，重庆旅游经济发展再创新高。全市共接待境内外游客4725.98万人次，同比增长10.26%；实现旅游总收入180.29亿元，同比增长34.82%。中国旅游研究院发布的大数据显示，春节期间前往重庆旅游热度高涨，在全国所有城市中接待游客排名第1，游客净流入排名全国第3。

2月15—26日，“山水之城·美丽之地”重庆文旅艺术团文旅交流演出活动在马尔代夫、斯里兰卡两国成功举行。

2月25日，市委宣传部、市文明办、市教委、市文化旅游委、团市委、市妇联、市关工委、红岩联线管理中心等单位和部门在沙坪坝区烈士墓小学举行了开学第一课暨重庆市“小萝卜头”进校园活动启动仪式，活动现场向烈士墓小学授予了“小萝卜头”活动室牌匾，向学校优秀班级授予了“红岩班”称号，并向学生们赠送了《小萝卜头彩绘本》《小萝卜头的故事》等图书。

2月27日，我市公布第三批市级文物保护单位。按照价值优先的原则，从区县申报的226处文物中，经专家论证遴选出103处予以公布。一是注重革命文物保护，将酉阳南腰界红三军旧址、城口红三十三军旧址等22处重点革命文物纳入了保护，全市市级革命文物达到114处，占市保总量的30%。二是注重考古新发现的城市遗址保护，如渝中区太平门、人和门及城墙，永川区汉东城遗址等是我市近年来城市建设中新发现的重要遗址，对研究、展示重庆建城史具有重要意义。三是注重乡土文物保护，结合乡村振兴战略，将一批乡土民居、祠堂、箭楼、古塔、廊桥等乡村文物纳入重点保护范畴，为乡村振兴注入文化动力。四是注重古驿道等线性文化遗产保护，如将巫溪大宁河古道、巫山南陵古道、江津渝黔古道等为代表的线性遗产纳入保护，丰富了文物保护类型，有利于全面弘扬重庆优秀传统文化。

2月28日，2018年全市旅游接待及收入数据发布。据统计测算，2018年1—12月全市接待境内外游客59723.71万人次，实现旅游总收入4344.15亿元，同比分别增长10.13%和31.32%。其中：接待入境游客388.02万人次，旅游外汇收入218989万美元，同比分别增长8.28%和12.44%。

3月1日，鲁渝共建非遗扶贫培训成果展暨“十万山东人游重庆活动”启幕。活动共展出展销重庆特色非遗产品2100多件，联合山东14个市开展了“十万山东人游重庆”宣传推介活动，启动为期两年的山东籍游客赴重庆贫困区县景区旅游优惠减免活动。

3月1日，由美国驻成都总领事馆、重庆图书馆共同举办的“2019美中自然旅游摄影展”在重庆图书馆开幕，共展出由中国摄影师王建军拍摄的美国加利福尼亚州、新墨西哥州、内华达州等地的国家公园风光作品和美国摄影师杰德·威尔加登拍摄的我国四川、青海、陕西、广西等地自然风光及野生动物作品 60 件。

3 月 1 日，值朝鲜半岛“3.1 独立运动”100 周年纪念之际，重庆大韩民国临时政府旧址陈列馆基本陈列《大韩民国临时政府在重庆历史陈列》改陈竣工，并对外开放。

3 月 2 日，2019 年全国舞台艺术优秀剧目暨优秀民族歌剧展演活动在京开幕，我市歌剧院创作的歌剧《尘埃落定》入选展演。

3 月 3 日，“红岩故事宣讲团”荣获“第五批重庆市岗位学雷锋示范点”称号。

3 月 6 日，市政协常委、文化文史和学习委员会副主任，市社科联党组书记、专职副主席杨清明同志为市文化旅游委干部职工做专题辅导报告。

3 月 8 日，市文化旅游委系统召开增强“四力”教育实践工作动员会暨 2019 年党建和党风廉政建设工作会，扎实开展增强“四力”教育实践工作，推进全面从严治党向纵深发展。

3 月 12 日，中宣部对外推广局、文化和旅游部艺术司有关领导来我市川剧院和歌舞团调研地方文艺院团“走出去”工作情况。

3 月 15 日，潼南油菜花景区加盟中国十大油菜花旅游推广联盟，由江西省婺源县人民政府和中国旅游报社共同主办的 2019 年首届婺源油菜花文化旅游节在婺源开幕，中国油菜花旅游推广联盟同时成立。重庆潼南、江西婺源、湖北枝江、四川雁江、安徽黟县、江苏兴化、贵州安顺、福建长乐、广西阳朔、湖南平江等中国十大油菜花海胜地的旅游管理机构共同发布中国油菜花旅游推广联盟宣言，“以花为媒”共商旅游大计、共谋合作发展。

3月18日，《丽人行》伴随“顶尖舞者进校园”活动进重庆大学。该活动由中国舞蹈家协会主办，中国文联舞蹈艺术中心承办，以“传承文化，传递爱心”为主题，传承中华民族优秀传统文化，将舞蹈艺术融入校园文化建设，提升校园文化品位，丰富校园文化生活，弘扬社会主义核心价值观。

3月19日，文化和旅游部、财政部公布了第三批国家公共文化服务体系示范区(项目)名单。我市江津区入选第三批国家公共文化服务体系示范区，荣昌区文化馆、图书馆、美术馆、博物馆“四馆”联盟，潼南区政府购买公共文化服务“1+4”项目入选第三批国家公共文化服务体系示范项目。

3月20日，中宣部、财政部、文化和旅游部、国家文物局公布第一批革命文物保护利用片区分县名单，我市共有9个区县上榜，其中城口县纳入川陕片区名单，黔江区、武隆区、丰都县、忠县、石柱县、秀山县、酉阳县、彭水县纳入湘鄂川黔片区名单。据统计，这9个区县共有不可移动革命文物153处。

3月21日，2019年渝西旅游经济带区域协作工作会议召开。市文化旅游委，渝西旅游经济带区域协作区“11+2”成员单位政府分管领导、部门负责人，以及渝西旅游景区、酒店、旅行社、旅游商品四大联盟理事长参加会议。会议全面总结2018年渝西旅游经济带区域协作工作，安排部署2019年工作，推选荣昌区连任2019年渝西旅游经济带区域协作区轮值主席单位。

3月23日，重庆美术馆举办“2019重庆市女书画家作品展”。此次展览得到我市社会各界和大专院校妇女的踊跃支持与参与，共计展出作品200余件。展览从女性视角出发，通过油画、国画、版画、水彩、水粉、雕塑、剪纸等多种艺术形式，展示了鲜明的时代特征和浓郁的生活气息，为市民提供了一场丰富的文化盛宴。

3 月 25 日，我市启动“晒文化 · 晒风景”大型文旅推介活动。为充分挖掘保护和利用我市历史文化和自然资源，“晒文化 · 晒风景”通过拍视频、讲故事等方式，推出“书记晒文旅”专题宣传、“区县故事荟”专题报道和“炫彩60秒”区县文化旅游微视频大赛三大主要活动，宣传推介全市38个区县（自治县）和两江新区、万盛经开区的文化旅游精品，讲好区县故事，促进文旅融合发展，唱响“山水之城 · 美丽之地”。

3 月 25 日，第三届重庆文化旅游惠民消费季圆满落幕。此次活动为期 3 个月，以“品味巴渝文化，惠享美好生活”为主题，围绕电影、演出、阅读、景区、温泉 5 个领域全方位统筹，策划开展文博展览、非遗展销、文艺展演、年俗旅游等 100 余项文旅消费系列活动，品牌营销线上点击量 118 万次、实际阅读量 3461 万次、参与互动 20 万次，各级主流媒体开展宣传报道 903 次。活动共投入财政资金 5760 万元，撬动社会资金 2.9 亿元，覆盖 7189 家文化旅游企事业单位，惠及 3162 万人次文旅消费，直接拉动文旅消费 44.5 亿元。

3 月 29 日，韩国光复军司令部旧址修复开放。韩国总理李洛渊和我市市长唐良智分别致辞，表示两国友谊源远流长，重庆承载着中国人民对韩国人民的友谊，光复军总司令部旧址将成为重庆宝贵的历史遗产。中韩双方代表及媒体约 200 人出席。

3 月 29 日，我市钓鱼城范家堰南宋衙署遗址获评 2018 年度全国十大考古新发现。评委会一致认定，合川钓鱼城范家堰遗址是目前国内罕见的经过大规模考古发掘、保存完整的宋代衙署遗址。结合历史文献推断，该遗址应为 1243 年南宋四川制置使余玠修筑钓鱼城时所徙的合州州治。遗址出土的铁雷是世界中古史火器与冷兵器并用时代开创阶段的重要见证。

3 月 29 日晚，3D 杂技剧《大禹》首演获全国杂技界权威高度评价。由市委宣传部、市文化旅游委重点资助，重庆杂技艺术团创作排演的杂技剧《大禹》在重庆国际马戏城首演，中国杂技家协会主席边发吉以及来自国内杂技界的知名专家观看了演出，对该剧给予了高度评价。杂技剧《大禹》以“大禹治水”为主题，融入多则远古神话，通过以杂技为核心表现手段，辅以音乐、舞蹈等形式，在3D技术的完美融合下，带给观众仿佛置身于远古时代的体验感。

3月30日，第23届重庆都市旅游节暨城际旅游交易会圆满落幕。本届“一会一节”组织日本、韩国、匈牙利、埃塞俄比亚4国以及我国十余省区市旅游主管部门、旅游机构、景区景点逾千家企业来渝参展推广，吸引行业同仁、专家学者和各地旅行商逾1300人到场洽谈，展期内达成订单近200笔，订单金额逾2000万元，共吸引15万人次前往展区参观，其中渝中区作为主场地，吸引了约8万市民前往参观体验。

3月31日，完成万盛经开区青年镇南宋墓群考古发掘。2019年1月至3月，共发掘南宋石室墓13座，出土器物40件，收集石刻29件。此次考古发现不仅丰富了川渝地区宋代画像石墓葬资料，还衔接了重庆南部、贵州遵义的宋代画像石墓分布，对于川渝黔地区宋代墓葬类型学研究具有重要意义，同时也为研究南宋时期的社会生活、丧葬习俗、宗教信仰、石刻艺术、服饰史等提供了实物资料。

4月2日，我市启动红色基因传承工程——“让烈士回家”系列主题活动。由重庆市委宣传部、上海市委宣传部、复旦大学、红岩联线管理中心联合主办的活动启动仪式在上海复旦大学举行。活动现场，复旦大学和红岩联线管理中心为“红色基因传承工程”校地共建基地揭牌，双方互赠文史资料，红岩联线管理中心将13位复旦籍及上海籍英烈的153件相关文物史料赠予复旦大学档案馆，广大师生参观了“共和国不会忘记——复旦大学和上海籍红岩英烈事迹展”，观看了由市话剧院演出的话剧《红岩魂》。

4月7日，《2019年重庆市自由行大数据系列报告》发布。数据显示，

2018 年旅游热度最高的目的地分别是北京、四川、上海、重庆、陕西。其中，重庆排名第四位，热度涨幅为 142%。在西南五省区市中，重庆的旅游热度排在第二位。重庆旅游春夏两季人气最高，主要客源省市为四川、广东、北京、上海、江苏，主要客源城市为成都、北京、上海、广州、深圳。重庆的人均游玩天数主要分布在 4 天以下，游客通常会选择两天“都市游”和一天“周边游”；人均花费为 3004 元，性价比相对较高。

4 月 17 日，2018 年度全国美术馆优秀项目评选结果揭晓，由四川美术学院美术馆申报的《父亲》工作坊入选全国美术馆优秀公共教育项目，全国共有 10 个项目入选。

4 月 18—20 日，国家文物局调研重庆市革命文物工作。国家文物局党组副书记、副局长顾玉才在调研中指出，历经革命斗争淬炼的红岩精神，是中国革命精神谱系的重要组成部分。重庆在传播红岩精神、打造红岩品牌方面做了大量工作，积累了好经验，为全国做出了示范。国家文物局将支持实施重庆红岩革命文物保护传承工程，将其纳入革命文物保护利用工程（2018—2022 年）的实施范围。

4 月 19—21 日，重庆城市形象亮相第十五届海峡旅游博览会。市文化旅游委组织我市 18 个区县的文化旅游机构及企业参展，选取了重庆五大精品旅游元素，以图片、视频和 VR 集中展示了长江三峡、武隆喀斯特、南川金佛山、大足石刻、温泉等著名自然人文景观，川剧、铜梁龙舞等传统民俗文化以及火锅、小面等特色美食元素。展会期间，重庆展台人流涌动，现场发放各类宣传资料近 3 万份，送出旅游纪念品近 1000 件，接受现场咨询 5000 余人次，取得良好宣传推广效果，并获得组委会颁发的最佳组织奖和最佳人气奖。

4 月 22 日，红岩党性教育基地列入中组部干部党性教育基地备案目录。成为全国 64 家基地（干部学院）之一。该基地开班至今，接待全国各类培训班1347个、培训学员50587人次，为全市乃至全国党员干部加强党性教育和政德培育提供了较好平台。（红岩联线管理中心）

4月23日，《丽人行》快闪活动亮相古都西安。由市文化旅游委牵头组织，市歌舞团具体实施的重庆《丽人行》西安快闪活动在大雁塔南广场举行，通过新颖、独特和富有汉唐特色的舞姿体态、宫廷服饰、人物神情、舞蹈韵律法则，以舞立象，以舞传情，以舞带戏，细腻生动地还原了“三月三日天气新，长安水边多丽人”的闲适浪漫的游春场景，演绎了娘娘们“态浓意远淑且真，肌理细腻骨肉匀”的古典之美。该活动吸引数百万网友关注和评论转发，话题播放量已突破1.2亿次。

4月24日，重庆在香港设立文化旅游推广中心，旨在巩固和拓展香港入渝旅游市场，扩大重庆文化旅游特色资源在港澳地区的影响力、知名度和美誉度，并借此推动渝港旅游深层次交流合作，促进两地游客互送规模持续扩大。至此，重庆已在全球15个城市设立了境外文旅推广中心，覆盖美洲、欧洲、亚洲和大洋洲共12个国家和地区，均为重庆入境旅游重点客源国家和地区以及“一带一路”沿线国家和地区。

4月25日，重庆图书馆赴纽约联合国总部举办“联合国文献回家省亲展”。本次展览将持续至5月9日，主要以实体文献和照片的形式，展示重庆图书馆作为联合国托存图书馆所馆藏的部分联合国早期文献，包括联合国及其主要机构通过的决议和发布的报告等，如记录联合国创始会员国讨论和通过《联合国宪章》过的“1945年旧金山联合国国际组织会议文件”，1946年联合国安理会在伦敦举行第一次会议通过的会议文件，以及1947年出版的首版《联合国概况》和珍稀联合国文件及出版物26种（册）等等。与此同时，还将展示文献开发与研究成果，推动馆际业务共建共享。重庆图书馆与联合国达格·哈马舍尔德图书馆围绕文献互通、资源共享、文献开发、活动共办、文旅融合等方面开展广泛深入交流，并达成初步合作意向。

4 月 29 日，市总工会授予重庆市文化遗产研究院重庆五一劳动奖状。

5 月 5—7 日，文化和旅游部调研我市文化旅游公共服务重点改革工作，实地调研公共文化领域重点改革任务落实和旅游厕所革命推进情况，并座谈交流。调研组负责人指出，重庆在文化旅游公共服务方面做了大量工作，积累了好的经验，为全国做出了示范。文化和旅游部将继续支持重庆推动公共文化服务重点改革和旅游厕所革命，并在重庆召开全国现场会，介绍重庆好的经验做法，为各省市提供参考样板。

5 月 6 日下午，委党委书记、主任刘旗同志主持召开市文化旅游委 2019 年改革和发展工作会议，传达学习了中央深改委第七次会议、市委深改组第四次会议和市文改专项小组第三次会议精神，总结部署了文化旅游改革和发展重点工作。

5 月 9 日，"中新旅游年" 重庆旅游推介会在奥克兰成功举办。该活动是文化和旅游部主办的 2019 年"中国旅游文化周"全球联动活动的重要一站。重庆、新西兰两地文化旅游领域 100 余名专业人士出席现场，新华社、新西兰天维网等媒体聚焦报道，重点推介了重庆"8D 魔幻都市之旅、壮美长江三峡之旅、世界遗产之旅、温泉养生养心之旅、人文风韵之旅" 5 项主打旅游产品，以及对新西兰 72 小时过境免签等优惠政策，带动双方共享高品质旅游资源，推动两地旅游及多领域经济合作与发展。

5 月 9—12 日，首届中美文化旅游节在美国拉斯维加斯举行。由重庆文化艺术品行业协会与河南省文化产业协会共同打造的猛犸市集，作为中国文旅时尚品牌市集活动代表，受邀参加本次活动，带去非遗、文创、国潮等种类商品，实现销售额 3.1 万美元。

5 月 10 日，全市非遗研学旅行示范基地创建工作会议在荣昌召开。参会人员实地考察了荣昌国家级示范性综合实践基地建设情况和课程设置。该基地作为全市首个非遗研学旅行示范基地创建试点单位，通过开设非遗课堂、建立非遗展示中心、开展演艺活动、举办竞赛交流，将见人、见物、见生活的理念融入课堂，在非物质文化遗产保护传承和普及教育方面做了积极的探索，取得较好成效。

5月11日，重庆图书馆第三季“格林童话之夜”成功举办。德国卡塞尔市格林世界博物馆负责人和意大利、加拿大、匈牙利、荷兰、日本驻重庆总领事馆工作人员出席开幕式，我市2000余名读者走进童话世界，共享阅读盛宴。本季“格林童话之夜”创新设置了机器人舞蹈表演、电子绘本制作、VR全景漫游、有声云阅读等14项体验项目，实现经典童话阅读与科技新元素的有效融合，增强了童话世界的梦幻感、时尚感与科技感，吸引了更多市民家庭到场参与。

5月13—14日，第三届白鹤梁国际学术研讨会举办。我国文博界专家会同法国、希腊、意大利等国的30余名专家，围绕“水文化遗产与人类文明”这一主题，展开白鹤梁题刻突出价值保护利用工作研讨，加快推动申报世界文化遗产。会议达成一致共识，认为白鹤梁等水下文物，既是中华文明的瑰宝，更是世界大河文明的重要组成，要将其放到大河文明重要组成中去审视、去研究、去提炼，系统开展白鹤梁题刻价值研究，挖掘突出普遍价值，深入开展比较分析，丰富完善申遗文本，提高国际竞争力。

5月14—23日，市文化旅游委组团参加2019“美丽中国”欧洲旅游推广活动，先后在西班牙、法国和意大利推出“山水之城·美丽之地”文化旅游推介项目，与近40家欧洲旅行商进行了“一对一”招商洽谈和项目对接，向当地的专业旅行商、国际行业组织、航空公司、媒体代表等600余人，以及万余名社会公众宣传展示了我市丰富独特的文旅线路产品。

5月15日，市文化旅游委召开全市IPTV专项治理工作会议，传达贯彻落实全国IPTV建设管理工作会议精神和《国家广播电视总局关于开展

IPTV 专项治理的通知》要求，分析当前全市 IPTV 建设管理中存在的主要问题，安排部署全市 IPTV 专项治理工作。

5 月 15 日，2019 上合组织地方领导人会晤“美轮美奂新丝路”文旅合作推介会在重庆举行。来自哈萨克斯坦、乌兹别克斯坦、白俄罗斯、阿富汗、伊朗等 5 个上合组织成员国和辽宁、贵州、安徽 3 个省市，以及重庆本土 100 余家文旅企业、150 余名行业专家参会。我市与乌兹别克斯坦卡什卡达里亚州和白俄罗斯明斯克州分别签订战略合作备忘录，达成加强信息交流互享、文旅贸易往来等系列共识。

5 月 15 日，“渝情渝礼”文化创意设计大赛圆满落幕。大赛共收到文创产品概念设计作品 467 件，视觉形象设计作品 155 件，评选出视觉形象类三等奖 3 名，概念设计类一等奖 1 名、二等奖 2 名、三等奖 3 名及优秀奖 50 名。

5 月 16—20 日，我市 18 家文创单位组团亮相第十五届中国（深圳）国际文化产业博览交易会深博会，充满巴渝特色的文化产品展示了重庆文旅融合发展的新成果，获得文博会优秀展示奖、优秀组织奖两项殊荣。

5 月 16—18 日，我市组团参加亚洲文化旅游展。该展会由文化和旅游部主办，在北京全国农业展览馆举行，吸引了日本、韩国、印度、越南、老挝、柬埔寨等 30 多个国家和地区参展。我市共组织九龙坡、渝中、石柱、彭水等 12 个区县（自治县）的文化旅游机构和企业积极参展，搭建了“山水之城 · 美丽之地”主题特色展馆，着力呈现重庆“文旅融合”发展新态势。黔江区、秀山县分别与北京、成都、新疆 3 家文旅机构达成旅游产品推广和客源市场拓展战略合作。

5 月 16 日，第二届中匈温泉产业合作高峰论坛在渝举行。匈牙利国会副主席率领高级别官员和专家共 10 余人出席，与我市温泉主管部门、行业协会、温泉企业围绕“温泉康养旅游如何吸引国际游客——匈牙利的成功经验与中国的实践”展开主题对话。论坛期间，北碚区政府、箱根集团分别与黑维兹市签订友好合作关系备忘录和战略合作协议，加深双方技术交流、项目合作、宣传营销，引入世界级温泉康养品牌与产品体系“黑维兹”，打造重庆“世界温泉谷”。论坛期间，还首次推荐发布“重庆温泉康养旅游线路”，将温泉与中医药养生、特色景点、特色美食进行深度融合，建设世界一流的温泉旅游城市和温泉疗养胜地。

5月18日，三峡博物馆“盛筵：见证《史记》中的大西南”荣获第十六届全国十大陈列展览精品奖。该展览由三峡博物馆联合西南博物馆联盟13家文博单位主办，2018年9月29日开展，2019年1月6日结束，共接待观众80.4万人，开展教育活动414次，开发文创产品79种158款，惠及观众达60.8万人，在市内外产生了良好的反响。

5月18日，脱贫攻坚题材电视剧《麦香》登陆中央一套黄金档播出。该剧由重庆电影集团有限公司与浙江睿宸影视制作有限公司等单位联合出品，讲述了“最美军属”麦香带领村民共同致富的励志人生。该剧播出后，社会强烈反响，从央媒到各地方媒体、从传统媒体到新媒体，都做出积极正面评价。《影视独舌》评论说：“从职业军嫂到致富带头人，军属励志剧《麦香》抓到了时代精神。”开播首日，《麦香》收视率为1.44%，市场占有率为8.25%，在央视同时段节目收视率和全国同时段电视节目收视率中均排名第一。

5月18日，历时一年多打造的“拾楼话剧艺术体验空间”在渝中区魁星楼正式开放。由重庆市话剧院副院长、国家一级演员王弋主演的莎士比亚经典剧目《麦克白》作为首演剧目上演。“拾楼话剧艺术空间”定位为话剧爱好者、体验者和入门者的体验平台，致力于让“话剧体验到拾楼”成为都市生活的新坐标。

“5.18国际博物馆日”期间，美国环球健康与教育基金会与我市深化国际文博项目合作。美国环球健康与教育基金会主席、重庆市荣誉市民、重庆自然博物馆终身名誉馆长肯尼斯·贝林先生一行来渝访问，与我市签订深化文博项目合作备忘录，支持我市建设“中国领先、世界一流”的自然博物馆。

5月19—22日，重庆演艺及文创产品亮相第十二届上海中国艺术节。重庆携舞剧《杜甫》、川剧《江姐》、歌剧《尘埃落定》等24台优秀舞台艺术剧目，《一分都不能少》等8个群星奖获奖作品，《印象武隆》《归来三峡》等4台旅游演艺产品，以及三峡博物馆、重庆图书馆、壹秋堂等8家单位开发的系列文创产品及非遗衍生品参展，深受采购商和观摩团队的好评和青睐。

5月20日，我市召开打击文物犯罪先进单位和个人表彰大会，对开展打击文物犯罪行动中取得突出成果的忠县公安局和37名公安干警进行通报表彰。近年来，全市公安、文物部门联合协作，坚持全链条打击文物犯罪，成功侦破了忠县、江津区、綦江区等地系列盗掘古墓葬案。

5月22日，市文化艺术职业学院获评重庆校园文化建设百强学校。该项评选是由市创新教育学会、市创新教育研究院、教育与文化杂志社以及重庆市学校校园文化建设第三方评价委员会组成评委团，根据校风、教风学风、立德树人、治校方略、办学历史、师生名人、文化长廊、智慧校园、导视标牌、校园环境、节日庆典、文体活动、综合实践毕业汇报、媒体报道、社会影响等15项评价指标体系，对全市近600所各级各类学校进行评估和实际考察，最终评选出100所学校为改革开放40周年重庆校园文化建设百强学校。

5月22—24日，我市举办第十届“文化遗产月”非遗进校园系列活动。全市优秀非遗代表性项目糖画、面塑、蜀绣、漆器髹饰技艺、剪纸、布艺、葫芦烙画、竹雕、棕编、古船模型传统制作技艺、农民版画、鸡毛毽、乱针绣等10余个项目、20余名传承人，共同走进沙坪坝区树人小学校、永祥实验一小等6所市重点小学，展示项目的历史渊源与制作工艺，开展体验互动活动，激发青少年传承和弘扬优秀传统文化的内生热情。

5月22—24日，2019年首期研学旅行导师高级研修班成功举办。来自全市旅行社、教育机构、研学基地、旅游景区、高职院校近60名学员参加培训。

5月23日，我市原创群舞《龙把子》喜获第十八届群星奖。全国共有20件作品获奖。《龙把子》由铜梁区文化馆创作，铜梁二中表演，市文化旅游委选送。

5月24日，渝东南区域协作组织召开2019年第二次工作座谈会。渝东南区域协作组织轮值主席单位秀山县文化旅游委汇报2019年度区域合作工作计划，与会人员围绕年度工作计划、“多彩渝东南”专栏专题开设、区域旅游线路打造、区域旅游整合推广等事宜展开充分讨论，并就商讨渝东南地区文旅展示窗口设立筹备事宜，形成了一致意见。

5月24日，市艺术创作中心编辑陈朝正撰写的《隆学义剧作研究》荣获第33届田汉戏剧奖理论评论奖三等奖。文章评述了著名剧作家隆学义先生在创作川剧《金子》及其他剧本时所取得的丰硕成就，对隆学义先生的戏剧创作经验进行了深入研究，肯定了他善于在继承传统的基础上进行剧本创新的成功探索以及为重庆戏剧事业发展做出的突出贡献。

5月25日，50件“荣昌陶”作品在广西钦州开幕的第二届中国四大名陶展亮相，12件作品斩获2金4银6铜的佳绩。本次陶展汇集广西钦州、江苏宜兴、云南建水、重庆荣昌“四大名陶”主产区的陶艺作品250件。

5月31日至6月9日，作为2019年“文化和自然遗产日”重庆主场活动，第四届重庆非物质文化遗产暨老字号博览会在荣昌区夏布小镇、安陶小镇举行。与此同时，中国夏布小镇将正式开街。本届展会组织了浙江、湖南、四川、重庆等省市和市内约230项非遗项目和老字号参展。为期11天的活动中，非遗特色小镇考察、“我在荣昌学非遗”主题研学游、重庆之声《走遍重庆》荣昌行等特色非遗互动活动也将亮相博览会，全方位展现非遗文化魅力。

5月31日，市文化旅游委组团参加2019山东（济南）国际旅游交易会。本次展会有33个国家和地区的1057家旅游机构、3000多名展商和买家团前来参展。我市展团共用了6个标准展位，重点推介对口帮扶区县所在渝东南、渝东北片区特色旅游资源和优惠政策，推出了长江三峡深度游、世界遗产之旅、生态民俗之旅、盛夏休闲之旅等精品旅游线路产品。

6月4—5日，文化和旅游部文化市场综合执法监督局李晓勇副局长来渝调研旅游执法工作。调研组分别在市旅游监察执法总队、渝中区文旅委、渝北区文旅委组织座谈，听取市旅游监察执法总队、渝中区、渝北区、万盛经开区旅游执法工作情况汇报，现场检查洪崖洞、解放碑旅游检查执法站等。李晓勇副局长指出，重庆旅游执法工作有思路、有作为、有成效，为确保重庆旅游健康发展发挥了重要作用。要求我市各级文旅执法机构要进一步提高政治站位，进一步加大执法办案力度，确保旅游市场秩序始终平稳有序。

6月5日上午，市文化旅游委系统召开“不忘初心、牢记使命”主题教育工作会，全面传达了中央和市委主题教育工作会议精神，明确主题教育工作要求，开展全系统动员，安排部署相关工作。

6月5日，我市认定一批休闲农业和乡村旅游示范单位。通过择优上报、市级审核、专家评选、区县反馈等程序，市文化旅游委会同市农业农村委，认定沙坪坝区中梁镇等105个镇为“重庆市休闲农业和乡村旅游示范乡镇”，南岸区南山街道放牛村等182个村为“重庆市休闲农业和乡村旅游示范村（社区）”，江北区干坝村生态农业园等301个点为“重庆市休闲农业和乡村旅游示范点”。

6月6日，住房和城乡建设部、文化和旅游部等六部委联合公布第五批中国传统村落名单，我市新增中国传统村落36个，至此，我市共有中国传统村落110个，其中渝东南片区79个，占总量的72%。

6月10日，市文化艺术职业学院国际标准舞专业的学生选手，代表中国国际标准舞总会参加意大利举办的国家对抗赛，战胜意大利、乌克兰、俄罗斯等多个国家的选手，夺得本次比赛冠军。近年来，学院国际标准舞专业培养出数十名优秀国际标准舞选手，在国内外国标舞大型赛事中屡创佳绩。

6月11日，市文化旅游老年志愿服务协会第一次会员大会召开。会议按照程序表决通过了协会章程、会费收取标准和管理办法等，选举产生了协会负责人。协会将以习近平总书记关于老干部工作的重要论述为根本遵循，加强党建引领发展，深入挖掘委系统乃至全行业老同志、老艺术家资源，在老同志自觉自愿、量力而行的前提下积极开展老年志愿服务。

6月12日，“两岸情一家亲”渝台书画家作品联展在三峡博物馆开展。为纪念新中国成立70周年，《告台湾同胞书》发布40周年，三峡博物馆会同中华海峡两岸友好交流协会等4家单位，组织展出台湾书画名家10人、我市书画名家15人的90幅书画作品。

6月13—14日，第二届中华诗人节在奉节隆重举行。全国32个省、自治区、直辖市和香港特别行政区、澳门特别行政区的诗词组织代表齐聚诗城，分别开展了中华诗词高级研讨会，白帝城、瞿塘峡及九天龙凤采风、观看《归来三峡》演出等活动。以此推进中华优秀传统文化创造性发展，进一步擦亮“中华诗城”金字招牌，助推奉节文化旅游融合发展。

6月15日，全国公共文化领域重点改革任务暨旅游厕所革命工作现场推进会在渝召开。会议通报了县级文化馆图书馆总分馆制建设、公共文化机构法人治理结构改革、基层综合性文化服务中心建设和旅游厕所革命等工作进展情况。会议指出，要积极推动社会化，增强改革活力，提升服务效能；要创新地方配套政策，推动改革落地生根；要引入大数据、智能化等新技术，提高文化和旅游公共服务的覆盖面和适用性。会上，重庆、河北、四川和温州、六盘水、深圳、长沙做了经验交流发言。会议期间，全体与会代表考察了我市推进图书馆文化馆总分馆制和旅游厕所革命的特色做法。

6月18日，重庆抗战戏剧博物馆投入试运营。该馆是目前国内首个以抗战戏剧为主题的话剧类专业博物馆，由抗建堂剧场重庆抗战戏剧历史陈列区和展演体验区三部分构成，总面积约3000平方米。重庆抗战戏剧博物馆将在普及传播抗战戏剧知识、推动抗战戏剧价值转化利用和爱国主义教育等方面发挥窗口和示范作用。

6月18—19日，中国世界文化遗产监测2019年年会在我市大足开幕。此次年会以“规范遗产监测、优化保护管理”为主题，来自全国25个省（直辖市、自治区）及澳门特别行政区的文物管理机构代表、遗产地代表、世界文化遗产相关机构代表和业内专家共140余人参会。大足石刻、莫高窟、苏州古典园林、龙门石窟、“鼓浪屿：历史国际社区”和杭州西湖文化景观等6项世界遗产监测工作荣获2018年优秀监测年报。

6月21日，2019“重庆好礼”特色旅游商品（文创产品）大赛落幕。按照公开、公正、公平的原则，经过专家评审委员会严格评审，共评选出手提式旅游火锅馆等10个金奖、特制礼盒重庆印象等20个银奖、万州烤鱼自加热礼盒等50个铜奖。

6月21—23日，历时3天的第六届中国西部旅游产业博览会取得丰硕成果。一是举办“2019年西南地区文化和旅游产业融合发展项目推介会”，推动西南五省市11个优质文旅项目对接资本市场。集中签约140个文旅综合项目，协议投资总金额4190亿元。二是举行文化旅游产业发展高峰论坛，打造“2019年文化和旅游产业专项债券及投资基金融资对接交流”专场活动，服务指导企业融资增值。三是42个国家和地区、80多个国际旅游推广机构、160家旅游企业亮相参展，组织了56场国内外旅游资源推介会，近百场文艺演出，超10万市民观展，6.8万人参与“惠民活动”，发放4.9万张景区门票。

6 月 21—24 日，原国家旅游局局长邵琪伟来渝指导文旅品牌建设，助推重庆加快建成世界知名文化旅游目的地。委党委书记、主任刘旗牵头组织专题学习小组，全程陪同邵琪伟局长，奔着问题去、跟着问题走，深入重庆旅游投资集团，武隆区仙女山、归原小镇、懒坝、羊角古镇，万盛经开区梦幻奥陶纪、丛林菌谷蘑菇总动员、旅游服务中心、旅游市场管理所、旅游法庭等重点旅游景区、文创园区、文旅企业和管理执法机构，实地查看旅游市场状况，了解旅游发展短板困难，倾听发展建议意见，掌握了大量第一手资料。先后召开武隆旅游创新、温泉与气候康养、重庆旅游品牌打造等 4 次座谈会，邵琪伟局长与参会的旅游行政管理人员、旅游企业负责人、旅游一线工作者充分交流，并为重庆文化和旅游发展进行了前瞻性指导。邵琪伟局长表示，将依托国际山地旅游联盟、中国国旅、中央民族大学中国品牌研究院等专家资源，对重庆文旅品牌建设进行综合分析评估，科学研判未来发展规划，助力重庆打造全域旅游发展升级版。

6 月 22 日晚，民族管弦乐音乐会《思君不见下渝州》成功首演。由著名作曲家、中央民族乐团副团长赵东升，原战旗歌舞团创作室主任梁仲祺等 6 位作曲家担纲作曲，著名指挥家、中央民族乐团原常任指挥、重庆民族乐团团长何建国执棒指挥。作品选取重庆人民喜爱的 10 余首诗词，深入挖掘古典诗歌的韵律美，融入重庆的山歌、山水、人文，通过 11 首独立的曲目，描绘了古诗词的优美意境，展示了重庆深厚的文化底蕴。

6 月 22 日，重庆文旅融合发展全球金点子大赛揭晓。这次大赛历时半年，共收集有效投稿 693 份，由评审团专家对大赛投稿进行初、复审评定，并经重庆市公证处公证，最终评定一等奖 2 名、二等奖 2 名、三等奖 3 名、纪念奖 30 名，共计 37 名获奖者。

6 月 28 日，我市公布第六批市级非遗代表性项目新增市级非遗项目十大类 196 项。其中，民间文学 10 项，传统音乐 10 项，传统舞蹈 4 项，传统戏剧 2 项，曲艺 2 项，传统体育、游艺与杂技 9 项，传统美术 16 项，传统技艺 96 项，传统医药 25 项，民俗 22 项。至此我市已累计命名市级非遗代表性项目 707 项。

6 月 28 日，我市新增中高级导游 68 名。据国家文化和旅游部全国导游等级考核评定委员会公布的全国导游中、高级等级考试结果，我市曾珠等 68 名导游晋升中高级导游。至此，我市共有注册导游 12383 人，其中特级导游 1 人，高级导游 41 人，中级导游 230 人，初级导游 12111 人。

7 月 1 日，川剧《江姐》亮相国家大剧院获赞誉。文化和旅游部雒树刚部长指出，川剧《江姐》非常感人，是一个成功之作、精品之作，是“不忘初心、牢记使命”主题教育的一个非常感人的教材；最大的特点就是守正创新，川剧特点非常明显，川味十足，同时又不固守传统，进行了很多创新；最关键的就是典型人物塑造非常成功，拿捏非常到位、非常细腻，把江姐的英雄形象非常丰满地呈现给了观众，典型人物的塑造达到了我们这个时代所需要的一个高度。

7 月 2 日，重庆建川博物馆 AAAA 级旅游景区授牌。该馆系依托全国重点文物保护单位“重庆抗战兵器工业旧址群”（兵工署第一兵工厂旧址），利用抗战生产洞洞体作为馆址设立的博物馆聚落。由兵工署第一工厂旧址（汉阳兵工厂）博物馆、抗战文物博物馆、兵器发展史博物馆、民间祈福博物馆、重庆故事博物馆、中国“囍”文化博物馆、中医药文化博物馆、票证生活博物馆等 8 个馆组成，展陈文物包括 67 件国家一级文物在内的各类文物藏品 40000 件，文物主要包括抗战、兵工、民俗、红色年代等近现代史料、物品。

7 月 2 日，重庆全市旅游资源普查工作推进会召开，全面贯彻落实重庆市委、市政府关于旅游资源普查的部署要求，到 2020 年 3 月底前对 8 个主类、23 个亚类、110 个基本类型文旅资源进行大普查，彻底摸清文旅“家底”。

7 月 9 日，韩中友好远征国民代表团来渝访学。在大韩民国临时政府成立 100 周年之际，韩国驻华公共外交大使、大韩民国驻成都总领事和 150 名韩国大学生组成“韩中友好远征国民代表团”，对我市大韩民国临时政府旧址陈列馆进行参观访问。学生们在参观后深有感触，表示回国后会向更多的韩国人宣传抗战时期中韩两国人民并肩抗战的历史，进一步加深中韩两国人民之间的深厚友谊。

7 月 9—11 日，全国政协副主席、京昆室主任卢展工率全国政协京昆室专题调研组来渝调研戏曲进乡村工作，考察了龙兴古镇龙兴楼戏楼和古戏台、走马镇戏楼、白市驿海龙村观文书院等 9 个点，并听取了市政府以及有关市级部门的专题汇报。在座谈会上，调研组充分肯定我市戏曲进乡村工作取得的成绩，并就进一步做好戏曲进基层、专业院团建设、戏曲传承和创新等提出意见建议。

7 月 11 日上午，市委常委、宣传部部长张鸣到市文化旅游委检查指导“不忘初心、牢记使命”主题教育工作。他观看了主题教育宣传专栏，查阅了相关资料，听取了主题教育汇报发言，在肯定前期工作成效的基础上，对下阶段工作提出了要求：进一步加大主题教育推进力度，确保高质量、有实效，努力推动文化旅游高质量发展，切实把主题教育成效体现在开创重庆文化旅游事业进步新局面上。

7 月 13 日，“三千大千——张大千抗战时期绘画作品展”在重庆中国三峡博物馆开展。展览由三峡博物馆、四川省博物院、吉林省博物院、重庆大学艺术学院联合主办，共展出张大千相关作品 84 件。

7 月中旬，2019 年全市广播电视工作会议召开，做出五项安排部署：一是抓媒体融合，提升核心竞争力；二是抓内容生产，提升品牌影响力；三是抓公共服务，加快电视高清化和应急广播体系建设步伐；四是抓平台建设，提升核心竞争力；五是抓行业管理，加大“黑广播”和“虚假广告”打击力度。

7月中旬，钓鱼城遗址文化遗产保护交流活动在法国和意大利成功举办。在法国国家名胜古迹中心总部和意大利莱切省举行交流活动，集中展示了钓鱼城遗址考古发掘及研究成果、文化遗产保护规划与利用情况。在巴黎举办了钓鱼城遗址推介会，向来自国际古迹遗址理事会、法国遗产记者协会等机构的专家学者介绍了钓鱼城遗址申遗情况。在“中国风景线”——中国文博旅游展开幕式上，做了《钓鱼城遗址的文化遗产保护工作》主题发言。这次交流活动旨在加快钓鱼城遗址申遗步伐。

7月25日，三峡文化创意产业联盟正式成立。该联盟由重庆中国三峡博物馆担任主任单位和秘书长单位，成员单位有重庆中国三峡博物馆、万州博物馆、涪陵博物馆、白鹤梁水下博物馆、忠州博物馆、开州博物馆、云阳博物馆、夔州博物馆、巫山博物馆和巫溪博物馆等10家博物馆，旨在创新体制机制，有效整合三峡地区博物馆文物资源，充分发挥各自优势，形成合力，共同打造三峡文化创意品牌，宣传和推广三峡文化。

7月28日，重庆9个村入选第一批全国乡村旅游重点村名录。在四川省成都市战旗村召开的2019年全国乡村旅游（民宿）工作现场会上，公布了第一批320个全国乡村旅游重点村名单，我市永川区南大街街道黄瓜山村、武隆区仙女山镇荆竹村、合川区涞滩镇二佛村、万盛经济技术开发区关坝镇凉风村、大足区宝顶镇慈航社区、垫江县新民镇明月村、沙坪坝区曾家镇虎峰山村、荣昌区万灵镇大荣寨社区、巫溪县古路镇观峰村等9个村（社区）入选。

8月6日，全市旅游资源开发工作会议召开，做出八项部署。一是持续打好“三峡、山城、温泉、人文、乡村”五张牌，打造重庆旅游升级版。二是强化规划引领、示范创建、经验推广、业态拓展，推进全域旅游示范区创建。三是突出标准引领、文化内涵提升、品牌创建、安全管理，推进景区提档升级，建设精品景区。四是加快休闲度假产品开发力度，致力推进度假区建设。五是强化招商引资、打造文旅项目，进一步壮大市场主体，提升市场发展活力。

六是以市场需求为导向，实施精准营销、主题营销，不断扩大重庆文化旅游目的地品牌影响。七是大力推进厕所革命、资源普查、智慧旅游、旅游商品等工作，进一步夯实资源开发基础。八是牢牢守住政治底线、安全底线。

8月中旬，涪陵龟陵城遗址主动性考古工作通过专家验收，经过10个月考古发掘，确定了宋、清两个时期遗存的叠压关系，特别是新发现的4组建筑遗存，再次证明了龟陵城作为宋蒙战争山城防御体系链条中重要一环的历史地位。

8月26日，我市文化旅游精彩亮相2019智博会。举办首届中国（重庆）智慧文旅高峰论坛和智慧文博高峰论坛，发布《重庆智慧文化旅游蓝皮书》《夜间旅游大数据报告》和《西部地区都市旅游大数据报告》等研究成果，并正式上线“惠游重庆”公共服务平台，游客吃、住、行、游、购、娱可一站式解决。

8月26日，市老年大学文旅分校黄水教学点免费教学活动结束。在为期50天的暑期里，累计600余名学员全程参与学习并获得结业证书，很好地满足了老年人的老年教育学习需求。

9月4日，我市武隆区、巫山县入选首批国家全域旅游示范区。该名单由文化和旅游部发布，全国71个市、区县上榜。

9月5日，重庆喜获2019亚洲旅游大奖。当日，2019年亚洲旅游产业年会在上海举行，年会上举办了第四届亚洲旅游“红珊瑚”颁奖典礼，我市荣获2019亚洲旅游“红珊瑚”奖——十大最受欢迎文旅目的地，市文化旅游委党委书记、主任刘旗获评2019亚洲旅游“红珊瑚”奖——年度贡献人物。“亚洲旅游红珊瑚奖”凭借公开透明的客观数据和严格权威的评分体系，得到业界高度认可，被誉为“亚洲旅游奥斯卡”。

9月6—17日，市文化旅游委代表团赴斐济和新西兰参加“大洋洲华人华侨共庆中华人民共和国成立70周年”和“天涯共此时”中秋庆典系列活动，通过节目展演、座谈交流和专场推介等形式展示重庆魅力、加深各方合作。

9月11日，“重庆文化旅游周”在新加坡启幕，共开展“重庆印象·美术作品展”“重庆印象·非遗作品展”和芭蕾舞剧《追寻香格里拉》专场演出3场活动。

9月12—15日，第八届重庆国际文化产业博览会在国际博览中心举行，全市38个区县首次全部参展，30个国家、28个省市的2000余家展商参与其中，现场活动超过200场，本届文博会观众达到32.5万人次，现场交易额2.8亿元，签约总金额502亿元。本届展会国际性、融合性、专业性和互动性方面取得长足的进步。

9月16日，中宣部新命名39个全国爱国主义教育示范基地，其中重庆三峡移民纪念馆入选。截至目前，我市全国爱国主义教育示范基地达10个。

9月16—21日，2019年西班牙重庆文化旅游周在巴塞罗那、马德里成功举行，本次代表团由重庆民族乐团、重庆市曲艺团、重庆市京剧团、非遗传承人、书画及摄影艺术家组成，通过文艺演出、非遗书画展示、重庆印象图片展、重庆城市形象宣传片等充分展示了“山水之城·美丽之地”的独特风采，增进了西班牙民众对重庆文化及城市形象的了解。

9月21日，“我和我的祖国”第十九届重庆市美术书法摄影联展亮相秀山县博物馆，全市38个区县的664件优秀作品集中展出，评出美术书法摄影一等奖30个，网络人气奖15个，组织工作奖15个。

9月28日，重庆工业博物馆举行开馆仪式。重庆工业博物馆是目前我市规模最大、藏品最多、内容最全的第一家工业类综合性博物馆。

10月9日，重庆国际交流研究中心成立。该中心由市文化旅游委组织筹建，机构设在重庆图书馆，特聘全球歌德研究的顶尖学者杨武能教授担任中心主任。杨武能教授出生于1938年，先后获得德国“国家功勋奖章”、“歌德金质奖章”以及中国“翻译文化终身成就奖”。该中心成立后，将通过翻译出版多语种译著、助推优秀演出剧目走向海外等方式，开展多层次、多形式对外交流合作活动，提升重庆文化软实力。

10月15日，我市首家“重庆国际青少年研学旅游基地”在罗斯福图书馆旧址正式挂牌成立。为探索文物活化利用，该基地将采取“文化＋教育＋旅游”的模式，充分挖掘文物资源的价值和内涵，面向国际青少年入境研学旅游开展书法、茶艺、古琴、非遗技艺等体验项目，促进文旅、文教深度融合发展，提升我市对外形象，扩大我市对外合作。

10月16日，我市11处重点文物列入第八批全国重点文物保护单位名录，包括古遗址3处，巫山县玉米洞遗址、奉节县白帝城遗址、巫溪县大宁盐场遗址；古建筑1处，石柱县湾底谭氏民居；近现代重要史迹及代表性建筑5处，万州区西山钟楼、沙坪坝区重庆大学早期建筑、万州区瀼渡电厂、北碚区张自忠将军墓、渝中区罗斯福图书馆旧址；石窟寺及石刻2处，大足区妙高山摩崖造像、舒成岩摩崖造像，并入全国重点文物保护单位大足北山摩崖造像。至此，我市共有全国重点文物保护单位64处。

10月25—26日，全国水利博物馆联盟会议在白鹤梁水下博物馆召开，本次会议以“传承与发展——新时代水文化遗产保护和利用”为主题，共有52家联盟单位80余名水文水利专家参加，重庆中国三峡博物馆向大会做了主旨报告。

10月29日，位于大学城中心区域巴蜀古代建筑博物馆正式开馆。这是川渝地区首座国有古代建筑类专题博物馆，该馆活化利用迁移保护后的市级文物保护单位古建筑复兴寺建设，基本陈列为“巴蜀遗构——川渝地区古代建筑艺术展”，展出文物400余件（套），以木质、石质、灰塑、砖雕等巴渝古建筑构件及与古建筑文化相关的出土文物为主，全面展示巴蜀地区历史悠久、独具特色的传统建筑文化。

11月4日，川陕片区革命文物保护利用工作座谈会在巴中举行。会上，重庆、陕西、四川三省市文物局签署《川陕片区革命文物保护利用合作协议》，宣布共同推进川陕片区革命文物集中连片保护，开展川陕片区红军文化公园建设。

11月8日，重庆影视城（江津白沙）授牌暨项目签约仪式在江津举行。重庆影视城（江津白沙）同时还被授予“重庆影视拍摄一站式服务平台”、“重庆白沙影视文化中小学实践教育基地”和“重庆电影集团白沙影视基地”，共7个影视产业项目签约，合同总投资27.5亿元。（广电节目内容管理处）

11月14日，2019重庆全球旅行商大会召开。包含来自美、英、法等30多个国家和港澳台地区的约400名境内外旅行商、国际知名旅游行业资深专家来渝参会，全市成功签约17个入境旅游市场合作项目。新华社等40余家媒体参与报道，网络覆盖超4300万网友，主体大会实时直播吸引超397万人观看。

11月18日，文化和旅游部通报表扬2017—2019年度全国文化市场“最佳案卷”9件、“优秀案卷”21件、“规范案卷”39件，市旅游监察执法总队获评“最佳案卷”办案单位，其办理的重庆青年商务国际旅行社有限公司擅自变更旅游行程安排案获评“最佳案卷”。

11月22日，水利部副部长蒋旭光专题调研白鹤梁水下博物馆。针对白鹤梁水下博物馆建设提出三点建议，一是在岸边复原展示白鹤梁题刻原貌，并开辟可供今人题刻的区域，传承延续千年的水文观测活动；二是对白鹤梁题刻1200年来珍贵的古水文资料开展深入研究，让水文遗产在当代发挥应有作用；三是挖掘白鹤梁题刻中蕴含的中国传统文化和政治哲学思想，转化为当代中国人民实现中华民族伟大复兴中国梦的精神财富。

11 月 22 日，第十三届中国 · 重庆长江三峡（巫山）国际红叶节暨第四届巫山神女杯艺术电影周晚会在巫山开幕，节庆期间，巫山将陆续开展网络媒体互动参与、景区文艺互动表演、城区文艺汇演等 20 余项活动，推动文化与旅游、体育深度融合发展。

11 月 28 日，中国第二届温泉与气候养生旅游国际研讨会举办。国内外温泉与气候研究学者、温泉医生、旅游营销专家、设计师及项目一线建设和运营专家等 300 余名嘉宾参会，围绕温泉康养旅游目的运营、产品开发等 5 个行业核心问题展开深度交流，发布温泉康养论文集。会议期间，市文化旅游委、北碚区政府和世温联签订三方合作协议，与中国温泉协会签约一批重点项目。

11 月 29 日，第四届重庆文化旅游（冬季）惠民消费季在北碚区缙云广场启动，来自各区县和行业协会组织的 200 家文化旅游企业带来丰富的文旅商品和便民优惠福利。本次消费季活动将持续到 2020 年 2 月 29 日，各区县同期举行各具特色的系列活动。

11 月 29 日，2019 重庆“一带一路”国际陶瓷论坛荣昌区开幕，本次论坛以“融一带一路发展 · 兴千年陶瓷之都”为主题，吸引了来自“一带一路”沿线国家和国内知名陶瓷企业的 400 余名代表出席。期间发布了《重庆市陶瓷产业园发展规划》和《重庆市陶瓷产业政策》。

11 月 29 日，我市“领军人才”培养项目、中国京剧艺术基金会资助项目京剧《秦良玉》成功首演，来自戏剧界专家、文艺界人士代表 800 余人观看了演出，均对剧目给予了高度评价。

11 月底，我市圆满完成第一批智慧旅游示范创建工作。按照“三年建设 80 个智慧旅游示范景区和 50 个智慧旅游乡村示范点”的智慧旅游示范创建目标，我市从 2018 年起启动了第一批智慧旅游示范创建工作，截至目前，武隆喀斯特旅游区、合川钓鱼城景区、三峡博物馆等 19 个旅游景区，开州盛山植物园、永川黄瓜山村、巴南丰盛镇等 20 个旅游乡村通过专家评审，成为我市第一批创建成功的智慧旅游示范景区和乡村旅游示范点。

12 月 3 日，“第四批中国 20 世纪建筑遗产项目”公布，全国共有 98 个项目，我市八路军重庆办事处旧址、中共重庆市委枇杷山办公楼旧址、重庆市体育馆、重庆南开中学近代建筑群等 4 处文物建筑入选。

12 月 5 日，巫山县与中国人民财产保险股份有限公司，在巫山红叶节开幕式上签订《神女峰投保保险协定》，此系全球首例陆地旅游资源、全国首例旅游资源保险案例。

12 月 5 日，第一届长江三峡旅游一体化旅游宣传营销大会在巫山举办，共有 10 余家航空公司和 80 余家旅行商参加大会。万州区、云阳县、奉节县、巫山县、巫溪县、忠县签订 2020 年长江三峡旅游一体化旅游宣传营销合作协议，发布了奖励政策。

12 月 9 日，我委公布第一批重庆市传统工艺振兴目录推荐名单，全市 38 个区县共计 172 项非物质文化遗产代表性项目中，确定了 100 个项目进入目录。

12 月 18 日，首届重庆市舞台美术作品展在四川美术学院开幕，共 180 件作品参加展览，全面展示我市乃至西部地区戏剧演艺舞台美术、影视美术教育和行业的发展历程与取得成绩。

12 月 26 日，经过 4 年多筹备和半年试运营，重庆抗战戏剧博物馆举行开馆仪式，标志着中国首个以抗战戏剧为主题的话剧类专业博物馆正式开馆。

12月28日，2019重庆冬季旅游启动仪式举行。自12月起，全市各区县将带来共计200余项冬季文旅主题活动，活动持续3个月，横跨元旦、春节、元宵三个重点节庆，让市民和游客畅享冬季之旅。

12月29日，由市京剧团打造的新编大型京剧《大梦长歌》在洪崖洞巴渝剧院首演。

后 记

“重庆蓝皮书”之《重庆文化和旅游发展报告》，每年编辑出版1辑，旨在全面展示重庆文化旅游业的发展现状，客观分析重庆文化旅游业的发展形势，积极探索重庆文化旅游业的改革发展规律，追求视角全面性、内容真实性、数据可靠性，是全方位、多角度了解重庆文化旅游业发展现状及未来趋势不可或缺的工具书。《重庆文化和旅游发展报告（2019）》主要内容分为综合篇、专题篇、区县篇、特载篇4个部分，共收录76篇文章、17个重要文件、55条专报和全年12个月的大事记133条。

市文化旅游委高度重视《重庆文化和旅游发展报告（2019）》的编辑出版，党委书记、主任刘旗和其他委领导分别担任主编、副主编，为本书倾注了大量心血。市文化旅游委相关处室、部分委属单位以及各区县（自治县）文化旅游委积极提供文稿。在此，谨向为本书编辑出版工作付出辛勤劳动的领导和同志们表示衷心感谢！

由于编写人员能力和水平所限，难免存在疏漏与不足，敬请广大读者批评指正！

《重庆文化和旅游发展报告（2019）》编辑部

2021年3月